THIAGO MARRARA

QUARTA EDIÇÃO 2024

MANUAL DE DIREITO ADMINISTRATIVO

FUNDAMENTOS, FONTES, PRINCÍPIOS, ORGANIZAÇÃO E AGENTES

Dados Internacionais de Catalogação na Publicação (CIP) de acordo com ISBD

M358m   Marrara, Thiago

      Manual de Direito Administrativo: fundamentos, fontes, princípios, organização e agentes / Thiago Marrara. - 4. ed. - Indaiatuba, SP : Editora Foco, 2024.

      312 p. ; 17cm x 24cm. – (v.1)

      Inclui bibliografia e índice.

      ISBN: 978-65-6120-032-5

      1. Direito. 2. Direito Administrativo. 3. Manual. I. Título.

2024-202   CDD 342   CDU 342

Elaborado por Odilio Hilario Moreira Junior - CRB-8/9949

Índices para Catálogo Sistemático:

1. Direito Administrativo 342

2. Direito Administrativo 342

THIAGO **MARRARA**

QUARTA EDIÇÃO

MANUAL DE DIREITO ADMINISTRATIVO

FUNDAMENTOS, FONTES, PRINCÍPIOS, ORGANIZAÇÃO E AGENTES

2024 © Editora Foco

Autor: Thiago Marrara
Diretor Acadêmico: Leonardo Pereira
Editor: Roberta Densa
Assistente Editorial: Paula Morishita
Revisora Sênior: Georgia Renata Dias
Capa Criação: Leonardo Hermano
Diagramação: Ladislau Lima e Aparecida Lima
Impressão miolo e capa: FORMA CERTA

DIREITOS AUTORAIS: É proibida a reprodução parcial ou total desta publicação, por qualquer forma ou meio, sem a prévia autorização da Editora FOCO, com exceção do teor das questões de concursos públicos que, por serem atos oficiais, não são protegidas como Direitos Autorais, na forma do Artigo 8º, IV, da Lei 9.610/1998. Referida vedação se estende às características gráficas da obra e sua editoração. A punição para a violação dos Direitos Autorais é crime previsto no Artigo 184 do Código Penal e as sanções civis às violações dos Direitos Autorais estão previstas nos Artigos 101 a 110 da Lei 9.610/1998. Os comentários das questões são de responsabilidade dos autores.

NOTAS DA EDITORA:

Atualizações e erratas: A presente obra é vendida como está, atualizada até a data do seu fechamento, informação que consta na página II do livro. Havendo a publicação de legislação de suma relevância, a editora, de forma discricionária, se empenhará em disponibilizar atualização futura.

Erratas: A Editora se compromete a disponibilizar no site www.editorafoco.com.br, na seção Atualizações, eventuais erratas por razões de erros técnicos ou de conteúdo. Solicitamos, outrossim, que o leitor faça a gentileza de colaborar com a perfeição da obra, comunicando eventual erro encontrado por meio de mensagem para contato@editorafoco.com.br. O acesso será disponibilizado durante a vigência da edição da obra.

Impresso no Brasil (1.2024) – Data de Fechamento (1.2024)

2024
Todos os direitos reservados à
Editora Foco Jurídico Ltda.
Rua Antonio Brunetti, 593 – Jd. Morada do Sol
CEP 13348-533 – Indaiatuba – SP

E-mail: contato@editorafoco.com.br
www.editorafoco.com.br

SOBRE O AUTOR

Professor de direito administrativo e urbanístico da USP (FDRP). Livre-docente pela USP (FD). Doutor pela Universidade de Munique (LMU). Advogado, consultor, parecerista e árbitro nas áreas de direito administrativo, regulatório e de infraestruturas. Editor da Revista Digital de Direito Administrativo. Entre outras obras, publicou: "Licitações e contratos administrativos"; "tratado de direito administrativo, v. 3: direito administrativo dos bens e restrições estatais à propriedade" (em coautoria com Luciano Ferraz, pela Revista dos Tribunais); "Sistema Brasileiro de Defesa da Concorrência", "Planungsrechtliche Konflikte in Bundesstaaten" (Dr. Kovac, Hamburgo); "Processo Administrativo: Lei n. 9.784/1999 comentada" (em coautoria com Irene Nohara); "Bens públicos, domínio urbano, infraestruturas"; "Direito Administrativo: transformações e tendências"; "Controles da Administração e judicialização de políticas públicas" e "Lei Anticorrupção comentada" (organizada em conjunto com Maria Sylvia Zanella Di Pietro). Encontre mais sobre o autor no LinkedIn, no Instagram e no youtube. Artigos e outras obras disponíveis em https://usp-br.academia.edu/ThiagoMarraradeMatos. Contato: marrara@usp.br

https://www.youtube.com/channel/UClBRr7PF8ISJbu3yp8ylhoA

Esse livro é dedicado a todos os meus alunos e alunas, com os quais diariamente sou levado a repensar o direito administrativo brasileiro. Dedico, com igual alegria, aos meus professores de direito administrativo, com especial carinho à Maria Sylvia Zanella Di Pietro, pelo estímulo e pelos ensinamentos de sempre.

Meus agradecimentos a Carolina Barbosa Rios, Paulo Victor Barbosa Recchia, Isabella Karollina Rossito, André Luis Gomes Antonietto, Gabriela Saiki e Gabrielly Verçosa pela leitura atenta e pelas sugestões para o aperfeiçoamento deste manual.

ABREVIATURAS E SIGLAS

ACP – Ação Civil Pública

ADC – Ação Declaratória de Constitucionalidade

ADI – Ação Direta de Inconstitucionalidade

ADO – Ação de Inconstitucionalidade por Omissão

ADPF – Arguição de Descumprimento de Preceito Fundamental

AgRg – Agravo Regimental

ANA – Agência Nacional de Águas

ANAC – Agência Nacional de Aviação Civil

ANATEL – Agência Nacional de Telecomunicações

ANCINE – Agência Nacional do Cinema

ANEEL – Agência Nacional de Energia Elétrica

ANP – Agência Nacional do Petróleo, Gás Natural e Biocombustíveis

ANPD – Autoridade Nacional de Proteção de Dados

ANS – Agência Nacional de Saúde Suplementar

ANTAQ – Agência Nacional de Transportes Aquaviários

ANVISA – Agência Nacional de Vigilância Sanitária

ANM – Agência Nacional de Mineração

AP – Ação Popular

BACEN – Banco Central

CADE – Conselho Administrativo de Defesa Econômica

CC – Código Civil

CCE – Cargos Comissionados Executivos

CDC – Código de Defesa do Consumidor – Lei n. 8.078/1990

CDUSP – Código de Defesa do Usuário de Serviços Públicos – Lei n. 13.460/2017

CE – Constituição Estadual

CF – Constituição Federal

CLT – Consolidação das Leis do Trabalho

CNJ – Conselho Nacional de Justiça

CNMP – Conselho Nacional do Ministério Público

CP – Código Penal

CPC – Código de Processo Civil

CPI – Comissão Parlamentar de Inquérito

CPP – Código de Processo Penal

CR – Constituição da República

CVM – Comissão de Valores Mobiliários

DNIT – Departamento Nacional de Infraestrutura de Transportes

EC – Emenda Constitucional

ECid – Estatuto da Cidade – Lei n. 10.257/2001

EEE – Estatuto das Empresas Estatais – Lei n.13.303/2016

EP – Empresa Pública

FCE – Funções Comissionadas Executivas

FNDE – Fundo Nacional de Desenvolvimento da Educação

FUNAI – Fundação Nacional do Índio

IBGE – Instituto Brasileiro de Geografia e Estatística

INMETRO – Instituto Nacional de Metrologia, Qualidade e Tecnologia

IPEA – Instituto de Pesquisa Econômica Aplicada

IPHAN – Instituto do Patrimônio Histórico e Artístico Nacional

LACP – Lei da Ação Civil Pública – Lei n. 7.347/1985

LAI – Lei de Acesso à Informação – Lei n. 12.527/2011

LGD – Lei de Governo Digital – Lei n. 14.129/2021

LGPD – Lei Geral de Proteção de Dados Pessoais – Lei n. 13.709/2018

LINDB – Lei de Introdução às Normas do Direito Brasileiro – Decreto-Lei n. 4.657/1942

LLE – Lei de Liberdade Econômica – Lei n. 13.874/2019

LLic – Lei de Licitações – Lei n. 14.133 /2021

LMS – Lei do Mandado de Segurança – Lei n. 12.016/2009

LOM – Lei Orgânica Municipal

LPA – Lei de Processo Administrativo Federal – Lei n. 9.784/1999

LRF – Lei de Responsabilidade Fiscal – Lei Complementar n. 101/2000

MC – Medida Cautelar

MI – Mandado de Injunção

MP – Ministério Público

MPE – Ministério Público Estadual

MPF – Ministério Público Federal

MPV – Medida Provisória

MS – Mandado de Segurança

OS – Organização Social

OSC – Organização da Sociedade Civil

OSCIP – Organização da Sociedade Civil de Interesse Público

PL – Projeto de Lei

PNCP – Portal Nacional de Contratações Públicas

RAP – Revista de Administração Pública

RBDP – Revista Brasileira de Direito Público

RDA – Revista de Direito Administrativo (FGV)

RDDA – Revista Digital de Direito Administrativo (USP/FDRP)

RDPE – Revista de Direito Público da Economia

RE – Recurso Extraordinário

REsp – Recurso Especial

RFDUSP – Revista da Faculdade de Direito da USP

RGPS – Regime Geral da Previdência Social

RIL – Revista de Informação Legislativa do Senado

RPPS – Regime Próprio da Previdência Social

RSP – Revista do Serviço Público

s.p. – sem número de página

SEBRAE – Serviço de Apoio às Micro e Pequenas Empresas

SEM – Sociedade de Economia Mista

SENAC – Serviço Social de Aprendizagem Comercial

SENACON – Secretaria Nacional do Consumidor

SENAI – Serviço Nacional de Aprendizagem Industrial

SENAR – Serviço Nacional de Aprendizagem Rural

SENAT – Serviço Nacional de Aprendizagem do Transporte

SESC – Serviço Social do Comércio

SESI – Serviço Social da Indústria

SEST – Serviço Social de Transporte

ss – seguintes

STF – Supremo Tribunal Federal

STJ – Superior Tribunal de Justiça

TCE – Tribunal de Contas do Estado

TCM – Tribunal de Contas do Município

TCU – Tribunal de Contas da União

TDA – Títulos da Dívida Agrária

TJ – Tribunal de Justiça

TRF – Tribunal Regional Federal

UFBA – Universidade Federal da Bahia

UFRJ – Universidade Federal do Rio de Janeiro

UFSC – Universidade Federal de Santa Catarina

USP – Universidade de São Paulo

APRESENTAÇÃO
E INSTRUÇÕES DE ESTUDO

A função precípua de um manual consiste em oferecer aos leitores, de modo rápido, direito e claro, os fundamentos, os conceitos e um panorama da legislação e da jurisprudência de certa disciplina científica. Não é outra a finalidade desta obra, que apresenta o conteúdo essencial acerca dos tópicos nucleares do direito administrativo brasileiro contemporâneo. Como manual, não é seu foco aprofundar excessivamente os temas, esgotar todas as discussões, nem valorizar análises históricas ou de comparação do direito pátrio com o direito estrangeiro. Por sua função, objetiva principalmente traçar as estruturas do direito administrativo *brasileiro contemporâneo*. Isso abarca: seus conceitos fundamentais; suas fontes, princípios e a teoria da discricionariedade; a organização da Administração Pública e dos entes de colaboração; os agentes públicos; as funções administrativas (serviço público, intervenção econômica, regulação, polícia etc.); os atos, contratos e processos administrativos, inclusive as licitações; os bens estatais públicos e privados; o controle da Administração e a responsabilidade dos entes estatais, seus agentes e terceiros que com eles se relacionem.

Ao longo da exposição, apontam-se os aspectos primordiais das temáticas mencionadas e que conformam uma matéria jurídica bastante complexa. Nessa análise, levam-se em conta "leis *nacionais*" (válidas para todos os três entes políticos da Federação) e "leis *federais*" (relativas à Administração Pública da União). É verdade que também há direito administrativo próprio no âmbito de cada Estado e Município, mas não é possível nem oportuno sistematizá-lo em obra geral e introdutória, daí porque o direito administrativo brasileiro é geralmente exposto pela doutrina aos iniciantes com base na legislação editada pelo Congresso Nacional e na realidade da União. Ao leitor que se debruçar sobre casos estaduais e municipais, recomenda-se sempre o cuidado de observar a legislação própria, sobretudo por sua possibilidade de divergir do quanto estabelecido no direito federal ou nacional em alguns assuntos.

Ao expor os principais capítulos da matéria, seus conceitos fulcrais e leis de referência, este manual aponta questões polêmicas de cada tema acompanhadas de posicionamentos doutrinários e jurisprudenciais, quando cabíveis. Para permitir o aprofundamento da matéria e de seus problemas mais complexos, em especial para fins de pesquisa científica, pareceu-me relevante indicar ao final de cada capítulo uma lista de obras doutrinárias nacionais sobre os temas nele tratados.

Diversos julgados e súmulas também constam diretamente do texto. Aos interessados em examinar com mais detalhes a jurisprudência sugiro a consulta às páginas eletrônicas do Supremo Tribunal Federal, do Superior Tribunal de Justiça, dos Tribunais de Justiça dos Estados e dos Tribunais Regionais Federais. Para obter informações atualizadas sobre a jurisprudência mais significante, recomendo ainda a leitura dos informativos publicados por vários tribunais, principalmente os do STF e do STJ. A consideração dos informativos é essencial tanto para fins de preparação a concursos públicos, quanto para o acompanhamento das principais tendências de interpretação do direito positivo.

Igualmente imprescindível para o estudo do direito administrativo se mostra a jurisprudência construída por entidades e órgãos públicos diversos (não judiciários), cuja quantidade impede a enumeração exaustiva. No estudo da jurisprudência administrativa, convém consultar as páginas eletrônicas do governo. Dentre elas, merece destaque a da Rede de Informações Legislativa e Jurídica (www.lexml.gov. br). Outra fonte relevante de decisões para inúmeros temas da disciplina são os Tribunais de Contas, principalmente o da União, e as agências reguladoras.

Para imprimir mais eficiência e segurança aos estudos do direito administrativo apresentado neste manual, sugiro que os leitores se dediquem simultaneamente ao exame da legislação. No entanto, inexiste código geral de direito administrativo, como no direito civil, penal, processual civil etc., embora a disciplina conte com códigos setoriais (sobre mineração, águas, florestas etc.). Diante da legislação vastíssima e fragmentada, o manuseio de coletâneas de legislação organizadas revela-se bastante útil. Porém, como as leis são muitas e sofrem constantes alterações, o uso das coletâneas deve ser combinado com a consulta frequente às bases de dados oficiais de legislação, sobretudo às páginas eletrônicas do Senado e da Presidência da República.

SUMÁRIO

SOBRE O AUTOR V

ABREVIATURAS E SIGLAS IX

APRESENTAÇÃO E INSTRUÇÕES DE ESTUDO XIII

1. FUNDAMENTOS E EVOLUÇÃO 1

   1.1   Introdução 1

   1.2   A administração pública 1

         1.2.1   Administração pública em sentido objetivo e subjetivo.................... 1

         1.2.2   Modelos de administração 4

         1.2.3   Patrimonialismo 6

         1.2.4   Burocracia 6

         1.2.5   Gerencialismo 8

   1.3   O direito administrativo 10

         1.3.1   Dificuldades e utilidades de uma definição 10

         1.3.2   Critérios de definição 12

         1.3.3   Direito administrativo como direito da Administração Pública........ 13

         1.3.4   Direito administrativo geral: conteúdo 14

         1.3.5   Direito administrativo geral vs. especial 16

         1.3.6   Direito administrativo interno, externo, internacional e global........ 17

   1.4   Relações e regimes jurídicos 18

         1.4.1   Relações jurídico-administrativas 18

         1.4.2   Os múltiplos regimes jurídico-administrativos 20

         1.4.3   Direito administrativo público e privado 22

   1.5   Breve Evolução e tendências do direito administrativo 24

         1.5.1   A fase de fragmentação 24

         1.5.2   A fase de formação 25

         1.5.3   A fase de consolidação 27

	1.5.4 A fase de transição	30
	1.5.5 Transformações e tendências atuais	31
1.6	Bibliografia para aprofundamento	33

2. FONTES 37

2.1	Fontes de direito administrativo	37
2.2	As fontes diante da ausência de codificação do direito administrativo	38
2.3	Relevância e classificação das fontes	39
2.4	Fontes constitucionais	40
2.5	Fontes legais	43
2.6	Fontes administrativas	45
2.7	Fontes administrativas e poder normativo	46
2.8	O poder regulamentar	47
2.9	Regulamentos executivos	48
2.10	Regulamentos setoriais	51
2.11	Regulamentos autônomos	53
2.12	Jurisprudência administrativa	55
2.13	Súmulas, orientações e consultas	56
2.14	Costume administrativo	58
2.15	Fontes judiciais	59
2.16	Doutrina	62
2.17	Bibliografia para aprofundamento	63

3. PRINCÍPIOS 65

3.1	Características gerais	65
3.2	Previsão constitucional e funções	66
3.3	Princípio da legalidade	67
	3.3.1 Definição, níveis e padrões	67
	3.3.2 Tutela ou supervisão	70
	3.3.3 Autotutela	71
	3.3.4 Presunção de legalidade e de veracidade	72
3.4	Princípio da moralidade	72
	3.4.1 Problemática e conteúdo	72

	3.4.2	Probidade	74
	3.4.3	Cooperação administrativa	75
	3.4.4	Razoabilidade	76
3.5	Princípio da publicidade		78
	3.5.1	Definição e conteúdo	78
	3.5.2	Motivação	79
	3.5.3	Transparência e acesso à informação	81
	3.5.4	Sigilo na legislação brasileira	83
	3.5.5	Publicidade ilícita	85
	3.5.6	Lei de proteção de dados	87
3.6	Princípio da impessoalidade		89
	3.6.1	Definição e conteúdo	89
	3.6.2	Objetividade	90
	3.6.3	Neutralidade e imparcialidade	90
	3.6.4	Isonomia e discriminação	92
3.7	Princípio da eficiência		95
	3.7.1	Contextualização e conteúdo	95
	3.7.2	Eficiência em sentido estrito	95
	3.7.3	Efetividade e planejamento	97
	3.7.4	Economicidade	98
3.8	Princípio do Interesse público		99
	3.8.1	A problemática do princípio	99
	3.8.2	Interesse público e subsidiariedade	101
	3.8.3	Manifestações do princípio do interesse público	102
	3.8.4	Interesses públicos e direitos fundamentais	103
3.9	Princípio da segurança jurídica		104
	3.9.1	Três dimensões da segurança jurídica	104
	3.9.2	Manifestações legais da segurança jurídica	105
	3.9.3	Segurança jurídica na LINDB	107
	3.9.4	Manifestações jurisprudenciais e doutrinárias	110
	3.9.5	Boa-fé, proteção da confiança e segurança jurídica	112
3.10	Princípios setoriais		113
3.11	Bibliografia para aprofundamento		113

4. DISCRICIONARIEDADE E VINCULAÇÃO.. 117

4.1	Discricionariedade e vinculação: aspectos gerais................................ 117
4.2	Discricionariedade, arbitrariedade e interpretação.......................... 118
4.3	Tipos de discricionariedade administrativa...................................... 119

	4.3.1	Elementos discricionários e vinculados............................. 119
	4.3.2	Discricionariedade de competência..................................... 120
	4.3.3	Discricionariedade de conteúdo.. 121
	4.3.4	Discricionariedade de forma.. 121
	4.3.5	Discricionariedade de motivo?.. 122
	4.3.6	Discricionariedade quanto à finalidade?........................... 123

| 4.4 | Transformação da discricionariedade em vinculação........................ 124 |

| | 4.4.1 | Redução integral da discricionariedade............................. 124 |
| | 4.4.2 | Teoria dos fatos próprios ou da autovinculação.............. 126 |

| 4.5 | Vícios do poder discricionário ou vinculado.................................... 128 |

	4.5.1	Excesso de poder... 128
	4.5.2	Desvio de poder... 128
	4.5.3	Desconhecimento da discricionariedade............................ 129

| 4.6 | Controle da discricionariedade e da vinculação............................... 130 |
| 4.7 | Bibliografia para aprofundamento.. 132 |

5. ORGANIZAÇÃO ADMINISTRATIVA.. 135

5.1	Organização administrativa: definição e relevância........................ 135
5.2	Sistema organizacional: Estado, poderes, entidades e órgãos......... 136
5.3	Descentralização política.. 137
5.4	Descentralização administrativa e desconcentração........................ 139
5.5	Administração Pública Direta e Indireta.. 140
5.6	Descentralização territorial... 142
5.7	Descentralização funcional... 143
5.8	Descentralização por colaboração... 144
5.9	Descentralização, desestatização e privatização.............................. 146
5.10	O papel do Código Civil na organização administrativa.................. 148
5.11	O Decreto-Lei n. 200/1967: relevância, conteúdo e mudanças........ 149

5.12	Planejamento na organização administrativa	150
5.13	Cooperação e coordenação administrativa	152
5.14	Bibliografia para aprofundamento	154

6. ADMINISTRAÇÃO DIRETA ... 157

6.1	Definição e funções	157
6.2	Presidência da República	157
6.3	Ministérios	160
6.4	Supervisão ministerial de entidades vinculadas	161
6.5	Contrato de desempenho	164
6.6	Bibliografia para aprofundamento	166

7. ADMINISTRAÇÃO INDIRETA ... 169

7.1	Administração indireta e princípio da especialidade	169
7.2	Entidades componentes da Administração Indireta	170
7.3	Autarquias	172
7.4	Agências reguladoras e agências executivas	174
7.5	Entidades associativas	180
7.6	Consórcios interfederativos	182
7.7	Associações de representação de municípios	186
7.8.	Fundações estatais	188
7.9	Empresas estatais	192
7.10	Subsidiárias, controladas e participações minoritárias	196
7.11	Bibliografia para aprofundamento	198

8. ÓRGÃOS PÚBLICOS ... 201

8.1	Desconcentração e órgãos públicos	201
8.2	Classificação dos órgãos	202
8.3	Criação e extinção	203
8.4	Poderes derivados da hierarquia orgânica	205
8.5	Órgãos monocráticos e colegiados	206
8.6	Personalidade judiciária	208
8.7	Bibliografia para aprofundamento	208

9. ENTES DE COLABORAÇÃO 211

9.1 Esfera pública não estatal e entes de colaboração 211

9.2 Organizações Sociais (OS) 214

9.3 Organização da Sociedade Civil de Interesse Público (OSCIP) 217

9.4 Organizações da Sociedade Civil (OSC) 221

    9.4.1 Panorama da Lei n. 13.019 e definição de OSC 221

    9.4.2 Acordos de colaboração, termos de parceria e de colaboração 222

    9.4.3 Chamamento público 224

    9.4.4 Monitoramento, prestação de contas e responsabilidades 228

9.5 Serviços sociais autônomos e Sistema "S" 230

9.6 Fundações de apoio 232

9.7 Bibliografia para aprofundamento 236

10. AGENTES PÚBLICOS 237

10.1 Definição e espécies 237

10.2 PEC 32 e propostas de reforma 238

10.3 Agentes políticos 238

10.4 Colaboradores 241

10.5 Militares 242

10.6 Servidores públicos civis em sentido amplo ou agentes administrativos 245

    10.6.1 Panorama e regime jurídico único 245

    10.6.2 Estatutários (vitalícios, efetivos e comissionados) 246

    10.6.3 Estatutários comissionados 248

    10.6.4 Empregados públicos 250

    10.6.5 Temporários 252

10.7 Agentes de fato 254

10.8 Servidores civis: constitucionalização do regime funcional 256

10.9 Acesso a cargos, empregos e funções 257

10.10 Provimento: tipos e meios 258

10.11 Concurso público 261

10.12 Nomeação, posse e estágio probatório 264

10.13 Estabilidade e vitaliciedade 266

10.14 Vacância, demissão, exoneração e disponibilidade 267

10.15 Vedação de acumulação 269

10.16 Remuneração, subsídio, irredutibilidade 272

10.17 Teto e mínimo de remuneração.. 275

10.18 Greve e associação sindical 277

10.19 Previdência e aposentadorias 280

    10.19.1 Regimes previdenciários e normas gerais......................... 280

    10.19.2 RPPS: abrangência e normas básicas............................... 282

    10.19.3 Aposentadoria por invalidez 283

    10.19.4 Aposentadoria compulsória.. 284

    10.19.5 Aposentadoria voluntária 285

10.20 Bibliografia para aprofundamento.. 286

1
FUNDAMENTOS E EVOLUÇÃO

1.1 INTRODUÇÃO

Ramo jurídico relativamente jovem, em seus aproximadamente dois séculos de história, o direito administrativo desenvolveu terminologia, princípios e institutos próprios. Ao longo desse breve período, sua autonomia científica foi consagrada e suas peculiaridades se intensificaram em virtude de desdobramentos legislativos, da evolução doutrinária e da contribuição jurisprudencial.

Qual é, porém, a essência do direito administrativo? Como esse ramo é influenciado por modelos de administração pública? Com quais relações jurídicas essa disciplina se ocupa? Como o direito administrativo brasileiro se formou e tem evoluído? Este capítulo introdutório se dedica a essas indagações fundamentais, pois as respostas que delas resultam são imprescindíveis para que se possa compreender os pilares, os valores maiores e os limites da disciplina em estudo e, por conseguinte, contextualizar seus institutos e normas.

1.2 A ADMINISTRAÇÃO PÚBLICA

1.2.1 Administração pública em sentido objetivo e subjetivo

Sob uma concepção racional e democrática, o Estado, como ficção jurídica, somente se justifica pelo fato de se prestar a desempenhar tarefas que os seres humanos, solitariamente, ora não são capazes de executar em razão de limitações materiais ou financeiras, ora não podem realizar de maneira satisfatória ou impessoal. Daí já se percebe que o Estado contemporâneo desempenha uma *função imanente de administração* da vida coletiva. Desse modo, o direito administrativo, ramo que trata da disciplina jurídica da administração pública, torna-se parte natural das comunidades políticas organizadas. Para se entender essa afirmação, é essencial partir do significado de administração pública, diferenciando-a do conceito maior de Estado.

Enquanto o Estado é sujeito na ordem internacional, ente soberano a exercer seu poder sobre um povo localizado em território delimitado, no plano interno, ele está longe de formar um bloco monolítico. Em termos orgânicos ou institucionais, subdivide-se em níveis federativos (União, Estados, Distrito Federal e Municípios

- no modelo brasileiro), em Poderes (Executivo, Legislativo e Judiciário), em entidades (ou seja, pessoas jurídicas de direito público ou privado) e órgãos públicos (subdivisões sem personalidade jurídica das entidades).

Mediante esse aparato organizacional complexo, o Estado desenvolve as incontáveis funções que o povo lhe atribui por meio de mandamentos normativos contidos no texto constitucional e desdobrados em incontáveis fontes infraconstitucionais. Essas funções são variadas, incluindo desde as legislativas e as judiciais, até as de governo e administração. Para o direito administrativo, em particular, interessam principalmente as funções de administração.

No sentido *objetivo ou material*, a "administração pública" (grafada, por convenção doutrinária, com iniciais minúsculas) indica um conjunto de atividades de caráter prestativo ou restritivo voltadas a dois propósitos maiores: (i) o atendimento das necessidades concretas da sociedade governada conforme políticas públicas legitimadas democraticamente e (ii) o gerenciamento adequado das entidades, órgãos, pessoas e bens que estruturam o Estado. A *administração pública como função nada mais é que a gama de tarefas de gerenciamento de políticas públicas e do aparelho estatal*, incluindo seus recursos humanos, patrimoniais e instrumentais.

Para satisfazer as necessidades mais diversas da coletividade e concretizar direitos fundamentais, a administração em sentido geral se desdobra em duas frentes, a saber:

(i) A organização e execução de atividades articuladas sob políticas públicas e consistentes na oferta de *comodidades direta ou indiretamente fruíveis* pelos cidadãos (como serviços de energia, saneamento, saúde, educação ou o fomento a certos setores culturais ou econômicos) e

(ii) A restrição, direta ou indireta, de comportamentos de pessoas físicas ou jurídicas com o objetivo de assegurar ou gerar mediatamente um benefício geral – o que se faz, por exemplo, pela fiscalização e pela regulação da emissão de poluentes, do tráfego de veículos automotores, das edificações urbanas, da comercialização de medicamentos e alimentos, do exercício das profissões, bem como por restrições à propriedade privada e por variadas formas de intervenção na economia.

O desenvolvimento e a execução bem-sucedida dessas inúmeras atividades administrativas, articuladas em políticas públicas sob os mandamentos constitucionais, pressupõe uma "máquina" ou um "aparato" em bom funcionamento. Melhor dizendo: para cumprir suas funções constitucionais e legais em qualquer dos três Poderes, o Estado depende de um conjunto de entidades, órgãos e agentes, além de infraestruturas, equipamentos, material, conhecimentos e recursos financeiros. Não basta, portanto, criar normas e mais normas, leis e mais leis. Não basta inserir a cada dia um novo direito fundamental na Constituição. Sem pessoas, recursos e processos, não há Estado que funcione, nem realidade que mude.

Dada a imprescindibilidade desses elementos extrajurídicos, a administração pública no sentido material ou funcional também engloba, de modo inevitável, as tarefas quotidianas de gestão operacional necessárias à manutenção e ao funcionamento da estrutura do Estado. A seleção e gestão de recursos humanos (como servidores estatutários, empregados e temporários), a aquisição, a manutenção e a alienação de recursos materiais (mediante contratação de bens, serviços e obras, alienação ou outorga de uso de objetos patrimoniais) e o desenvolvimento de relações entre entidades e órgãos públicos (por meio de celebração de convênios, ações de cooperação ou coordenação) exemplificam essa função. Adicionalmente, por força dos valores democráticos e republicanos que marcam o Estado de Direito brasileiro, o gerenciamento da máquina envolve a elaboração e a utilização de mecanismos de controle sobre aqueles que executam as funções do Estado ou dela se beneficiam de alguma maneira.

O objetivo primário (atendimento às necessidades individuais, coletivas ou difusas) e o objetivo secundário (gerenciamento da máquina pública) traduzem, portanto, o conceito de administração pública em sentido material ou objetivo, isto é, a administração como complexo de funções. A partir disso torna-se fácil compreender como ela se espalha pelos Poderes Executivo, Legislativo e Judiciário.

Embora a execução de políticas públicas se concentre no Executivo, as atividades de gestão do aparelho estatal ocorrem nos três Poderes. Em certos casos, as funções administrativas sequer são executadas dentro do próprio Estado. Cidadãos e entidades não estatais muitas vezes contribuem com o exercício dessas funções, atuando como delegatários por formas voluntárias ou não voluntárias, como os concessionários de rodovias e de transporte coletivo urbano, os comandantes de aeronaves e as Organizações da Sociedade Civil. Esses e outros exemplos atestam que a administração pública em sentido material se desenvolve tanto dentro do Estado, quanto fora dele.

É preciso ter em mente, porém, que o sentido material ou funcional não é o único que se dá à expressão administração pública. Há um *sentido orgânico ou subjetivo* atribuído à mesmíssima expressão. Grafada, por convenção doutrinária, com iniciais maiúsculas para se evitar qualquer confusão com o sentido material, a "Administração Pública" é expressão que designa as pessoas competentes pela função administrativa. Ela equivale ao Poder Público, ou seja, ao Estado no exercício de tarefas administrativas. Serve para designar sujeitos personalizados e despersonalizados que executam políticas públicas ou gerem a máquina estatal.

Como o Poder Executivo muitas vezes assume o papel central no desenvolvimento das funções administrativas, é comum que a expressão se refira com frequência a ele. No entanto, o Legislativo e o Judiciário também agem como Administração Pública quando se dedicam às tarefas administrativas mencionadas e, ao fazê-lo, submetem-se ao direito administrativo. Isso significa que a Administração Pública em sentido subjetivo é capaz de abarcar órgãos e entes de qualquer

Poder, desde que eles executem funções administrativas. É por essa razão que leis como as de licitação e de processo administrativo se aplicam aos três Poderes, não apenas ao Executivo.

Resumindo: em sentido objetivo ou material, administração pública (com iniciais minúsculas) representa um conjunto de funções administrativas (i) voltadas ao atendimento de necessidades concretas da sociedade mediante ações restritivas ou prestativas articuladas em políticas públicas e (ii) direcionadas ao gerenciamento operacional e controle da máquina administrativa. Em sentido subjetivo ou pessoal, a Administração Pública (com iniciais maiúsculas) é expressão que designa todo órgão ou entidade estatal responsável por uma certa função administrativa em determinado cenário.

Cabe advertir que as pessoas físicas e as pessoas jurídicas não estatais não se inserem no conceito subjetivo de Administração Pública. Ainda que eventualmente desempenhem função administrativa, ou seja, que exerçam a administração pública em sentido funcional na qualidade de delegatárias do Estado, elas não se enquadram no conceito. Por isso, sobretudo quando se examinam as normas constitucionais sobre o tema, percebe-se que os particulares não são designados como Poder Público. Isso não impede, na prática, que eles se sujeitem a um grande número de normas de direito administrativo, nem que se valham de algumas poderes tipicamente estatais sob certas circunstâncias, principalmente quando atuam na qualidade de executores de atribuições típicas do Estado (a exemplo das concessionárias de serviços públicos).

Quadro: significados de "administração pública"

1) "administração pública": sentido material ou funcional (iniciais grafadas em minúsculas)	1.1. Tarefas de atendimento de necessidades concretas da sociedade de modo direto ou indireto
	1.2. Tarefas de gerenciamento da máquina estatal em todos os Poderes
2) "Administração Pública": sentido subjetivo ou orgânico (com iniciais maiúsculas)	Entes e órgãos estatais que executam funções administrativas. Pode incluir os três poderes, mas não abrange entes não estatais, mesmo que colaborem com a Administração.

Fonte: elaboração própria

1.2.2 Modelos de administração

Seria ingenuidade crer que direito é puro, imune a influências e motivações políticas, econômicas, culturais, egoísticas e até religiosas em alguns casos. Como produto social e cultural, o ordenamento jurídico nasce de jogos de poderes, de disputas de interesses e de concepções que se tornam predominantes em determinados momentos históricos. Não é à toa que, quando tomado como conjunto positivado de normas jurídicas (direito positivo), ele se revela prenhe de imperfeições, incoerências e lacunas, justificando as operações de interpretação e integração pelos juristas.

Não poderia ser diferente com o direito administrativo como grande e complexo bloco positivado de normas. Conquanto, num mundo ideal, ele devesse refletir meramente os valores constitucionais que dirigem o Estado e seus braços de ação, na prática, o direito administrativo se constrói e se desenvolve sob impulso de concepções políticas e de outras ordens de forças que orientam a administração em certos governos. Esse ramo deriva ainda de visões e interesses (altruístas ou nem tanto) que imperam dentro de cada entidade estatal. Afinal, o direito administrativo não se estrutura somente a partir da lei em sentido formal. Seu corpo normativo é também resultante de atos, acordos, planos e outros instrumentos infralegais utilizados por entes estatais que, no campo do "dever ser", nem sempre observam estritamente os valores constitucionais.

Como o direito administrativo resulta de forças e de fontes múltiplas, é natural que uma riquíssima gama de valores, interesses e concepções influencie tanto sua interpretação e execução, quanto principalmente sua edificação como bloco normativo. Se esses influxos são ou não compatíveis com a ordem constitucional e com a concepção de Estado e de Administração que o povo escolheu é algo que os órgãos de controle detêm a incumbência de verificar.

A teoria jurídica do controle e os seus institutos serão apresentados em outro momento. As considerações aqui tecidas servem apenas para sustentar a imprescindibilidade do cotejo de elementos extrajurídicos na compreensão do direito administrativo. Por mais que sejam ignoradas com frequência pelos juristas, a ciência da administração, as concepções sobre a gestão pública e a cultura dos governantes influenciam tanto o processo, legislativo ou executivo, de elaboração de normas e institutos que formam o direito administrativo, quanto o uso que se faz deles na prática diária.

Assim como não se deve ignorar o papel das ciências da saúde no direito sanitário, a lógica contábil no direito financeiro, a influência dos interesses de grandes grupos econômicos e do Fisco no direito tributário, bem como das leis básicas de mercado e teorias da psicologia no direito econômico, o papel e a influência das concepções políticas, dos paradigmas e dos modelos administrativos jamais poderão ser deixados de lado no exame do direito administrativo, de sua história e transformações.

Juridicamente estruturadas para possibilitar o atendimento das necessidades concretas da sociedade e para viabilizar o gerenciamento da máquina estatal, incluindo seu controle, as funções administrativas variam de acordo com as concepções políticas, as teorias e as culturas de gestão reinantes em cada momento histórico. É por isso que a compreensão evolutiva e sistemática do direito administrativo pressupõe o conhecimento de características básicas dos chamados modelos de administração pública, a saber: o patrimonialismo, a burocracia e o gerencialismo. No atual estágio do direito brasileiro, convivem leis, regras, valores, lógicas e práticas quotidianas que sempre encontram raízes, explicação ou inspiração em algum desses três modelos, ainda que cada um deles tenha tido seu ápice em momentos históricos distintos.

1.2.3 Patrimonialismo

No *modelo patrimonialista*, em boa parte superado na teoria e na legislação, mas ainda vivo no cotidiano de muitas entidades e no comportamento de certas autoridades, a Administração é vista como braço do governante, uma extensão do poder e do patrimônio do soberano, do dirigente ou do chefe. As funções e as instituições administrativas operam conforme seus desejos, objetivos e interesses pessoais. A coisa pública não difere de sua vida e de seu patrimônio. Tudo é tratado da mesma forma. A administração pública imbrica-se com sua vida particular.

Não interessa se o Estado é liberal ou social, ditatorial ou democrático, laico ou religioso, unitário ou federativo. O patrimonialismo encontra forças nos mais diferentes modelos, sobretudo quando ainda não impera uma cultura de respeito ao princípio republicano, nem uma diferença clara entre o espaço público e o privado, entre coletividade e indivíduo.

Na medida em que a administração patrimonialista é conduzida de acordo com vontades próprias e geralmente ilimitadas do governante, a corrupção e o nepotismo tendem a florescer. Os mecanismos de seleção impessoal de agentes públicos ou mesmo de fornecedores do Estado inexistem ou nada significam. Não interessam concursos, licitações ou mecanismos de controle. Tampouco fazem sentido institutos como o impedimento ou a suspeição (para se garantir a impessoalidade na condução de processos), nem há espaço para se exigir motivação de atos administrativos e participação popular nos procedimentos decisórios. A legitimação e a legalidade da ação estatal na gestão patrimonialista não dependem disso. Por essa razão, a grande maioria dos institutos contemporâneos de direito administrativo inexistiria caso o modelo de gestão patrimonialista predominasse juridicamente até hoje.

Com a emergência do Estado de Direito, da democracia e do republicanismo, felizmente, o modelo patrimonialista começou a ruir. Esse movimento ganhou força nos Estados ocidentais, sobretudo europeus, após o século XIX. Todavia, em muitos países, ainda está em curso. Na medida em que o mercado e a sociedade civil passam a se distinguir do Estado, crescem as pressões para que o governante atue sob o mando da lei elaborada pelos representantes do povo e sempre em direção aos anseios dos governados (ideal democrático). Fortalece-se igualmente a separação entre a vida doméstica do indivíduo que exerce o poder, de um lado, e a vida e o patrimônio do Estado, de outro (republicanismo). A administração patrimonialista torna-se gradualmente inaceitável. O direito a rechaça, ainda que suas manifestações não desapareçam por completo da realidade. Afinal, sempre há indivíduos que insistem em se valer da máquina estatal apenas para extrair vantagens pessoais.

1.2.4 Burocracia

Para fazer valer o ideal do Estado Democrático de Direito, o modelo de *administração pública burocrática* passa a ganhar força a partir da metade do século XIX, época que coincide com o da consagração do liberalismo nos Estados ocidentais. Com a burocracia, tipo ideal de dominação racional, objetiva-se combater os desmandos dos governantes, a corrupção, o nepotismo, o abuso da máquina estatal e muitas outras práticas típicas da cultura patrimonialista.

O ideal burocrático desponta pautado pelos vetores da racionalização, da procedimentalização, da profissionalização, da meritocracia, da organização das carreiras dos agentes públicos, da hierarquização funcional, da legalização do poder, da impessoalidade e do formalismo. Com ele, os mecanismos de controle prévio de condutas se multiplicam para evitar que o governante e as autoridades em geral se valham indevidamente da coisa pública. Incrementam-se e instituem-se igualmente processos mais rígidos, por exemplo, no âmbito da contratação de bens e serviços pelo Estado (licitações) e da seleção de agentes públicos (concursos).

Importantes características do modelo burocrático se vislumbram no campo do funcionalismo público. A esse respeito, explica Max Weber[1] que os agentes da Administração burocrática devem ser livres em relação aos governantes, submetendo-se somente aos deveres de seus cargos. Na instituição em que trabalham, distribuir-se-ão de acordo com uma rigorosa hierarquia e sob rígida repartição de competências. Sua seleção se fará por critérios de qualificação técnica e a remuneração se dará em dinheiro mediante critérios fixos, não mediante troca de favores, oferta de títulos de nobreza ou outras formas de contraprestação. O cargo público será geralmente exercido como função principal ou única e se inserirá em carreiras, nas quais se conferirão promoções por critérios de antiguidade e de merecimento. As funções administrativas se separarão de modo claro de interesses pessoais e, para controlar o bom funcionamento da Administração, intensa disciplina e vigilância se empregarão.

Como demonstram as regras ideais apontadas, o modelo burocrático assenta-se em uma premissa de desconfiança em relação ao indivíduo que assume o posto de agente público. E isso se torna facilmente compreensível quando se recorda que o modelo surge como contraponto ao patrimonialismo e com o objetivo de combater seus efeitos nocivos. A burocracia se assenta na premissa de que os indivíduos, ao exercerem poderes estatais, tendem a direcioná-los em benefício de si próprios. Está aí a razão pela qual o direito administrativo de matriz burocrática compreende um conjunto enorme de meios de controle em matéria de gestão do patrimônio, de bens, de pessoas e de atos e contratos administrativos.

Evidencia-se, assim, que o modelo burocrático surge e se consolida como resposta radical à administração patrimonialista e como instrumento de concretização do Estado de Direito, da democracia e do republicanismo (no sentido de impessoalidade no trato da coisa pública). Sua justificativa é racional e harmônica aos valores constitucionais vigentes nos Estados ocidentais.

---

1. WEBER, Max. *Wirtschaft und Gesellschaft*. Paderborn: Voltmedia, s.a., p. 214 e seguintes.

Apesar disso, ao longo das décadas, a expansão das tarefas atribuídas ao Estado e o agigantamento da máquina administrativa tornaram a burocracia disfuncional, revelaram uma série de defeitos a ponto de reduzi-la à *"burrocracia"* ou ao *"burocratismo"*. Resultantes em grande parte daquilo que seriam armas antipatrimonialistas e técnicas favoráveis à eficiência, essas disfunções resumem-se basicamente a:

- *"Excessiva rigidez administrativa"*, ou seja, perda da flexibilidade necessária para que a gestão pública alcance suas finalidades e execute suas tarefas, uma vez que o direito administrativo burocrático cria amarras significativas e poderosas que tornam a máquina estatal muito lenta e custosa e, em certos casos, inviabilizam a consecução adequada das finalidades públicas;

- *"Alto custo financeiro"*, haja vista que procedimentos de gestão excessivamente formais e complexos elevam o tempo das ações, bem como os recursos, materiais e humanos necessários à sua execução, tal como se vislumbra em inúmeros processos de licitação e contratação pública (desde os relacionados com a compra de clips até os que buscam viabilizar a construção de grandes infraestruturas); e

- *"Autorreferenciabilidade"*, defeito consistente em uma cultura predominante de referência das entidades e dos administradores públicos a si mesmos e aos seus procedimentos e problemas internos. Relega-se ao segundo plano a preocupação do Estado com os cidadãos, com a sociedade, com a consecução das finalidades públicas. Em um ambiente autorreferenciado, o agente pouco observa o cidadão, o usuário dos serviços públicos – postura que compromete o objetivo primário da função administrativa, qual seja: o de atender às necessidades concretas do povo que, vale lembrar, não apenas sustenta o Estado democrático, como também justifica sua existência.

1.2.5 Gerencialismo

Na tentativa de solucionar essas e outras deficiências do modelo burocrático, fortaleceu-se a partir da década de 1970 um movimento internacional de "Nova Administração Pública" (*"New Public Management"* ou NPM)[2]. No Brasil, a influência desse pensamento se fez sentir no Plano Diretor de Reforma do Aparelho do Estado, editado pelo governo federal em 1995, e em inúmeras medidas legislativas adotadas nos anos subsequentes pelo Congresso Nacional sob a lógica do chamado gerencialismo.

Idealizador da reforma administrativa realizada principalmente no âmbito da União durante a década de 1990, Bresser Pereira[3] explica que, tanto no Brasil como

---

2. HOOD, Christopher. Public management for all seasons? *Public Administration,* v. 69, n. 1, 1991.
3. BRESSER PEREIRA, Luís Carlos. Da administração pública burocrática à gerencial. *RSP,* v. 120, 1996, p. 11-12.

no exterior, o *"modelo gerencial"* é marcado basicamente: (i) pela descentralização política em favor de regiões e municípios; (ii) pela descentralização administrativa; (iii) pela redução dos níveis hierárquicos; (iv) pelo pressuposto da confiança limitada no agente público; (v) pelo controle posterior ou de resultados em vez do controle rígido passo a passo e (vi) pela administração voltada para o atendimento do cidadão, ou seja, por uma administração "heterorreferenciada", preocupada com os resultados, que olha para fora, no intuito de verificar os efeitos atingidos pelo Estado na execução de suas tarefas e políticas públicas, de maneira a valorizar o fim e a reduzir preocupações exageradas com meios e procedimentos.

No Brasil, em virtude do fortalecimento do movimento de reforma administrativa pós-1995, capitaneado pelo então existente Ministério da Administração e Reforma do Estado (MARE), inúmeras medidas jurídicas foram tomadas no intuito de se imprimir um caráter gerencial à Administração Pública, incluindo-se nesse pacote:

- *"Reformas constitucionais"* no tocante às normas regentes da Administração Pública (EC 19/1998) e da Previdência Social (EC 20/1998). A primeira buscou: valorizar a eficiência mediante sua inserção como princípio geral; extinguir o regime jurídico único dos servidores (posteriormente resgatado pelo STF); viabilizar a contratação de estrangeiros; reduzir a estabilidade dos agentes públicos estatuários por meio de novas hipóteses de demissão (a saber: por mal desempenho e por excesso de quadros); limitar com mais rigor a remuneração dos agentes públicos, bem como os proventos de aposentadoria e pensões, entre outras mudanças. Por sua vez, a reforma previdenciária acabou com a aposentadoria integral e aposentadorias precoces, consagrou a regra de proventos proporcionais ao tempo de contribuição e possibilitou a aplicação do regime geral de previdência para agentes públicos.

- A *"valorização da privatização, da agencificação e da regulação"*, do que resultou a redução do número de empresas estatais e de entidades estatais prestadoras de serviços públicos e, por conseguinte, fortaleceu o princípio da subsidiariedade. Buscou-se transferir operações materiais (como atividades econômicas, serviços públicos e até a exploração de bens públicos) aos agentes privados, deslocando-se o Estado ao papel de regulador. No âmbito da União, e em alguns Estados e Municípios, intensificou-se a criação de autarquias especializadas com poderes regulatórios moldados às necessidades e às peculiaridades de setores específicos (ou seja, agências reguladoras nos setores de telecomunicações, petróleo, águas, saúde, transporte, saneamento etc.).

- O *"revigoramento do terceiro setor"*, ou seja, de um "setor público, porém não estatal", formado por entidades privadas não estatais e sem finalidade lucrativa que atuam em tarefas de interesse público, como Organizações da Sociedade Civil (OSC), Organizações Sociais (OS) e Organizações da Sociedade Civil de Interesse Público (OSCIP).

- A *"flexibilização do regime de servidores públicos"*, com a ampliação das hipóteses constitucionais de exoneração do servidor estável, a edição de leis sobre empregados públicos federais, a ampliação de hipóteses legais para contratação de temporários e a edição de lei sobre serviço voluntário no Estado.

- A *"renovação da legislação de licitações e contratos"*, seja por novidades legislativas direcionadas à busca de mais eficiência procedimental nas licitações tradicionais, pela criação de novos procedimentos e novos regimes jurídicos (como o pregão), seja pela multiplicação de figuras contratuais, inclusive em áreas extremamente delicadas, como a do exercício de funções repressivas e sancionatórias e no campo do fomento a entidades privadas sem fins lucrativos.

Essas são apenas algumas das várias implicações da emergência do gerencialismo no Brasil a partir de meados da década de 1990. Ao longo das primeiras décadas do século 2000, esse movimento perdeu força como consequência das mudanças de direção no governo federal. A partir de 2019, parece ter sido em parte resgatado, com novas propostas de privatização, de reforma na previdência, no regime de servidores e na legislação de licitações.

Isso revela que muitas das transformações iniciadas na década de 1990 permanecem até hoje no direito administrativo. Uma integral reforma gerencial, porém, jamais ocorreu, inclusive no âmbito federal, de modo que, no direito positivo contemporâneo, convivem institutos jurídicos e leis com raízes burocráticas e novas técnicas de caráter gerencial – todas elas somadas a reminiscências e costumes patrimonialistas que infelizmente perduram na Administração brasileira à margem do direito e dos valores constitucionais.

É por conta dessa mistura de lógicas e modelos que a compreensão do direito administrativo como sistema normativo ou como teoria de gestão pública demanda tantos esforços e gera tantas dificuldades àqueles que o estudam ou examinam. Para se manusear com mínima segurança essa disciplina, há que se recordar constantemente da essência e das características dos modelos de administração que estão por trás de cada uma das leis e dos institutos que lhe dão vida. O estudo do patrimonialismo, da burocracia e do gerencialmente auxiliam o jurista, por conseguinte, em sua tarefa de dar coerência às normas que compõem o direito administrativo positivo e de superar suas lacunas e imprecisões.

1.3 O DIREITO ADMINISTRATIVO

1.3.1 Dificuldades e utilidades de uma definição

As caixas teóricas e pedagógicas construídas para explicar a realidade padecem sempre de artificialidade, parcialidade e imperfeições. Não seria diferente com o direito e suas disciplinas. Há que se afastar a pretensão de que elas não se sobreponham, não incidam por vezes sobre o mesmo objeto ou que tenham fronteiras precisas e definitivas. O mundo não se divide em disciplinas jurídicas. É o ser humano, coletiva e culturalmente, que as edifica para focalizar determinados fenômenos, explicá-los ou até modificá-los.

Isso esclarece três ocorrências corriqueiras na ciência jurídica: a) a existência de mais de uma disciplina a cuidar do mesmo fenômeno; b) certos temas ignorados por todas as disciplinas em um determinado momento histórico e c) assuntos que, apesar de idênticos, recebem atenção de disciplinas científicas distintas quando se comparam dois ou mais sistemas jurídicos. As deficiências do direito, como sistema normativo e teórico dependente da ação criativa humana, não se esgotam aí. Por mais que se reconheça uma disciplina teórica, como o direito administrativo, em diversos países, isso não significa que reine consenso sobre seu significado e sobre a extensão de seu conteúdo.

A pluralidade de significações daquilo que se entende por direito administrativo varia de acordo com o país e o momento histórico estudado. A variabilidade de definições resulta de uma série de fatores, dentre os quais: (i) a evolução do Estado e da Administração Pública; (ii) a maneira como cada legislação constrói o regime jurídico-administrativo, ora limitando-o, ora ampliando-o; (iii) a visão da doutrina e da jurisprudência acerca das normas regentes da Administração Pública e de sua especialidade diante do direito privado e (iv) o ganho de maturidade de certos microssistemas normativos e teóricos, em virtude da qual alguns deles se transformam em disciplinas novas, destacando-se do direito administrativo.

A despeito disso e de inexistir definição absoluta, global, atemporal e definitiva do direito administrativo, continua sendo imprescindível examinar os critérios geralmente empregados pelos teóricos na tentativa de delimitar o cerne e as fronteiras desse campo de conhecimento.

A imprescindibilidade da fixação de limites à disciplina se deve a necessidades práticas dos juristas e dos aplicadores do direito em geral. É a definição do direito administrativo que permite, no caso concreto: a) identificar fontes normativas e normas aplicáveis; b) concluir se determinados direitos e garantias estarão disponíveis; c) verificar se as prerrogativas e sujeições típicas do regime jurídico-administrativo incidirão; d) estabelecer que procedimentos serão empregados; e f) definir os instrumentos de controle e os regimes de responsabilidade.

A definição predominante em cada ordenamento jurídico e certo momento histórico estabelecerá o campo de aplicabilidade de princípios, poderes, sujeições, direitos, garantias, mecanismos de controle e formas de responsabilidade que caracterizam e estruturam o direito administrativo. Insisto, porém, na seguinte advertência: não há uma definição verdadeira, definitiva, única, atemporal, senão uma "definição predominante", consagrada de acordo com a valorização, pelos especialistas, de um ou outro critério teórico.

1.3.2 Critérios de definição

Dos critérios frequentemente empregados pela doutrina[4] para definir o direito administrativo como disciplina, cabe mencionar o subjetivo, o da relação jurídica e o material:

- O *"critério subjetivo"* busca identificá-lo com o corpo de normas que rege alguma entidade ou Poder. Nesse sentido, é comum reduzi-lo à disciplina jurídica do Poder Executivo. Afinal, é nele que grande parte das políticas públicas se desenvolve mediante a execução de funções ou atividades administrativas (como serviços públicos, fomento e regulação). Ocorre que a fragilidade dessa conclusão é evidente e se explica de maneira simples. A função administrativa também é desempenhada pelos outros dois Poderes, o Legislativo e o Judiciário. Exemplos disso se vislumbram nas contratações públicas, nos concursos para seleção de pessoal, nos processos disciplinares contra agentes públicos, na gestão de bens estatais, no controle da atividade administrativa. Essas e outras funções administrativas estão presentes em praticamente todas as entidades que compõem o Estado. Dessa forma, pode-se afirmar que: (i) o Legislativo e o Judiciário se sujeitam em vários momentos ao direito administrativo e a seus regimes jurídicos e, portanto, (ii) o direito administrativo jamais poderia ser reduzido ao direito do Poder Executivo;

- O *"critério da relação jurídica"*, por sua vez, restringe o direito administrativo ao ramo que cuida da relação entre a sociedade (por pessoas físicas ou jurídicas) e a Administração Pública. Há uma série de críticas a essa definição. Em primeiro lugar, a relação do cidadão com o Estado se sujeita a normas de outros ramos do direito, como o urbanístico, o ambiental, o sanitário, o eleitoral e o direito tributário. Em segundo, a disciplina jurídica atualmente compreendida como direito administrativo engloba adicionalmente as relações concernentes ao funcionamento dos órgãos e das entidades públicas. Conquanto as relações entre cidadãos e Administração Pública constituam objeto prioritário da legislação e da doutrina administrativista, sobretudo frente à natureza originariamente protetiva desse ramo jurídico, há, na verdade, ao menos quatro relações jurídicas abarcadas pelo direito administrativo contemporâneo: (i) as relações interadministrativas (entre entidades públicas, por exemplo: entre duas autarquias ou ministérios) e intra-administrativas (entre órgãos públicos de uma mesma entidade, como órgãos internos de uma universidade pública); (ii) a relação da Administração Pública com seus agentes públicos (relações funcionais, contratuais e disciplinares); (iii) a relação da Administração com

---

4. Para uma visão geral dos critérios, cf. DI PIETRO, Maria Sylvia Zanella; MARTINS JÚNIOR, Wallace Paiva. *Tratado de direito administrativo*, v. 1: teoria geral e princípios do direito administrativo. São Paulo: Revista dos Tribunais, 2014, p. 71 e seguintes.

seus contratados e (iv) a relação da Administração com a sociedade (cidadãos, empresas ou demais pessoas jurídicas);

- O *"critério material"*, diferentemente, valoriza a função ou atividade administrativa, variando de concepções restritivas a abrangentes. Na versão mais restritiva, já se defendeu que o direito administrativo representaria o direito dos serviços públicos. Segundo Maria Sylvia Zanella Di Pietro, esse critério não se presta a viabilizar uma definição aceitável,[5] pois serviço público é expressão equívoca e, ademais, a redução do direito administrativo a um "direito dos serviços públicos" afastaria dessa ciência as atividades administrativas restritivas e as atividades econômicas do Estado. O critério material não necessita se limitar, contudo, ao serviço público. Nessa perspectiva de análise, afloram outras definições possíveis, incluindo a que identifica o direito administrativo com a disciplina jurídica de um conjunto alargado de atividades que conformam aquilo que, anteriormente, denominou-se função administrativa ou "administração pública" em sentido objetivo; e

- O *"critério material residual"* se baseia igualmente na atividade, mas em perspectiva negativa. O direito administrativo seria o ramo que disciplina atividades estatais não classificadas como funções típicas do Judiciário ou do Legislativo. Porém, dois argumentos mostram ser insatisfatório esse critério. A uma, nem toda atividade estatal que não se enquadre como judicial ou legislativa é objeto do direito administrativo. A duas, a definição negativa não esclarece quais são os limites do direito administrativo e por qual razão, hoje, é possível falar de um direito administrativo aplicável a entes estatais no exercício de atividades privadas ou a entes privados não estatais no desempenho de funções públicas.

1.3.3 Direito administrativo como direito da Administração Pública

A definição de direito administrativo, que prefiro empregar, pauta-se por sua relação originária com a administração pública em sentido funcional e em sentido subjetivo. Trata-se de ramo jurídico que cuida das funções administrativas e daqueles que as executam ou são por elas atingidos.

Essa definição se baseia em um critério híbrido, de caráter material e subjetivo. Adota o critério material, uma vez que toma o direito administrativo como disciplina jurídica da administração pública como atividade, ou melhor, o ramo que tem por objeto nuclear um conjunto historicamente mutável de atividades desenvolvidas pelo Estado ou em seu nome e que convergem a dois objetivos primordiais: (i) viabilizar o funcionamento da máquina estatal nos diferentes Poderes e (ii) atender às necessidades concretas da população por meio de atividades restritivas ou presta-

---

5. DI PIETRO, Maria Sylvia Zanella. *Direito administrativo*. São Paulo: Gen Forense, 32ª ed., 2019, p. 65-66.

tivas articuladas em políticas públicas construídas pelo Legislativo e concretizadas pelo Executivo. Ao mesmo tempo, a definição resulta do critério subjetivo, já que apresenta o direito administrativo como o ramo que rege, em maior ou menor grau, os entes e agentes que executam as referidas funções dentro dos três Poderes.

Como a administração pública é dinâmica e mutável, a abrangência do direito administrativo é por essência flexível. Não há como ser diferente. As atividades administrativas constantemente se transformam ao balanço das realidades política, jurídica, econômica e do momento histórico. Mesmo que se considere um único ordenamento baseado no primado da democracia, o Estado naturalmente se ajustará ao buscar melhores soluções técnicas para satisfazer às necessidades da sociedade que o cria e sustenta, bem como para gerir com eficiência e produtividade todo seu aparato.

Nesse vaivém histórico, o legislador ora atribui ao Estado certas atividades, ora permite que o mercado ou a sociedade as desempenhem ao lado do Estado ou de forma isolada. Ao longo do tempo, a administração pública transmuta-se, transforma-se, integra novas tarefas e se desfaz de outras. Esse movimento impacta a estrutura orgânica do Poder Público e, em última instância, modifica de forma constante o conteúdo do direito administrativo como disciplina jurídica da administração pública em sentido material e subjetivo.

A despeito das variações históricas, no momento atual do Estado brasileiro, é possível afirmar que a função administrativa se destrincha na prática de atos, na celebração de contratos, na condução de processos, na elaboração de planos, bem como na gestão de bens, pessoas, órgãos e entidades que desempenham atividades restritivas ou prestativas com o objetivo de viabilizar o funcionamento da máquina pública ou de permitir a execução de políticas públicas de satisfação das necessidades concretas da população, com exceção das atividades tipicamente legislativas e judiciais. A seu turno, o direito administrativo se estende aos três Poderes nas situações em que eles exercitam referidas funções administrativas, além de atingir entidades não estatais que, embora não façam parte da Administração, ocasionalmente agem em nome ou com apoio do Estado no desempenho de funções do gênero. O direito administrativo brasileiro, por isso, mostra-se extremamente abrangente.

1.3.4 Direito administrativo geral: conteúdo

Apesar das variadas distinções apresentadas, o verdadeiro núcleo do ramo jurídico em estudo pode ser designado como *"direito administrativo geral"*. Trata-se do arcabouço normativo básico e fundamental da administração pública, em sentido material e subjetivo, em cada ordenamento jurídico. É verdade que o direito administrativo paira sobre um objeto mutável na medida em que a administração pública varia constantemente ao sabor dos anseios do povo, das concepções do Estado e dos modelos de gestão, tudo isso traduzido em normas e em opções político-partidárias. Não obstante, é possível fixar no plano teórico um conteúdo fundamental do direito administrativo geral conforme as temáticas consagradas pela doutrina e disciplinadas pelo legislador. Esse conteúdo, a meu ver, abarca:

i. Os *"fundamentos do direito administrativo"*, incluindo: (a) as fontes do direito administrativo, ou seja, o estudo da produção normativo-administrativa a partir de textos, documentos e outros fenômenos reconhecidos como geradores de normas; (b) o regime jurídico-administrativo, de que derivam os poderes, as faculdades e as sujeições dos entes públicos ou privados que exercem função administrativa; e (c) a discricionariedade e a vinculação administrativa;

ii. A *"organização administrativa"* (ou direito administrativo organizacional), que aborda a estrutura da Administração Pública, ou seja, suas entidades de direito público ou de direito privado, seus órgãos e como se dá o relacionamento entre eles;

iii. Os *"agentes públicos"* (ou direito administrativo laboral), que trata das relações do Estado com as pessoas físicas com quem ele mantêm relações funcionais, incluindo os servidores militares, os agentes políticos, os servidores civis e os colaboradores;

iv. Os *"bens estatais públicos e privados"* (ou direito administrativo patrimonial), que se volta ao regramento geral dos bens materiais e imateriais, móveis e imóveis do Estado, bem como dos "bens públicos fáticos ou impróprios", isto é, bens que não pertencem a pessoas jurídicas de direito público interno, mas que se vinculam a funções públicas e, por isso, sofrem incidência do regime administrativo;

v. As *"atividades administrativas"* (ou direito administrativo material), que consistem nas funções essenciais desenvolvidas na atualidade pelo Poder Público ou seus substitutos, incluindo os serviços públicos em sentido amplo (*e.g.* tratamento de esgoto, fornecimento de água, energia elétrica domiciliar, transporte coletivo urbano etc.), o fomento (*e.g.* à cultura, à inovação tecnológica etc.), a polícia administrativa (*e.g.* do trânsito, das construções urbanísticas, das atividades poluidoras do ambiente), a intervenção na economia (como a regulação de planos de saúde, dos bancos, da concorrência, por exemplo) e as restrições à propriedade privada (como a desapropriação de imóveis para construção de escolas);

vi. Os *"meios de ação administrativa"* (ou seja, o direito administrativo obrigacional), que abrangem a elaboração, a edição e a execução de atos normativos, atos materiais, atos opinativos ou analíticos, além dos atos administrativos em sentido estrito, bem como a celebração de acordos e de contratos pela Administração Pública, além da edição de planos administrativos e do emprego de outros mecanismos de ação concreta inseridos em qualquer uma das funções administrativas mencionadas;

vii. Os *"processos administrativos"* (ou direito administrativo processual), que equivalem ao encadeamento de atos que o Estado utiliza para preparar suas decisões e executar suas tarefas no âmbito da Administração e que se diferenciam das modalidades de processo judicial, dando origem, portanto, à teoria geral do processo administrativo e ao direito de processos especiais, como os sancionadores, os de contratação e os liberatórios; e

viii. O *"controle e a responsabilidade da Administração"*, que abarcam técnicas e medidas de fiscalização e de responsabilização da Administração Pública e dos indivíduos (agentes públicos ou não) no desempenho das tarefas administrativas ou que com ela se relacionam. Nesse contexto, o controle propriamente dito inclui desde as modalidades sociais (por audiências públicas, por exemplo) até os meios de controle de natureza administrativa, legislativa e judicial. A seu turno, o estudo da responsabilidade abrange duas facetas: a contratual e a extracontratual. Ademais, envolve tanto a responsabilidade do Estado perante o cidadão, quanto a responsabilidade de cidadãos, de agentes públicos e de pessoas jurídicas diante do Estado (por exemplo, com base em relações disciplinares, de polícia e contratuais) e por força dos estatutos internos, de regimentos, da lei de improbidade, da lei anticorrupção etc.

1.3.5 Direito administrativo geral vs. especial

O *"direito administrativo geral"* se contrapõe ao *"direito administrativo especial"* pelo fato de aquele abarcar teorias, princípios e institutos jurídicos básicos, ou seja, primariamente válidos para todos os diferentes ramos de atuação da Administração Pública. Discricionariedade, ato administrativo, anulação, revogação, ato normativo, bem como normas gerais de processo, de responsabilidade e os princípios constitucionais da Administração corporificam o direito geral.

Entretanto, nos limites de sua competência dentro da federação, o legislador pode criar regras especiais para que a Administração aja em setores ou contextos específicos, por exemplo, na gestão e controle do tráfego de veículos automotores, na regulação das telecomunicações, na defesa da concorrência ou na gestão de florestas e recursos minerais. Quando isso ocorrer, surgirão microssistemas diferenciados, contendo instrumentos, princípios e regras que não necessariamente fazem parte da teoria geral, mas sim do direito administrativo especial.

O direito administrativo geral não configura abstração dos direitos especiais, mas sim o arcabouço normativo e primário da Administração Pública, válido sempre que não for afastado por normas administrativas especiais ou mesmo pela incidência lícita do direito administrativo privado. Contudo, na medida em que determinado instituto ganha relevância em diversos microssistemas especiais, é natural que ele passe a integrar o conteúdo do direito administrativo geral por influência da doutrina, da jurisprudência ou do legislador, como explica Thomas Gro .[6] Esse fenômeno de transposição de institutos originariamente especiais para a parte geral se viu no Brasil em vários casos, a exemplo dos ajustamentos de conduta e dos meios adequados de solução de controvérsias. Esses institutos apareceram em leis específicas e restritas. Aos poucos, todavia, expandiram-se e consagram-se em normas gerais sobre a atuação administrativa.

A despeito da distinção aqui debatida e de sua relevância, em termos epistemológicos e práticos, a doutrina brasileira usualmente adota uma abordagem maximalista. Como não diferencia o conteúdo geral e especial da disciplina nos cursos, manuais e tratados, o ensino do direito administrativo brasileiro afasta-se do padrão adotado no direito civil e penal, em que a separação das normas gerais e das especiais é mais rígida. Afasta-se, ainda, da cultura alemã, em que a parte geral do direito administrativo, objeto do ensino, forma-se primordialmente por considerações sobre princípios, fontes, atos, contratos, procedimentos e responsabilidade. A cultura doutrinária brasileira é mais próxima, em verdade, da cultura francesa, em que a distinção tem menor relevância, levando a doutrina a expor a matéria de maneira abrangente.

1.3.6 Direito administrativo interno, externo, internacional e global

Para a correta compreensão da disciplina, também se afigura útil diferenciar o *"direito administrativo interno"* do *"direito administrativo externo"*. O primeiro lida com as relações jurídicas ocorridas no âmbito do Estado e de sua administração, abrangendo relações jurídicas interadministrativas (entre entidades públicas), intra--administrativas (dentro da entidade) e intraorgânicas (dentro de órgãos públicos). Já o segundo inclui relações jurídicas do Estado em sentido extroverso, ou seja, em direção à sociedade, como as relações entre a Administração Pública ou quem lhe faça as vezes, de um lado, e, de outro, as pessoas físicas ou jurídicas que com ela interagem. Muitas dos institutos e dos princípios típicos do direito administrativo surgiram exatamente no campo dessas relações externas com o escopo de proteger os particulares contra abusos ou excessos praticados por agentes públicos.

Tanto nas relações externas quanto nas internas, o direito administrativo constitui um campo voltado para dentro do Estado. Todavia, cada vez se fala mais de um "direito administrativo internacional" e de um "direito administrativo global". O que significam essas expressões?

Não há grande consenso sobre o assunto. O *direito administrativo internacional* indica as normas regentes do funcionamento das organizações internacionais, como a ONU, ou entes de integração supranacional, como as instituições europeias. No

---

6. GROß, Thomas. Die Beziehung zwischen dem Allgemeinen und dem Besonderen Verwaltungsrecht. *Die Verwaltung*, caderno especial "Die Wissenschaft vom Verwaltungsrecht", 1999, p. 74.

entanto, Eberhard Schmidt-A mann explica que, no direito alemão, a expressão é frequentemente empregada para indicar normas de colisão, ou seja, disposições jurídicas que determinam qual norma deve ser aplicável nas situações em que os órgãos públicos se envolvem com casos concretos que guardem relação com Estados estrangeiros.[7]

Já o *direito administrativo global* consiste em uma proposta teórica mais recente e ampla. Ele surge a partir do intuito de se construírem padrões de boa governança inspirados em práticas de direito administrativo e voltadas a aprimorar e legitimar a ação regulatória ou executória de entidades que atuam no chamado espaço administrativo global. Na lição de Hidemberg Alves da Frota, esse espaço engloba: (i) organizações internacionais formais; (ii) redes transnacionais e acordos de coordenação, frutos da articulação entre entes reguladores domésticos; (iii) a administração distribuída ou dispersa, "pertinente à interface entre agências reguladoras de diferentes Estados nacionais cujas decisões suscitam efeitos extraterritoriais; (iv) a administração privado-intergovernamental, "relativa a ambientes regulatórios nos quais o processo decisório resulta de ampla interação de atores privados e não governamentais com agentes estatais e (v) entidades internacionais privadas, "cujo caráter privatístico contrasta com suas atribuições regulatórias de abrangente repercussão de jaez transnacional e público-privado".[8]

Por força dessas características, tanto o direito administrativo internacional em sua primeira vertente quanto o direito administrativo global expressam o movimento de formação de um *"direito administrativo sem Estado"*. Cunhada pelo jurista português Luís Filipe Colaço Antunes para designar inicialmente o direito administrativo europeu,[9] essa expressão merece ser alargada para abranger um conjunto muito maior de disciplinas jurídicas que em comum dividem a característica de não se resumirem ao âmbito de um Estado soberano, nem de se vincularem ao conceito nacionalista de Administração Pública.

1.4 RELAÇÕES E REGIMES JURÍDICOS

1.4.1 Relações jurídico-administrativas

Relações jurídico-administrativas nada mais são que relações entre duas ou mais pessoas, físicas ou jurídicas, estatais ou não, regidas pelo direito administrativo. Considerando-se um critério subjetivo, que analisa os sujeitos que se relacionam, a

---

7. SCHMIDT-AßMANN, Eberhard. Internationales Verwaltungsrecht: Begriffsbildung im Spiegel veränderter Staatlichkeit. *RDDA*, v. 4, n. 1, 2017, p. 16.
8. Cf. FROTA, Hidemberg Alves da. O controle no espaço administrativo global. *RDDA*, v. 2, n. 2, 2015, p. 471-472.
9. ANTUNES, Luís Filipe Colaço. *O direito administrativo sem Estado*. Coimbra: Coimbra editora, 2008, p. 16.

amplitude das normas que compõem o direito administrativo no Brasil demonstra haver três modalidades principais:

- As *"relações externas"*, também chamadas de extroversas, envolvem a Administração Pública e as pessoas não estatais que se sujeitam a seus poderes, beneficiam-se de seus serviços ou que com ela estabelecem vínculos contratuais, laborais ou de colaboração. Dela são exemplos: a relação do cidadão que deseja construir uma casa e para tanto necessita de licença urbanística do Município; a relação de empresas envolvidas numa fusão que dependem da autorização do CADE; a relação de estudantes com a universidade pública em que estudam ou a relação de uma empresa prestadora de serviços de limpeza com a entidade estatal que a contrata;

- As *"relações interadministrativas"* são as firmadas entre entidades estatais de uma ou mais esfera administrativa. Exemplo disso é o convênio entre duas universidades públicas ou um consórcio intermunicipal para prestação de serviços de saneamento básico; e

- As *"relações intra-administrativas"* equivalem às existentes entre órgãos públicos dentro de uma mesma entidade, tal como a relação jurídica entre uma Faculdade e a Reitoria dentro da mesma universidade pública ou entre dois órgãos de uma agência reguladora.

A classificação das relações jurídicas pela perspectiva dos sujeitos envolvidos não é a única possível. É igualmente tratá-la de acordo com o regime da relação. Nessa perspectiva, entendo ser possível falar de relações baseadas: (i) na sujeição geral dos indivíduos ao estado (como as relações de polícia e regulação); (ii) na sujeição especial (como as relações disciplinares com usuários de serviços públicos e servidores) e (iii) na celebração de contratos e acordos (tanto com servidores, quanto com agentes econômicos).

Ao longo do tempo, diversas relações jurídicas de direito administrativo ganharam autonomia normativa e teórica. Com isso, passaram a compor ramos específicos do direito, como se vislumbra nas relações entre as pessoas e o Fisco (direito tributário); nas relativas à gestão do orçamento estatal (direito financeiro) e nas relações envolvendo a regulação do espaço territorial e da vida nas cidades (direito urbanístico). Sem prejuízo da autonomia científica de algumas espécies, as relações jurídicas desenvolvidas nos ramos especiais exemplificados não perderam sua feição administrativa, razão pela qual, na prática, o direito administrativo penetra todos esses ramos e condiciona seu funcionamento.

Essa constatação é importante, pois implica que essas várias disciplinas mais específicas continuam a se submeter em maior ou menor grau a normas e teorias do direito administrativo geral. Assim, para o correto e seguro manuseio dos direitos tributário, financeiro, ambiental, urbanístico, concorrencial e outros ramos concernentes à Administração, o conhecimento e o entendimento das atividades administrativas, dos princípios que as regem, das normas sobre bens, atos, procedimentos, contratos administrativos, controle e responsabilidade da Administração Pública são imprescindíveis.

A gradual autonomia adquirida por esses ramos especiais, desenvolvidos sobre certas relações jurídicas envolvendo a Administração Pública, jamais enfraqueceram ou enfraquecerão o direito administrativo como ciência. Muito pelo contrário. O desenvolvimento de novas disciplinas científicas dedicadas a certas relações jurídico-administrativas só faz fortalecer o direito administrativo geral, uma vez que consolidam sua posição de ciência básica da Administração Pública.

1.4.2 Os múltiplos regimes jurídico-administrativos

Enquanto a relação jurídica indica a conexão entre dois ou mais sujeitos, o conjunto de mandamentos normativos que paira sobre determinado objeto constitui um *"regime jurídico"*. Cada pessoa, atividade ou bem se sujeita a princípios e regras jurídicas que variam de acordo com inúmeros fatores. O regime é flexível, mutável e decorrente de aspectos como a função do objeto na economia e na sociedade, sua natureza jurídica ou seu titular. Tais fatores explicam por que certas atividades exercidas pela Administração Pública, mesmo quando se assemelham a atividades particulares, submetem-se a regime jurídico diferenciado. Esclarecem também a razão de existirem normas especiais que regem a vida das entidades e dos agentes públicos de modo diverso ao que ocorre no âmbito das relações sociais privadas.

Em sentido abstrato, o *"regime jurídico-administrativo"* nada mais é que um conjunto de normas disciplinadoras dos entes estatais ou de quem lhes faça as vezes, suas funções administrativas e seu patrimônio. Na prática, contudo, não existe um regime jurídico único, padronizado, para todo e qualquer tipo de relação. Conforme o direito administrativo avança e se torna mais complexo, torna-se necessário forjar diferentes regimes jurídicos, adaptados a cada contexto ou situação, dando-se flexibilidade de atuação para a Administração.

Faço essa advertência, pois ainda paira sobre nós a "maldição do regime jurídico único", ou seja, a falsa ideia de que as relações em que a Administração se envolve deveriam seguir uma mesma lógica e conformação jurídica. Nada mais incorreto. O direito deve facilitar o atingimento das finalidades estatais. Um regime não deve ser sacralizado, tomado como imutável, único ou insubstituível. É preciso trabalhar, no plano legislativo e doutrinário, para que existam tantos regimes jurídicos quanto necessários para auxiliar a Administração a cumprir suas funções.

Sem prejuízo dessa observância, é fato que os regimes jurídicos previstos em boa parte da legislação e utilizados pela Administração Pública brasileira são geralmente marcados pelo caráter vertical, pelo tom monológico, rígido e burocrático. Exatamente por isso, é usual que se defina o regime administrativo como um conjunto de *prerrogativas (ou poderes) e sujeições (ou limitações)* que não encontram usualmente

1 • FUNDAMENTOS E EVOLUÇÃO

qualquer paralelo no direito privado. Esse seria o regime jurídico-administrativo "tradicional".

Exemplos dessas prerrogativas se vislumbram na presunção relativa de veracidade dos atos administrativos, na possibilidade de executá-los em muitos casos sem a necessidade de se recorrer ao Judiciário (autoexecutoriedade), no poder de revogá-los por interesse público. São igualmente prerrogativas da Administração os poderes de: alterar ou rescindir unilateralmente algumas modalidades de contratos; desapropriar bens alheios ou requisitar bens para fins de interesse público. A seu turno, as sujeições indicam limitações que se impõem à Administração Pública no seu agir, tais como a obrigatoriedade de realização de concurso público para seleção de pessoas aptas a ocuparem cargos e empregos em entidades estatais, o dever de licitar, o de motivar seus atos, de promover a transparência da gestão etc.

Como a grande parte das prerrogativas e sujeições inexiste no direito privado, costuma-se afirmar que o regime jurídico-administrativo é exorbitante ao do direito comum. Entretanto, essa afirmação exige cautela por duas razões. Em primeiro lugar, não há um limite preciso entre regime público e privado. Em segundo, como já alertei, dentro do próprio direito público, o regime marcado por prerrogativas e sujeições é tradicional, mas não único. Os regimes que a Administração pode utilizar são incontáveis! Ora se revelam marcadamente publicísticos, ora se aproximam aos do direito privado. Ora são mais verticalizados, ora mais horizontais. Ora são unilaterais e monológicos, ora são negociais e dialógicos.

Sem prejuízo das variações, em qualquer regime administrativo, existe um mínimo de normatividade pública e um mínimo de privada, de modo que se faz praticamente impossível pensar em regimes puros. Ademais, entre os extremos, incluem-se regimes híbridos, nos quais normas públicas e privadas se mesclam em intensidades variáveis. Isso se vislumbra no estudo das empresas estatais e dos bens privados do Estado. Nesses dois temas, as normas públicas e privadas se entrelaçam de modo a formar um regime de transição, misto e de difícil identificação doutrinária.

Vários fatores condicionam essas modulações de regime jurídico, dentre os quais vale mencionar: (i) a função do objeto jurídico; (ii) sua natureza jurídica; (iii) aspectos temporais, (iv) aspectos espaciais e (v) aspectos subjetivos.

Algumas situações mostram como isso ocorre. Embora bens de uso comum do povo e bens dominicais se enquadrem no conceito jurídico de bem público, o regime é distinto por força do fator funcional. Já o regime dos bens estatais privados difere do incidente sobre bens públicos por conta da natureza jurídica de cada grupo. De outra parte, o fator temporal revela seu impacto em vários casos, por exemplo, ao tornar dispensável a licitação por razão de urgência e por ocasionar a decadência do poder de anular atos administrativos após alguns anos. Enfim, o fator espacial refere-se à localização do objeto (bem, pessoa ou atividade). Ele explica a variação de regimes pelo fato de certa atividade ocorrer em área urbana ou rural, bem como em área pública ou privada.

Em qualquer situação e a despeito das nuances apontadas, a origem e o fundamento maior dos regimes jurídico-administrativos regentes dos bens, atividades e pessoas que formam a Administração Pública se enraízam na Constituição da República. No Brasil, o legislador decidiu uniformizar e sistematizar os princípios gerais da Administração Pública no plano constitucional. Além de concretizarem o ideal de Estado democrático, republicano e de Direito, e orientarem a administração brasileira em termos valorativos, os grandes princípios ensejam desdobramentos normativos detalhados que afloram na própria Constituição, em leis e em atos internos da Administração. É a partir deles que se originam as limitações e as prerrogativas várias que permeiam o direito administrativo e seus múltiplos regimes.

Sob essas circunstâncias, prerrogativas e sujeições criadas pelo legislador devem ser questionadas e combatidas quando não encontrarem verdadeiro fundamento no texto constitucional ou quando, ainda que embasadas primariamente na Constituição, ocasionarem restrições irrazoáveis a direitos fundamentais, de sorte a gerar um tratamento jurídico discriminatório despropositado em favor do Estado e em detrimento dos cidadãos. Igualmente antijurídicas serão as prerrogativas ou sujeições que impuserem obstáculos indevidos e prejuízos à própria Administração Pública. É imperativo que as características dos regimes administrativos observem critérios de racionalidade, de razoabilidade e de legitimidade democrática, do contrário constituirão instrumentos jurídicos arbitrários e inaceitáveis.

1.4.3 Direito administrativo público e privado

Ao reger atividades relativas ao funcionamento da máquina pública e ao atendimento de necessidades da coletividade com base em políticas públicas delineadas pelos representantes do povo, o direito administrativo se consagra como disciplina de direito público.

Reconhecer o caráter publicístico do direito administrativo não implica negar, porém, que a Administração Pública se sujeite ao direito privado em diversas ocasiões. Por via reversa, nem tudo que se situa fora do campo estatal se imuniza em relação ao direito administrativo. O mundo não gira em torno da divisão entre público e privado. O Estado não repele o direito privado, nem se identifica puramente com o direito público. "Estatal" não é sinônimo constante de "público"; nem "privado" equivale a tudo que não seja estatal.

Na realidade democrática, quem decide a medida do direito público e do direito privado é o povo mediante opções legislativas estabelecidas por seus representantes. Assim, nada impede que politicamente se opte pela incidência de normas privadas sobre determinados bens, atividades ou pessoas, ainda que se trate do exercício de função pública. A possibilidade dessa escolha política é o que permite afirmar, no direito, que inexiste um regime jurídico único ou padronizado para toda e qualquer relação envolvendo a Administração.

Exemplos para ilustrar essa afirmação no ordenamento jurídico hodierno não faltam. Apesar de o direito administrativo se revelar vastíssimo, a permeabilidade da Administração ao direito privado não é pequena, nem desprezível. Como instituição altamente complexa, o Estado brasileiro se compõe de inúmeras entidades que assumem ora personalidade de direito público interno, ora personalidade de direito privado. Por sua vez, o patrimônio dessas entidades e seus agentes ingressam em regimes sob maior ou menor influxo do direito público. Referida variação também se aplica às atividades administrativas e aos meios nelas empregados, como os atos e contratos.

Essas e outras situações mostram que: (i) o Estado não atua sob um regime jurídico único e (ii) os regimes administrativos não se prendem aos limites do direito público. Por autorização ou por omissão do legislador, muitas vezes a Administração lança mão de institutos e princípios de direito privado e, portanto, entra em relações jurídicas regidas pelo direito comum ou pelos chamados regimes híbridos, em que se misturam normas administrativas e privadas. Esses fenômenos se visualizam muito claramente na vida das empresas estatais, em matéria de contratação ou de gestão de bens estatais.

Da mesma forma que o direito privado entra no campo estatal, é possível que as normas públicas de direito administrativo se apliquem a relações consideradas privadas, não estatais. A relação entre um consumidor e uma empresa que atue como concessionária de serviço público – energia elétrica, telecomunicações etc. – guia-se por normas administrativas especiais que se agregam às normas gerais de direito do consumidor. Até mesmo alguns bens privados empregados na prestação do serviço público (estejam eles no patrimônio da concessionária ou de terceiros) sofrem a incidência de normas restritivas de direito público que mitigam a autonomia da vontade dos agentes privados.

Esses pequenos exemplos evidenciam que o direito administrativo incide sobre a vida dos particulares, assim como o direito privado se insere nas funções da Administração com maior ou menor intensidade.[10] Quando esse segundo fenômeno ocorre, é possível que se fale de um *"direito administrativo privado"*, ou seja, de um corpo de normas disciplinadoras da função administrativa conformado de modo predominante por normas privadas estabelecidas na legislação civil, comercial, trabalhista e em outras leis igualmente aplicáveis às relações típicas entre particulares.

A razão para se falar de um direito administrativo privado e não de um simples "direito privado" aplicado à Administração Pública tem um fundamento jurídico. Ainda que o Estado se guie por normas privadas a partir de uma faculdade ou de

---

10. Cf. DI PIETRO, Maria Sylvia Zanella (org.). *Direito privado administrativo*. São Paulo: Atlas, 2013.

uma lacuna deixada pelo legislador, essas normas sempre sofrerão os influxos dos princípios gerais de direito administrativo, consagrados na Constituição de 1988. Ao ingressarem na órbita da Administração Pública, essas normas deverão ser interpretadas e harmonizadas com uma lógica publicística, orientada a interesses públicos primários, ou seja, interesses gerais caros ao povo e ancorados no texto constitucional de maneira explícita ou implícita. É a vinculação inexorável aos interesses difusos e coletivos (primários) e aos princípios gerais da Administração Pública que une o direito administrativo tradicional (público) e o direito administrativo privado.

O chamado direito administrativo privado, aqui tratado, não deve ser confundido com o direito administrativo encontrado em fontes de direito privado. O Código Civil, por exemplo, traz normas sobre bens públicos, dando-lhes regime distinto ao dos bens particulares, além de normas sobre entidades estatais e outros temas bem sistematizados por autores como Romeo Felipe Bacellar Filho.[11] Além do Código Civil, inúmeras outras leis, típicas do direito privado, contêm normas de direito público a reger aspectos da Administração Pública. Essas normas públicas em leis de direito privado não se confundem com o direito administrativo privado, que, como dito antes, é o conjunto de normas privadas aplicadas a relações administrativas, em maior ou menor intensidade.

1.5 BREVE EVOLUÇÃO E TENDÊNCIAS DO DIREITO ADMINISTRATIVO

1.5.1 A fase de fragmentação

O direito administrativo brasileiro, na atualidade, resulta de um processo histórico complexo e de fatores de natureza política, constitucional e extrajurídica, como os apontados modelos de administração pública, inspiradores de várias reformas administrativas. Para fins pedagógicos, a evolução desse importante ramo do direito público pode ser apresentada em quatro grandes fases: a de fragmentação, a de efetiva formação, a de consolidação e a de transição, ora em curso.[12]

A *fase de fragmentação* equivale fundamentalmente ao período colonial. Inicia-se com a chegada dos colonizadores portugueses no território ocupado por indígenas e prossegue até o início do século XIX, ou melhor, até a transferência da Corte Portuguesa ao Brasil. Nesse longo período, não havia propriamente uma ciência do direito administrativo, calcada em princípios gerais e sistematizada, sobretudo porque ainda

---

11. Cf. BACELLAR FILHO, Romeu Felipe. *Direito administrativo e o novo Código Civil*. Belo Horizonte: Fórum, 2009, p. 121 e seguintes.
12. Em detalhes, cf. DI PIETRO, Maria Sylvia Zanella. 500 anos de direito administrativo brasileiro. *Revista Brasileira de Direito Público*, v. 1, n. 1, 2003, p. 210 e seguintes; MEDAUAR, Odete. *O direito administrativo em evolução*, 3ª ed. Brasília: Gazeta Jurídica, 2016 e MARRARA, Thiago. Direito administrativo brasileiro: transformações e tendências. In: MARRARA, Thiago (org.). *Direito administrativo*: transformações e tendências. São Paulo: Almedina, 2014, p. 17 e seguintes.

1 • FUNDAMENTOS E EVOLUÇÃO

não existia um ambiente propício à formação dessa ciência, ou melhor, não reinava uma lógica democrática de Estado de Direito, guiada pelo constitucionalismo e por direitos fundamentais. Além disso, Portugal não buscava criar aqui um verdadeiro Estado, preocupando-se mais com a exploração dos recursos da colônia e a arrecadação de tributos do que, efetivamente, com um processo de estruturação de nação.

Mesmo nessas circunstâncias desfavoráveis, viam-se normas esparsas sobre vários aspectos da administração pública; normas que se espalhavam como peças de um quebra-cabeça desmontado. Essas normas sobre a administração pública durante o período colonial provinham basicamente de duas fontes: os atos normativos da metrópole portuguesa e o direito local, que florescia conforme as vilas e cidades gradualmente se formavam ao sabor dos ciclos econômicos, como os da madeira, da cana de açúcar e da mineração.

Do direito metropolitano, as principais fontes eram, sem qualquer dúvida, as Ordenações do Reino de Portugal. As Afonsinas foram editadas em 1446 durante o reinado de Dom Afonso V; as Manuelinas, datam de 1514 e foram atualizadas em 1521, quando da morte do Rei Dom Manuel I, e as Filipinas, surgiram em 1603. Entre outros assuntos que, hoje, seriam enquadrados no direito administrativo, esses diplomas normativos cuidavam de bens públicos, gestão do patrimônio estatal, prerrogativas da nobreza, restrições à propriedade e à liberdade, exercício de funções administrativas e de "agentes públicos", como os juízes, ouvidores, corregedores, desembargadores, vereadores, governadores, prefeitos (alcaides) etc.[13]

As medidas que se desenvolviam ao lado das normas metropolitanas para cuidar especificamente da colônia, de outro lado, não podem ser ignoradas. A esse respeito, Emerson Moura destaca as ações do Marques de Pombal, como a transferência do centro administrativo ao Rio de Janeiro, a consolidação da organização centralizada após a extinção das capitanias hereditárias, a criação e transformação de comarcas e vilas, dentre outras. Contudo, essas e outras providências não se direcionavam exatamente à estruturação de uma nação e ao bem-estar da população. Visavam, muito mais, a satisfazer os interesses da elite agrária e da Coroa, nutrindo um sistema fiscalista, autoritário e fortemente patrimonialista.[14]

1.5.2 A fase de formação

Ao longo do século XIX, inúmeros fatores contribuíram para superar a fragmentação das normas administrativas e fazer nascer uma verdadeira ciência do

---

13. Para uma visão detalhada da história do direito administrativo brasileiro desde a colônia, cf. FERRAZ, Sérgio. *Tratado de direito administrativo brasileiro*, parte geral, volume 1. Belo Horizonte: Fórum, 2022, p. 31 e seguintes.

14. MOURA, Emerson da Costa. Burocracia brasileira, reforma administrativa e Estado: o papel do aparato administrativo no Governo Vargas. *Revista Estudos Institucionais*, v. 2, n. 1, 2016, p. 378. Cf. também PRADO JÚNIOR, Caio. *Formação do Brasil Contemporâneo*: colônia. São Paulo: Companhia das Letras, 2011, em geral.

direito administrativo no Brasil. Esses fatores se dividem em três grandes grupos: os políticos, os jurídicos e os acadêmicos.

No plano político, o século XIX foi marcado pela consagração de direitos fundamentais a partir das revoluções dos séculos anteriores (sobretudo a francesa e a americana) e pela adoção gradual de um modelo de Estado moderno, que busca se legitimar de modo democrático por uma Constituição e de leis baseadas na vontade do povo, expressa por seus representantes.

É nesse contexto que afloram o constitucionalismo, o Estado de Direito, a legalidade e os direitos fundamentais, sobretudo os civis e políticos. Todos esses elementos criam um terreno fértil para que o direito administrativo desponte como um ramo dedicado tanto a colocar em prática os novos valores relativos à organização do Estado, como também para garantir um status diferenciado aos entes e órgãos públicos no sentido de lhes permitir tutelar interesses públicos primários, valendo-se de prerrogativas e sujeições não existentes no âmbito privado.

Especificamente no Brasil, esses valores começaram a ganhar importância no sentido de sustentar um direito administrativo próprio a partir do momento em que as tropas napoleônicas, conquanto enfraquecidas, invadiram o território português e estimularam a fuga e a transferência da Corte para o Rio de Janeiro. Assim, antes mesmo da outorga da Constituição de 1824, foi a chegada de aproximadamente 15 mil portugueses em 1808 que exigiu a "modernização" do Brasil colonial e de seu aparato administrativo.[15]

O deslocamento transatlântico da nobreza demandou a estruturação de um aparato institucional administrativo mais sólido e complexo em nossas terras, superando as muitas fragilidades e precariedades do sistema colonial. Nasceram, assim, o Banco do Brasil, a Impresa Régia, a Academia Real Militar, escolas de medicina, fábricas de pólvora e ferro, a Academia de Belas-Artes, a Biblioteca Real, o Museu Nacional, o Jardim Botânico, entre outras entidades. Nas palavras de Boris Fausto, graças à invasão de Napoleão, "todo um aparelho burocrático vinha para a Colônia: ministros, conselheiros, juízes da Corte Suprema, funcionários do Tesouro, patentes do exército e da marinha, membros do alto clero", além de um amplo conjunto patrimonial e histórico, como o tesouro real, os arquivos do governo, uma máquina impressora e várias bibliotecas que formariam nossa Biblioteca Nacional no Rio de Janeiro.[16]

Para além das revoluções e da transferência da família real, o surgimento do direito administrativo foi fomentado no Brasil pela outorga da Constituição Imperial de 1824 por Dom Pedro I. Nossa primeira constituição continha uma declaração de

---

15. Em mais detalhes, cf. GOMES, Laurentino. *1808*: como uma rainha louca, um príncipe medroso e uma corte corrupta enganaram Napoleão e mudaram a história de Portugal e do Brasil. Rio de Janeiro: Globo Livros, 2014, em geral.

16. FAUSTO, Boris. *História do Brasil*, 10ª. São Paulo: Edusp, 2002, p. 121.

1 • FUNDAMENTOS E EVOLUÇÃO

direitos fundamentais (art. 179), além de normas sobre controle da Administração, função administrativa (sobretudo poder de polícia) e organização administrativa. Como demonstrei em outra oportunidade, ali, já se previa o controle da Administração pelo Legislativo no tocante a despesas, organização do orçamento, administração de bens e empregos públicos (art. 15), bem como o controle posterior da gestão administrativa (art. 37). As funções administrativas, de outra parte, apareciam em regras sobre intervenção estatal na propriedade privada, poder de polícia em matéria de indústria e comércio e na previsão de princípios gerais como o da legalidade e isonomia. A Constituição de 1824 previa igualmente as funções de ministros de Estado (art. 131 e 132), tratava de figuras semelhantes ao crime de responsabilidade (art. 133) e regia a organização e o funcionamento do Conselho de Estado, extinto pelo Ato Adicional de 1824 e reinstalado em 1841.[17]

Aos poucos, os fatores políticos que movimentaram o velho e o novo continentes, somados ao arcabouço constitucional que se consolidou em 1824 durante nossa fase imperial geraram condições favoráveis a um terceiro fator de desenvolvimento do direito administrativo nacional: o acadêmico. Sob forte influências francesa, em 1851, a cadeira de direito administrativo é introduzida no currículo das Faculdades de Direito de Recife e de São Paulo. Em 1855, o Conselheiro Ribas assume a cadeira na Faculdade de São Paulo. Mais tarde, em 1857, Vicente Pereira do Rego publica, em Recife, os dois volumes da obra "elementos de direito administrativo brasileiro comparado com o direito francês, segundo o método de Pradier-Fodéré". Com isso, inaugura a doutrina e abre caminho para o "direito administrativo brasileiro", de Conselheiro Antônio Joaquim Ribas, e para o "ensaio sobre o direito administrativo", de Paulino José Soares de Souza, o Visconde de Uruguai, editada em 1862, durante o segundo império.[18]

1.5.3   A fase de consolidação

Com a Constituição da República de 1891, o ambiente de desenvolvimento do direito administrativo brasileiro mudou de maneira radical. Fortemente inspirada pelo direito norte-americano, essa Carta substituiu a monarquia pela república; o modelo imperial hereditário pelo presidencialismo mediante eleições; o sistema de quatro poderes pelo tripartite, enterrando o poder moderador. Além disso, afastou a unitarismo para implantar um federalismo de dois níveis e lançou as bases para o amplo controle da Administração Pública pelo Judiciário, distanciando-se do sistema europeu continental, que até hoje se vale de justiças administrativas, frequentemente orientadas pelos Conselhos de Estado como órgãos de cúpula.

---

17.   MARRARA, Thiago. Direito administrativo brasileiro: transformações e tendências. In: MARRARA, Thiago (org.). *Direito administrativo*: transformações e tendências. São Paulo: Almedina, 2014, p. 18-20.

18.   Em detalhes sobre essas obras inaugurais, vale conferir a análise pormenorizada de FERRAZ, Sérgio. *Tratado de direito administrativo brasileiro,* parte geral, volume 1. Belo Horizonte: Fórum, 2022, p. 82 e seguintes.

A estrutura cimentada pela Constituição de 1891 e seus valores centrais foram, em certa medida, repetidos por todas as Constituições republicanas posteriores. A unicidade de jurisdição se robusteceu ao longo dessa história, submetendo as decisões administrativas dos mais diferentes tipos à apreciação judicial, com maior ou menor análise de mérito. O federalismo se intensificou, mormente com a transformação do Município, que, em 1988, deixou de ser ente descentralizado da administração estadual e assumiu a condição de terceira esfera federativa – ainda que de maneira bastante assimétrica e frágil.

Durante esse longo período histórico, iniciado na derrocada do Império até a Constituição de 1988, o direito administrativo aos poucos se expandiu e se consagrou como importante disciplina do direito público, guia da execução cotidiana das mais variadas funções estatais.

Esse movimento, porém, não foi fruto apenas da transformação do sistema constitucional e de organização do Estado. A doutrina, o Congresso Nacional e a magistratura contribuíram de forma significativa para tanto.

Durante o século XX, floresce uma ampla legislação sobre a organização da Administração Pública e suas inúmeras funções. Essa legislação se impôs pela necessidade de reger a atuação crescente do Estado no campo dos direitos sociais e suas múltiplas técnicas de intervenção na liberdade, na propriedade e na economia. Muitas dessas leis, vigentes até hoje, surgiram especificamente durante os dois períodos autoritários do século passado e em linha com suas propostas de reforma administrativa e desenvolvimento nacional. Refiro-me ao Estado Novo de Vargas, de 1937 a 1945, e à ditadura militar, de 1964 a 1985.

Da época de Vargas, ainda se encontram vivas normas sobre proteção do patrimônio cultural e desapropriação, por exemplo. Além disso, Vargas foi responsável pela primeira grande reforma administrativa, tendo criado o Departamento Administrativo do Serviço Público (DASP) em 1938 para assessorar a Presidência, modernizar a gestão pública, combater o patrimonialismo, racionalizar procedimentos e aprimorar a gestão de pessoal.[19] Foi também Vargas que instituiu, pela primeira vez, um plano de classificação de cargos, buscando incorporar um sistema de impessoalidade e meritocracia. Ainda nesse período, criou-se o Ministério da Educação e Saúde, fortalecendo políticas sociais, e organizaram-se o Conselho Federal de Serviço Público para tratar de concursos de ingresso, fomentando a objetividade; a Comissão Central de Compras, para lidar com contratação, e a Comissão Permanente de Padronização, para fixar padronização de materiais.[20]

---

19. Sobre as reformas administrativas em geral, cf. BRESSER-PEREIRA, Luiz Carlos. Do Estado Patrimonial ao Gerencial. In: GARCIA, Afrânio; SACHS, Ignacy; WILHEIM, Jorge; PINHEIRO, Paulo Sérgio (org.). *Brasil: um século de transformações*. São Paulo: Companhia das Letras, 2001; WAHRLICH, Beatriz de Souza. Reforma Administrativa Federal Brasileira: passado e presente. *Revista de Administração Pública*, v. 8, n. 2, 1974 e NOHARA, Irene Patrícia. *Reforma administrativa e burocracia*. São Paulo: Atlas, 2012, em geral.

20. MOURA, Emerson da Costa. Burocracia brasileira, reforma administrativa e Estado: o papel do aparato administrativo no Governo Vargas. *Revista Estudos Institucionais,* v. 2, n. 1, 2016, p. 382 e seguintes.

Do período militar, empregam-se até hoje vários diplomas setoriais sobre bens públicos, mineração, parcelamento urbano etc. Também datado desse período é o Decreto-Lei n. 200/1967, diploma extremamente relevante para fins de compreensão da organização administrativa, já que traça princípios gerais, aborda a eficiência, trata do planejamento, da coordenação administrativa e da supervisão ministerial, fortalece a Administração Indireta e define conceitos fundamentais sobre as espécies de pessoas jurídicas que formam o Estado. O Decreto-Lei n. 200 é resultado da segunda reforma administrativa, carreada por Amaral Peixoto sob influência das ideias de Hélio Beltrão, que também atuou para a criação do Programa Nacional de Desburocratização de 1979 com o objetivo de simplificar e dinamizar o funcionamento da Administração Pública federal.[21]

Certamente pelo abafamento das oposições e a instituição de um clima hostil ao diálogo e ao debate democrático, esses dois períodos históricos foram férteis em leis e acabaram por forjar a lógica do direito administrativo brasileiro. Os diplomas dessas épocas explicam muitos dos institutos contemporâneos e a forma de pensar a gestão pública. Eles também esclarecem a fixação tradicional do direito brasileiro com regimes jurídicos fortemente verticalizados, em que o Estado se coloca em posição de superioridade em relação aos particulares, tal como demonstram as prerrogativas ainda hoje utilizadas nas relações contratuais públicas.

Essa expansão da legislação administrativa e das funções estatais no século XIX deu margem a novas formas de conflitos, abrindo espaço para que o Judiciário pudesse se manifestar sobre temas de direito público com grande intensidade e frequência. Com isso, os tribunais passaram a contribuir com a formulação e consolidação da matéria de modo inegável. Exemplos disso se vislumbram em temas como a desapropriação indireta, o fato consumado, os agentes de fato, o poder de autotutela da Administração mediante revogação ou anulação de atos administrativos. Como apontei alhures, a unicidade de jurisdição trazida no final do século XIX foi o impulso fundamental ao fortalecimento do papel da magistratura na construção de um direito administrativo realmente nacional, com características e institutos próprios derivados dos problemas oriundos da interação, em nosso contexto socioeconômico e cultural, do Poder Público com a sociedade.

Seja mediante absorção dessas construções judiciais, seja pelo cotejo da legislação em expansão, seja pela intensa absorção de influências europeias continentais, sobretudo de Portugal, França e Itália,[22] a doutrina brasileira progrediu significativamente de 1891 a 1988. As obras de Mario Masagão, Themístocles Brandão Cavalcante, Ruy Cirne Lima, Hely Lopes Meirelles, José Cretella Júnior, Manoel de Oliveira Franco Sobrinho, Caio Tácito, Oswaldo Aranha Bandeira de Mello

---

21. O programa foi estabelecido pelo revogado Decreto n. 83.740, de 18 de julho de 1979.
22. A respeito das influências estrangeiras na formação do direito administrativo e um histórico de teses acadêmicas nessa disciplina, cf. MENEZES DE ALMEIDA, Fernando Dias. *Formação da teoria do direito administrativo no Brasil*. São Paulo: Quartier Latin, 2015, em geral.

revelam claramente esse enorme esforço científico que permitiu sistematizar um direito administrativo nacional. Surgiu daí um ramo com características marcantes, a exemplo: (i) do extenso conteúdo material; (ii) da ausência de uma separação entre a parte geral e a pare especial; (iii) do apego à legalidade forte, como conformidade ao direito posto; (iv) do protagonismo do interesse público e de regimes jurídicos verticalizados e (v) do modelo unilateral e monológico de gestão – características que somente viriam a ser colocadas em disputa na próxima fase histórica.

1.5.4 A fase de transição

A partir de 1988, abre-se a quarta fase do direito administrativo, marcada por um forte espírito de renovação, o que permite caracterizá-la como a transição para uma disciplina jurídica renovada. Esse espírito de renovação é fomentado por basicamente dois elementos históricos: (i) a promulgação da Constituição de 1988, como símbolo da redemocratização, e (ii) as propostas de reforma da Administração Pública, sobretudo a gerencial promovida no governo Fernando Henrique Cardoso e capitaneada pelo Ministro Bresser Pereira.

Na Constituição de 1988, notam-se ao menos três grandes preocupações do Poder Constituinte. A primeira delas reside na redemocratização. Para isso, a Constituição exige uma Administração Pública democrática, aberta à participação e guiada pela transparência. A segunda preocupação é a promoção da moralidade. Nesse sentido, a Constituição consagra o princípio da moralidade administrativa, trata de improbidade administrativa e formas de desvio ou abuso de poder, além de introduzir impedimentos diversos para os agentes públicos. Ao mesmo tempo, impõe regras gerais claramente burocratizantes, como a ampliação da licitação e dos concursos públicos. A terceira preocupação do Poder Constituinte se revela na promoção de direitos fundamentais. Por isso, a Constituição traz não apenas um rol de direitos civis e políticos, mas uma lista de direitos sociais e um amplo título dedicado à ordem social, tratando de saúde, educação, lazer, cultura, entre outros temas.

Um pouco mais tarde, em 1995, a proposta de reforma da Administração ganha força, materializando-se no Plano Diretor de Reforma do Aparelho do Estado, idealizado pelo então Ministro Bresser Pereira. Em seu escopo, essa reforma busca contornar algumas das distorções do modelo burocrático, tornar a Administração mais eficiente, combater a autorreferenciabilidade burocrática e reduzir seus custos de funcionamento. Para tanto, valoriza a delegação de atividades estatais para o mercado e para o terceiro setor, fortalece a regulação e o papel das agências reguladoras, propõe mudanças no regime dos servidores, estimula a desburocratização e o controle posterior, entre outras medidas.

O novo cenário constitucional e a reforma de 1990 fomentam uma intensa atividade legiferante, operando a maior positivação do direito administrativo. Isso se vislumbra na edição da ampla Lei de Improbidade (Lei n. 8.429/1992), na revogada

Lei Geral de Licitações (Lei n. 8.666/1993) e na primeira Lei Geral de Concessões (Lei n. 8.987/1995). Após 1995, novo impulso é dado, fazendo surgir várias leis sobre o terceiro setor (Lei das OS, das OSCIP e das OSC), leis sobre serviços públicos (telecomunicações, energia, transporte etc.), leis contratuais (Lei do Pregão, Lei das PPP, Lei dos Consórcios Públicos, Lei do RDC, Lei dos Contratos de Publicidade Governamental), leis de combate à corrupção e conflitos de interesses, entre outras.

É inegável, portanto, que o direito administrativo se densifica e ao mesmo tempo se renova a partir de 1988. Pressões surgem no sentido de valorizar o diálogo e a participação, de corrigir as disfunções do modelo burocrático, de tornar o Estado mais enxuto e mais leve em termos financeiros, de construir uma Administração mais eficiente e responsiva, de mitigar o regime jurídico administrativo tradicional, baseado em fortes prerrogativas e sujeições paralisantes, oferecendo aos entes estatais regimes jurídicos alternativos, fortemente influenciados pela horizontalidade do direito privado.

Se a estratégia da década de 1990 funcionou ou foi pertinente, é difícil afirmar sem pesquisas empíricas mais aprofundadas. Alguns setores avançaram muito, como o das telecomunicações e o terceiro setor; outros nem tanto, como a educação e o combate à corrupção. Fato é que a legitimidade do Estado brasileiro, apesar de tantas novas leis e reformas mirabolantes, não se elevou, nem foram corrigidas a gravíssimas desigualdades socioeconômicas e regionais, ou superada a mentalidade ainda patrimonialista que contamina boa parte da gestão pública. Os desafios persistem e exigem novas propostas.

1.5.5 Transformações e tendências atuais

Algumas décadas depois da promulgação da Constituição de 1988, de tantas leis e reformas, resta saber: que caminhos o direito administrativo brasileiro tem seguido? Responder essa questão em um livro de introdução à disciplina certamente não é simples. Arrisco, entretanto, a sustentar que alguns movimentos se delineiam na atualidade.

O primeiro movimento, denomino de *"recalibração dos princípios"*. Na atualidade, alguns princípios antes tidos como superiores ou fundamentais, perdem protagonismo em favor de outros. Legalidade e interesse público são reposicionados; publicidade e segurança jurídica ganham espaço. O direito administrativo passado estava vinculado a uma concepção de legalidade rígida e forte, segundo a qual todo e qualquer comportamento da Administração dependeria de um regramento legislativo. Via-se repetido por todos os cantos o mantra de que a "Administração somente faz o que a lei manda ou permite". Hoje, porém, percebe-se que a legalidade deve ser sacrificada em favor de outros princípios em certas ocasiões, como a segurança jurídica. Mais que isso, consolida-se a visão que a legalidade se manifesta em modelos mais ou menos rígidos, não como um regime único. Paralelamente, reposiciona-se o antigo princípio da "supremacia" do interesse público, seja no sentido de esclarecer que o interesse público necessita se harmonizar com direitos fundamentais, seja para evitar que o princípio seja manipulado para justificar arbitrariedades, abusos e prerrogativas sem sentido. A segurança jurídica, a seu turno, floresce com a LINDB, com novas teorias sobre a discricionariedade e com a absorção da lógica alemã de proporcionalidade, enquanto a publicidade se amplia com a legislação de acesso à informação, de processo administrativo e de governo eletrônico.

O segundo movimento que parece ganhar força é o da *processualização*. A Administração Pública se amplia e, aos poucos, torna-se responsável por mais decisões que afetam profundamente a vida privada, a sociedade e o mercado. Quanto mais importantes e frequentes se tornam essas decisões, concretas ou abstratas, mais se eleva a exigência de que sejam construídas de modo cauteloso, racional, democrático e harmônico a garantias fundamentais, como a defesa e o contraditório. É aí que ganha espaço o processo administrativo. Sua valorização se reflete na multiplicação de leis gerais sobre a matéria e, em última instância, é diretamente proporcional aos espaços conquistados pela Administração Pública na gestão da vida social, inclusive em detrimento de ramos clássicos, como o direito penal.

O terceiro movimento de transformação é o da *consensualização* e, por conseguinte, da "contratualização". A construção de espaços que viabilizem o diálogo e, eventualmente, alguns consensos, passa a ser entidade como imprescindível, já que tende a ampliar a compreensão das políticas públicas, a reduzir a litigiosidade e a judicialização, a estimular a transparência e a cultura democrática, a fortalecer os elementos do processo decisório, a incentivar o cumprimento das decisões e, em última instância, a contribuir com a legitimidade estatal. Multiplicam-se, nesse contexto, instrumentos pró-consensuais procedimentais (como audiências e consultas públicas), orgânicos (como conselhos de políticas públicas) e contratuais (como novas formas de parceiras ou acordos no exercício do poder de autoridade, como os acordos de leniência e os ajustamentos de conduta).

O quarto movimento é o da *privatização*. Refiro-me, nesse contexto, não apenas à venda de empresas estatais ou à delegação de serviços públicos a particulares por contratos de concessão. A ideia aqui é mais ampla. Ao privatizar-se, o direito administrativo despe-se da visão autoritária, passa a construir regimes jurídicos alternativos, horizontais e negociados, recusando prerrogativas desnecessárias. Como expliquei em outras ocasiões, "falar de privatização do direito administrativo não significa desejar sua morte", nem se confunde com uma "fuga ao direito privado". Afinal, "fugir do direito administrativo significa tentar evitar indevidamente sua aplicação aso casos concretos (...). Longe de querer buscar o aprimoramento do direito administrativo – debatido entre os teóricos –, o gestor público muitas vezes objetiva se afastar de suas amarras (*i.e.* sujeições)". É imprescindível diferenciar essa indevida fuga de uma "privatização" no sentido de epistemológica de construir

1 • FUNDAMENTOS E EVOLUÇÃO | 33

novas lógicas e regimes jurídicos, absorvendo em favor da Administração e de suas relevantes funções experiências e modelos de outros ramos jurídicos.

O quinto movimento relevante é o que chamo de *"direito administrativo inclusivo"*,[23] ou seja, "a emergência do uso de institutos do direito administrativo com finalidades discriminatórias, ou melhor, com o objetivo de promover a igualdade material". A relevância legislativa desse movimento, porém, é inversamente proporcional ao destaque que ela recebe na doutrina. Pouco ainda se fala dos instrumentos que o Brasil criou e o papel que eles exercem na transformação social. Os exemplos são muitos. A proposta se manifesta em: (a) mecanismos de contratação inclusiva, como a determinação de recrutamento de grupos vulneráveis por empresas contratadas ou por medidas de favorecimento em licitações para ME, EPP e startups; (b) mecanismos de inclusão na gestão de recursos humanos, como política de reserva de vagas para deficientes em concursos; (c) mecanismos processuais inclusivos, como o dever de aceleração em favor de idosos e portadores de enfermidades graves; (d) mecanismos inclusivos nos serviços públicos econômicos, como tarifação social e (e) nos serviços públicos sociais, como cotas ou políticas de pontuação adicional para determinados grupos étnicos.

O sexto e último movimento transformador que me afigura relevante destacar se vislumbra na intensificação das relações do direito administrativo com novas tecnológicas, forjando, por exemplo, "o direito administrativo digital". Nesse fenômeno, várias frentes de análise teórica e construção dogmática se abrem, pois as relações possíveis são muitas. Ora a Administração desponta como fomentadora de novas tecnologias; ora as regula ou controla; ora as adquire; ora as utiliza no desempenho de suas inúmeras funções.[24] Em que medida, porém, a Administração deve se envolver com novas técnicas? O que muda no direito administrativo quando elas são introduzidas? Quem responderá por eventuais danos causados? Essas são algumas perguntas que emergem nesse movimento.

1.6 BIBLIOGRAFIA PARA APROFUNDAMENTO

ADAMS, John Clarke. Breve exposição sobre o direito administrativo norte-americano. *RDA*, v. 53, 1958.

ANTUNES, Luís Felipe Colaço. *O direito administrativo sem Estado*: crise ou fim de um paradigma? Coimbra: Coimbra editora, 2008.

---

23. Sobre o conceito, cf. MARRARA, Thiago. Direito administrativo brasileiro: transformações e tendências, p. 37 e seguintes, bem como HACHEM, Daniel. Administração pública inclusiva, igualdade e desenvolvimento, p. 391 e seguintes, ambos em MARRARA, Thiago (org.). *Direito administrativo*: transformações e tendências. São Paulo: Almedina, 2014.
24. A respeito dessas quatro relações da Administração com as tecnologias, cf. MARRARA, Thiago; GASIOLA, Gustavo Gil. Regulação de novas tecnologias e novas tecnologias na regulação. *International Journal of Digital Law*, v. 1, n. 2, 2020, p. 125.

BACELLAR FILHO, Romeu Felipe. *Direito administrativo e o novo Código Civil*. Belo Horizonte: Fórum, 2007.

BANDEIRA DE MELLO, Celso Antonio. O conteúdo do regime jurídico-administrativo e seu valor metodológico. *RDA*, v. 89, 1967.

BAPTISTA, Patrícia. *Transformações do direito administrativo*. Rio de Janeiro: Renovar, 2003.

BAPTISTA, Patrícia; KELLER, Clara Iglesias. Por que, quando e como regular as novas tecnologias? Os desafios trazidos pelas inovações disruptivas. *RDA*, v. 273, 2016.

BITENCOURT NETO, Eurico. Transformações do Estado e a Administração Pública no século XXI. *Revista de Investigações Constitucionais*, v. 4, n. 1, 2017.

BRESSER-PEREIRA, Luiz Carlos. A reforma gerencial do estado de 1995. *RAP*, v. 34, 2000.

BRESSER-PEREIRA, Luiz Carlos. Do Estado Patrimonial ao Gerencial. In: GARCIA, Afrânio; SACHS, Ignacy; WILHEIM, Jorge; PINHEIRO, Paulo Sérgio (org.). *Brasil: um século de transformações*. São Paulo: Companhia das Letras, 2001.

DI PIETRO, Maria Sylvia Zanella (org.). *Direito privado administrativo*. São Paulo: Atlas, 2013.

DI PIETRO, Maria Sylvia Zanella. 500 anos de direito administrativo brasileiro. *Revista Diálogo Jurídico*, n. 10, 2002.

DI PIETRO, Maria Sylvia Zanella. *Do direito privado na administração pública*. São Paulo: Atlas, 1989.

DI PIETRO, Maria Sylvia Zanella; MARTINS JÚNIOR, Wallace Paiva. *Tratado de direito administrativo, v. 01:* teoria geral e princípios do direito administrativo. São Paulo: Revista dos Tribunais, 2014.

DUARTE, Maria Luísa. *Direito administrativo da União Europeia*. Coimbra: Coimbra editora, 2008.

FALEIROS JÚNIOR, José Luiz de Moura. *Administração Pública Digital*. 2ª ed. São Paulo: Foco, 2024.

FERRAZ, Sérgio. *Tratado de direito administrativo brasileiro*, v. 1. Belo Horizonte: Fórum, 2022.

FROTA, Hidemberg Alves. Direito administrativo global: padrões substantivos. *RDDA*, v. 2, n. 1, 2015.

FROTA, Hidemberg Alves. Facetas do direito administrativo chinês: a reforma de 2014 da lei do processo administrativo – a justiça administrativa de segurança pública – o sistema de cartas e visitas. *RDDA*, v. 3, n. 1, 2016.

GABARDO, Emerson. Understanding Brazilian administrative Law, the related literature and education: a comparison with the system in the United States. *Vienna Journal on International Constitutional Law*, v. 9, 2015.

GUIMARÃES, Bernardo Strobel. *O exercício da função administrativa e o direito privado*. Tese de doutorado: USP, 2011.

HACHEM, Daniel; FARIA, Luzardo. Regulação jurídica das novas tecnologias no direito administrativo brasileiro. *Revista Brasileira de Direito*, v. 15, n. 3, 2019.

KRISCH, Nico; KINGSBURY, Benedict. Introdução: governança global e direito administrativo global na ordem legal internacional. *RDA*, v. 261, 2012.

LOUREIRO, Maria Rita; ABRUCIO, Fernando Luiz; PACHECO, Regina Silvia (org.). *Burocracia e política no Brasil*. São Paulo: FGV, 2010.

MAFRA FILHO, Francisco de Salles Almeida. Nascimento e evolução do direito administrativo. *RDA*, v. 238, 2004.

MARQUES NETO, Floriano de Azevedo. O direito administrativo no sistema de base romanística e de common law. *RDA*, v. 268, 2015.

MARRARA, Thiago (org.). *Direito administrativo*: transformações e tendências. São Paulo: Almedina, 2012.

MARRARA, Thiago. A experiência do direito administrativo alemão: o que os brasileiros devem saber? In: SUNDFELD, Carlos Ari; JURKSAITIS, Guilherme Jardim (org.). *Contratos públicos e direito administrativo*. São Paulo: Malheiros, 2015.

MARRARA, Thiago. Direito administrativo e novas tecnologias. *RDA*, v. 256, 2011.

MARRARA, Thiago; GASIOLA, Gustavo Gil. Regulação de novas tecnologias e novas tecnologias na regulação. *International Journal of Digital Law*, v. 1, n. 2, 2020.

MEDAUAR, Odete. *Direito administrativo em evolução*. 3ª ed. Brasília: Gazeta Jurídica, 2017.

MENEZES DE ALMEIDA, Fernando. *Formação da teoria do direito administrativo no Brasil*. São Paulo: Quartier Latin, 2015.

MOURA, Emerson Affonso da Costa. *Um fundamento do regime administrativo*. Rio de Janeiro: Lúumen Juris, 2014.

MOURA, Emerson da Costa. Burocracia brasileira, reforma administrativa e Estado: o papel do aparato administrativo no Governo Vargas. *Revista Estudos Institucionais*, v. 2, n. 1, 2016.

NOHARA, Irene Patrícia. *Reforma administrativa e burocracia*. São Paulo: Atlas, 2012.

RIBEIRO, Leonardo Coelho. *O direito administrativo como "caixa de ferramentas"*. São Paulo: Malheiros, 2016.

SUNDFELD, Carlos Ari. A Administração Pública na era do direito global. *Revista Diálogo Jurídico*, v. 1, n. 2, 2001.

SUNDFELD, Carlos Ari. *Direito administrativo para céticos*. São Paulo: Malheiros, 2014.

WAHRLICH, Beatriz de Souza. Reforma Administrativa Federal Brasileira: passado e presente. *Revista de Administração Pública*, v. 8, n. 2, 1974.

2
FONTES

2.1 FONTES DE DIREITO ADMINISTRATIVO

Segundo Norberto Bobbio, fontes do direito configuram "fatos ou aqueles atos aos quais um determinado ordenamento jurídico atribui a competência ou a capacidade de produzir normas jurídicas".[1] Para ser jurídica, é preciso que certa norma derive de fenômenos reconhecidos pelo ordenamento como sua fonte de produção. E para ser válida, não basta que a norma se harmonize com o ordenamento. Além de materialmente lícita, é necessário que ela resulte de uma fonte reconhecida.

As fontes do direito variam de acordo com as diferentes áreas jurídicas. Algumas valem para praticamente todas as disciplinas do direito interno, como as fontes constitucionais; outras, porém, encontram aceitação exclusivamente em certos campos do direito. Exemplo disso se vislumbra no "costume", fonte de direito internacional público e de direito comercial, mas inaceitável como fonte típica de direito administrativo. Exemplos adicionais são as leis municipais ou estaduais. Em matéria de direito processual judicial, civil, penal e do trabalho, cabe ao Congresso legislar com exclusividade (art. 22, I da CF), salvo se a União autorizar explicitamente os Estados a editarem normas nesses campos (art. 22, parágrafo único da CF). Já no direito administrativo, admite-se a ação legiferante dos três entes federativos.

Em virtude do princípio da auto-organização inerente à estrutura federativa tripartite, as Constituições, as leis federais, as estaduais e as municipais são fontes válidas de normas sobre assuntos relativos à Administração Pública. Não obstante, são raros os estudos dedicados aos direitos administrativos estaduais e municipais. Dadas a quantidade de Estados e Municípios na federação brasileira e a consequente variedade e complexidade de fontes, a ciência do direito administrativo se apoia principalmente nas normas federais e nacionais editadas pelo Congresso Nacional, bem como nos julgados que as abordam. Na prática, contudo, o administrativista não pode deixar de manusear fontes subnacionais ao lidar com casos e conflitos relacionados à Administração Pública de um Estado ou Município.

---

1. BOBBIO, Norberto. *Teoria do ordenamento jurídico*, 10ª ed. Brasília: Editora UNB, 1999, p. 45.

2.2 AS FONTES DIANTE DA AUSÊNCIA DE CODIFICAÇÃO DO DIREITO ADMINISTRATIVO

O direito administrativo brasileiro é composto por um conjunto de normas contidas em diplomas legislativos esparsos que não encontram sistematização em um código geral de validade nacional. Isso o afasta do que ocorre no direito civil, penal, processual civil, processual penal ou comercial, áreas em que códigos abrangentes assumem o papel de fonte primordial do direito e a legislação esparsa, embora existente, detém importância reduzida a certos aspectos.

Essa característica fragmentada e complexa do direito administrativo nacional se vincula fortemente tanto a uma cultura de não codificação desse ramo, quanto ao fato de a Constituição ter consagrado uma federação, da qual redunda a distribuição de poderes legislativos sobre temas administrativos pelos três níveis políticos de modo assimétrico. A estrutura de distribuição de competências depende de cada assunto tratado, não havendo um padrão único para todos os capítulos do direito administrativo. Por exemplo, para desapropriação, a competência legislativa do Congresso é privativa; no tocante às contratações públicas, sua competência se restringe à edição de normas gerais.

Mesmo que se desconsiderasse a federação, a codificação ampla desse ramo jurídico seria pouco recomendável, sobretudo diante da dinâmica dos modelos de administração pública, da mutabilidade das tarefas estatais e das consequentes mudanças que esses fatores ocasionam no direito positivo. Não é por outro motivo que até em países unitários, como a França e Portugal, os códigos administrativos existentes se limitam a certos temas. Ora eles tratam de bens públicos, de contratos ou de processo administrativo, ora de temas setoriais, como a política ambiental. No Brasil, a mesma lógica se repete: algumas leis sistematizam capítulos do direito administrativo geral, como as leis de processo administrativo; outras congregam normas de direito especial, como os códigos de águas, de florestas, de trânsito e de mineração. Entretanto, não existe, nem poderia existir codificação abrangente a ponto de abarcar todo o direito administrativo geral ou o direito administrativo especial em suas mais diversas facetas.

Diante desse cenário, a aplicação adequada do direito administrativo pressupõe que o jurista seja capaz de selecionar com facilidade as fontes relevantes dentro do emaranhado de diplomas normativos que conformam o direito positivo. Disso resulta a relevância de se conhecerem as técnicas e opções constitucionais de divisão de competências e os instrumentos que o direito prevê como introdutores de normas. Igualmente por força da fragmentação, da multiplicidade e da complexidade das fontes do direito administrativo, a doutrina e os princípios constitucionais da Administração Pública desempenham um papel imprescindível na construção de uma visão lógica, sistêmica e racional da disciplina jurídica da Administração Pública.

2.3 RELEVÂNCIA E CLASSIFICAÇÃO DAS FONTES

A utilidade do estudo das fontes é dúplice. Em primeiro lugar, ao conhecê-las, torna-se possível identificar o bloco de legalidade que rege uma relação jurídico-administrativa, seja dentro do Estado, seja do Estado com a sociedade ou mesmo entre entes públicos. Em segundo lugar, a identificação do bloco de legalidade por meio de escolha das fontes corretas se mostra imprescindível ao exame da legalidade administrativa em casos concretos. Não basta saber se o conteúdo da norma é compatível com o ordenamento! É necessário atestar que ela provém de uma fonte válida. Daí ser possível dizer que, em última instância, o controle adequado da Administração Pública pressupõe o conhecimento aprofundado da teoria das fontes.

Vários são os critérios teóricos de classificação das fontes normativas. No direito brasileiro, três deles são de especial relevância, a saber:

i. O *"critério subjetivo ou institucional"*, pelo qual se distinguem as fontes conforme o sujeito que a edita. A partir daí se repartem as fontes legisladas, as fontes normativas administrativas, as fontes jurisprudenciais e as fontes não estatais. Por força do princípio do Estado democrático de Direito, mais importante para o direito administrativo são as fontes legisladas, editadas pelo Congresso Nacional na União, pelas Assembleias Legislativas nos Estados ou pelas Câmaras de Vereadores nos Municípios. Nesse bloco também se incluem os diplomas legais editados pelo Executivo no exercício de sua função colegislativa, a saber: as leis delegadas e as medidas provisórias. As fontes administrativas, por sua vez, abrangem atos expedidos dentro da Administração Pública com mandamentos concretos ou com preceitos normativos e que deflagram efeito externo (em direção à sociedade e outros entes) ou efeito interno (circunscrito à própria entidade). Já as *fontes jurisprudenciais* são construídas pelos órgãos com poderes decisórios concretos. Elas abrangem desde a jurisprudência editada pelas autoridades e órgãos judiciários, que gradualmente alcançou grande importância no Brasil, como aquela que se forma no âmbito de entidades administrativas ou legislativas, como as agências reguladoras e os Tribunais de Contas. Ressalto: as fontes jurisprudenciais não se resumem ao campo do Poder Judiciário, pois incluem ainda a chamada *jurisprudência administrativa*, que se forma em qualquer dos três Poderes.

ii. O *"critério federativo"* se orienta pela descentralização política que marca o Estado brasileiro. Por meio dele, diferenciam-se as fontes nacionais (geradoras de normas a todos os entes da federação), federais (geradoras de normas para a União), estaduais, distritais e municipais. Ao contrário do que ocorre em outros ramos, no direito administrativo, essas categorias de fontes gozam de extrema relevância. Fora isso, é preciso alertar para o fato de que não existe sempre uma hierarquia descendente que parta do direito federal para o local. Na federação, é possível haver norma administrativa de um ente político subnacional que se sobreponha a norma de ente político territorialmente maior. Por exemplo, uma norma municipal, por tratar de assunto de predominante interesse local, pode afastar em certos contextos uma norma federal. Como as competências são muitas e seu arranjo é complexo, a descoberta da hierarquia das fontes introdutoras de normas depende de um exame pontual da divisão constitucional de competências legislativas conforme o caso.

iii.   O *"critério de hierarquia"* divide as fontes pelo grau de prevalência de suas normas sobre outras. Daí ser possível falar de fontes primárias, secundárias e subsidiárias. De modo geral, resumindo-se às fontes oficiais ou estatais, as Constituições se sobrepõem às leis e estas prevalecem sobre os diplomas administrativos internos (com exceção dos regulamentos autônomos). Essa hierarquia decorre do grau de legitimidade democrática de cada fonte, fator que se relaciona com a natureza da entidade pública que a edita e com o procedimento adotado. Além disso, a hierarquia decorrerá da maneira como a Constituição reparte as competências legislativas entre os entes da federação e do tipo de competência legislativa previsto para cada matéria (ou seja, competência exclusiva ou concorrente). Isso mostra que não se deve partir da premissa de que a hierarquia está relacionada de modo definitivo e absoluto com a estrutura federativa. No direito administrativo, uma norma editada pelo Congresso não prevalece em todos os casos sobre outra editada pela Assembleia Legislativa do Estado ou a Câmara Municipal. Tudo depende de quem tem a competência primária para o assunto.

2.4   FONTES CONSTITUCIONAIS

Dotadas de altíssima legitimidade democrática em virtude do procedimento legislativo requerido para sua elaboração, as fontes constitucionais exercem um papel essencial no direito administrativo. Em Estados federados como o Brasil, sua relevância é potencializada pelo fato de que não se resumem a um documento constitucional único de abrangência nacional. Como os três níveis políticos gozam de autonomia político-administrativa, além da Constituição da República e suas emendas, as Constituições Estaduais e as Leis Orgânicas Municipais também figuram como fontes constitucionais.

A *"Constituição da República Federativa do Brasil de 1988"*, referida simplesmente como Constituição Federal (CF) ou Constituição da República (CR), representa a mais importante fonte do direito administrativo, pois o Poder Constituinte nela incluiu um conjunto enorme de princípios e regras a respeito do funcionamento da Administração Pública – muitos dos quais, aliás, mais adequados para leis ordinárias. Esse excessivo tratamento de aspectos da Administração Pública no texto constitucional vigente espelha um claro movimento de *"constitucionalização do direito administrativo"*.[2] De um lado, esse movimento tem por efeito negativo enrijecer a disciplina jurídica da Administração Pública e mitigar a autonomia federativa; de outro, em contrapartida, geram maior padronização nacional e mais estabilidade por dificultar modificações levianas, pouco debatidas e que gozem de baixa legitimação democrática.

Ainda que se espalhem por todo o texto da CF, boa parte das normas administrativas se concentra no capítulo "da Administração Pública" (art. 37 e 38) e no relativo aos servidores públicos (39 a 41), ambos incluídos no título III, referente à "organização do Estado". Afora esses dispositivos, a Constituição traz normas acerca de: órgãos da Administração Direta (Ministérios e Presidência da República, no art. 76 e seguintes); entes da Administração Indireta (art. 37, XIX e XX; 173, § 1°); bens públicos (art. 20, 26, 176); espécies de serviços públicos e entes competentes para prestá-los (principalmente nos art. 21, 25 § 2° e 30); formas de prestação de serviços públicos (art. 21, XII e 175); fomento estatal (art. 179, 180, 205, 215); condições e casos para intervenção do Estado na economia (art. 173, *caput* e art. 177); meios excepcionais de restrição da liberdade (art. 5°, XI, XII, XVI) e da propriedade (art. 5°, XXIV e XXV, art. 182, §§ 3° e 4°, art. 184, *caput*, art. 243); direitos fundamentais de pessoas físicas e jurídicas exercitáveis perante o Estado (art. 5° e 6°); fundamentos do processo administrativo (art. 5°, LIV, LV, LVI, LXXVIII); bem como instrumentos de controle contra abusos e ilegalidades praticados pela Administração Pública (art. 5°, LXVIII a LXXIII, art. 37, § 6°, art. 49, X, art. 70, *caput* e art. 103-A, § 3°).

No plano dos Estados, existe um segundo grupo de fontes constitucionais, as frequentemente menosprezadas *"constituições estaduais"*. O fundamento dessas fontes consta expressamente da Constituição da República, que assim prescreve: "os Estados organizam-se e regem-se pelas Constituições e leis que adotaram, *observados os princípios desta Constituição*" (art. 25, *caput*). A última parte desse dispositivo ancora o chamado princípio da simetria, bastante utilizado pelo STF para esclarecer ao legislador estadual que uma ou outra norma da Constituição da República é de reprodução obrigatória e, portanto, a Constituição Estadual não pode dela divergir.

Na prática brasileira, tanto pelo dispositivo mencionado, como pela tendência centralista do STF, o princípio da simetria é bastante aplicado e as cartas estaduais são muito pouco criativas. Apesar disso, elas contêm normas essenciais sobre direito administrativo, sobretudo em matéria de: princípios, organização administrativa, processo administrativo, agentes públicos e controle. O Poder Constituinte estadual está autorizado, por exemplo, a ampliar o rol de princípios da Administração Pública previsto na Constituição Federal, além de estabelecer normas processuais

---

2. Cf., a respeito, DI PIETRO, Maria Sylvia Zanella; MARTINS JÚNIOR, Wallace Paiva. *Tratado de direito administrativo*: teoria geral e princípios do direito administrativo. São Paulo: Revista dos Tribunais, 2014, p. 82-83 e BARROSO, Luís Roberto. *Curso de direito constitucional contemporâneo*, 4ª ed. São Paulo: Saraiva, 2014, p. 399.

administrativas, formas de controle próprias, diferenciações no regime de servidores e de gestão de bens públicos.

O terceiro grupo de fontes constitucionais se compõe de *"Leis Orgânicas dos Municípios"* (LOM). Por disposição expressa da CF, "o Município reger-se-á por lei orgânica, votada em dois turnos, com o interstício mínimo de dez dias, e aprovada por dois terços dos membros da Câmara Municipal, que a promulgará, atendidos os princípios estabelecidos nesta Constituição, na Constituição do respectivo Estado (...)" (art. 29, *caput*). Nesse diploma constitucional local, disciplinam-se a estruturação dos Poderes municipais (Legislativo e Executivo), a Administração Direta e Indireta, os servidores locais, os princípios de funcionamento administrativo e as tarefas executivas que aos Municípios compete executar na sua missão constitucional de cuidar dos assuntos de predominante interesse local.

A Constituição da República estabelece um dever de simetria entre a LOM, de um lado, e os princípios contidos no seu texto e no da Constituição do Estado em que se localiza o Município, de outro. Fora isso, a CF exige que uma série de disposições conste da LOM, como as que tratam de composição da Câmara de Vereadores, eleição de Prefeito e Vice-Prefeito, garantia da iniciativa popular para projetos de lei e da cooperação das associações representativas no planejamento municipal. Daí se percebe que a LOM é intensamente amarrada por normas constitucionais e pelo princípio da simetria, o que ocasiona uma elevada padronização do direito municipal brasileiro.

As emendas às fontes constitucionais merecem atenção especial por dois fatores. Em primeiro lugar, como elas inserem novas normas em uma fonte constitucional originária, sua validade depende:

i.   De requisitos de *legalidade formal*, referentes ao processo legislativo. Para Emendas à CF, exige-se observância das regras de legitimidade para propositura, de vedação de aprovação durante vigência de intervenção federal e de aprovação em cada Casa do Congresso em dois turnos, obtendo em ambos três quintos dos votos dos respectivos membros (art. 60, *caput*, § 1º e § 2º da CF).

ii. De requisitos de *legalidade material*, consistente no respeito a cláusulas pétreas. Nesse sentido, a CF veda que EC modique a forma federativa do Estado; o voto direto, secreto, universal e periódico; a separação de Poderes; bem como os direitos e garantias individuais (art. 60, § 4º). Uma norma inserida por emenda com violação da legalidade formal ou material constituirá uma *"norma constitucional inconstitucional"*.

Em segundo lugar, o estudo das emendas exige bastante cuidado na teoria das fontes, pois, no Brasil, elas passaram a conter normas próprias. Para se compreender o verdadeiro alcance de uma emenda, não basta analisar o texto que modificaram no corpo do documento constitucional. É preciso verificar se a Emenda contém normas autônomas em seu corpo. Em outras palavras, as Emendas podem trazer tanto normas que se inserem no corpo dos textos constitucionais que elas alteram, como normas próprias.

2.5 FONTES LEGAIS

A lei comunica a vontade do povo ao Estado. Por isso, praticamente todos os assuntos de direito administrativo são indireta ou diretamente regidos por essa categoria de fontes, que abrange todas as espécies de lei previstas na Constituição da República (art. 59, II a V): (i) as leis complementares; (ii) as leis ordinárias; (iii) as leis delegadas e (iv) as medidas provisórias.

As *"leis complementares"* se diferenciam das leis ordinárias por dependerem de aprovação por maioria absoluta dos membros do Poder Legislativo (art. 69 da CF). Por força desse quórum de deliberação, supõe-se que elas gozem de maior legitimação democrática. Há que se ter alguma cautela nessa presunção, pois nada impede que certa lei ordinária obtenha mais apoio dos representantes do povo que uma complementar.

Por mandamento da Constituição da República, alguns temas relativos à administração pública dependem de lei complementar, como a criação de regiões metropolitanas pelos Estados (art. 25, § 3º), a definição das áreas de atuação de fundações estatais (art. 37, XIX) e o estabelecimento de procedimento de avaliação periódica de desempenho de servidor público estável (art. 41, § 1º, III). Quando a Constituição expressamente exigir essa espécie de lei, haverá *"reserva de lei complementar"*.

Diferentemente das complementares, as *"leis ordinárias"* são aprovadas por maioria simples. Sempre que a Constituição exigir que determinado assunto seja detalhado em lei, mas não a qualificar como complementar, o legislador poderá se valer de lei ordinária.

Em muitos tópicos de direito administrativo, a propositura de leis ordinárias cabe de modo privativo ao chefe do Poder Executivo. Somente o Presidente tem iniciativa para leis que disponham, por exemplo, sobre criação de cargos, funções ou empregos nas administrações direta ou autárquica federal, sobre aumento de remuneração, organização administrativa, serviços públicos, servidores públicos da União, provimento de cargos, estabilidade e aposentadoria, bem como sobre organização do Ministério Público e da Defensoria da União etc. (art. 61, § 1º). A *"reserva de iniciativa"* do Chefe do Executivo, tal como prevista na Constituição, deve ser respeitada nos Estados e nos Municípios por força do princípio da simetria, salvo na existência de norma em sentido contrário baseada na autonomia federativa e não conflitante com regra expressa da Constituição da República.

As *"leis delegadas"* consistem em instrumentos legislativos reservados ao Presidente da República, editados mediante autorização específica conferida em resolução legislativa e na qual se pode determinar a apreciação do projeto do Executivo pelo Congresso Nacional em votação única e sem qualquer possibilidade de emenda (art. 68, § 3º da CF). Uma série de assuntos não se sujeitam a tratamento por lei delegada, como os referentes à organização do Ministério Público, nacionalidade e direitos individuais, políticos e eleitorais ou os reservados a lei complementar. Embora alguns desses e doutros temas possam se relacionar com o direito administrativo, da Constituição não consta uma proibição genérica para se tratar de temas relativos à administração pública no tipo de lei em questão.

As *"medidas provisórias"* (MP) resultam igualmente da atividade colegislativa da chefia do Poder Executivo e produzem efeitos imediatos na esfera jurídica. A Constituição da República lhes impõe três requisitos de validade: (i) o objeto deve ser urgente e relevante (art. 62, *caput*); (ii) a medida não pode configurar reedição de outra anteriormente rejeitada ou que tenha perdido sua eficácia por decurso do prazo de apreciação pelo Congresso (art. 62, § 10); e (iii) a medida não pode disciplinar assuntos vedados expressamente pela Constituição. De modo geral, porém, temas de direito administrativo não constam do rol de vedações, tornando o uso da MP bastante frequente nesta área. A MP será inaceitável apenas caso envolva assunto de direito administrativo ou de qualquer disciplina jurídica reservado à lei complementar ou que conste de "projeto de lei aprovado pelo Congresso Nacional e pendente de sanção ou veto do Presidente da República" (art. 62, § 1º, III e IV da CF).

As quatro modalidades citadas de fontes legais, na realidade, formam um bloco gigantesco de diplomas a tratar do direito administrativo no Brasil. Quanto mais se desce a federação em direção aos Municípios, tanto maior se mostra o bloco de leis aplicáveis. Disso resultam alguns inconvenientes. Como advertem Debbasch e Colin, a proliferação de diplomas legais acarreta consequências desastrosas, já que, gradualmente, o ordenamento jurídico se torna indecifrável à sociedade e o emaranhado de normas abre espaço a arbitrariedades das autoridades públicas.[3] A inflação legislativa igualmente aumenta a confusão normativa e a imprevisibilidade jurídica, além de dificultar o exercício das funções administrativas pelos agentes públicos de boa-fé – os quais, sempre é bom lembrar, não são necessariamente bacharéis em direito.

Para além da inflação legislativa se coloca a problemática do conteúdo das leis vigentes. Nem tudo aquilo que se chama lei são meios introdutores de normas gerais e abstratas no ordenamento jurídico. As *"leis em sentido material"*, que carregam as normas gerais e abstratas, convivem com *"leis de efeito concreto"*, direcionadas a uma situação fática específica, como a criação de um parque ou a autorização de uma empresa estatal. Materiais ou de efeito concreto, fato é que as leis vigentes provêm de muitas épocas históricas e carregam valores diversos. Umas se vinculam a uma concepção burocrática de administração, outras a tendências gerenciais. Umas

---

3. DEBBASCH, Charles; COLIN, Frédéric. *Droit administratif*, 8ª ed. Paris: Economia, 2007, p. 67.

nasceram em períodos democráticos, outras em momentos ditatoriais da história brasileira, como o final da era Vargas ou o período militar. Na composição do direito positivo vigente, todos esses diplomas se somam e se sobrepõem, de sorte a explicar inúmeras dificuldades no funcionamento da Administração Pública e das relações que ela desenvolve com a sociedade. Não por outro motivo, certos países têm valorizado movimentos de atualização, codificação parcial e sobretudo de simplificação do direito administrativo.

2.6 FONTES ADMINISTRATIVAS

Fontes administrativas consistem em atos escritos, formais, expedidos por órgãos no exercício de funções administrativas e que contêm normas individuais ou gerais, abstratas ou concretas, a direcionar a conduta de agentes internos ou externos à Administração Pública. Exemplos disso são os Decretos, as Resoluções e as Portarias. Quando válidas, as normas resultantes dessas fontes vinculam igualmente as entidades de controle, inclusive os juízes em sua tarefa de julgar conflitos administrativos.[4]

A dificuldade de se sistematizar teoricamente as fontes administrativas decorre de sua multiplicidade e da ausência de padronização legal ou doutrinária, inclusive quanto à terminologia e aos modos de produção. A descoberta dessas fontes em suas várias modalidades depende muito mais do exame de conteúdo de cada ato do que exatamente da consideração simplista de nomenclaturas. É possível afirmar que as fontes administrativas de *conteúdo normativo* aparecem geralmente na forma de instrução, resolução, deliberação, parecer normativo ou decreto. Já as fontes de *conteúdo concreto* aparecem como ordens, alvarás, portarias, despachos, circulares etc. Dada a autonomia dos entes políticos na federação, cabe a cada um deles definir a nomenclatura das fontes e como elas serão empregadas.

Sejam normativas ou de conteúdo concreto, é característica marcante dessas fontes a subordinação necessária às fontes legisladas. No modelo democrático, a Administração Pública representa o Estado em funcionamento. As finalidades das entidades públicas resultam da vontade do povo que, por seus representantes, decide criá-las. É por isso que nenhuma fonte administrativa pode se desligar das fontes legisladas (subprincípio da supremacia da lei).

Não se entenda com isso uma dependência inexorável das fontes administrativas a leis em sentido estrito. Ao se afirmar que a Administração faz o que a "lei" manda, quer-se dizer que ela segue a vontade do povo! Daí não resulta que o legislador tenha que detalhar todos os passos de cada órgão ou agente público. Em vários momentos,

---

4. MARRARA, Thiago. As fontes do direito administrativo e o princípio da legalidade. *RDDA*, v. 1, n. 1, 2014, p. 241-242.

o direito positivo estabelece somente competências gerais das entidades públicas, omitindo-se de detalhar suas ações em espécie. E nisso não existe um problema per se.

Considerando-se que ninguém está obrigado a fazer ou deixar de fazer algo em virtude da lei, a vinculação da fonte administrativa a um mandamento específico de lei estrita se mostra essencial, a princípio, nos casos em que o Poder Público edita mandamentos limitantes da liberdade privada e direitos fundamentais. Nesses casos, é fundamental que se encontre autorização, explícita ou implícita, da ação administrativa em uma fonte legislada. Há hipóteses outras em que a validade das fontes administrativas requer apenas sua compatibilidade com uma competência estabelecida de maneira genérica em lei ou, em casos mais raros, de uma relação de harmonia direta com o texto constitucional. Nessa última situação se enquadram fontes reconhecidas pela Constituição da República como independentes ao Poder Legislativo, a exemplo dos decretos regulamentares autônomos editados pelo Presidente da República em poucas matérias.

2.7 FONTES ADMINISTRATIVAS E PODER NORMATIVO

Não bastassem as incalculáveis normas editadas pelo Legislativo, as entidades estatais necessitam observar normas inseridas em fontes que elas mesmas criam (como os estatutos e regimentos de universidades públicas ou de consórcios intermunicipais) ou que se originam em outras entidades a que elas se sujeitam por consequência do poder de polícia, do poder de disciplinar ou do poder de controle e tutela (como os regulamentos de agências reguladoras). Há, portanto, fontes administrativas que introduzem comandos gerais e abstratos semelhantes aos das leis. Essas fontes aparecem nos três Poderes, nos três níveis da federação e resultam do exercício do poder normativo que o ordenamento jurídico confere a entes e órgãos que desempenham tarefas de administração pública.

Para se compreender essa afirmação é preciso recordar que a divisão de poderes consagrada no texto constitucional (art. 2º) significa *especialização ou concentração de funções* em certas entidades. A tripartição não confere ao legislativo exclusividade ou monopólio absoluto na função de editar normas, ou seja, comandos jurídicos gerais (ou universais quanto aos sujeitos) e abstratos (ou universais quanto à situação). Embora o constituinte originário tenha atribuído o poder normativo com primazia ao Legislativo, não o afastou de outros Poderes, nem o limitou à lei em sentido estrito. O poder legislativo nada mais é que uma das expressões de um poder maior, o poder normativo, que se distribui por todos os Poderes do Estado.

Ao exercer funções administrativas, o Judiciário, o Legislativo e, principalmente, o Executivo podem aprovar atos infralegais introdutores de mandamentos gerais e abstratos no ordenamento. Esses documentos oficiais, *"fontes administrativas normativas"*, deflagram ora efeitos internos, limitados ao âmbito de cada entidade (como os estatutos disciplinares e códigos de ética), ora externos, em direção à sociedade ou a outras entidades estatais (como os regulamentos de certas atividades profissionais e de atividades econômicas).

A partir disso se compreende que o Poder Executivo exerce o poder normativo de duas maneiras. Ele se corporifica ora em atos legais, editados na função colegislativa, ora em fontes administrativas de normas. No primeiro grupo se enquadram as medidas provisórias e as leis delegadas. No segundo, encontram-se os regimentos, regulamentos, as resoluções, as deliberações e muitos outros atos introdutores de normas gerais e abstratas que deflagram efeitos vinculantes internos ou externos ao ente que os edita.

Para evitar abusos e omissões no exercício do poder normativo da Administração Pública, bem como violações da reserva legal para normas restritivas da liberdade, a Constituição da República prevê variados mecanismos de controle. Em primeiro lugar, confere ao Congresso Nacional o poder de "sustar os atos normativos do Poder Executivo que exorbitem do poder regulamentar ou dos limites de delegação legislativa" (art. 49, V) e a função de "zelar pela preservação de sua competência legislativa em face da atribuição normativa dos outros Poderes" (art. 49, XI). Em segundo lugar, permite que os tribunais de segunda instância declarem a inconstitucionalidade de ato normativo do Poder Público pelo voto de maioria absoluta de seus membros ou dos membros do respectivo órgão especial (art. 97). Já ao Supremo Tribunal Federal compete julgar ação direta de inconstitucionalidade (ADI) de ato normativo federal ou estadual e ação declaratória de constitucionalidade (ADC) de ato normativo federal (art. 102, I 'a'). Aos Estados da Federação, em relação às suas Justiças, cabe instituir representação de inconstitucionalidade de atos normativos estaduais ou municipais em face da Constituição Estadual (art. 125, § 2º). Em terceiro lugar, a Constituição da República consagra o mandado de injunção para suprir a "falta de norma regulamentadora" que torne "inviável o exercício dos direitos e liberdades constitucionais e das prerrogativas inerentes à nacionalidade, à soberania e à cidadania" (art. 5º, LXXI).

2.8 O PODER REGULAMENTAR

Variados são os tipos de fontes administrativas pelas quais a Administração Pública insere no ordenamento jurídico normas gerais e abstratas. De todas elas, as mais relevantes e polêmicas por seus efeitos certamente são os regulamentos. Como o próprio nome esclarece, tais instrumentos normativos regulamentam, ou seja, aprofundam e pormenorizam comandos previstos em lei ou em outro ato normativo superior como o objetivo de torná-los exequíveis.

Não obstante a Constituição trate com mais detalhes da competência presidencial para editar decretos regulamentares (art. 84), não se deve supor que o poder regulamentar se esgote na chefia do Executivo. Ao Presidente, bem como ao Governador e ao Prefeito, cabe o exercício do poder regulamentar primário, capaz de gerar efeitos tanto internos, quanto externos (para a sociedade). Contudo, as entidades da Administração Indireta também estão autorizadas a regulamentar quando autorizadas pelo Congresso, desde que respeitadas as competências constitucionais do chefe do Executivo. Exatamente por isso, várias agências reguladoras e universidades editam regulamentos.

É preciso diferenciar o regulamento de outros conceitos jurídicos, como a regulação e os regimentos.

Regulação e regulamentação configuram institutos distintos, mas que parcialmente se sobrepõem. "Regular" é elaborar medidas para buscar equilíbrio no funcionamento de algum setor social ou econômico. Quando realizada pelo Estado, a regulação envolve ações prestativas, restritivas ou mesmo normativas. Daí porque a regulamentação pode ou não ser utilizada como um dos vários instrumentos do poder de regular. Todavia, a regulamentação não esgota a regulação, nem se atrela a ela de modo necessário, uma vez que existem regulamentos com meros efeitos internos e sem finalidade regulatória.

Tampouco se confundem os regulamentos com os regimentos. Enquanto os regulamentos detalham atividades, os regimentos se caracterizam como atos normativos com objetivo primordial de organização interna da entidade que o edita. Um exemplo ajuda a esclarecer a diferença. Dentro de uma Universidade pública, os regulamentos tratarão de elaboração de trabalhos científicos, das atividades de mestrado, doutorado e pós-doutorado, do desenvolvimento de atividades de extensão, como cursos e assim por diante. De outra parte, os regimentos trarão normas sobre os órgãos que compõem a universidade, suas competências, regras de reunião e composição, quórum, mandato, impedimentos e assim por diante.

É possível dividir os regulamentos em três grandes categorias: (1) os executivos; (2) os setoriais e (3) os autônomos. Além da distinção de conteúdo e de relação com o direito positivo, os tipos de regulamento se sujeitam a modos diversos de controle como se demonstrará em mais detalhes a seguir.

2.9 REGULAMENTOS EXECUTIVOS

Os *"regulamentos executivos"* ou meramente normativos configuram fontes editadas pelo Chefe do Executivo, por decreto, para dar "fiel execução à lei" (conforme autoriza o art. 84, IV da CF). Sua função consiste em detalhar uma lei, torná--la operacional e aplicável na prática por meio de normas mais detalhadas. Assim, para uma mesma lei, é comum que existam um ou vários decretos regulamentares. Porém, regulamento e decreto não se confundem. Decreto é o nome da forma do ato elaborado pelo Chefe do Executivo (Presidente da República, Governador ou Prefeito), que pode ter efeito concreto (por exemplo, um decreto de declaração de utilidade pública para desapropriação de um imóvel) ou efeito normativo, aqui sim um regulamento! Em outras palavras, Decreto é o nome da forma e regulamento, do conteúdo.

O papel do regulamento como fonte administrativa normativa é relativamente simples. Em inúmeras situações seria ou impossível ou indesejado que o legislador tratasse, no corpo da própria lei, de muitos detalhes operacionais. Imagine-se uma lei sobre assunto técnico muito complexo, como controle de agrotóxicos ou prestação de serviços de telecomunicações. Para esses assuntos tecnicamente intricados, mostra-se mais adequado que a edição de normas operacionais se faça por órgão do Poder Executivo, conhecedor da matéria a ser detalhada, do que pelos agentes políticos do Congresso Nacional. Por falta de expertise técnica e outros motivos, Sérgio Guerra argumenta que o legislador deve evitar entrar em minúcias normativas, deixando ao Executivo encontrar a justa solução para se encontrar um grau ótimo de execução das políticas públicas.[5]

Os regulamentos executivos, portanto, existem por uma razão de eficiência de Estado. É no intuito de fazer o Estado funcionar melhor que a Constituição atribui ao Presidente da República o poder de editar regulamentos para a "fiel execução da lei". Todavia, essa expressão dá margem a inúmeras confusões. Daí ser relevante debater o que significa "fiel execução". É comum que se diga que o regulamento não deve inovar a ordem jurídica. Mas, se não há inovação, então o Presidente simplesmente deverá copiar a lei no corpo do regulamento? Haveria algum sentido de se repetir o conteúdo da lei no decreto regulamentar?

Por imperativo lógico, a expressão "fiel execução", constante da Constituição (art. 84, IV), não pode ser lida como vedação de qualquer inovação. Afinal, o regulamento não serve para meramente reproduzir o texto legal. Do contrário, não precisaria existir! A "fiel execução da lei" demanda, por isso, que o Poder Executivo observe as finalidades da política pública a ser regulamentada e os instrumentos nela previstos. Ao Executivo não compete inventar novos instrumentos de caráter restritivo, distorcer a política pública ou colocá-la em outro rumo. Sua função consiste em tornar a política exequível em linha com o espírito que a permeia.

Por força da própria reserva legal geral prevista na Constituição (art. 5º, II), qualquer norma regulamentar que venha a criar limitações significativas à liberdade sem base na lei superior representará abuso no exercício do poder regulamentar. E isso dará margem ao controle do regulamento tanto pelo Poder Legislativo no uso de seu poder de sustação de atos normativos do Executivo (art. 49, V da CF), quanto pelo Judiciário.

Especificamente quanto ao controle dos regulamentos pelo Judiciário, certas ressalvas merecem registro. A Constituição (art. 102, I, 'a') dispõe que cabe ao STF julgar a "a ação direta de inconstitucionalidade de lei ou *ato normativo federal ou*

---

5. GUERRA, Sérgio. Crise e refundação do princípio da legalidade - a supremacia formal e axiológica da Constituição Federal de 1988. *Interesse Público*, n. 49, 2008, s.p., edição digital.

estadual e a ação declaratória de constitucionalidade de lei ou ato normativo federal". Por sua vez, *atos normativos estaduais e municipais* que violem as Constituições dos Estados sujeitam-se ao exame da justiça estadual conforme normas próprias (por força do art. 125, § 2º da CF). No entanto, em matéria de controle de atos perante as normas constitucionais nacionais, o STF não tem aceitado ação direta de inconstitucionalidade para exame de regulamentos executivos.

Na ADI 1.396-SC, na ADI 1.590-SP e na ADI 708-DF, entre outras, o Supremo fixou o entendimento de que o controle concentrado cabe somente em relação ao decreto de conteúdo normativo autônomo. Há uma razão para tanto: se o decreto regulamentar reproduz a lei, eventual vício de constitucionalidade tem origem na lei! Apenas se o decreto inovar indevidamente ou for editado sem base em lei fora das hipóteses constitucionais, aí sim ele violará diretamente a constituição de modo formal, cabendo o controle diretamente perante o STF por ADI.

Apesar do referido posicionamento, considera-se viável o controle de mandamentos dos regulamentos executivos por dois caminhos. De um lado, cabe a arguição de descumprimento de preceito fundamental (ADPF) perante o STF. Nesse sentido, dispõe a Lei n. 9.882/1999 (art. 1º, parágrafo único, I) que a ADPF poderá ser ajuizada "quando for relevante o fundamento da controvérsia constitucional sobre lei ou *ato normativo federal, estadual ou municipal*, incluídos os anteriores à Constituição". De outro lado, é possível atacar em concreto, diretamente perante o Judiciário, o ato administrativo praticado com base no regulamento executivo que viole o ordenamento jurídico.

Imagine-se, porém, que, em vez de regulamentar incorretamente uma lei, o Chefe Executivo se omita, ou seja, deixe de regulamentá-la, de sorte a obstar o exercício de direitos ou a execução de uma política pública. Aqui, o silêncio, a paralisia, a omissão do Executivo em executar seu poder regulamentar deverão ser combatidos e, para tanto, o ordenamento oferece mecanismos de controle especiais, como o mandado de injunção e a ação direta de inconstitucionalidade por omissão.

Na injunção, a pessoa física ou jurídica busca a norma regulamentar que viabilize o exercício de seus direitos e liberdades, bem como prerrogativas inerentes à nacionalidade, à soberania e à cidadania (art. 5º, LXXI CF). De acordo com a Lei n. 13.300/2016 (art. 2º), a falta de norma pode ser total (não há norma) ou parcial (ou seja, as normas editadas são insuficientes). No entanto, segundo Meirelles, Wald e Mendes, não cabe impetrar injunção: (i) quando o direito constitucional for autoaplicável, ou seja, viável independentemente de norma regulamentadora; (ii) para se combater a omissão do Executivo em colocar em prática norma regulamentar já existente (situações em que a omissão não é de regulamentação, mas de execução) e (iii) nas hipóteses em que a Constituição não assegura o direito ao cidadão desde logo, mas simplesmente faculta ao legislador a outorga desse direito por lei.[6]

---

6. MEIRELLES, Hely Lopes; WALD, Arnoldo; MENDES, Gilmar Ferreira. *Mandado de segurança e ações constitucionais*, 32ª ed. São Paulo: Malheiros, 2009, p. 289-290.

Pela Lei n. 13.300 (art. 8º), uma vez reconhecido o estado de mora legislativa, o juiz deferirá a injunção para: (i) determinar prazo razoável para o que impetrado promova a edição da norma regulamentadora e (ii) estabelecer as condições em que se dará o exercício dos direitos, das liberdades ou das prerrogativas reclamados ou, se for o caso, as condições em que poderá o interessado promover ação própria visando a exercê-los, caso não seja suprida a mora legislativa no prazo determinado. A lei ainda prevê que a decisão terá eficácia subjetiva *ex nunc* e limitada às partes, mantendo seus efeitos até o advento da norma regulamentadora. Contudo, poderá ser conferida eficácia *ultra parte* ou *erga omnes* quando isso for inerente ou indispensável ao exercício do direito, da liberdade ou da prerrogativa objeto da impetração (art. 9º, § 1º).

A ação direta de inconstitucionalidade por omissão serve igualmente para superar a ausência de norma administrativa. Explicam novamente Meirelles, Wald e Mendes que, por vezes, a lei fixa prazo para a edição de ato regulamentar como requisito para sua execução.[7] Diante da omissão do Executivo, dois cenários despontam. O primeiro diz respeito aos comandos cuja eficácia não dependa de norma regulamentar. Quanto a eles, o decurso do prazo deve gerar efeito positivo, isto é, a norma legal se tornará imediatamente aplicável. No entanto, certas normas legais dependem da regulamentação, sem a qual não ganham exequibilidade. É nessa hipótese que a ação de inconstitucionalidade por omissão mostra sua utilidade. Fora isso, cogita-se a situação em que a lei não define exatamente um prazo para a regulamentação, que é intencionalmente adiada. O princípio da eficiência e a garantia da duração razoável do processo (administrativo de regulamentação) sugerem novamente que se aceite a ação de inconstitucionalidade por omissão contra o Executivo em relação às normas que dependam da ação regulamentar.

No controle da omissão em regulamentar, portanto, há que se observar se a legislação a ser regulamentada previu ou não prazo para a ação normativa da Administração. Caso haja um prazo, os remédios não deverão ser utilizados antes de seu esgotamento. Não havendo prazo, será preciso verificar a razoabilidade na omissão em normatizar. Para Carvalho Filho, porém, a ausência de previsão de prazo de regulamentação na lei por si só é uma inconstitucionalidade, já que, a seu ver, "não pode o Legislativo deixar ao exclusivo alvedrio do Executivo a prerrogativa de só tornar a lei exequível quando julgar conveniente".[8]

2.10 REGULAMENTOS SETORIAIS

Os regulamentos editados pelo Chefe do Executivo para fiel execução de uma lei ou parte dela não esgotam todo o poder regulamentar da Administração Pública. Outras entidades também partilham desse poder. Uma autarquia que presta serviço

---

7. MEIRELLES, Hely Lopes; WALD, Arnoldo; MENDES, Gilmar Ferreira. *Mandado de segurança e ações constitucionais*, 32ª ed. São Paulo: Malheiros, 2009, p. 455.

8. CARVALHO FILHO, José dos Santos. *Manual de direito administrativo*, 28ª ed. São Paulo: Atlas, 2015, p. 63.

público de educação universitária geralmente edita regulamentos sobre ensino, pesquisa e extensão, dando vida à lei que a instituiu em favor de suas finalidades institucionais. Uma agência reguladora na área de telecomunicações, a depender de suas competências legais, igualmente expede regulamentos sobre serviços de telefonia fixa, telefonia celular etc. As agências de energia, aviação e outros setores exercem semelhante função. Esses e outros exemplos demonstram que o Legislador confere, implícita ou explicitamente, poderes regulamentares a muitos entes da Administração Indireta. E não poderia ser diferente por dois motivos.

Nem o legislador, nem o Chefe do Executivo com seu poder regulamentar são capazes de elaborar normas detalhadas sobre tudo aquilo que cada entidade estatal deve realizar com o objetivo de bem executar suas funções públicas. O Estado é gigantesco! A realidade é complexa e dinâmica! Por isso, o ordenamento infralegal demanda frequentes adaptações das políticas do Estado e impõe que se conceda a todo ente estatal certo grau de flexibilidade e adaptabilidade. O poder regulamentar é um dos instrumentos para tanto.

Além desse argumento, sob a perspectiva jurídica, a Constituição da República em nenhum momento monopoliza o poder regulamentar nas mãos do Chefe do Executivo. O fato de constar da Constituição uma regra que confere ao Poder Executivo o poder primário de regulamentação de leis para sua "fiel execução" não deve ser lido como proibição de que entes da Administração Pública editem regulamentos desde que legalmente autorizados a tanto. É perfeitamente possível que o legislador garanta esse poder a certas entidades ao editar a lei que as cria ou que autoriza sua criação. É a partir daí que surgem os chamados regulamentos setoriais, igualmente destinados a dar fiel execução a leis, mas nos limites de competência da entidade regulamentadora.

É inevitável que se discuta, nesse cenário, se os regulamentos setoriais se subordinam aos regulamentos executivos da Chefia do Poder Executivo, pois, na prática, conflitos entre os dois tipos de regulamentos podem surgir, de sorte a ocasionar tensões entre entes da administração direta e da administração indireta. Como tais conflitos devem ser resolvidos?

Segundo Gustavo Binenbojm, os regulamentos presidenciais devem ser genéricos, enquanto os das entidades descentralizadas (como as autarquias reguladoras) caracterizam-se pelo conteúdo setorial. Com isso, os setoriais prevalecem sobre os gerais. Binenbojm ainda argumenta que a norma atributiva de competência à agência se sobreporia às competências genéricas dadas ao Presidente da República.[9]

Entendo, contudo, ser questionável a tese de prevalência absoluta dos regulamentos setoriais. Não necessariamente os regulamentos da chefia do Executivo serão

---

9. BINENBOJM, Gustavo. O sentido da vinculação administrativa à juridicidade no direito brasileiro. In: ARAGÃO, Alexandre Santos de; MARQUES NETO, Floriano de Azevedo (coord.). *Direito administrativo e seus novos paradigmas*. Belo Horizonte: Fórum, 2009, p. 171.

genéricos em seu conteúdo, pois também dizem respeito a leis setoriais e, ainda, podem detalhar dispositivos específicos contido em uma fonte legislada. A Constituição em nenhum momento restringe os regulamentos do Chefe do Executivo a questões genéricas. Fora isso, é difícil considerar que a lei ordinária, criadora de um ente público e que lhe confere poder regulamentar setorial, esteja acima do poder regulamentar da presidência, cuja base se ancora na Constituição da República.

Por esses motivos, repita-se, não é possível afirmar de modo taxativo que os regulamentos setoriais prevalecem sobre qualquer regulamento da chefia do Poder Executivo. Em verdade, o regulamento do ente especializado (como uma agência reguladora) ora prevalecerá, ora cederá frente ao regulamento executivo da Chefia do Executivo. Para se definir qual fonte prevalecerá, pode-se lançar mão do critério da delegação. Nos termos da Constituição da República, compete privativamente ao Presidente da República propor leis que disponham sobre organização administrativa e serviços públicos. Sendo assim, ao propor a criação de entes especializados em determinadas matérias ou serviços públicos, subentende-se que o Executivo optou por lhe transferir parte do poder regulamentar. Por conta disso, revela-se incoerente que o Executivo impeça ou prejudique a atuação do ente descentralizado por meio da edição de decretos executivos baseados na lei específica que rege o ente.

Um exemplo é capaz de esclarecer esse posicionamento. Caso o Executivo proponha ao Legislativo a aprovação de uma lei para instituir uma autarquia reguladora no setor de águas e lhe confira poder regulamentar, não poderá mais tarde desejar se substituir à agência reguladora criada para executar, em seu lugar, o poder regulamentar sobre assuntos hídricos. O poder regulamentar setorial não caberá mais à Chefia do Executivo no setor. À Administração Direta cumprirá apenas controlar se o ente descentralizado age ou não dentro de seus limites de sua competência, isto é, de acordo com a lei que o cria e rege.

A tese de primazia de regulamentos setoriais baseados em leis que tratem de serviços públicos ou atividades regulatórias não implica imunidade dos entes da Administração Indireta, incluindo as agências reguladoras, a qualquer tipo de regulamento presidencial. Naquilo que não for tema setorial incluído no âmbito da entidade descentralizada, os regulamentos presidenciais são plenamente possíveis e vinculantes de entes da administração em geral. O regulamento de uma lei de acesso à informação pela Presidência naturalmente vinculará a Administração Direta, assim como um regulamento sobre a lei anticorrupção ou sobre um determinado dispositivo do Código de Defesa do Consumidor. Nessas hipóteses, prevalecerá, portanto, o regulamento executivo da Administração Direta.

2.11 REGULAMENTOS AUTÔNOMOS

Tanto os regulamentos executivos da Chefia do Executivo, quando os regulamentos setoriais de entes descentralizados se pautam em lei. Ainda que se mostre mais vaga ou reduzida em certos casos e mais detalhada em outros, esta lei há que existir previamente ao ato regulamentar. Em contraste, fala-se de *"regulamento autônomo"* para se designar fontes normativas nascidas no âmbito da Administração Pública Direta, mas que não apenas independem de leis, como lhes são imunes.

Em outras palavras, o poder regulamentar autônomo exercitado pela Chefia do Executivo por meio de decreto assume as seguintes características: (i) *vinculação direta à Constituição*, fonte em que este poder está ancorado de modo especial; (ii) *independência de lei* e (iii) *imunidade em relação ao Legislativo*, de modo que nenhuma lei infraconstitucional deverá se imiscuir na esfera regulamentar autônoma do Poder Executivo. A emenda constitucional será a única forma de o legislador restringir e extinguir o poder autônomo do Executivo baseado na Constituição!

Por força dessas três características, todas inter-relacionadas, os regulamentos autônomos diferem claramente dos regulamentos executivos e setoriais. Na forma e na competência, entretanto, os regulamentos autônomos e os executivos se assemelham: ambos são expedidos por Decreto (forma) do Chefe do Executivo (competência). Já os regulamentos setoriais assumem formas variadas e são expedidos por entes da Administração Indireta.

Até a edição da EC n. 32 de 2001, entendia-se que a Constituição de 1988 não conferia à Administração Direta qualquer poder regulamentar autônomo. Referida emenda modificou as competências da Presidência da República e lhe concedeu a possibilidade de expedir decreto regulamentar sobre "organização e funcionamento da administração federal, quando não implicar aumento de despesa nem criação ou extinção de órgãos públicos" (art. 84, VI, 'a'). Em verdade, esse poder organizacional já existia. Ocorre que a redação originária da Constituição relacionava seu exercício à lei. Como se impunha a dependência de lei, não se podia falar de autonomia do Executivo em relação ao Legislativo. Hoje, contudo, a expressão "na forma de lei" não mais consta do artigo constitucional debatido, razão pela qual se tornou possível ao Presidente editar decretos regulamentares autônomos para tratar dos temas ali mencionados, todos relativos à organização administrativa do Poder Executivo no plano da União.

Desde 2001, por conseguinte, o Congresso não deve editar lei sobre a matéria reservada ao Presidente da República. Normas legais que violem a reserva de administração padecerão de inconstitucionalidade formal e cederão perante as normas regulamentares do Executivo. A lei será apenas necessária nas hipóteses em que a medida organizacional do Presidente: 1) implique aumento de despesas ou 2) crie e extinga órgãos públicos (como expressamente explica o art. 84, VI, 'a').

Fora dessas hipóteses, é também possível verificar a existência de poder autônomo excepcional em Decretos de Intervenção Federal em Estados (art. 36, § 1º da CF), bem como de instauração de Estado de Defesa e de Estado de Sítio. No Estado de Defesa (art. 136, § 1º da CF), por exemplo, a Constituição permite que o decreto presidencial preveja normas de restrição a direitos fundamentais (ao de reunião, ao sigilo de correspondência e de comunicação, além da ocupação de bens como forma de restrição da propriedade), mas com limitação temporal. No estado de sítio (art. 138), também se permitem medidas de restrição de direitos fundamentais por prazo limitado (art. 139). Em ambos os casos, cabe ao Congresso apreciar posteriormente os Decretos, podendo rejeitá-los. Há autores que consideram esses casos excepcionais de poder regulamentar autônomo uma expressão da função política do Presidente e não de seus poderes administrativos.[10] Não parece haver, contudo, base segura para a distinção, pois tais decretos apresentam conteúdo normativo e deflagram efeitos semelhantes a normas legais restritivas de direitos.

2.12 JURISPRUDÊNCIA ADMINISTRATIVA

Assim como a Constituição não monopoliza o poder normativo nas mãos do Legislativo, o poder decisório tampouco se reduz ao Poder Judiciário. Nos três Poderes, incontáveis órgãos detêm competência para expedir normas concretas, individuais ou coletivas, escoradas em um poder decisório sobre distintas matérias. Dentro do Executivo, isso é ainda mais comum. Com o aumento da complexidade dos assuntos sob sua incumbência e da regulação econômica e social, cada vez mais se instituem órgãos especializados na análise de casos concretos e expedição de decisões para solucionar conflitos jurídicos que eclodem nas relações jurídico-administrativas.

É assim que se forma a jurisprudência administrativa, que se deixa definir como o conjunto de julgamentos concretos edificado no âmbito de cada uma das entidades incumbidas de poder decisório dentro da Administração Pública. Assim como ocorre em outros ramos jurídicos, a jurisprudência administrativa como coletividade de decisões indica padrões de julgamento e pode ser subdividida em dominante (como tendência predominante), minoritária (ou não dominante), atual (ainda observada) ou superada (não mais observada).

Em certos ramos do direito, a jurisprudência configura uma fonte de normas jurídicas. Ou seja, a reiteração de determinado padrão de julgamento é capaz de gerar uma norma vinculante de comportamentos futuros. No Brasil, a situação é distinta. A jurisprudência administrativa não é fonte de normas jurídicas gerais e abstratas. Seu papel é relevante apenas na medida em que dela se extrai a forma como leis são interpretadas em certo momento histórico por uma entidade estatal com poder decisório. Sobretudo no âmbito do direito administrativo regulatório, é fundamental conhecer referidos padrões decisórios, pois deles resultam esclarecimentos importantes sobre a legislação e orientações indiretas sobre comportamentos aceitos e não aceitos em cada setor.

---

10. Nesse sentido, CARVALHO FILHO, José dos Santos. *Manual de direito administrativo*, 28ª ed. São Paulo: Atlas, 2015, p. 65.

Isso mostra que o estudo da jurisprudência administrativa é fundamental para a realização da defesa de direitos. Embora as decisões do Poder Público não gozem de definitividade ao contrário das judiciais e por mais que seus órgãos possam modificar suas interpretações do ordenamento jurídico, a jurisprudência gera sinalizações que acabam por orientar a vida das pessoas e de agentes econômicos. Não por outro motivo, quando uma entidade administrativa constrói jurisprudência em determinado sentido, não se permite que a altere sem a devida motivação, pois isso representaria quebra da previsibilidade, componente essencial da segurança jurídica.

Exatamente nessa linha, a Lei de Processo Administrativo federal (LPA) dispõe que "os atos administrativos deverão ser motivados, com indicação dos fatos e dos fundamentos jurídicos, quando... deixem de *aplicar jurisprudência firmada* sobre a questão ou discrepem de pareceres, laudos, propostas e relatórios oficiais" (art. 50, VII). A motivação obrigatória permite ao interessado verificar se o abandono da jurisprudência firmada anteriormente se justifica à luz do ordenamento jurídico e, mais importante, se existiu algum tipo de desvio de finalidade, quebra da isonomia ou burla da moralidade administrativa, por exemplo, mediante perseguições.

Com a edição da LINDB, além desse mandamento, que exige motivação sempre que se abandona jurisprudência firmada, passou-se a exigir que os atos com efeitos em curso ou já executados tenham sua validade discutida sempre com base na orientação predominante no momento em que foram editados. Essa orientação predominante, como se demonstrará a seguir, pode ser a resultante da jurisprudência administrativa da época.

2.13 SÚMULAS, ORIENTAÇÕES E CONSULTAS

Ao executar suas tarefas, a Administração Pública não se vale exclusivamente de decisões sobre problemas concretos nem de atos normativos. Ela também expede orientações gerais, publica guias, responde a consultas no intuito de explicar à sociedade procedimentos, interpretações de normas, modos de exercício de direitos e de cumprimento de deveres. Esses documentos ou consolidam a visão consagrada na jurisprudência administrativa de certa entidade, ou espelham seu entendimento sobre algum tema relevante, ainda que não o tenha julgado.

Embora essas manifestações da Administração não representem necessariamente decisões sobre casos concretos, elas acabam sendo observadas por muitos, gerando expectativas. Exatamente por essa relação entre os posicionamentos divulgados pelo Estado e a criação de expectativas legítimas por pessoas físicas e jurídicas que com ele se relacionam, a LINDB trouxe algumas normas interessantes sobre o tema nos art. 23, 24 e 30.

O art. 30 prevê que as autoridades públicas deverão sempre aumentar a segurança jurídica na aplicação das normas, utilizando, para tanto, regulamentos, súmulas administrativas e respostas a consultas. Súmulas e consultas já estavam previstas em muitas leis específicas, mas com a LINDB ganharam reconhecimento como instituto de orientação no direito administrativo. O problema é que a lei, ao mesmo tempo em que consagrou esses instrumentos, prescreveu que eles "terão caráter vinculante em relação ao órgão ou entidade a que se destinam, até ulterior revisão".

Essa disposição do parágrafo único do art. 30 engessa a Administração Pública no uso de orientações, súmulas e consultas. Se o próprio Judiciário dispõe de súmulas vinculantes e súmulas de mera orientação, por que a LINDB impôs à Administração tamanha rigidez? Entendo que mais adequado seria dar ao Executivo a possibilidade de optar entre súmulas de orientação ou súmulas vinculantes a depender da situação. Ademais, o dispositivo peca por não definir o âmbito da vinculação. Não faz sentido que ele se restrinja unicamente à autoridade pública. Mais correto é interpretar a vinculação às autoridades presentes e futuras do órgão que se manifestou. Um terceiro problema do dispositivo é que ele tampouco diferencia consultas sobre casos em tese de consultas sobre casos concretos. Em certas leis especiais, a consulta é aceita apenas para fins de interpretação. Em outras, desenrola-se sobre um caso real. Aparentemente, a consulta vinculante deverá ser a concreta. Já a consulta sobre questão abstrata não pode ter efeito vinculante. Caso contrário, transformar-se-ia em verdadeiro ato normativo.

Há dois outros artigos da LINDB que cuidam das orientações emitidas pelo Estado. O art. 23 dispõe que a decisão administrativa "que estabelecer *interpretação ou orientação nova* sobre norma de conteúdo indeterminado, impondo novo dever ou novo condicionamento de direito, preverá regime de transição quando indispensável para que o novo dever ou condicionamento de direito seja cumprido de modo proporcional, equânime e eficiente e sem prejuízo aos interesses gerais". Esse dispositivo trata da situação em que a Administração não modifica uma decisão, mas sim um entendimento a respeito da interpretação mais adequada de certa norma. Como não existe, a princípio, direito adquirido a regime jurídico, é possível que essa nova interpretação atinja a esfera de direitos de alguns indivíduos, situação na qual o órgão decisor deverá prever um regime com "as medidas administrativas a serem adotadas para adequação à interpretação ou à norma orientação", bem como o "prazo e o modo para que o novo dever ou novo condicionamento de direito seja cumprido" por aqueles tiveram suas posições jurídicas abaladas. Para medidas já executadas, porém, a nova orientação não poderá deflagrar qualquer efeito, dada a impossibilidade de retroação de nova interpretação para situações consolidadas.

O art. 24 da LINDB, a seu turno, estabelece que a revisão da validade de ato, contrato, ajuste, processo ou normas administrativas "cuja produção já se houver completado levará em conta as orientações gerais da época, sendo vedado que, com base em mudança posterior de orientação geral, se (sic) declarem inválidas situações plenamente constituídas". Esse dispositivo é bastante interessante, já que condiciona o exame de validade em juízos de anulação à interpretação ou à orientação vigente no momento em que se praticou o ato questionado. Essas orientações gerais passadas se extraem de manifestações públicas, como guias, diretrizes etc., da jurisprudência administrativa ou judicial, bem como de costume administrativo da época de edição do ato, processo, contrato ou norma em juízo de revisão. Em outras palavras, se o ato, contrato, processo ou norma era lícito à luz dos entendimentos predominantes quando foi criado, a mudança posterior de orientação não poderá servir de argumento para sua anulação.

2.14 COSTUME ADMINISTRATIVO

A forma das fontes do direito não se limita a atos escritos e consolidados em documentos jurídicos. Por vezes, fenômenos informais adquirem a função de fonte. É o que ocorre com o costume em certos ramos do direito. Para que isso ocorra, além de um elemento objetivo consistente no comportamento reiterado (*"longa consuetudo"*), requer-se um elemento subjetivo (*"opinio júris"* ou *"opinio necessitatis"*), ou seja, o convencimento, por parte da doutrina e dos Tribunais, da necessidade desse comportamento, além de um elemento formal referente à viabilidade de se converter a prática reiterada em um mandamento normativo.[11]

No direito administrativo positivo, não se reconhece esse tipo de fonte. Na doutrina brasileira, porém, inexiste um entendimento claro sobre o tema. Dizia Hely Lopes Meirelles que o costume tem um papel relevante diante da deficiência da legislação. Ele muitas vezes supre a falta de texto escrito e atua como prática informativa da doutrina.[12] Não esclarecia, porém, se o costume seria ou não verdadeira fonte de norma vinculante. Já Edmir Netto de Araújo assume posicionamento mais direto ao afirmar que "o costume admissível, assim como a presunção, é aquele *secundum legem*..., sendo por isso relativo seu valor como fonte direta, funcionando mais como subsídio à elaboração das normas jurídicas".[13]

Dizer que o costume é admissível quando está de acordo com a lei significa negar seu papel como fonte geradora de direitos e deveres. E esse parece ser o entendimento mais correto diante do princípio geral da legalidade administrativa e da estrutura do Estado Democrático de Direito. O costume espelha uma forma de interpretação da lei existente ou, na sua falta, dos mandamentos constitucionais regentes da Administração Pública. Não se trata, desse modo, de centro de irradiação de normas gerais, abstratas e vinculantes. No sistema democrático, as normas jurídicas de direito administrativo não podem ser outras, senão àquelas proferidas pelos representantes legítimos da população. E se inexiste lei a reger certa ação administrativa, há que se

---

11. OSSENBÜHL, Fritz. Rechtsquellen und Rechtsbindungen der Verwaltung. In: BADURA, Peter; BURGI, Martin et al. *Allgemeines Verwaltungsrecht*. Berlim: De Gruyter, 2002, p. 170.
12. MEIRELLES, Hely Lopes. *Direito administrativo brasileiro*, 34ª ed. São Paulo: Malheiros, 2008, p. 48.
13. ARAÚJO, Edmir Netto. *Curso de direito administrativo*, 3ª ed. São Paulo: Saraiva, 2007, p. 43.

fundamentá-la nas normas escritas e não escritas de caráter constitucional, sempre de modo a conferir legitimidade democrática ao Estado.

A prática reiterada dentro da Administração Pública (numa universidade ou hospital público, por exemplo), ainda que reconhecida, não constitui a fonte em si da norma jurídica. Ela pode revelar, no máximo, uma atuação conforme a lei. Como já sustentei alhures, "o argumento 'nós sempre fizemos assim' jamais pode ser lançado pelo Estado para contrariar a lei ou mesmo ultrapassá-la. Isso vale tanto para os atos *interna corporis* da Administração Pública quanto para os atos administrados – praticados em relação a outros sujeitos de direito, especialmente os cidadãos".[14] Reitere-se, pois, que o costume gerado por agentes na função administrativa, dentro ou fora de entidades estatais, não constitui fonte de normas.

Com a edição da LINDB e do Decreto n. 9.830/2019, essas práticas reiteradas ganharam um valor adicional, sobretudo em processos anulatórios. Como se demonstrou, o art. 24 da LINDB prevê que a decisão que examinar validade de atos, contratos, processos ou normas com efeitos em curso ou já concluídos levará em consideração as orientações gerais da época de sua produção. De acordo com o art. 5º, § 3º do Decreto citado, as orientações são interpretações ou especificações contidas em atos públicos de caráter geral, na jurisprudência ou *adotadas por prática administrativa reiterada e de amplo conhecimento público* (g.n). O legislador considerou, assim, que o costume desenvolvido conforme uma interpretação do direito no passado proteger o ato contra invalidações futuras por mudança de orientação ou comportamento. O costume, com isso, passou a ser aceito como uma expressão da interpretação ou orientação predominante em uma determinada época, valendo como mecanismo de proteção da segurança jurídica.

É importante observar, ademais, que o fato de o costume não ser fonte do direito administrativo não obsta que costumes reconhecidos como fontes em outros ramos jurídicos venham a vincular a Administração. Há costumes fora do direito administrativo e alguns deles, pela conjunção dos elementos objetivo, subjetivo e formal, geram normas vinculantes de comportamentos futuros. Por conseguinte, determinado costume gerador de norma vinculante no direito internacional público poderá limitar por via indireta a ação da Administração Pública. O mesmo vale para o costume mercantil, que não raro incidirá sobre as entidades empresariais da Administração Pública, impondo-lhe comportamentos.

2.15 FONTES JUDICIAIS

Assim como ocorre no âmbito das entidades administrativas com poder decisório, no Judiciário se forma "jurisprudência" – palavra que indica, de um lado, uma

---

14. MARRARA, Thiago. As fontes do direito administrativo e o princípio da legalidade. *RDDA*, v. 1, n. 1, 2014, p. 42.

coletividade de julgados e, de outro, uma linha de posicionamento dos tribunais, que pode ser majoritária, minoritária etc.

Ao longo do tempo, esse conjunto de manifestações judiciais ganhou enorme significado para o direito administrativo, seja porque uma decisão judicial constitui fonte de mandamento concreto e vinculante para a Administração Pública, seja porque o Judiciário edita decisões de caráter geral, também vinculantes, ou porque a jurisprudência, mesmo quando não vincula, assume papel informativo, ou melhor, de orientação dos comportamentos do Estado e da sociedade, de modo a afetar as relações jurídicas interadministrativas, intra-administrativas ou externas (em direção ao cidadão).

A consagração histórica do Judiciário como um poder direcionador da Administração Pública brasileira se deve a quatro fatores fundamentais: i) a adoção da unicidade de jurisdição desde a Constituição de 1891; ii) a criação de súmulas vinculantes do Supremo em 2004; iii) a conferência de poder vinculante às decisões proferidas em ADC, ADI e ADPF e; iv) a adoção de um posicionamento concretista do STF em favor da ressurreição do mandado de injunção, sobretudo desde 2007, e que foi consagrada na Lei n. 13.300/2016.

- *Unicidade de jurisdição.* De acordo com a Constituição da República, "a lei não excluirá da apreciação do Poder Judiciário lesão ou ameaça a direito" (art. 5º, XXXV). Tal mandamento vale para ações e decisões administrativas em geral, desde as mais simples até as mais técnicas, proferidas pelos incontáveis órgãos especializados que existem na Administração Pública. Qualquer ato ou decisão de entidade administrativa federal, estadual ou municipal se sujeita a questionamento perante a autoridade judicial. O legislador não está autorizado a quebrar essa sistemática, a não ser por imperativos lógicos, como se vislumbra na exigência de processamento administrativo da solicitação de informações antes da propositura de *habeas data* no Judiciário. Tampouco está autorizado a exigir o esgotamento das instâncias administrativas como condição do controle judicial. Diante desse sistema de justiça unificada, a Administração não escapa das decisões judiciais, que passam então a constituir fontes de normas concretas. Ao longo dos anos, com a ampliação das funções do Estado e por problemas derivados de sua ineficiência em vários setores, incrementou-se a "judicialização de políticas públicas".[15] Por consequência desse fenômeno, no campo doutrinário, ganhou espaço o debate sobre a compatibilidade da submissão da Administração pelo Judiciário diante, principalmente, da tripartição de poderes consagrada na Constituição da República (art. 2º), das diferenças entre micro e macrojustiça e dos impactos que a judicialização vem causando na gestão do orçamento estatal e até mes-

---

15. Em geral sobre o tema, MARRARA, Thiago; GONZALEZ, Jorge Agudo. *Controles da Administração e judicialização de políticas públicas.* São Paulo: Almedina, 2016.

mo na elitização do acesso à justiça. O papel assumido pelas fontes judiciais de mandamentos concretos tem igualmente estimulado estudos sobre meios consensuais e meios alternativos de soluções de controvérsias envolvendo a Administração Pública, dando margem a inúmeras modificações legislativas.

- *Súmulas vinculantes.* Conforme explicam Luís Roberto Barroso e Ana Paula de Barcellos, as súmulas foram introduzidas no Brasil em 1964, por sugestão do Ministro Victor Nunes Leal e concebidas basicamente no intuito de facilitar o processo decisório, "simplificando a fundamentação dos julgados que versavam sobre questão pacificada". Além disso, elas se destinam à orientação das instâncias inferiores sobre entendimentos prevalecentes, à racionalização, ao fomento da coerência e da isonomia na prestação jurisdicional, bem como à promoção de celeridade nesses serviços.[16] Com a Reforma do Judiciário (EC n. 45/2004), sem prejuízo das súmulas tradicionais, conferiu-se ao STF o poder exclusivo de editar súmulas vinculantes, que se diferenciam das súmulas em geral – ainda existentes – pelo fato de conterem mandamentos gerais e abstratos que vinculam não somente os órgãos judiciais, mas também todos os órgãos da Administração Pública nos três níveis da federação (art. 103-A da CF). De acordo com a LPA federal (art. 56, § 3º e 64-A), se o recorrente, em processo administrativo, alegar que a decisão administrativa viola súmula, caberá ao órgão decisor, se não reconsiderar, explicitar a aplicabilidade ou não da súmula antes de encaminhar o recurso à autoridade superior. Na instância administrativa superior, também ficará o órgão competente obrigado a se manifestar pela aplicabilidade ou não. Na hipótese de certo comportamento do Poder Público contrariar súmula vinculante, apesar de recursos administrativos, poderá o interessado apresentar "reclamação" perante o STF para anular o ato e exigir que outro seja proferido em seu lugar (art. 103-A, § 3º CF). Nessa situação, por força da LPA federal (art. 64-B), a autoridade administrativa também deverá adequar as futuras decisões em casos semelhantes à súmula, sob pena de responsabilidade.

- *Decisões em ADC, ADI e ADPF.* Ainda em virtude da reforma do Judiciário ocorrida em 2004, a Constituição passou a outorgar efeito vinculante às decisões definitivas de mérito, proferidas pelo STF, nas ações diretas de inconstitucionalidade e nas ações declaratórias de constitucionalidade. Desde que transitem em julgado, tais decisões limitam a atuação da Administração Pública Direta e Indireta nas esferas federal, estadual e municipal (art. 102, § 2º da CF). Eis, portanto, mais um fator a valorizar o papel das fontes judiciais para o direito administrativo contemporâneo. Da mesma forma, a decisão na

---

16. BARROSO, Luis Roberto; BARCELLOS, Ana Paula de. Limites constitucionais à edição de súmula por Tribunal Superior: análise da súmula 331, I, do TST. *Revista Eletrônica de Direito Processual*, n. 7, 2011, p. 461.

arguição de descumprimento de preceito fundamental gera efeito vinculante por força de previsão legal (art. 10, § 3º da Lei n. 9.882/1999).

- *Mandados de injunção*. As fontes judiciais adquiriram ainda mais força a partir do momento em que o STF passou a adotar posicionamento concretista em mandados de injunção, impetrados para sanar a ausência de regulamentação que comprometa o exercício de direitos e liberdades constitucionais ou as prerrogativas inerentes à nacionalidade, à soberania e à cidadania (art. 5º, LXXI da CF). Com efeito, desde 2007, o Supremo assumiu postura mais ativa e passou a indicar a norma aplicável em suas decisões em MI. Esse movimento concretista se iniciou por ocasião da discussão da falta de norma regulamentadora para contagem diferenciada de tempo de serviço de servidor público em razão de atividade insalubre (MI n. 1.194) e da falta de norma referente ao exercício do direito de greve por servidores públicos (MI n. 712). Após o julgamento desses dois casos, o número de mandados de injunção se elevou rapidamente, confirmando a posição destacada do Judiciário como elaborador de fontes de normas à Administração Pública. Em 2016, editou-se a Lei 13.300, que passou a reger a injunção, e determinou que a decisão que reconhece o estado de mora legislativa: (i) estipule prazo razoável para que o impetrado promova a edição da norma regulamentadora e (ii) estabeleça as medidas em que se dará o exercício dos direitos, liberdades ou prerrogativas ou, se for o caso, as condições em que o interessado poderá promover ação própria visando a exercê-los, caso não seja suprida a mora no prazo determinado (art. 8º). A lei ainda permitiu que se confira à decisão no mandado de injunção eficácia ultra partes ou erga omnes, "quando isso for inerente ou indispensável ao exercício do direito, da liberdade ou da prerrogativa objeto da impetração" (art. 9º, § 1º).

2.16 DOUTRINA

A "doutrina" corresponde ao conjunto de teorias e manifestações científicas sobre normas, institutos e instituições jurídicas (perspectiva material) ou ao conjunto de obras jurídicas (perspectiva formal). Do ponto de vista objetivo, ela se materializa em tratados, cursos, manuais e revistas científicas, e se transforma conforme os movimentos e as mudanças da jurisprudência e do direito positivo, brasileiro ou estrangeiro.

Certos autores costumam dar mais precisão ao termo, de modo a diferenciar doutrina, teoria do direito e ciência jurídica. Ao examinar a história do direito administrativo brasileiro, Fernando Dias Menezes de Almeida preleciona que a ciência do direito ocupa-se da "descrição de normas válidas", enquanto a teoria do direito vai além, assumindo o papel de metateoria ao tomar como seu "objeto as propriedades dos ordenamentos jurídicos em geral (em não apenas de determinado direito positivo específico)...". Diferentemente, a doutrina indica o "conjunto de trabalhos destinados a expor o direito (*doctrine des auteurs*), tanto encarado pelo ângulo do 'conteúdo' – opiniões emitidas pelos autores – como pelo ângulo do 'continente' – o conjunto de obras jurídicas".[17]

Conquanto seu papel tenha sido fundamental na história do direito administrativo brasileiro, mormente para superar as lacunas, as antinomias e as obscuridades do ordenamento, a doutrina não constitui fonte de normas vinculantes. Mais uma vez, ao contrário do que se verifica em outras áreas, como o direito internacional público, seu papel é meramente opinativo no direito administrativo, constatação que demanda inúmeras cautelas no seu emprego e na interpretação de suas lições. Uma vez que a doutrina se caracteriza por um recorte parcial, por uma leitura marcadamente subjetiva do sistema jurídico e por uma função explicativa, crítica e tecnológica, há que se cotejá-la em paralelo ao exame de textos normativos e da jurisprudência.

Disso não resulta qualquer menosprezo à sua relevância para o direito administrativo. Muito pelo contrário. Em primeiro lugar, a doutrina é responsável pela divulgação de ideias e de fontes jurisprudenciais. Em segundo, desempenha um papel de relevo na sistematização das mais diversas fontes do direito administrativo, dando-lhe coerência como ramo jurídico. Em terceiro, aponta críticas à legislação e à jurisprudência. Em quarto, fornece sugestões de aperfeiçoamento do ordenamento jurídico, de sorte a contribuir com a eficiência e a melhoria do exercício da função administrativa e com a concretização dos valores constitucionais. Em quinto, sistematiza e esclarece aos operadores do direito e administradores públicos os mandamentos e diretrizes de atuação. Em sexto, fomenta o respeito à legalidade administrativa e, em sétimo, como dito, contribui para a superação de lacunas, antinomias e obscuridades do direito positivo.[18]

2.17 BIBLIOGRAFIA PARA APROFUNDAMENTO

ABRAMOWAY, Pedro. *Separação de poderes e medidas provisórias*. São Paulo: Elsevier, 2012.

ALMEIDA, Fernanda Dias Menezes de. *Competências na Constituição de 1988*, 6ª ed. São Paulo: Atlas, 2013.

AMARAL, José Levi Mello do. *Medida provisória*: edição e conversão em lei. São Paulo: Saraiva, 2012.

ARAGÃO, Alexandre (org.). *O poder normativo das agências reguladoras*. Rio de Janeiro: Forense, 2011.

BANDEIRA DE MELLO, Celso Antônio. Poder regulamentar ante o princípio da legalidade. *RTDP*, n. 4, 1993.

---

17. MENEZES DE ALMEIDA, Fernando Dias. *Formação da teoria do direito administrativo no Brasil*. Faculdade de Direito da Universidade de São Paulo (tese de titularidade), 2013, p. 40-41.
18. Nesse sentido, DEBBASCH, Charles; COLIN, Frédéric. *Droit administratif*, 8ª ed. Paris: Economia, 2007, p. 105.

BARROSO, Luis Roberto; BARCELLOS, Ana Paula de. Limites constitucionais à edição de súmula por Tribunal Superior: análise da súmula 331, I, do TST. *Revista Eletrônica de Direito Processual*, n. 7, 2011.

CLÈVE, Clèmerson Merlin. *Atividade legislativa do Poder Executivo*. São Paulo: Revista dos Tribunais, 2011.

CLÈVE, Clèmerson Merlin. *Medidas provisórias*. São Paulo: Revista dos Tribunais, 1999.

CUNHA, Alexandre; ISSA, Rafael; SCHWIND, Rafael. *Lei de Introdução às Normas do Direito Brasileiro* – Anotada. São Paulo: Quartier Latin, 2019.

CUNHA, Bruno Santos; CARVALHO, Thiago Mesquita Teles de. *Súmulas do TCU*. Salvador: JusPodium, 2012.

CYRINO, André Rodrigues. *O poder regulamentar autônomo do Presidente da República*. Belo Horizonte: Fórum, 2005.

DI PIETRO, Maria Sylvia Zanella; MARTINS JÚNIOR, Wallace Paiva. *Tratado de direito administrativo*, v. 1: Teoria geral e princípios do direito administrativo. São Paulo: Revista dos Tribunais, 2013.

DUTRA, Pedro. O poder regulamentar dos órgãos reguladores. *RDA*, v. 221, 2000.

FONTELES, Samuel Sales. O princípio da simetria no federalismo brasileiro e a sua conformação constitucional. *Revista Jurídica da Procuradoria-Geral do Distrito Federal*, Brasília, v. 40, n. 2, 2015.

GASPARINI, Diógenes. *Poder regulamentar*. São Paulo: Revista dos Tribunais, 1982.

GUERRA, Sérgio. *Discricionariedade, regulação e reflexividade*. Belo Horizonte: Fórum, 2015.

HACHEM, Daniel Wunder. *Mandado de injunção e direitos fundamentais*. Belo Horizonte: Fórum, 2012.

MACERA, Paulo. Reserva da administração: delimitação conceitual e aplicabilidade no direito brasileiro. *RDDA*, v. 1, n. 2, 2014.

MARRARA, Thiago. As fontes do direito administrativo e o princípio da legalidade. *RDDA*, v. 1, n. 1, 2014.

MARRARA, Thiago; GONZÁLEZ, Jorge Agudo (org.). *Controles da Administração e judicialização de políticas públicas*. São Paulo: Almedina, 2016.

MENEZES DE ALMEIDA, Fernando Dias. *Formação da teoria do direito administrativo no Brasil*. Faculdade de Direito da Universidade de São Paulo (tese de titularidade), 2013.

MOTTA, Fabrício. *Função normativa da Administração Pública*. Belo Horizonte: Fórum, 2007.

PEREIRA, Flávio Henrique Unes; CAMMAROSANO, Márcio; SILVEIRA, Marilda de Paula; ZOCKUN, Maurício (org.). *O direito administrativo na jurisprudência do STF e do STJ*: homenagem ao Professor Celso Antônio Bandeira de Mello. Belo Horizonte: Fórum, 2014.

TÁCITO, Caio. Bases constitucionais do direito administrativo. *RDA*, v. 166, 1986.

3
PRINCÍPIOS

3.1 CARACTERÍSTICAS GERAIS

Demorou algum tempo para que os princípios jurídicos fossem reconhecidos como normas. Ainda hoje, há resquícios de um entendimento segundo o qual princípios representariam proposições de conteúdo aberto sem caráter efetivamente vinculante. Representariam meros enunciados gerais, vagos, mais simbólicos que normativos. Tal entendimento já não predomina. Passou a época em que se entendiam os princípios como adereços, pura decoração do direito positivo. Na teoria do direito atualmente consagrada, os princípios se posicionam ao lado das regras como subcategorias de normas. Como normas, eles criam direitos e deveres para algum sujeito, seja ele o cidadão, o legislador, o juiz, o administrador público ou quem o substitua em suas funções.

A despeito do grau variável de generalidade e vagueza de seu enunciado, princípios se diferenciam de regras jurídicas por seu maior grau de flexibilidade e adaptabilidade. Eles são propositalmente formulados como comandos vagos para que se amoldem às transformações sociais ao longo do tempo e se harmonizem uns com os outros. Enquanto as regras em conflito direto se excluem conforme os critérios da especialidade, da superioridade ou da posterioridade, os princípios se deixam harmonizar mais facilmente. É perfeitamente concebível afastar a incidência de um princípio sobre determinado caso concreto sem que, para isso, seja necessário negar sua validade jurídica. Um princípio não se torna inválido, não é expulso do ordenamento jurídico, ao abrir espaço para a incidência de outro. Apesar disso, sempre que possível, o maior número de princípios deverá ser observado simultaneamente em um caso concreto.

Princípios configuram em breve síntese normas jurídicas: i) escritas ou não escritas que permeiam o ordenamento e estruturam valorativamente as disciplinas jurídicas; ii) cujos enunciados normativos, quando consagrados no direito positivo, caracterizam-se pela vagueza, pela concisão e pela alta abstração; iii) cujos conteúdos mandamentais muitas vezes se dispersam pelo ordenamento jurídico; iv) cujos efeitos normativos variam e se adaptam de acordo com a situação, o espaço e o tempo e v) cujos destinatários são amplos e imprevistos em sua formulação textual.

3.2 PREVISÃO CONSTITUCIONAL E FUNÇÕES

O direito administrativo brasileiro se guia por uma série de princípios constitucionais gerais muito bem sistematizados na Constituição da República. De acordo com o art. 37, *caput*, a administração pública nacional em todos os níveis da federação é regida pelos princípios da legalidade, impessoalidade, moralidade, publicidade e eficiência. A esses cinco princípios escritos, somam-se ao menos dois outros implícitos no texto constitucional: o do interesse público e o da segurança jurídica.

Apesar de formulados de modo extremamente sucinto, os sete princípios acima enumerados representam os mais preciosos mandamentos do direito administrativo, na medida em que exercem grande número de funções jurídicas, a saber:

i.   *"Função diretiva"*: os princípios orientam as condutas do legislador, sobretudo na criação do direito administrativo positivo; dos juízes na função de solução de conflitos relacionados com a Administração Pública em suas mais diversas relações jurídicas; do agente público no exercício de suas tarefas e na elaboração de atos, planos, acordos e contratos; bem como dos cidadãos e agentes econômicos em suas relações com o Estado. A nenhum desses sujeitos se autoriza negar ou ignorar os princípios maiores da Administração Pública. Na medida do possível perante a situação fática, cabe-lhes concretizar os princípios nas máximas quantidade e intensidade.

ii. *"Função interpretativa"*: os princípios guiam em termos valorativos o exame e o manuseio do ordenamento jurídico, atingindo as mais diversas fontes de normas administrativas. A convergência interpretativa ditada pelos princípios constitucionais transforma o emaranhado caótico, impreciso e imperfeito de fontes e de normas que marca o direito administrativo positivo em um ramo relativamente coerente, racional e funcional. Na falta de codificações das normas de direito administrativo positivo, o papel dos princípios como instrumentos de racionalização cresce de forma significativa.

iii. *"Função integrativa"*: dos princípios deriva um conjunto de mandamentos concretos, sobretudo para o agente público, que lhe permite agir mesmo diante de lacunas do direito positivo. Ao se colocarem ao lado da analogia e da interpretação extensiva como métodos de integração de lacunas, eles evitam a paralisia do Estado frente a eventuais deficiências ou lentidões do processo legislativo ou normativo. Com isso, os princípios contribuem para manter as funções administrativas em constante movimento em benefício do atendimento das necessidades sociais concretas e da viabilização de direitos fundamentais, salvo no tocante a ações administrativas limitativas, que dependem da observância da reserva legal por força de mandamento constitucional (art. 5º, II da CF).

iv. "Função de controle": os princípios servem como parâmetro comportamental e como mandamento geral, cuja violação gera responsabilização sob certas circunstâncias. No direito administrativo brasileiro, a violação dolosa de princípios pode configurar ato de improbidade (art. 11 da Lei n. 8.429/1992). Além disso, a violação de certos princípios dá margem a uso de instrumentos de controle, como a ação popular e a ação civil pública. A essa função de controle são direcionadas muitas críticas na atualidade, mormente porque os órgãos de controle brasileiros, por vezes, empregam os princípios sem a devida concretização e motivação para sustentar acusações contra agentes públicos e privados ou para determinar a anular atos da Administração. É preciso ter em mente, porém, que o mau uso dos princípios como parâmetro de controle não consiste em uma deficiência dos princípios em si, mas sim de agentes públicos despreparados ou mal-intencionados que os utilizam indevidamente. A solução para abusos no controle não se dará pela extinção de princípios, senão pela capacitação dos agentes públicos e pela punição por acusações abusivas ou temerárias.

A utilidade dessas quatro funções depende de um pressuposto: o conhecimento do conteúdo básico de cada princípio. Na medida em que eles se inserem de maneira sucinta e vaga no plano constitucional, a construção de seu conteúdo normativo ocorre gradualmente como resultado do trabalho conjunto da doutrina,[1] da jurisprudência e da própria legislação infraconstitucional que os desdobra. Isso dá aos princípios um conteúdo cambiante em termos históricos, mas que não obsta sua delimitação teórica – sem a qual, reitere-se, suas funções tornam-se inviáveis.

3.3 PRINCÍPIO DA LEGALIDADE

3.3.1 Definição, níveis e padrões

Legalidade significa respeito ao direito! Para entender as implicações dessa afirmação é preciso examinar as características de cada sociedade política. No Estado de Direito ocidental, em que todo poder estatal é limitado, a legalidade se amplia, pois submete ao direito tanto os cidadãos, as organizações religiosas e os demais agentes sociais e econômicos, quanto as entidades e os órgãos públicos, os governantes, administradores públicos e quaisquer pessoas que atuem em nome do Estado. Não existem sujeitos acima do direito, nem mesmo o Estado.

O modelo democrático, a seu turno, transforma a legalidade em instrumento comunicativo. O direito positivo, construído pelos representantes do povo, constitui o repositório das vontades (mais ou menos distorcidas) da coletividade. Agir de

---

1. Uma sistematização de posicionamentos sobre os princípios constitucionais da Administração Pública pode ser obtida em MARRARA, Thiago. (org.). *Princípios de direito administrativo*, 2ª ed. Belo Horizonte: Fórum, 2021.

acordo com o direito é agir conforme os anseios da sociedade política. Ao se ouvir o desejo da sociedade, procede-se legalmente, de maneira aceitável e, a princípio, legítima.

Ao longo do tempo, porém, reconheceu-se que o processo de construção do direito positivo pelos representantes do povo nem sempre funciona de maneira neutra e perfeita. A lei muitas vezes nasce por influência não revelada de interesses econômicos, religiosos ou políticos de um ou outro grupo detentor de poder. Em outras ocasiões, é formulada numa engrenagem de troca de favores envolvendo agentes públicos e particulares, conhecida como clientelismo. Nesses e noutros casos, a lei posta não representa como deveria a vontade da coletividade. Daí porque gradualmente passou-se a separar legalidade (como respeito ao direito) e legitimidade (como aceitabilidade da própria norma posta ou de uma conduta).

No direito administrativo, para se reduzir a distância entre legalidade e legitimidade, novos canais de legitimação das ações estatais têm sido construídos e fortalecidos, como as consultas e audiências públicas, bem como a garantia de voz e voto para representantes de grupos sociais e econômicos em órgãos públicos colegiados. Ainda assim, os desvios frequentes nos processos de construção normativa e nos processos decisórios (que, inclusive, distorcem até os instrumentos de participação popular) continuam a impedir a identificação de legalidade e legitimidade.

Alguns poderiam indagar se, no Estado Democrático de Direito, a legalidade constitui um princípio ou uma mera regra geral. A dúvida é facilmente sanada quando se considera que o direito mitiga a legalidade estrita em inúmeros momentos. Dizendo de outro modo: em certas situações, o próprio ordenamento permite que se abra mão do respeito a uma norma. No campo do direito administrativo, isso se verifica na faculdade de revisão de sanções que se tornem inadequadas em virtude de circunstâncias relevantes ou na decadência do poder de anulação do ato administrativo frente à boa-fé do administrado e após o decurso do prazo quinquenal.

Os dois institutos exemplificados, constantes da LPA federal (Lei n. 9.784/1999), demonstram que a legalidade estrita cede diante do interesse público primário e da segurança jurídica, respectivamente. É verdade que essas relativizações do dever de se harmonizar certa conduta ao ordenamento decorrem de valores ou dispositivos desse mesmo ordenamento. Dessa maneira, em última instância, ele continua válido e eficaz apesar de aceitar que se deixe de aplicar uma ou outra norma positivada em contextos excepcionais.

Há duas facetas relevantes da legalidade administrativa: 1) a supremacia da lei e 2) a reserva da lei.

De acordo com o primeiro sentido de legalidade, *"supremacia da lei"*, cabe à Administração Pública atuar sempre à luz das normas que regem com maior ou menor vagueza seus comportamentos ("nada contra a lei"). Afinal, o Estado é a "empresa" do povo, de sorte que a vontade dos entes e órgãos estatais deriva obrigatoriamente de seu dono, o próprio povo, cujos anseios se assentam na Constituição e nas leis. Por força do Estado de Direito, todas as condutas e atividades estatais necessitam se alinhar ao ordenamento jurídico. No momento em que a Constituição ou a lei são contrariadas, a função do Estado se perde.

Como o ordenamento jurídico se forma por inúmeros planos de fontes normativas, na prática, a supremacia da "lei" deve ser examinada com cautela e de modo abrangente. Disso resultam inúmeras camadas ou níveis de legalidade administrativa. Em sentido restritíssimo, a legalidade se limita à harmonia da ação estatal com as próprias normas que os inúmeros entes públicos inserem em resoluções, deliberações, portarias etc. Em sentido restrito, a relação de legalidade indica a compatibilidade da conduta com leis ordinárias, complementares e outros tipos legais, incluindo Medidas Provisórias. Em sentido amplo, desponta a relação de constitucionalidade, que requer a compatibilidade da conduta com os textos constitucionais, ou seja, as Leis Orgânicas dos Municípios, as Constituições Estaduais e, no topo, a Constituição da República. Enfim, em perspectiva amplíssima, legalidade implica juridicidade, isto é, vinculação ao direito posto e aos seus valores fundantes, inclusive os não-escritos. Há, portanto, ao menos quatro camadas ou níveis de legalidade. Daí por que a supremacia da "lei" não deve ser entendida de modo restritivo. Nesse contexto, a "lei" não representa apenas as leis em sentido formal, mas as várias camadas normativas. Ademais, na prática, as camadas de legalidade nem sempre se harmonizam, caso em que se deverá privilegiar a relação mais ampla em detrimento da mais restrita, pois a norma superior prevalece sobre a inferior em razão de seu maior grau de legitimação.

O reconhecimento das camadas ou níveis de legalidade representa apenas um dos passos à operacionalização do princípio em exposição. Além dos níveis, há variados tipos ou padrões de legalidade administrativa, que indicam o maior ou menor grau de vinculação da conduta ao ordenamento jurídico. Quanto mais restritiva for a ação do Estado em relação à sociedade, mais clara, explícita e reforçada deverá ser sua legitimação democrática. Exatamente por isso, a Constituição aborda de maneira expressa as desapropriações, a tributação, a intervenção na economia, a criação de sanções e de outras manifestações estatais significativamente limitativas da liberdade, da propriedade e de outros direitos fundamentais. Em todos esses casos, demanda-se a "legalidade forte", a legalidade como conformidade estrita da função administrativa ao ordenamento jurídico. Sem previsões relativamente minuciosas, a Administração não poderá agir sob pena de violar a legalidade.

A Constituição da República, nesse sentido, prescreve que "ninguém será obrigado a fazer ou deixar de fazer alguma coisa senão em virtude de lei" (art. 5º, II). Esse mandamento somado ao reconhecimento explícito da legalidade como princípio geral (art. 37, *caput*) consagra a reserva geral de lei para medidas estatais restritivas. Dizendo de outro modo: toda e qualquer ação significativamente restritiva deverá estar autorizada, de modo explícito ou implícito, na Constituição ou em uma lei como instrumento construído pelos representantes do povo.

Além das ações restritivas, a Administração presta serviços, gera comodidades aos cidadãos e promove seus direitos fundamentais, inclusive por técnicas de fomento. Nem tudo o que faz o Estado tem caráter limitativo. Por que então exigir que o legislador preveja e autorize todas as atividades benéficas ou favoráveis em lei?

Certamente, se a Administração aguardasse autorização prévia do legislador para agir em todos os casos, inúmeros direitos fundamentais pereceriam e os interesses do povo seriam prejudicados. É por isso que nessas situações a legalidade assume um padrão de vinculação mais brando, mais aberto. Salvo quando a Constituição exigir, o legislador não necessitará descrever em detalhes as tarefas administrativas e seus modos de execução. A Administração tem mais liberdade de ação, mais espaço de criatividade e, inclusive, poderá estabelecer suas condutas com base em competências gerais, princípios, interesses públicos e direitos fundamentais diretamente previstos na Constituição. Fala-se aqui de uma legalidade mais fraca, ou de compatibilidade com o direito.[2]

Reitere-se: quando se diz que a "Administração faz o que a lei manda", não se deve entender que o legislador sempre esteja obrigado a descrever, de modo prévio e em mínimos detalhes, todos os passos do administrador público, nem que o Estado esteja impedido de atuar em favor de direitos fundamentais e interesses públicos primários com suporte direto no texto constitucional. A intensidade da legalidade e o detalhamento das normas regentes das condutas estatais variam conforme o tipo de ação administrativa.

3.3.2 Tutela ou supervisão

A tutela ou supervisão, como instrumento de proteção da legalidade, indica duas relações jurídicas distintas: na primeira, fala-se de *"supervisão de entidades vinculadas"* e, na segunda, de supervisão como controle exercido, dentro de uma mesma entidade, por um órgão superior sobre um órgão inferior. Aqui, há *"supervisão de órgão subordinado"*.

De modo geral, porém, costuma-se empregar os dois termos (tutela ou supervisão) para se fazer referência ao primeiro sentido. Considerando-se que a administração pública se subordina à lei e ao direito, as entidades centrais (pertencentes à Administração Direta) necessitam zelar para que as entidades estatais descentralizadas (Administração Indireta) caminhem de modo coerente com os anseios da população – idealmente inscritos no ordenamento jurídico e corporificados em diretrizes governamentais expedidas pelo Poder Executivo no âmbito das mais variadas políticas públicas. Nesse contexto, portanto, a tutela indica o poder de supervisão exercido por Ministérios, Secretarias estaduais ou municipais sobre as

---

2. Sobre a legalidade como conformidade (forte) ou como compatibilidade (fraca), vale a leitura de EISENMANN, Charles. O direito administrativo e o princípio da legalidade. *RDA*, v. 56, 1959, p. 47 e seguintes.

entidades descentralizadas vinculadas ao respectivo setor, a saber: autarquias, empresas estatais, fundações estatais e consórcios. O estudo desse poder específico será retomado em mais detalhes ao se apresentar a organização administrativa brasileira e as funções da Administração Direta.

3.3.3 Autotutela

Outro poder resultante da legalidade se denomina autotutela, ou seja, o poder de a Administração Pública controlar seus próprios atos e omissões para harmonizá-los ao ordenamento sem a necessidade de recorrer ao Poder Judiciário. Entre outras coisas, a autotutela viabiliza a anulação de atos normativos e administrativos por ilegalidade estrita e o poder de revogar atos discricionários com base em interesses públicos primários e desde que respeitados os limites legais.

O poder de anulação e de revogação que derivam da autotutela condensou-se inicialmente nas Súmulas 346 e 473 do STF. Hoje, suas bases se encontram previstas na LINDB (art. 21), na LPA federal e em outras leis de processo administrativo, que, por vezes, descrevem procedimentos específicos para o exercício desses poderes, sobretudo no intuito de garantir sua compatibilidade com o direito fundamental ao contraditório e à ampla defesa e com a moralidade, a proteção da boa-fé e a estabilidade de direitos adquiridos. Diga-se, contudo, que, nos Estados e Municípios em que os institutos de autotutela não encontram tratamento legal em leis de processo, a LINDB e as súmulas do STF desempenham papel imprescindível para discipliná-los.

Como a autotutela constitui um poder de restauração da legalidade e do respeito aos interesses públicos primários, em última instância, a convalidação e a correção de atos viciados, bem como a revisão de sanções administrativas inadequadas também representam técnicas de autocorreção, todas fundamentadas na LPA federal e em leis congêneres. Esses institutos revelam que a autotutela se alargou ao longo do tempo. Não é mais possível restringi-la à anulação e à revogação de atos administrativos. Além desses mecanismos, ela se manifesta atualmente pela confirmação, convalidação, revisão e por técnicas de superação de omissões administrativas indevidas.

A escolha do meio de autocontrole apropriado dependerá de um juízo de razoabilidade em cada caso concreto e da observância de certos limites legais. O administrador público não deverá escolher caminhos mais prejudiciais aos interesses públicos e aos direitos fundamentais, quando meios mais brandos estiverem à sua disposição. Ademais, há situações em que a própria legislação proíbe o emprego de certos instrumentos de autotutela. É o que ocorre com a anulação de atos viciados e praticados há mais de cinco anos sem a influência, de má-fé, do cidadão beneficiado. Verificado o decurso do prazo quinquenal, o poder de anulação decairá, prevalecendo o respeito à boa-fé e à confiança do administrado na estabilidade do ato, o qual permanecerá válido e eficaz a despeito de seu vício (art. 54 da Lei 9.784/1999).

3.3.4 Presunção de legalidade e de veracidade

Partindo-se do pressuposto de que a Administração Pública deve respeitar a Constituição, as leis e agir moralmente, presumem-se tanto a veracidade dos fatos que sustentam suas condutas quanto o respeito às normas que os regem. É nesse sentido que se fala de presunção de veracidade (dos fatos) e de legalidade (dos atos jurídicos).

Embora racional, referido mandamento jamais poderia ser absoluto e incontestável. Trata-se de presunção relativa, *juris tantum*, que admite prova em contrário. Além de sua relatividade, referida presunção não se compatibiliza com certas situações por imperativo lógico-jurídico. Repele-se a presunção de veracidade em relação a acusações estatais contra cidadãos ou pessoas jurídicas, cabendo ao Estado, sempre, provar o ilícito cometido sob pena de tornar nulas as sanções administrativas que venha a aplicar. Tampouco cabe alegar presunção da legalidade para imunizar atos estatais e abafar o controle da Administração Pública. A presunção de legalidade nunca afastará o dever estatal de apurar denúncias fundadas quanto à ilicitude de comportamentos de autoridades públicas. Esses dois exemplos revelam que a presunção em tela há que ser interpretada à luz de mandamentos constitucionais, como o devido processo legal, a ampla defesa e a moralidade administrativa.

Da presunção da legalidade se extraem outros mandamentos dignos de nota. Em primeiro lugar, por força de norma constitucional, os entes da federação não podem recusar fé a documentos públicos (art. 19, II da CF). Nenhum agente público, ou particular que atue em nome do Estado, poderá negar a validade de documento expedido por outro, salvo quando demonstrar sua ilegalidade. Em segundo lugar, qualquer administrador público está autorizado a autenticar cópias de documentos na presença dos originais (art. 22, § 3º da LPA federal). Em terceiro, da presunção decorre a possibilidade de a Administração, com base na lei, ditar atos administrativos diretamente vinculantes aos cidadãos (coercitividade) e de executar boa parte desses atos de maneira direta (autoexecutoriedade), ou seja, sem que se faça necessária a chancela judicial em todos os casos. Esses temas serão retomados em mais profundidade no capítulo sobre atos administrativos.

3.4 PRINCÍPIO DA MORALIDADE

3.4.1 Problemática e conteúdo

No intuito de estimular a construção e o funcionamento de uma Administração Pública proba, correta, limpa de abusos e de comportamentos patrimonialistas, a Constituição da República consagrou a moralidade como princípio geral do direito administrativo. No entanto, a pluralidade de significações desse termo e as diferentes formas de relação entre moral e direito dificultam a precisa delimitação de seu conteúdo.

Há basicamente três modelos de relação entre direito e moral. No primeiro, o Estado e o Direito despontam como instrumento da moral politicamente dominante e, por essa razão, toda ação estatal e toda manifestação jurídica necessariamente submete-se aos valores do governante. Na segunda formatação, inversa à primeira, a moral desponta como campo dominado pelo Estado e pelo direito por ele posto. Os valores morais individuais são limitados intensamente pelo Estado. Somente se torna moralmente aceitável aquilo que se harmoniza com a norma estatal positivada, de sorte que o comportamento moral equivalerá ao comportamento juridicamente normatizado.

Nos dois primeiros modelos ideais, um dos domínios (moral ou jurídico) é subjugado pelo outro. Diferentemente, no terceiro modelo, mais consentâneo com a realidade contemporânea, fala-se de uma interpenetração entre direito e moral. Ambos surgem como círculos normativos que se sobrepõem parcialmente ou círculos secantes. As normas morais ora se inserem na esfera do direito, ora se afastam de suas regras. Já as normas jurídicas podem ser morais, amorais ou até mesmo imorais.

No Estado democrático, construído em sociedades plurais nas quais a liberdade é a regra e a intervenção normativa a exceção, o terceiro modelo se mostra o mais próximo da realidade. O direito absorve normas, amorais ou imorais. Imorais são, por exemplo, as que permitem a certos agentes públicos deliberarem sobre sua própria remuneração ou as que consagram privilégios funcionais injustificáveis a certos agentes públicos em detrimento de outros trabalhadores, como auxílios para moradia a servidores que detêm casa própria. De outro lado, o ordenamento carrega normas resultantes da moral, como as que impõem o respeito à confiança dos cidadãos e o dever de agir de boa-fé. Legalidade, legitimidade e moralidade podem andar juntas, mas nem sempre se confundem.

Sob uma perspectiva operacional, o que interessa ao administrador público e aos entes de controle da Administração é saber como se deve interpretar o princípio constitucional da moralidade administrativa. Quais diretrizes gerais de comportamento esse princípio origina para o Poder Público no exercício das funções administrativas?

A moralidade administrativa representa um padrão comportamental historicamente dinâmico e incidente sobre os agentes públicos e aqueles que se relacionam com o Estado. Dela não deriva um rol definitivo de deveres e direitos, mas sim guias de orientação da ação pública no âmbito democrático e republicano. A moralidade administrativa se insere na legalidade como juridicidade, ou seja, dever de obediência aos valores maiores que sustentam o ordenamento, como a justiça, a honestidade, a boa-fé, o respeito e a dignidade.

A Constituição e outras leis gerais desdobram a moralidade administrativa em inúmeros mandamentos operacionais. Grande parte deles se deixa traduzir em três valores centrais, quais sejam: a *"probidade"*, a *"cooperação"*, a *"razoabilidade"* e a *"boa-fé"* no exercício de quaisquer funções administrativas destinadas a atender necessidades concretas do povo e a manter a máquina estatal em operação. Esses quatro valores servem para calibrar a legalidade em sentido estrito, sobretudo quando os órgãos e agentes públicos detiverem alguma margem de escolha ao agir (discricionariedade). Serve ainda para direcionar os administradores e governantes desde o momento em que interpretam a lei até o momento em que elaboram suas medidas e as executam.

Tamanha é a relevância da moralidade no direito administrativo que inúmeros instrumentos de controle foram criados para viabilizar sua tutela. A Constituição permite o uso da ação popular para atacar ato que a ofenda (art. 5º, LXXIII) e prevê a responsabilidade por atos de improbidade administrativa e crimes de responsabilidade. Fora isso, seu controle administrativo ou judicial se desenvolve com base em disposições contidas em normativas disciplinares, leis que tratam de conflitos de interesse e códigos de ética das entidades estatais, assim como na lei anticorrupção, na legislação de licitações e em leis penais. Apenas para exemplificar, a corrupção ativa e passiva, a prevaricação e diversos outros tipos penais absorvem condutas violadoras da moralidade administrativa.

3.4.2 Probidade

Os comportamentos e as atividades dos agentes públicos ou mesmo particulares agindo em nome do Estado devem respeito a padrões de honestidade, seriedade, profissionalismo, ou seja, probidade administrativa. Essa exigência tem fundamentos enraizados de modo explícito em mais de um dispositivo constitucional.

Dispõe a Constituição que "os atos de improbidade administrativa importarão a suspensão dos direitos políticos, a perda da função pública, a indisponibilidade dos bens e o ressarcimento ao erário, na forma e gradação previstas em lei, sem prejuízo da ação penal cabível" (art. 37, § 4º). Referido mandamento contém algumas impropriedades, como a confusão entre sanção e medida cautelar. De qualquer forma, o que importante ter em mente é que os comportamentos que violem a probidade administrativa são considerados ilícitos, cabendo ao legislador discipliná-los em lei (reserva legal). Isso foi feito com a edição da Lei n. 8.429/1992, conhecida como Lei de Improbidade, e alterada significativamente pela Lei n. 14.230/2021. Nela figuram condutas dolosas passíveis de punição e categorizadas em três grupos: i) enriquecimento ilícito do agente público ou de particulares vinculados ao Estado; ii) prejuízos ao Erário ou iii) violação a princípios da administração pública. Além disso, existem outras formas de improbidade em leis especiais, como o Estatuto da Cidade.

No que diz respeito ao exercício de funções políticas, a Constituição da República impõe o estabelecimento de casos de inelegibilidade por lei complementar "a fim de proteger a probidade administrativa" e "a moralidade para exercício de mandato" (art. 14, § 9º), além de permitir expressamente a cassação de direitos políticos em razão de improbidade administrativa (art. 15, V). Ademais, de maneira explícita, considera "crime" de responsabilidade os atos praticados pelo Presidente da República contrariamente à probidade na Administração (art. 85, V). A Lei n. 1.079/1950 detalha esse dispositivo e trata do "crime" de responsabilidade cometido tanto pelo Presidente da República, quanto pelos ministros de Estado e do Supremo Tribunal Federal, governadores e secretários de Estado. Já o Decreto-Lei n. 201/1967 cuida exclusivamente dos prefeitos e vereadores. Ambas as leis revelam, porém, que não se trata exatamente de crime, mas de infração político-administrativa que ocasiona sanções da mesma natureza.[3]

Para fortalecer o sistema de combate à desonestidade na gestão pública, no âmbito de cada entidade estatal são frequentemente editadas normas disciplinares e códigos de ética que detalham condutas incompatíveis com os subsistemas morais mais relevantes para determinados contextos. Em universidades públicas, por exemplo, é comum que se caracterize como violação ética o uso sensacionalista de conhecimento e da pesquisa e a declaração de qualificação acadêmica que não se possua.

Atualmente, também existem leis que visam a resguardar a probidade e a impessoalidade por meio do combate a conflitos de interesses. A já mencionada Lei federal n. 12.813/2013, por exemplo, cuida do conflito de interesses concomitante ao exercício de cargo ou emprego do Poder Executivo federal e de conflitos posteriores à cessação do vínculo. De acordo com seu art. 12, o agente que praticar atos nela vedados incorrerá em improbidade.

3.4.3 Cooperação administrativa

Outra manifestação do princípio da moralidade reside no dever de cooperação que incide sobre os agentes públicos. Cooperar significa trabalhar em conjunto no intuito de atingir os objetivos maiores do Estado. No contexto democrático, impõe-se que todos os agentes públicos ajam de maneira a contribuir ao bem-estar da sociedade que os sustenta, a apoiar outras entidades, órgãos ou agentes públicos a cumprirem suas funções primárias em favor da realização dos comandos constitucionais. Os entes estatais não estão autorizados a dificultar indevidamente o exercício de direitos e deveres pelos cidadãos, nem a estorvar ou prejudicar o cumprimento de políticas públicas legítimas desenvolvidas por outros entes. A moralidade sugere ajuda, apoio e trabalho conjunto direcionado a finalidades públicas legitimamente estabelecidas e à realização de direitos fundamentais.

Na relação entre Estado e cidadão, o princípio da cooperação encontra respaldo na LPA federal (art. 3º, inciso I). De maneira precisa e oportuna, prescreve este

---

3. Entre outros, cf. BRITTO, Carlos Ayres. Definições de crimes de responsabilidade do presidente da república. *Consultor Jurídico*, 01.09.2015, edição digital, s. p.

dispositivo que à Administração Pública cabe facilitar o exercício de direitos dos cidadãos e colaborar para que cumpram seus deveres. De outra parte, no campo das relações inter e intra-administrativas, o ordenamento prevê igualmente vários meios para que órgãos e entidades se apoiem, sempre dentro dos limites de sua competência. Exemplo disso são os consórcios, os convênios, as comissões conjuntas, as audiências governamentais e a delegação de tarefas.[4]

Institutos como os mencionados se mostram indispensáveis principalmente em matérias constantes do rol constitucional de competências administrativas comuns, como a de proteção do ambiente e do patrimônio histórico. A respeito da cooperação interfederativa, a Constituição da República prevê a fixação, por lei complementar, de "normas para a cooperação entre a União e os Estados, o Distrito Federal e os Municípios, tendo em vista o equilíbrio do desenvolvimento e do bem-estar em âmbito nacional" (art. 23, parágrafo único). A reserva de lei complementar se destina com exclusividade aos mecanismos cooperativos envolvendo distintos entes políticos. No campo da Administração Pública ambiental, por exemplo, a Lei Complementar n. 140 deu vida a esse mandamento.

3.4.4 Razoabilidade

Sempre que o Estado age com base em uma margem de escolha, é preciso examinar a razoabilidade de sua conduta diante dos interesses públicos primários, dos direitos fundamentais e de medidas alternativas que poderiam ser empregadas para atingir o mesmo fim público. Na tarefa de elaboração e edição de leis, fala-se de razoabilidade legislativa. Diferentemente, quando a discricionariedade surge como margem de escolha dada pela lei ao administrador público, ganha espaço a discussão da razoabilidade administrativa. Advirto, por oportuno, que o conceito de "razoabilidade" é aqui empregado como equivalente ao de "proporcionalidade em sentido amplo" e não com sentido autônomo. Em termos doutrinários, a palavra "razoabilidade" é preferível para se evitar a distinção que os alemães fazem entre proporcionalidade em sentido amplo e em sentido estrito.[5]

Para se avaliar de modo concreto a observância da razoabilidade dos comportamentos da Administração Pública, a doutrina alemã desenvolveu um método pelo qual se observa o respeito a três regras básicas: i) a adequação; ii) a necessidade e iii) a proporcionalidade em sentido estrito. Elas incorporam verificações quanto à eficiência e à eficácia de certa medida estatal, bem como

---

4. A respeito das audiências governamentais e delegações, cf., entre outros, MARRARA, Thiago; NOHARA, Irene Patrícia. *Processo administrativo*: Lei n. 9.784/1999 comentada, 2ª ed. São Paulo: Revista dos Tribunais, 2018, comentários aos art. 12 e 35.
5. Para mais detalhes sobre a utilização do conceito no direito alemão, cf. SILVA, Luís Virgílio Afonso da. O proporcional e o razoável. *Revista dos Tribunais*, n. 798, 2002 e OLIVEIRA, José Roberto Pimenta. *Os princípios da razoabilidade e da proporcionalidade no direito administrativo brasileiro*. São Paulo: Malheiros, 2012, p. 62 em diante.

quanto ao respeito de direitos fundamentais e ao balanceamento de interesses públicos. Por consequência, na prática, a descoberta da razoabilidade pressupõe mensurar, avaliar e ponderar os efeitos das medidas estatais, bem como compará-las com suas alternativas possíveis e, inclusive, com a chamada *"alternativa zero"*, ou seja, a inação estatal.

Como dito, a razoabilidade somente estará assegurada quando uma ação ou omissão estatal, realizada com base em margem de discricionariedade mais ou menos ampla, cumprir simultaneamente as regras da adequação, da necessidade e da proporcionalidade. A medida escolhida pela Administração será *adequada* quando mostrar aptidão para atingir a finalidade pública que a direciona. Se o intuito de um Prefeito consistir em combater dificuldades de mobilidade urbana, então serão adequadas todas as medidas aptas a melhorarem a locomoção de cargas e pessoas na cidade, como rodízios de veículos, faixas exclusivas para transporte público, ampliação de vias, limitação de horários de trânsito para certos veículos, pedágios urbanos etc.

Conquanto se mostrem adequadas, cada uma das medidas deflagrará efeitos mais ou menos restritivos sobre direitos fundamentais. E a necessidade somente restará respeitada com a escolha da medida capaz de atingir o fim público e, ao mesmo tempo, limitar com a menor intensidade os direitos fundamentais. A medida necessária é a mais branda dentre as adequadas. Afinal, caso se comprove que o Estado é capaz de desempenhar suas funções mediante ações menos agressivas da vida privada, dos direitos fundamentais, por certo não será moral que opte, sem necessidade, por medidas mais limitativas ou interventivas.

A comprovação da adequação e da necessidade não basta para se atingir a proporcionalidade em sentido amplo ou, na terminologia aqui preferida, a razoabilidade. Há um terceiro requisito a ser preenchido simultaneamente, designado como *proporcionalidade em sentido estrito*. Nesta última etapa, é preciso verificar se os benefícios da medida estatal escolhida compensam os malefícios que dela derivam. Cumpre examinar o custo-benefício da ação pública. Na hipótese de se constatar que os benefícios superam os malefícios, a razoabilidade despontará no caso concreto.

Tome-se novamente o exemplo da mobilidade. Ao adotar as medidas administrativas para melhorar a locomoção na cidade, a Prefeitura deverá examinar os eventuais impactos de suas escolhas sobre outros interesses públicos primários, como o desenvolvimento econômico, a sustentabilidade ambiental, o nível de emprego etc. Se os interesses públicos e direitos fundamentais sacrificados pela ação municipal não forem devidamente compensados pelo ganho de mobilidade e pelos interesses públicos e direitos que ela promove, então a medida será desproporcional. A medida razoável, portanto, deve ser ao mesmo tempo adequada, necessária e proporcional. E somente quando atua com razoabilidade é que a Administração Pública será capaz de cumprir a moralidade administrativa no cenário democrático.

3.5 PRINCÍPIO DA PUBLICIDADE

3.5.1 Definição e conteúdo

Como derivação imediata do Estado democrático e republicano, o princípio constitucional da publicidade configura instrumento imprescindível à concretização de direitos fundamentais e outros valores maiores. Pela perspectiva do cidadão, a publicidade viabiliza o controle da gestão pública, a defesa de seus interesses e direitos individuais, coletivos ou difusos, a participação em processos administrativos dos mais diferentes tipos, inclusive naqueles resultantes em decisões concretas ou normativas que afetem a vida privada. Publicidade garante informação que, a seu turno, é essencial à participação, ao controle e à defesa dos direitos.

Acreditar que a publicidade apenas beneficia o cidadão e prejudica o Estado é um engano muito frequente dentro da Administração Pública. Ao exercer a função comunicativa que a Constituição lhe impõe, os entes públicos se abrem à sociedade e disso extraem vantagens incontáveis. Ao ampliar e reforçar o controle das funções administrativas, a publicidade colabora para que o Estado funcione de forma moral, legal e eficiente. Se dependesse apenas de seus mecanismos oficiais, se não se sujeitasse à luz do sol, ao influxo dos controles externos, certamente muitas condutas ilegais passariam despercebidas ou restariam impunes.

Ademais, a publicidade no sentido de abertura da máquina estatal à participação do povo coloca a Administração na posição de ouvinte, possibilitando que recolha informações relevantes para a elaboração de decisões mais razoáveis e legítimas. Ao fazê-lo, cria-se um tipo de relação de confiança, de diálogo constante e de contribuição recíproca. Ao tomarem conhecimento dos processos da Administração, participarem de seu desenvolvimento, entenderem as razões do agir público e suas dificuldades, os cidadãos tenderão a aceitar com mais facilidade as medidas administrativas. É a tendência à aceitação que torna, ao final, a publicidade um princípio que, se bem aplicado, fortalece a legitimidade do Estado e, em um ciclo virtuoso, contribui com o aumento dos graus de eficiência administrativa e estabilidade jurídica.

Assim como ocorre com outros princípios, o da publicidade se desdobra em muitos mandamentos, mas sem que se lhe possa conferir um conteúdo definitivo e imutável. Em artigo sobre o tema,[6] defendi a divisão das manifestações atuais desse princípio em quatro facetas:

- A *"publicidade formal"* indica as regras que impõem a divulgação de atos, contratos ou outras medidas estatais ou de seus extratos como requisito de validade e/ou de eficácia jurídica (daí a função dos atos convocatórios de

---

6. MARRARA, Thiago. O princípio da publicidade: uma proposta de renovação. In: MARRARA, Thiago (org.). *Princípios de direito administrativo*, 2ª ed. Belo Horizonte: Fórum, 2021, p. 401.

licitações, das intimações em processos administrativos, das publicações de extratos de contratos em diários oficiais etc.);

- A *"publicidade educativa"* representa a difusão de valores públicos como estímulo à geração de "conscientização social" ou para fins de divulgação de políticas públicas em favor de sua execução bem-sucedida. Para tanto, a Administração se vale de mensagens educativas na mídia de grande circulação, da confecção e distribuição de cartilhas e cartazes; de cursos de instrução e capacitação, de orientação direta e pessoal ao cidadão, de serviços de atendimento online ou telefônico etc. Aqui, a função da publicidade é difusa e preventiva.

- A *"publicidade transparência"* se refere aos mecanismos de oferta de informações necessárias ao fortalecimento do controle externo do Estado, inclusive do social, para fins de defesa de direitos e interesses coletivos, difusos e individuais perante medidas administrativas concretas ou normativas. Para tanto, por exemplo, é imperioso que o Estado motive seus atos, divulgue a preparação de processos normativos, garanta acesso da população a planos, processos de contratação e contratos públicos, bem como que viabilize o direito à obtenção de certidões e o direito de petição.

- A *"publicidade interna"* aponta a execução de medidas de divulgação de informações no âmbito da própria entidade estatal ou entre entes estatais e se destina a promover a coordenação em sentido intra e interadministrativo, o desenvolvimento dos recursos humanos estatais e a avaliação de políticas públicas. Nesse sentido, por exemplo, o Poder Público se vale de reuniões e audiências governamentais conjuntas, de conferências de serviços, do compartilhamento de bancos de dados, do mapeamento de meios de comunicação externos à Administração e da criação de meios de comunicação institucional.

Algumas dessas manifestações do princípio da publicidade são mais relevantes para a ciência da administração que para o direito administrativo propriamente dito. Não por outra razão, a seguir, destacam-se apenas a motivação, o acesso à informação e o sigilo de dados públicos e os abusos de publicidade, bem como o papel da Lei de Proteção de Dados para a Administração. O tema da participação popular será retomado nos capítulos sobre processo administrativo e controle da Administração.

3.5.2 Motivação

Motivar é expor justificativas. Logo, a motivação consiste na explicitação clara, congruente e geralmente prévia daquilo que sustenta uma determinada ação ou inação estatal. A clareza pede que se apontem os motivos de maneira concreta, vinculada à realidade, isenta de vagueza ou abstração desnecessária, bem como de forma acessível a todo e qualquer cidadão, sempre que possível a despeito de formação técnica. A congruência indica a necessidade de harmonia e coerência entre os motivos utilizados. E a anterioridade consiste na necessidade de indicar os motivos da decisão antes de se executá-la. Não se executa uma decisão para, apenas posteriormente, apontar seus motivos. A possibilidade de motivação tardia ou diferida é aceitável apenas em situações excepcionais, como na adoção de medidas cautelares urgentes pela Administração.

A motivação abrange três grandes elementos: (i) os pressupostos ou motivos fáticos; (ii) os pressupostos ou motivos jurídicos da medida estatal e (iii) um prognóstico, ou seja, uma análise das consequências da decisão escolhida (finalidade).

Na explicação de Irene Nohara, "o pressuposto de direito corresponde às orientações (dispositivos) legais que dão ensejo ao ato. Pressuposto de fato é o conjunto de circunstâncias, de acontecimentos, que levam a Administração a praticá-lo".[7] Já o referido prognóstico consiste em uma previsão dos efeitos da medida, levando-se em conta sua capacidade para atingir a finalidade pública de maneira razoável. Esse elemento se tornou parte da motivação em virtude da modificação da LINDB em 2019, quando então se inseriu a seguinte disposição: "nas esferas administrativa, controladora e judicial, não se decidirá com base em valores jurídicos abstratos sem que sejam consideradas as consequências práticas da decisão" (art. 20, *caput*).

A publicidade impõe que os dois pressupostos causais e o prognóstico acompanhem formalmente o ato administrativo ou mesmo um contrato, um plano e outros meios de ação estatal, inclusive os atos normativos. Afinal, uma vez que a motivação é essencial para um ato administrativo com efeito concreto individualizado, tanto mais importante será para atos concretos gerais e atos gerais e abstratos. É ainda concebível que a Administração se veja obrigada a motivar seu próprio silêncio ou inação, pois o não agir licitamente é também administrar.

Algumas medidas assumem caráter informal ou material, daí não se compatibilizarem com a motivação como requisito de forma. A publicidade dos motivos acompanha em regra uma decisão jurídica formal escrita ou oral. Nas decisões orais relevantes, a motivação deverá se condensar posteriormente em termo escrito ou em ata. Mandamento semelhante vale para a motivação da decisão tomada por órgãos colegiados (como conselhos, comissões etc.), em que os motivos se embaralham nos debates de seus membros. Em circunstâncias como essas, cabe reduzir em atas os argumentos aceitos pela maioria do colegiado para fundamentar cada decisão. Das atas também deverão constar claramente os argumentos de divergência, pois é essa consignação que permitirá identificar a responsabilidade de cada membro do colegiado por decisões ilegais ou abusivas.

Na Administração federal, a LPA busca compatibilizar a motivação com a eficiência, a celeridade e a economia processual por meio de algumas regras gerais. Nessa linha, autoriza que a motivação consista em declaração de concordância com

---

7. NOHARA, Irene Patrícia. *O motivo no ato administrativo*. São Paulo: Atlas, 2004, p. 43.

fundamentos contidos em pareceres, propostas ou outros atos opinativos anteriores à prática do ato. Viabiliza, ainda, o uso de instrumento mecânico para reprodução dos fundamentos das decisões diante de vários assuntos da mesma natureza, desde que a padronização não prejudique direito dos interessados (cf. art. 50, § 1º e 2º).

A importância da motivação aumenta conforme se eleva o grau de discricionariedade e o conteúdo restritivo da medida estatal, concreta ou normativa. Quanto mais opções houver à disposição do administrador, mais trabalho ele terá para explicar a escolha razoável e consequente no caso concreto. E quanto mais limitadora de direitos fundamentais for a medida eleita, mais relevante será sua motivação, pois as pessoas atingidas necessitarão conhecer as razões do Estado para exercitar seu direito à ampla defesa.

Seguindo essa lógica, a LPA federal impõe a motivação de todo e qualquer ato jurídico que negue, limite ou afete direito ou interesse, bem como dos que imponham ou agravem deveres, encargos e sanções (art. 50, I e II). A exigência também vale para a anulação, a revogação (art. 50, VIII) e outras espécies de atos restritivos. O rol de atos previstos na LPA federal desempenha mero papel ilustrativo, de sorte que outros atos nela não mencionados podem igualmente exigir motivação abrangente.

Apesar de ser fundamental para os atos restritivos, a legislação não afasta a necessidade de motivação de atos benéficos. A confirmar essa afirmação, ao tratar dos casos de motivação obrigatória, a LPA federal faz referências aos atos de convalidação (art. 50, VIII) e atos que dispensem ou declarem a inexigibilidade da licitação (art. 50, IV). Nos dois casos, há atos benéficos. Apesar disso, exige-se a publicidade dos motivos no intuito de se viabilizar o controle da moralidade e da legalidade. Reitere-se, pois, que atos benéficos, sobretudo com efeitos sobre interesses ou direitos de terceiros, também devem ser motivados. Isso inclui decisões de concursos públicos, de licitações, de processos de seleção de toda natureza, como aqueles executados para a concessão de bolsas de estudos, seleção de alunos, distribuição de habitações e fomento.

3.5.3 Transparência e acesso à informação

No contexto democrático e republicano, figurativamente se pode afirmar que o Estado é a "empresa" do povo. Como "acionistas" do Estado, os cidadãos detêm direito fundamental de saber o que seus representantes fazem e como as atividades públicas se desenvolvem, quanto elas custam, quais os benefícios e malefícios que deflagram. Para tanto, dispõe a Constituição que "todos têm direito a receber dos órgãos públicos informações de seu interesse particular, ou de interesse coletivo ou geral, que serão prestadas no prazo da lei, sob pena de responsabilidade, ressalvadas aquelas cujo sigilo seja imprescindível à segurança da sociedade e do Estado" (art. 5º, XXXIII).

As regras de transparência administrativa e de acesso à informação são desdobramentos desse direito fundamental e do princípio geral da publicidade administrativa como verdadeiro instrumental democrático. Elas atingem tanto entidades propriamente estatais, quanto muitas entidades privadas vinculadas ao Estado. Ao reger o acesso à informação, a Lei n. 12.527/2011 (LAI) é clara ao prever que "entidades privadas sem fins lucrativos que recebam, para realização de ações de interesse público, recursos públicos diretamente do orçamento" ou mediante outros ajustes com o Estado deverão se submeter aos seus comandos regentes do acesso à informação naquilo que tiver relação com os recursos públicos recebidos (art. 2°).

A efetiva transparência supõe acesso pleno a informações. Gestão transparente e direito de acesso andam sempre juntos. Para promovê-los, o Estado ora atua em sentido ativo, lançando informações ao público ou a certos indivíduos determinados, ora age de modo passivo, abrindo seus bancos de dados e informações a todos que quiserem acessá-los por iniciativa própria. A Constituição da República e a LAI garantem essas duas facetas da transparência.

Na perspectiva ativa, a LAI prevê como sua diretriz maior a "divulgação de informações de interesse público, *independentemente de solicitações",* além do "fomento ao desenvolvimento da *cultura de transparência* na administração pública" (art. 3°, II e IV). Na perspectiva passiva, a Constituição oferece como instrumentos fundamentais de acesso à informação: i) o direito de petição aos Poderes Públicos (art. 5°, XXXIV 'a'); ii) o direito de obtenção de certidões em repartições públicas (art. 5°, XXXIV 'b'); e iii) o *habeas data* (art. 5°, LXXII). A LAI agrega a essa lista o direito de orientação sobre procedimentos para obtenção da informação desejada (art. 7°, I) e prevê regras de responsabilização do agente público que negar indevidamente o acesso à informação que deva ser divulgada.

Ainda sobre a transparência ativa, cabe menção à Lei n. 14.129/2021, conhecida como a Lei do Governo Digital, que visa ao aumento da eficiência da administração pública, especialmente por meio da desburocratização, da transformação digital, da inovação e da participação popular (art. 1°). A transparência e o acesso a informações despontam, neste diploma, como princípios e diretrizes no art. 3°, que trata: da "disponibilização em plataforma única do acesso às informações e aos serviços públicos, observadas as restrições legalmente previstas e sem prejuízo, quando indispensável, da prestação de caráter presencial" (inciso II) e da "transparência na execução dos serviços públicos e o monitoramento da qualidade desses serviços" (inciso IV).

No âmbito das relações contratuais do Estado e da gestão de recursos financeiros, existem normas específicas que também merecem registro. A Lei de Licitações (Lei n. 14.133/2021, art. 27) especifica que, a cada exercício financeiro, será divulgada, em sítio eletrônico oficial, a relação de empresas favorecidas pela margem de preferência. A mesma lei ainda prevê o Portal Nacional de Contratações Públicas – PNCP (art. 174 a 176), consistente em um sítio eletrônico oficial destinado à "divulgação centralizada e obrigatória dos atos exigidos por esta Lei" e à "realização facultativa das contratações pelos órgãos e entidades dos Poderes Executivo, Legislativo e Judiciário de todos os entes federativos" (art. 174, incisos I e II). O Portal adotará o formato de dados abertos e observará as exigências da LAI (art. 174, §4°).

Os Municípios de até vinte mil habitantes terão o prazo de seis anos, contado da data de publicação da nova lei, para cumprir as regras relativas à divulgação em sítio eletrônico oficial. Enquanto não adotarem o PNCP, deverão publicar, em diário oficial, as informações que a lei exige que sejam divulgadas em sítio eletrônico oficial, além de disponibilizar a versão física dos documentos em suas repartições, "vedada a cobrança de qualquer valor, salvo o referente ao fornecimento de edital ou de cópia de documento, que não será superior ao custo de sua reprodução gráfica" (art. 176, parágrafo único, incisos I e II).

Ultrapassando o campo da Lei de Licitações, a Lei Complementar n. 131/2009 (ou lei de transparência da gestão fiscal) e a Lei Complementar n. 156/2016 inseriram na Lei Complementar n. 101/2000 (Lei de Responsabilidade Fiscal) diversos mandamentos favoráveis à ampla publicidade, inclusive o dever de liberação, em tempo real e em sítio eletrônico, de informações pormenorizadas sobre a gestão orçamentária e financeira, e o direito de qualquer cidadão obter informações sobre receitas e despesas públicas.

3.5.4 Sigilo na legislação brasileira

Em muitos casos, a observância fria das normas de acesso à informação ocasiona uma tensão acentuada entre o princípio da publicidade, de um lado, e direitos fundamentais ou interesses públicos primários, de outro. O cumprimento da publicidade e a promoção da transparência podem ser eventualmente nocivos a direitos fundamentais e interesses públicos. É por isso que a Constituição e a LAI reconhecem a publicidade e a transparência como regra geral, mas ao mesmo tempo autorizam o sigilo e a restrição de dados em situações excepcionais que se justificam por duas razões: (i) a proteção de interesses públicos primários, ou seja, da segurança do Estado e da sociedade ou (ii) a tutela de direitos fundamentais, mais especificamente da inviolabilidade da vida privada e da intimidade, e da proteção da honra e da imagem de pessoas físicas ou jurídicas. A LAI trata do sigilo para essas duas situações, mas por meio de regras distintas.

No primeiro grupo, o sigilo serve à proteção de dados considerados relevantes para "a segurança do Estado e da sociedade" (art. 5°, XXXIII da CF). Em favor da previsibilidade e da moralidade administrativa, a LAI destrincha o conceito de "segurança" que a Constituição apresentou apenas de maneira vaga. Ao fazê-lo, a lei enumera as situações nas quais o direito irrestrito de acesso ou a divulgação da informação se sujeitam a limitações (art. 23). O rol legal abrange casos em que a publicidade, por exemplo, coloca em risco a soberania, a saúde ou a segurança pública; prejudica relações internacionais ou operações militares estratégicas; atrapalha projetos científicos ou tecnológicos de interesse estratégico nacional ou compromete as tarefas de inteligência, investigação ou fiscalização em andamento e relacionadas com a prevenção ou repressão de infrações.

Informações consideradas sensíveis em vista dos fatores mencionados podem ser classificadas como ultrassecretas, secretas ou reservadas pela autoridade pública competente. As ultrassecretas aceitam restrição de acesso de até 25 anos; as secretas, de até 15 anos e as reservadas, de até 5 anos, sendo igualmente permitido condicionar o sigilo à ocorrência de determinado evento (art. 24). Quanto maior a limitação à publicidade, mais restrita será a hierarquia da autoridade competente para decretar o sigilo (art. 27). Em qualquer hipótese, respeitar o princípio da razoabilidade será imprescindível. Nesse sentido, a LAI prevê de forma expressa que o Poder Público, ao classificar uma informação como sigilosa, deverá considerar "a gravidade do risco ou dano à segurança da sociedade e do Estado" e usar o "critério menos restritivo possível" (art. 24, § 5º).

Além das hipóteses de sigilo por interesse público, a limitação da publicidade se mostra exigível para manter a inviolabilidade da vida privada, da intimidade, da honra ou da imagem de pessoas físicas ou jurídicas (art. 5º, X e LX da CF). A divulgação de certas informações pessoais pode colocar esses direitos fundamentais em risco, sujeitando o indivíduo a humilhação indevida, preconceitos, falsos julgamentos e a inúmeros prejuízos de ordem moral, social e material. Essa mesma regra protetiva vale para pessoas jurídicas, igualmente titulares de direitos fundamentais e cujas informações sensíveis, quando divulgadas indevidamente pelo Estado, podem acarretar prejuízo à imagem e redundar em perda de consumidores, desvalorização de títulos mobiliários, afastamento de investidores, patrocinadores e financiadores etc. Adicione-se a isso que a divulgação de certas informações de pessoas físicas e jurídicas é capaz de prejudicar o próprio Estado e interesses públicos primários que lhe cabe defender, como o equilíbrio do mercado e a defesa da concorrência.

Por conta disso, a Administração tem o dever de zelar pelas informações pessoais sensíveis, mas não necessita classificá-las. O prazo de sigilo determinado pela lei é indeterminado e valerá por até 100 anos da data de sua produção. No entanto, o acesso a informações pessoais sensíveis poderá ocorrer excepcionalmente: (i) por autorização do titular do dado ou informação ou (ii) em casos especiais previstos na lei, sem a necessidade de consentimento do titular, por exemplo, para elaboração de estatísticas ou pesquisa científica de interesse geral, cumprimento de ordem judicial ou defesa de direitos humanos (art. 31, § 3º).

Embora o ordenamento jurídico permita o sigilo nas duas situações apresentadas, a solução de casos concretos passa inicialmente por um juízo de razoabilidade. Muitas vezes, será possível contornar o conflito entre publicidade e proteção de informações sigilosas pelo uso de certos expedientes que conciliam todos os interesses envolvidos. Para tanto, quando cabível, a Administração Pública poderá se valer de pelo menos três técnicas: (i) a expedição de certidões comprovantes de informações ou situações pontuais contidas no documento protegido; (ii) a elaboração de versões públicas desses documentos e nas quais os dados sensíveis apareçam tarjados ou (iii) mediante a definição de graus diferenciados de sigilo e acesso conforme a pessoa interessada na informação.

3.5.5 Publicidade ilícita

Sob o falso pretexto de cumprir o princípio da publicidade, o administrador público por vezes emprega meios de divulgação de informação no intuito de desenvolver práticas abusivas, dentre as quais se incluem: (i) a violação de direitos fundamentais ou de interesses públicos primários; (ii) a promoção pessoal; (iii) a influência indevida em processos decisórios estatais, na Administração ou no Judiciário e (iv) a concessão de benefícios indevidos a agentes de mercado.

A primeira hipótese vem tratada explicitamente pela LAI em um capítulo específico sobre a responsabilidade (art. 32 a 34). Nesses dispositivos, entre outras coisas, a lei registra a ilicitude de recusa, retardamento ou incorreto fornecimento de informação pública; o uso indevido, a destruição, a subtração, a ocultação ou a inutilização de informação; a divulgação ou permissão de acesso à informação sigilosa ou pessoal (art. 32).

Além de prever a responsabilidade do agente público, a LAI ainda contém sanções à pessoa física ou à entidade privada que detiver informações em virtude de vínculo de qualquer natureza com o Poder Público, incluindo advertência, multa, rescisão de vínculo, suspensão para licitar e impedimento para contratar com a Administração até a declaração de inidoneidade para licitar ou contratar (art. 33). Na esfera civil, danos morais e materiais derivados do manejo indevido da publicidade administrativa também deverão ser reparados pelo Estado, ao qual se garante o direito de regresso contra o servidor que tenha agido de modo doloso ou culposo (art. 34).

A segunda hipótese ilícita, referente ao uso da publicidade para gerar benefícios pessoais, está vedada pela Constituição, que assim dispõe textualmente: "A publicidade dos atos, programas, obras, serviços e campanhas dos órgãos públicos deverá ter caráter educativo, informativo ou de orientação social, dela não podendo constar nomes, símbolos ou imagens que caracterizem promoção pessoal de autoridades ou servidores públicos" (art. 37, § 1º da CF). Por interpretação negativa, isso significa que a publicidade não serve para fins de promoção pessoal, favorecimento político ou governamental fora dos limites legais. Exemplos de violação desse dispositivo se vislumbram na aposição de nomes de agentes políticos vivos em obras públicas como contrapartida de apoio ou por troca de favores. Igualmente ilícita se afigura a desnecessária modificação das cores de obras públicas e edifícios com o intuito de marcar mudanças de gestão ou governo; a inauguração de obras não concluídas para fins de autopromoção indevida; a organização de auto-homenagens por dirigentes de instituições públicas etc. Em todos esses exemplos, há abuso de publicidade e, como adverte Wallace Martins Júnior, mau uso de recursos públicos, dado que as medidas se mostram inúteis.[8]

Não é apenas a publicidade ativa que pode gerar benefícios pessoais. As autoridades públicas eventualmente tentarão se valer do sigilo de informação para atingir a mesma finalidade. Dessa maneira, em linha com o espírito do texto constitucional, a LAI prevê a responsabilidade do agente público que impõe "sigilo à informação para obter proveito pessoal ou de terceiro, ou para fins de ocultação de ato ilegal cometido por si ou por outrem" ou que oculta "da revisão de autoridade superior competente informação sigilosa para beneficiar a si ou a outrem, ou em prejuízo de terceiros" (art. 32, V e VI).

Na terceira hipótese, enquadra-se o uso de mecanismos de divulgação de informação com vistas a influenciar decisões de outros entes estatais, como agências reguladoras ou órgãos judiciários. A Administração deve zelar pela impessoalidade igualmente quando se vale de mecanismos de publicidade. Apenas para exemplificar, não poderia uma agência reguladora federal, destituída de competência para julgar determinado assunto polêmico que se encontra em debate legislativo ou judicial, lançar manifestações na mídia para influenciar seu desfecho, seja a favor da ideologia dos próprios dirigentes da agência, seja a favor dos interesses secundários da Administração.

Na quarta hipótese, ainda que a Constituição não mencione expressamente o assunto, a publicidade é empregada de modo direcionado para favorecer um ou outro agente econômico sem justo motivo. Esse tipo de prática viola simultaneamente o princípio da impessoalidade administrativa e o princípio da livre-concorrência (art. 170, IV da CF), do qual se extrai que certos agentes não devem ser beneficiados ilicitamente pelo Estado, inclusive por meio de acesso a informações privilegiadas (por exemplo, acerca da pretensão de o governo desvalorizar moeda ou proceder a certos investimentos financeiros).

A Lei n. 8.429/1992, com redação dada pela Lei n. 14.230/2021, trata como ato de improbidade a ação dolosa de "revelar fato ou circunstância de que [um agente público] tem ciência em razão das atribuições e que deva permanecer em segredo, propiciando beneficiamento por informação privilegiada ou colocando em risco a segurança da sociedade e do Estado" (art. 11, III), bem como a ação de "revelar ou permitir que chegue ao conhecimento de terceiro, antes da respectiva divulgação oficial, teor de medida política ou econômica capaz de afetar o preço de mercadoria, bem ou serviço" (art. 11, VII). Disposições semelhantes existem na Lei federal de Conflito de Interesses e na LAI.

---

8. MARTINS JÚNIOR, Wallace Paiva. Princípio da publicidade. In: MARRARA, Thiago (org.). *Princípios de direito administrativo,* 2ª ed. Belo Horizonte: Fórum, 2022, p. 361 e seguintes.

3.5.6 Lei de proteção de dados

Em 15 de agosto de 2018, aprovou-se no Brasil a Lei n. 13.709, denominada oficialmente Lei Geral de Proteção de Dados Pessoais (LGPD), posteriormente alterada pela Lei n. 13.853 de 2019. Esse corpo normativo, que atinge vários ramos do direito público e privado, disciplina o tratamento de dados pessoais, inclusive em meio digital, definido como informação relativa à pessoa natural identificada ou identificável. Isso significa que as entidades estatais, de direito público e privado, devem respeitá-la no sentido de proteger os direitos fundamentais de liberdade e de privacidade.

A aplicabilidade da lei depende, porém, de três requisitos: (i) que a operação de tratamento da informação ocorra no território nacional; (ii) que o tratamento vise a oferecer ou fornecer bens ou serviços e (iii) os dados tenham sido coletados no território nacional, o que se pressupõe quando o seu titular residir neste território no momento da coleta (art. 3º). De outra parte, a LGPD não se aplica para tratamento de dados para fins exclusivamente particulares e não econômicos; fins jornalísticos, artísticos ou acadêmicos; fins de segurança pública, do Estado ou defesa nacional, bem como atividades de investigação e repressão de infração penal. No particular tratamento de dados de segurança e defesa, a lei restringe fortemente o uso de bancos de dados pessoais por pessoa jurídica de direito privado, salvo empresas públicas ou entes não estatais que atuem sob "tutela de pessoa jurídica de direito público" (art. 4º, § 2º).

As atividades de tratamento de dados pessoais deverão observar uma série de princípios, como (i) o da finalidade, ou seja, uso para propósitos legítimos, específicos e explícitos ao titular; (ii) o da adequação, que exige tratamento compatível com a finalidade; (iii) necessidade, que impõe o uso do mínimo possível de dados para a finalidade; (iv) livre acesso, como garantia de consulta facilitada e gratuita aos dados, sua forma e duração de tratamento; (v) qualidade dos dados, como garantia de atualização, clareza, exatidão e relevância dos dados; (vi) transparência; (vii) segurança, para protegê-los e evitar acesso de pessoas não autorizadas, perda, destruição ou difusão indevida; (viii) prevenção de danos; (ix) não discriminação; (x) responsabilização e prestação de contas (art. 6º).

De acordo com a LGPD (art. 7º), o tratamento de dados pessoais pela administração pública será possível para execução de políticas públicas previstas em leis e regulamentos ou quando respaldado em contrato, convênios ou instrumentos congêneres. Em processos administrativos, a informação também pode ser usada para garantir o exercício regular de direitos. No caso de pesquisas, o uso é autorizado, mas se pede a anonimização sempre que possível. Para políticas de saúde, o uso se abre exclusivamente a profissionais, autoridades e serviços de saúde. Em todas as outras situações, dependerá de consentimento do titular, que poderá ser revogado a qualquer momento, ou do consentimento dos responsáveis, quando os titulares forem crianças ou adolescentes. Esse consentimento será dispensado quando o próprio titular tornar pública a informação (art. 7º, § 4º) e, no tocante a dados sensíveis, em outras situações explicitamente enumeradas na lei (art. 11).

O término do tratamento dos dados ocorre quando: a finalidade for alcançada; o período de uso se encerrar; o titular revogar seu consentimento ou por determinação de autoridade por violação ao disposto na LGPD. Com o encerramento do tratamento, os dados serão eliminados, permitida a manutenção para algumas funções, como comprovação de atividade, estudo ou pesquisa, transferência a terceiros nos limites da lei ou uso exclusivo do dado anonimizado exclusivamente pelo controlador (art. 16).

Além dessas normas gerais, a LGPD dedica seu capítulo IV ao tema do "tratamento de dados pessoais pelo Poder Público". Esclarece que o tratamento de dados regido pela LAI nas entidades de direito público será realizado para atendimento de finalidades públicas nos limites da competência institucional. Exige, porém, que a Administração: (i) informe as hipóteses em que, no exercício de suas competências, realizará o tratamento de dados, fornecendo informações claras e atualizadas sobre a previsão legal, os procedimentos e as práticas utilizadas para a execução dessas atividades; (ii) indique um encarregado para realizar operações de tratamento de dados pessoais; (iii) mantenha os dados em formato interoperável e estruturado para uso compartilhado no âmbito das políticas públicas; (iv) não transfira dados a entes privados, salvo para execução descentralizada de atividade pública que dependa da transferência, quando os dados forem acessíveis publicamente, quando houver norma especial legal ou contratual autorizando a transferência, ou a transferência servir para prevenir fraudes e irregularidades ou proteger a integridade do titular (art. 23 e 26). Fora dessas hipóteses, o consentimento será necessário.

Essas disposições se estendem aos serviços notariais e de registro, delegatários estatais.[9] Já as empresas estatais (públicas e de economia mista) em regime de concorrência se guiarão pelo regime das empresas privadas. Diferentemente, as que operacionalizarem políticas públicas se pautarão pelo regime público no que se refere às atividades de tratamento de dados no exercício das funções administrativas.

Particularmente no que concerne à responsabilidade de entes públicos, a LGPD resume-se a afirmar que diante de indícios de infração, a autoridade nacional (ANPD) poderá enviar informe com medidas cabíveis para afastá-la, além de poder exigir publicação de relatório de impacto à proteção de dados e sugerir a adoção de padrões e boas práticas. É preciso ter em mente, porém, que essas regras se somam às da LAI, que trata amplamente de responsabilização, prevendo uma série de sanções tantos para os entes públicos, quanto para os privados que atuam em seu nome.

---

9. Em detalhes, MARRARA, Thiago. LGPD e seus impactos sobre concessões e PPPs. In: FERRAZ, Sérgio; VENTURINI, Otavio; GASIOLA, Gustavo. *Proteção de dados pessoais e compliance digital*. Cuiabá: Umanos, 2022, p. 293 e seguintes.

3.6 PRINCÍPIO DA IMPESSOALIDADE

3.6.1 Definição e conteúdo

O Estado brasileiro constitui *"res publica"*, construída pelo esforço constante do povo e por ele destinada ao seu benefício. Como princípio geral consagrado na Constituição (art. 37, *caput*), a impessoalidade na Administração Pública representa a negação da subjetividade, do capricho e da arbitrariedade governamental. Repele, ainda, o patrimonialismo, consistente na apropriação da máquina estatal por uma pessoa ou grupo delas, e impõe o emprego do aparato e dos recursos públicos em benefício da coletividade e com vistas ao atendimento das necessidades sociais e da consecução das finalidades primárias do Estado.

A negação da impessoalidade reside na gestão maliciosamente direcionada à geração de privilégios para determinadas pessoas, no tratamento das entidades estatais como a extensão da vida e do patrimônio do agente público (patrimonialismo), na administração pública guiada por sentimentos, convicções religiosas ou ideológicas incompatíveis com os fins públicos, assim como na sua manipulação para destruir os que se oponham ou critiquem o governante.

Maria Sylvia Zanella Di Pietro aponta dois sentidos para o princípio em exposição. De um lado, na perspectiva da Administração em sua relação com a sociedade, a impessoalidade exige que o Estado e seus agentes públicos se guiem apenas por finalidades legítimas, abstendo-se de conceder privilégios para um ou outro cidadão. De outro, na perspectiva da sociedade em seu contato com a Administração, o princípio indica que toda ação pública é imputada ao Estado como instituição e não a um ou outro agente público.[10]

Esses dois sentidos se traduzem da seguinte maneira: não interessa, para o cidadão, quem está atrás do balcão, quem se apresenta como agente público. O cidadão sempre se reporta à Administração Pública em sentido impessoal. Deve ser atendido bem, com respeito e ter satisfeitas suas pretensões legítimas a despeito do indivíduo que esteja no exercício da função. Já pela visão do administrador público, não interessa quem está à frente do balcão. Seja um parente seu, um vizinho, um cidadão mais ou menos simpático, a atividade administrativa se destina a todos com a mesma qualidade, de igual maneira e sem discriminações ilícitas.

A aplicação adequada do princípio da impessoalidade exige, contudo, que se esclareçam seus pilares fundamentais e desdobramentos mais relevantes no ordenamento jurídico brasileiro. Daí a necessidade de se abordar, nesse contexto, a objetividade, a neutralidade, a imparcialidade, a isonomia e a criação de medidas discriminatórias no âmbito da Administração Pública.

---

10. DI PIETRO, Maria Sylvia Zanella. *Direito administrativo*, 30ª ed. São Paulo: Atlas, 2017, p. 99.

3.6.2 Objetividade

A objetividade impõe o agir racional e isento de subjetivismos da Administração Pública em direção à finalidade pública que a move nos casos concretos. Como racionalidade e oposição ao subjetivismo, a objetividade deve caracterizar todos os modos de agir estatal. Mesmo diante das muitas situações em que a norma confere ao administrador público um poder de escolha e abre margem para certo grau de subjetividade (discricionariedade), ainda assim ele deverá usar critérios lógicos que demonstrem como sua decisão concretizará interesses públicos e direitos fundamentais à luz dos valores maiores previstos na Constituição da República.

Por força da impessoalidade, o administrador público não está autorizado a gerir a coisa pública como se estivesse conduzindo um negócio familiar, de acordo com seus caprichos e vontades isoladas. A decisão administrativa torna-se aceitável e válida, não simplesmente porque a autoridade detentora do poder a tenha considerado oportuna a seu sentir, senão por demonstrar coerência com os objetivos do Estado brasileiro.

Há vários mandamentos gerais no ordenamento jurídico a desdobrar a impessoalidade como objetividade, *e.g.*: (i) a proibição do uso de publicidade para fins de promoção pessoal de agentes públicos (art. 37, § 1º da CF); (ii) a diretriz para que as entidades públicas federais observem, em qualquer processo administrativo, a "objetividade no atendimento do interesse público, vedada a promoção pessoal de agentes ou autoridades" (art. 2º, parágrafo único, III LPA federal); (iii) a imposição do pagamento de precatórios na ordem de sua apresentação (art. 100, *caput*, da CF) e (iv) o dever de julgamento objetivo nas licitações (art. 5º da Lei de Licitações).

3.6.3 Neutralidade e imparcialidade

Ao executar as funções administrativas quotidianas, os agentes públicos necessitam evitar qualquer tipo de influência religiosa, político-partidária ou ideológica. Cabe-lhes zelar para que o Estado não seja usado como instrumento a favor de um ou outro grupo de interesses. Sua função consiste em executar de modo neutro as políticas públicas estabelecidas pelos agentes políticos e, quando cabível, complementadas pelas diretrizes e normas editadas pela cúpula do Executivo. Isso significa que o único canal de absorção, pelo Estado, de influxos sociais, partidários e ideológicos se abre no Poder Legislativo conforme os limites constitucionais estabelecidos para o processo legislativo de criação do direito e das políticas públicas, executadas posteriormente pelos agentes da Administração.

O agente público não está autorizado a distorcer as políticas públicas, recusá-las ou modificá-las a partir de suas ideologias, crenças e convicções de qualquer ordem. Não pode tampouco exercer sua função para beneficiar ou prejudicar alguém por conta de disputas ou aproximações religiosas, ideológicas ou partidárias, nem se valer do patrimônio público para beneficiar a igreja, a comunidade ou o partido ao qual pertença.

Em sentido semelhante, a imparcialidade exige que o administrador afaste das funções seus sentimentos, desejos, preconceitos ou preferências de qualquer ordem, bem como evite distorção das funções administrativas por laços de amizade, inimizade ou parentesco. Mesmo quando houver discricionariedade, a decisão a ser tomada há de ser orientada à persecução dos fins públicos, construídos pela sistemática democrática e condensados no ordenamento.

Para evitar a quebra da neutralidade e da imparcialidade, o ordenamento jurídico prevê inúmeros mecanismos, dentre os quais se destacam as regras de impedimento e suspeição aplicáveis aos processos administrativos em geral por força da LPA federal (art. 18-21). Assim, por exemplo, o membro da comissão de licitação que litiga administrativa ou judicialmente contra um dos licitantes encontra-se impedido para conduzir o certame. Essa regra incide também para a autoridade pública que participa de licenciamento ambiental de interesse da entidade religiosa a que pertence ou em favor de uma empresa representada por um advogado com quem tenha laço de parentesco. A LPA federal enumera os casos de impedimento e de suspeição exatamente para evitar riscos de quebra de impessoalidade no caso concreto. A esse assunto se retornará com mais detalhes no tratamento do processo administrativo.

Mecanismos importantes de controle da neutralidade e da imparcialidade surgem igualmente na área de licitações e contratos administrativos. Para fins de ilustração, veja que o Código Civil (art. 497) veda a aquisição de bens estatais por determinados agentes públicos e a LLic (art. 7º, III) restringe a participação de servidor em funções de contratação quando for ele cônjuge ou companheiro de licitantes. A impessoalidade reflete-se ainda na obrigatoriedade constitucional do concurso público e na limitação de cargos comissionados a funções de chefia, assessoramento ou direção (art. 37, II e V CF). Na Lei de Improbidade, mencionam-se várias condutas violadoras da neutralidade e da imparcialidade, como a consistente em permitir, dolosamente, que alguém utilize, em obra ou serviço particular, o patrimônio público ou o trabalho de servidores públicos, empregados ou terceiros contratados pela Administração (art. 10, XIII).

A neutralidade é igualmente relevante por justificar inúmeras hipóteses de conflitos de interesses. No âmbito da União, a Lei n. 12.813/2013 trata do tema, limitando comportamentos de ocupantes de cargos ou empregos, sobretudo os que tenham acesso a informações privilegiadas. Das várias disposições legais, vale destacar, em primeiro lugar, a definição do conflito de interesses como "situação gerada pelo confronto entre interesses públicos e privados, que possa comprometer o interesse coletivo ou influenciar, de maneira imprópria, o desempenho da função pública" (art. 3º, I). Em segundo lugar, a lei prevê situações que configuram o conflito durante o exercício do cargo ou emprego, como a hipótese de divulgação ou uso de informação privilegiada em proveito próprio ou de terceiros, obtida em razão das atividades exercidas ou o recebimento de presente de quem tenha interesse em sua decisão ou na decisão de colegiado de que participe, fora dos limites estabelecidos em regulamento (art. 5°). Em terceiro, trata das situações de conflitos após a cessação do vínculo, nisso incluindo um dever de quarenta e seis meses para certas atividades particulares, como a aceitação de cargo de administrador ou conselheiro nos quadros de pessoa jurídica que desempenhe atividade relacionada à área de competência do cargo (art. 6°).

Na jurisprudência, também foram construídas derivações da impessoalidade, como demonstra a vedação do nepotismo direto ou cruzado, consagrada na Súmula Vinculante n. 13 do Supremo da seguinte forma: "A nomeação de cônjuge, companheiro ou parente em linha reta, colateral ou por afinidade, até o terceiro grau, inclusive, da autoridade nomeante ou de servidor da mesma pessoa jurídica investido em cargo de direção, chefia ou assessoramento, para o exercício de cargo em comissão ou de confiança ou, ainda, de função gratificada na administração pública direta e indireta em qualquer dos poderes da União, dos Estados, do Distrito Federal e dos Municípios, compreendido o ajuste mediante designações recíprocas, viola a Constituição Federal".

Da Súmula Vinculante n. 13 é preciso destacar alguns aspectos fundamentais: (i) seu mandamento busca controlar a impessoalidade no acesso a cargos em comissão ou de confiança, bem como a funções gratificadas – não valendo, portanto, para impedir acesso a cargos e empregos após aprovação em concurso (ADI n. 524); (ii) sujeitam-se à sua regra de limitação a Administração Direta e Indireta de todos os entes políticos da federação; (iii) a vedação afasta dos cargos e funções mencionados cônjuge, companheiro ou parente de até terceiro grau da autoridade nomeante ou de servidor que ocupe cargo comissionado na mesma entidade (nepotismo direto); (iv) a vedação também se aplica quando autoridades de entidades distintas combinam a nomeação de parentes como troca de favor (nepotismo cruzado). Ademais, já reconheceu o Supremo que a súmula não esgota todas as possibilidades de nepotismo, cuja verificação dependerá de análise caso a caso à luz do princípio da impessoalidade em conjunto com o da moralidade (MS 31697).

3.6.4 Isonomia e discriminação

A impessoalidade ainda se desdobra na isonomia, ou seja, na necessidade de se observar a igualdade nas situações em que a Administração edita norma, executa atos materiais ou edita atos administrativos. A isonomia há que ser entendida sob duplo aspecto: (i) a *"isonomia formal"* designa a igualdade de todos perante o ordenamento jurídico e sem considerações das condições fáticas dos grupos destinatários das normas, enquanto (ii) a *"isonomia material"* leva em conta não a mera situação básica de todos como cidadãos, mas as desigualdades reais, as efetivas condições de vida que marcam os diversos grupos de indivíduos na sociedade (em termos sociais, econômicos, etários, étnicos etc.). Permite, assim, a construção de discriminações, tratamentos diferenciados, ações afirmativas para promover a efetividade dos direitos que a todos são garantidos pela Constituição. É por força da isonomia ou igualdade em sentido material que se torna imperativo tratar desigualmente os desiguais no intuito de oferecer a todos os indivíduos condições semelhantes de bem-estar e de dignidade.

Na Constituição da República, a isonomia em sentido formal foi consagrada no art. 5º, *caput*, com grande destaque. Dispõe seu texto que: "todos são iguais perante a lei, sem distinção de qualquer natureza, garantindo-se aos brasileiros e aos estrangeiros residentes no país a inviolabilidade do direito... à igualdade", entre outros. Em seguida, no inciso I, dispõe-se que homens e mulheres são iguais em direitos e obrigações. A Constituição também ressalta a igualdade nas contratações públicas ao impor o emprego de "licitação pública que assegure igualdade de condições a todos os concorrentes..." (art. 37, XXI) e nos concursos para preenchimento de cargos e empregos públicos (art. 37, II).

A valorização da impessoalidade e da igualdade formal no texto constitucional pode deixar dúvidas sobre a possibilidade jurídica de a Administração Pública criar medidas de caráter discriminatório em favor da igualdade material. A respeito dessa problemática, há duas questões importantes a se solucionar.

A primeira diz respeito à dependência de uma medida discriminatória elaborada pela Administração Pública a autorização expressa em norma legal. Discriminações só podem ser criadas por lei? Trata-se de uma discussão sobre a reserva de lei. E efetivamente há situações em que a Constituição ou uma lei específica obrigam a entidade pública a discriminar, tal como ocorre no tocante à diferença do tempo de contribuição e da idade para a aposentadoria de servidores públicos do sexo feminino e masculino, à reserva de vagas para deficientes em concursos públicos (ambas previstas na Constituição) ou à reserva de vagas de universidades públicas federais para determinadas etnias, quilombolas e pessoas com deficiência (prevista na Lei n. 12.711/2012, atualizada pela Lei n. 14.723/2023). Nesses três exemplos, o comportamento administrativo discriminatório em favor de certo grupo de indivíduos resulta do direito positivo e, por isso, a discussão jurídica cabível se refere somente à constitucionalidade do mandamento legislado.

Entretanto, em muitas outras situações, a Constituição e a Lei se calam, omitem-se, mas a Administração Pública reputa relevante criar medidas discriminatórias ao exercer suas tarefas. A entidade pública formula uma medida discriminatória sem previsão explícita em lei. Seria essa medida compatível com a legalidade administrativa? Outra questão relevante diz respeito à diferença entre ações afirmativas ou medidas de discriminação positiva legitimadas pelos ordenamentos, medidas discriminatórias injustificadas ou ilícitas e medidas discriminatórias que, na verdade, criam privilégios. Indubitável que apenas as primeiras podem ser elaboradas pela Administração sem ferir a impessoalidade administrativa. No entanto, qual o critério para se diferenciar um privilégio de uma discriminação legítima?

Um dos raros administrativistas brasileiros a se ocupar com o tema da igualdade foi Celso Antônio Bandeira de Mello, cujo grande mérito foi formular requisitos de verificação da legalidade de medidas discriminatórias usadas pela Administração. Em breve síntese, segundo preleciona, para que determinada medida discriminatória se harmonize com o ordenamento jurídico, é preciso que: (i) baseie-se em uma situação de desigualdade fática, ou seja, em um fator diferencial entre os sujeitos beneficiados e os não beneficiados; (ii) não atinja de modo atual e absoluto um só indivíduo, ou seja, mostre-se genérica e abstrata; (iii) guarde correlação lógica entre o fator de discrime e (iv) sirva para concretizar interesses protegidos na Constituição.[11]

Com base nesses requisitos, afiguram-se primariamente válidas e compatíveis com o princípio da impessoalidade as medidas discriminatórias consistentes, e.g., na separação de um vagão de trem metropolitano para mulheres com base no valor da dignidade diante de problemas de violência de gênero; a concessão de auxílio-moradia por Universidade pública a alunos em situação de vulnerabilidade socioeconômica por força da finalidade constitucional de promoção da educação a todos; ações de saúde voltadas a grupos populacionais específicos, como idosos, homens, crianças, mulheres ou indígenas, por conta da necessidade de se promover a saúde de todos, mas levando-se em conta os diversos fatores de risco que os atingem de modo específico; a criação ou reserva de espaços para pessoas com mobilidade reduzida etc.

Os quatro requisitos apontados também permitem responder às duas perguntas anteriormente formuladas. Em primeiro lugar, é perfeitamente possível à Administração Pública editar medida discriminatória, normativa ou concreta, sem fundamento explícito no direito positivo, mas desde que se justifique por algum fundamento constitucional direto ou indireto, como a promoção da saúde, da segurança, da educação etc. Melhor dizendo: a discriminação não precisa estar definida no texto legal, salvo naturalmente quando gerar impacto negativo a terceiros, ou seja, obrigar alguém a deixar de fazer ou não fazer algo, hipótese em que se aplicará a reserva legal prevista na Constituição (art. 5º, II).

Em segundo lugar, uma discriminação será legítima quando, além de se fundamentar num valor constitucional, mostrar-se capaz de aproximar os cidadãos em situação de vulnerabilidade ao mesmo patamar de gozo de direitos que os outros, assegurando a todos grau semelhante de bem-estar. Todavia, a medida discriminatória será inaceitável e transformar-se-á em privilégio, caso ocasione benefícios a alguém que deles não necessita ou que não se fundamentam na necessidade de concretização de valores públicos previstos na Constituição. Exemplo disso são os auxílios-moradia para servidores que dispõem de casa própria e vencimentos bem acima do padrão nacional, assim como a disponibilização de carro oficial para uso em suas atividades domésticas.

---

11. BANDEIRA DE MELLO, Celso Antônio. *O conteúdo jurídico do princípio da igualdade*, 3ª ed. São Paulo: Malheiros, 2010, p. 21 e seguintes.

3.7 PRINCÍPIO DA EFICIÊNCIA

3.7.1 Contextualização e conteúdo

Por mais que estivesse claramente previsto no Decreto-Lei n. 200/1967 e já encontrasse fundamentos implícitos ou explícitos na redação original da Constituição, o princípio da eficiência foi alçado à categoria de princípio geral da Administração Pública em 1998, ano em que a Emenda Constitucional n. 19 o inseriu no rol de princípios gerais do art. 37, *caput*.

Referida modificação constitucional teve um papel tanto jurídico, quanto simbólico. A consagração da eficiência representava, à época, uma marca do movimento de administração pública gerencial, cujas raízes se encontravam no Plano Diretor de Reforma do Aparelho do Estado de 1995.[12] Entre outras coisas, referido plano federal objetivou reduzir o tamanho e o custo do Estado, melhorar a organização e o desempenho dos agentes públicos, bem como gerar uma relação mais harmoniosa e positiva entre Estado e sociedade. Visava-se, entre outras coisas, combater a cultura da administração ensimesmada, voltada para dentro, meramente preocupada com procedimentos e formulários, alheia e indiferente ao atendimento das necessidades da coletividade. A consagração da eficiência como princípio geral buscou, assim, reiterar o que já era óbvio: o Estado deve agir de modo eficiente na execução das tarefas que o povo lhe atribuiu. Em 2021, essa mensagem foi reiterada pela Lei do Governo Digital (art. 3º da Lei n. 14.129).

A palavra eficiência traz, contudo, uma série de dúvidas interpretativas que podem dificultar a produção de seus efeitos jurídicos. Assim, antes de qualquer coisa, cumpre esclarecer o que significa eficiência. Qual é o seu conteúdo jurídico básico? Quando a Administração Pública age de modo eficiente? Quando ela viola o princípio? No intuito de oferecer uma resposta a essas questões, toma-se aqui a eficiência como: (i) eficiência em sentido estrito; (ii) efetividade; (iii) planejamento e (iv) economicidade. Para concretizar o princípio em sua máxima potência, é preciso que o Estado busque respeitar esses quatro parâmetros sempre que possível.

3.7.2 Eficiência em sentido estrito

O sentido mais evidente de eficiência administrativa equivale a celeridade, flexibilidade, linearidade e objetividade. Eficiente é o agir da Administração que se desenvolve sem delongas, sem atrasos, limpo de etapas ou atos desnecessários, com o mínimo possível de perda de esforços e recursos financeiros, humanos, sociais e ambientais. A eficiência desponta como característica fundamental dos procedimentos de ação administrativa. Ela marca os processos, o agir, daí porque

---

12. Criticamente sobre o assunto, cf. a monografia de GABARDO, Emerson. *Princípio constitucional da eficiência administrativa*. São Paulo: Dialética, 2002 em geral.

não necessariamente gera eficácia, qualidade inerente aos resultados, aos produtos, aos atos, planos ou contratos produzidos.

Em termos jurídicos, a eficiência procedimental se desdobra em inúmeros mandamentos, dentre os quais vale pontuar:

- A *"duração razoável do processo"*, hoje reconhecida constitucionalmente como um direito fundamental (art. 5º, LXXVIII da CF). Nesse sentido, um processo administrativo não deve durar nem mais nem menos que o necessário ao devido atingimento de seus fins. Para garantir a duração razoável em favor de grupos vulneráreis, o ordenamento cria regras discriminatórias de aceleração, como se vislumbra na LPA federal para pessoas idosas, deficientes e com doenças graves (art. 69-A). Ademais, para combater delongas indevidas, prevê hipóteses em que o decurso do prazo de decisão gera atos administrativos fictícios, como a aprovação tácita da Lei de Liberdade Econômica (art. 3º, IX da Lei n. 13.874/2019). Já a Lei do Governo Digital (Lei n. 14.129) prevê a busca pela digitalização dos processos administrativos (art. 5º ao 13), que tende a contribuir fortemente com mais celeridade.

- O *"informalismo"* e a *"economia processual"*, de acordo com os quais é preciso evitar a rigidez excessiva, a sobrevalorização da forma e a repetição inútil de atos procedimentais. Deve-se valorizar a flexibilidade e a concentração das tarefas administrativas, quando possível e compatível com a ampla defesa e outros valores maiores. Seguindo essa lógica, a LPA federal prevê como regras gerais dos processos administrativos: a "adoção de formas simples, suficientes para propiciar adequado grau de certeza, segurança e respeito aos direitos dos administrados" (art. 2º, parágrafo único, IX); a liberdade de forma para os atos do processo administrativo, salvo quando houver determinação legal expressa (art. 22, *caput*); a restrição da exigência de reconhecimento de firma aos casos em que a autoridade pública tiver dúvida sobre a autenticidade do documento apresentado pelo cidadão (art. 22, § 2º); a possibilidade de uso de meio mecânico para reprodução dos fundamentos de decisões administrativas (art. 50, § 2º); a utilização da figura da "decisão coordenada", quando justificável pela relevância da matéria e se houver discordância que prejudique a celeridade do processo administrativo decisório (art. 49-A).

- O *"aproveitamento dos atos"*, ou seja, a preferência pela correção, pela convalidação e pela confirmação de atos viciados em detrimento de sua extinção, principalmente no intuito de se evitar dispêndio com novos atos e processos. A eficiência ainda sugere a manutenção dos atos que contenham irregularidades menores, desde que não produzam qualquer tipo de dano ao cidadão ou ao Estado (*"pas de nullité, sans grief"*, ou seja, não há nulidade sem dano).

3.7.3 Efetividade e planejamento

A efetividade (ou eficácia social) representa mandamento que de igual modo se extrai do princípio constitucional da eficiência. Diferentemente da eficiência em sentido estrito, a efetividade diz respeito aos resultados da ação administrativa, à sua capacidade para atingir os resultados esperados, para realizar as tarefas públicas e atender às necessidades da sociedade, concretizando direitos fundamentais. Não basta que um procedimento se desenvolva de modo racional, célere, flexível, caso culmine em decisões descabidas, inócuas e incapazes de modificar a realidade. Efetiva é somente a decisão administrativa bem-sucedida, capaz de realizar os valores constitucionais no caso concreto. A condução de um processo eficiente não garante por si só uma administração efetiva. Por isso, exige-se que o princípio constitucional da eficiência seja interpretado de modo mais abrangente que a mera racionalidade procedimental.

Em vários momentos, o direito positivo traz à tona a necessidade de efetividade da ação administrativa. No âmbito das contratações estatais, a LLic prevê a vantajosidade como objetivo do processo licitatório inclusive permitindo que análises de preço levem em conta os custos gerados ao longo do ciclo de vida dos objetos contratados (art. 11, I, da Lei n. 14.133/2020). No campo dos processos sancionadores, de outro lado, a LPA federal permite que sanções administrativas sejam reduzidas ou completamente extintas a qualquer tempo caso se mostrem inadequadas para a concretização de interesses públicos (revisão de sanções – art. 65, *caput* da Lei n. 9.784/1999).

Outra grande expressão do imperativo de efetividade se encontra no seio do princípio da razoabilidade ou proporcionalidade em sentido amplo. Para que certa ação administrativa se mostre razoável, é preciso que respeite simultaneamente as regras da adequação, necessidade e proporcionalidade. A adequação nada mais é que a aptidão da medida administrativa para atingir os fins que dela se espera. A medida adequada espelha o ideal de efetividade da ação pública e, nesse aspecto, aponta uma convergência relevante do princípio da eficiência com o da moralidade administrativa.

Certamente, a maior expressão da efetividade consiste no dever de planejamento – tema infelizmente esquecido no direito administrativo brasileiro. O direito atribui ao Estado tarefas complexas, cujo desempenho adequado pressupõe um conjunto de medidas coordenadas e executadas gradualmente. É o que se vislumbra no campo do combate às desigualdades, da promoção da educação, do desenvolvimento urbano e da proteção do ambiente. Destarte, cabe ao administrador mapear a realidade e seus problemas, formular democraticamente estratégias de ação e executar de modo racional e eficiente as ações necessárias para concretizá-las ao longo do tempo.

O planejamento designa esse processo de organização do agir estatal e que, na maior parte das vezes, culmina em um plano, expresso em atos jurídicos ou documentos meramente administrativos. Planejamento é processo; plano é produto. Ambos, porém, mostram-se imprescindíveis à construção de ações efetivas. O Estado que age de forma aleatória, apenas para solucionar emergências, sem pensar no futuro e na concretização gradual dos objetivos constitucionais, viola o princípio constitucional da eficiência. Daí ser inaceitável tanto a conduta do administrador público que viola comandos de planos imperativos vigentes quanto sua omissão ou negligência em planejar.

O dever de planejamento emerge em incontáveis dispositivos normativos. Restringindo-se os exemplos ao texto constitucional, tem-se a determinação do planejamento econômico obrigatório para o setor público e indicativo para o privado (art. 174, *caput* da CF); do planejamento da União contra calamidades públicas (art. 21, XVIII da CF); do planejamento urbano do Município (art. 182, § 1º da CF); do planejamento das funções públicas de interesse comum em regiões metropolitanas (art. 25, § 3º da CF) e do planejamento da política agrícola (art. 187, *caput*) etc. Mais recentemente, a EC n. 109/2021, incluiu o § 16 no art. 37 no sentido de valorizar ainda mais o planejamento ao exercício a avaliação das políticas públicas em geral. As características fulcrais comuns a esses e outros tipos de planejamento estatal serão apresentadas no estudo dos princípios de organização administrativa.

Na legislação infraconstitucional, nota-se também um avanço da preocupação com a administração planejada e efetiva. A LINDB (art. 20), nesse sentido, exige que não se decida com base em "valores jurídicos abstratos" (sic) sem que sejam consideradas as consequências práticas da decisão. Trata-se a toda evidência de um mandamento de estudo de impacto das decisões, ou seja, planejamento. Em igual sentido, a Lei Geral das Agências (Lei n. 13.848/2019, art. 6º, *caput*) prevê que "a adoção e as propostas de alteração de atos normativos de interesse geral dos agentes econômicos, consumidor ou usuários dos serviços prestados, nos termos de regulamento, precedidas da realização de Análise de Impacto Regulatório (AIR), que conterá informações e dados sobre os possíveis efeitos do ato normativo". Já a Lei de Liberdade Econômica (Lei n. 13.874/2019, art. 5º) prescreve que "as propostas de edição e de alteração de atos normativos de interesse geral... serão precedidas da realização de análise de impacto regulatório, que conterá informações e dados sobre os possíveis efeitos do ato normativo para verificar a razoabilidade do seu impacto econômico".

3.7.4 Economicidade

A construção e manutenção do Estado dependem principalmente dos esforços contínuos e intensos dos contribuintes, aos quais se impõem incontáveis taxas, contribuições e impostos. Espera-se, por conseguinte, que a Administração compense a população por esses esforços mediante a elaboração e execução de políticas públicas eficientes e capazes de promover com a máxima intensidade o amplo rol de direitos fundamentais presentes na Constituição. Para que isso ocorra, os recursos financeiros e humanos do Estado devem ser empregados com sabedoria, mediante técnicas de planejamento e buscando-se a melhor relação de custo-benefício. Assim, o Poder Público respeitará a economicidade ao aumentar a quantidade e a qualidade dos serviços que oferece à sociedade ao mesmo tempo em que mantém ou reduz a quantidade de recursos extraídos da população.

Economicidade não deve ser entendida como dever de economia absoluta, de supressão de toda e qualquer despesa estatal sem a consideração de seus impactos, de corte de serviços e comodidades essenciais. A economicidade não serve de escusa à omissão estatal nem à negligência do administrador diante do texto constitucional, dos direitos fundamentais e dos interesses públicos que justificam a existência do Estado. Na verdade, esse mandamento derivado do princípio constitucional da eficiência exige o gerenciamento racional dos recursos financeiros e humanos do Estado.

Há várias normas que se guiam pela economicidade. A Constituição da República, por exemplo: (i) estipula limite de gastos com pessoal ativo e inativo de todas as esferas da federação a ser definido em lei complementar (art. 169) e fixa limites expressos para as Câmaras Municipais (art. 29-A, § 1º); (ii) fixa tetos de remuneração para agentes públicos (art. 37, XI); (iii) veda a acumulação de cargos, empregos e funções na Administração, salvo hipóteses legais (art. 37, XVII); (iv) impõe o planejamento orçamentário, inclusive com metas e diretrizes para a administração (art. 165, § 1º e 2º); (v) veda o início de programas ou projetos não incluídos na lei orçamentária anual, assim como a realização de despesas ou a assunção de obrigações diretas que excedam os créditos orçamentários ou adicionais (art. 167, I e II); (vi) permite a demissão de servidores estáveis para atingimento de limites de despesas com pessoal (art. 169, § 4º) e (vii) erige a economicidade a critério do exercício do controle externo e interno da Administração (art. 70).

Embora a economicidade não se traduza no lema do menor gasto possível, há situações em que o legislador força o administrador a gastar o mínimo, inclusive em detrimento da qualidade das ações estatais. Isso se vislumbra tanto em algumas das normas acima apontadas, quanto na legislação de licitações, em que o critério de julgamento por menor preço frequentemente prepondera diante de outros, como o da melhor técnica. A valorização do menor preço, nesses casos, nem sempre leva à Administração à celebração do contrato mais vantajoso para a aquisição de bens, serviços ou obras. Por força das imposições normativas (princípio da legalidade), esse exemplo revela que muitas vezes o ordenamento leva o administrador público a negar a economicidade!

3.8 PRINCÍPIO DO INTERESSE PÚBLICO

3.8.1 A problemática do princípio

Além dos cinco princípios gerais explicitados no art. 37, *caput*, a Constituição da República contém princípios não escritos, ou seja, que se formam a partir de uma interpretação lógica e sistemática das normas constitucionais. É exatamente o caso do princípio do interesse público e do princípio da segurança jurídica.

Caso os indivíduos, por suas próprias forças, fossem capazes de tutelar todos os seus bens jurídicos e atingir benefícios coletivos que almejassem, por que criariam o Estado e a ele destinariam grande parte de seu patrimônio por meio de tributos? Se os indivíduos pudessem satisfazer todas as necessidades das gerações presentes e futuras, certamente não haveria qualquer Estado. A realidade, porém, é outra. Existem tarefas e objetivos que pedem esforço coletivo e continuado no tempo; tarefas e objetivos que se tornam viáveis somente mediante a união de esforço da coletividade por meio de instituições próprias. Eis aqui a razão de existir da Administração Pública. No contexto democrático, as entidades estatais cumprem funções que os indivíduos lhe imputam por lei e que, em grande parte, jamais lograriam executar sozinhos.

Ao se falar de interesse público no direito administrativo, quer-se simplesmente indicar os objetivos e valores, cuja realização ou proteção a sociedade atribuiu ao Estado. O texto constitucional brasileiro é pródigo nesse aspecto, pois consagra como interesses públicos: a defesa do consumidor; a promoção da concorrência; a promoção da saúde e da educação; a proteção da criança e do adolescente; a tutela do ambiente histórico, urbano e natural; a promoção da cultura nacional; a erradicação da pobreza e das desigualdades regionais etc.

O interesse público é expressão categorial que abarca todos esses objetos. Cumpre ao Estado, por decisão democrática da coletividade ancorada na Constituição, desempenhar suas atividades administrativas, legislativas e judiciais para tutelar todos esses objetos. No entanto, não se deve confundir os interesses gerais com outros interesses instrumentais das entidades estatais. Para visualizar essa diferença, mostra-se oportuno contrastar os *"interesses públicos primários"*, como os acima mencionados, dos *"interesses secundários"*, que abarcam os interesses quotidianos das entidades estatais, como o de adquirir material de escritório, de alienar alguns bens inservíveis, de reorganizar suas funções etc. Como esclarece Daniel Wunder Hachem, os secundários somente são válidos na medida em que se acoplam aos interesses públicos primários.[13] Assim, uma licitação para compra de material de escritório por uma universidade pública somente será válida caso a aquisição desses objetos (interesse secundário) se destine a promover o ensino, a cultura e a extensão (interesse público primário).

Com apoio na distinção entre interesse público primário e meros interesses secundários, é possível sustentar que: (a) não é qualquer interesse da Administração que serve para justificar suas ações; (b) o interesse secundário somente se legitima

---

13. Note-se que essas expressões são provenientes da obra do jurista italiano Renato Alessi. No original, fala-se de "interesse coletivo primário" e "interesse secundário". Sobre a divisão e as distorções que sofreu ao ser importada para a doutrina brasileira, cf. a tese de HACHEM, Daniel Wunder. *Princípio constitucional da supremacia do interesse público*. Belo Horizonte: Fórum, 2011, p. 157-159.

na medida em que compatível com algum interesse primário e (c) o interesse público primário deve ser demonstrado no caso concreto, ou seja, a expressão "interesse público" não se presta a um emprego retórico, vazio, vago, abstrato no intuito de, falsa e magicamente, fundamentar qualquer ação pública, inclusive para suprimir indevidamente os direitos fundamentais.[14] É por esses e outros motivos que parte da doutrina contemporânea tem abandonado a antiga expressão "princípio da *supremacia do interesse público*". O termo "supremacia" passa a indevida ideia de que os interesses do Estado prevaleceriam a todo custo e em todo caso, inclusive em relação a direitos fundamentais. Assim, para evitar essa falsa leitura, mais adequado se mostra falar de um princípio do interesse público, sem qualquer referência à sua "supremacia".

3.8.2 Interesse público e subsidiariedade

O reconhecimento do princípio do interesse público não gera para a Administração um monopólio em relação a toda e qualquer ação voltada a atingir ou tutelar esse tipo de interesse. Há, na verdade, três situações normativas distintas. Na primeira, a Constituição cria um monopólio de ação estatal, como ocorre na exploração de alguns recursos ambientais estratégicos. Na segunda, a Constituição afasta a atuação estatal primariamente, mas permite que o Estado atue de maneira subsidiária, ou seja, quando a atuação particular não for suficiente para a tutela de um interesse público primário. Isso se vislumbra, por exemplo, em matéria de intervenção econômica direta do Estado (art. 173 da CF). Em terceiro lugar, existem situações em que a Constituição soma a atuação do Estado à atuação da sociedade, tal como se vislumbra no tocante à promoção da saúde, da cultura, da educação etc.

Na terceira situação, porém, nem sempre a Constituição detalhada com exatidão os limites de atuação do Estado e da sociedade. Para que o Estado aja de forma equilibrada, é preciso que se construam as políticas públicas à luz do *"princípio da subsidiariedade"*.[15] A Administração Pública deve empregar seus esforços e seus recursos na tutela de interesses públicos primários somente na medida em que os cidadãos não sejam capazes de fazê-lo por suas próprias forças. Ao elaborar certa política pública em que Estado e sociedade trabalham em conjunto a favor de certo interesse público, o legislador deverá observar basicamente três critérios: (i) a razoabilidade; (ii) a eficiência da ação estatal e (iii) os direitos fundamentais consagrados na Constituição.

---

14. Nesse sentido, cf. MARQUES NETO, Floriano de Azevedo. Interesses públicos e privados na atividade estatal de regulação. In: MARRARA, Thiago (org.). *Princípios de direito administrativo*. Belo Horizonte: Fórum, 2021, p. 519 e seguintes.

15. Fala-se aqui de subsidiariedade em sentido horizontal, na definição de Emerson Gabardo, como regra de competência entre a intervenção política e a iniciativa da sociedade. GABARDO, Emerson. *Interesse público e subsidiariedade*. Belo Horizonte: Fórum, 2009, p. 212.

3.8.3 Manifestações do princípio do interesse público

Sempre que o legislador confiar à Administração Pública a tutela de um ou mais interesses públicos primários, todos os seus esforços, atividades e ações deverão ser guiados com vistas a cumprir essa tarefa. É a partir daí que se logra diferenciar o *"desvio de finalidade"*, como perseguição de finalidades ilegítimas, da *"renúncia ao exercício de competência"*, que equivale ao abandono de um interesse público. Por exemplo, se a lei atribuir a uma universidade pública federal a tarefa de promover o ensino, a extensão e a pesquisa, todas as atividades que desenvolver sem qualquer relação com esses objetivos serão formalmente ilícitas, configurando desvio de finalidade. Já a omissão em desempenhar as tarefas necessárias para cumprir esses objetivos também será ilegal, mas representará renúncia de competência. Em geral, o desvio é de natureza comissiva, enquanto a renúncia é conduta omissiva.

A vinculação legal das entidades, órgãos e agentes públicos a um interesse público é conhecida como *"princípio da finalidade pública"* ou da *"indisponibilidade do interesse público"*. Ambos os princípios demonstram a relação entre interesse público e legalidade administrativa. Não basta cumprir uma norma de qualquer modo, é preciso que a norma seja concretizada sempre em direção ao fim público que foi confiado a determinada entidade estatal.

Os princípios da finalidade pública e da indisponibilidade ganharam vida em inúmeros dispositivos gerais, os quais por vezes conferem à Administração Pública poderes exorbitantes diante dos particulares. Exemplos desses poderes são: (i) o de desapropriação, requisição e ocupação de bens alheios para empregá-los na concretização de certo interesse público; (ii) o de revogação de atos administrativos discricionários por incompatibilidade com interesses públicos e de rescisão unilateral de contratos administrativos; (iii) o de impor e executar grande parte de seus atos sem necessidade de recorrer ao poder judiciário (conhecidos respectivamente como coercitividade e autoexecutoriedade).

Ademais, o princípio do interesse público dá origem a deveres ou limitações, como: (i) o dever de a Administração conduzir seus processos em favor do "atendimento a fins de interesse geral, vedada a renúncia total ou parcial de poderes ou competências, salvo autorização em lei" (art. 2º, parágrafo único, II, da LPA federal). Nesse dispositivo, consagra-se a *"vedação da renúncia de competência"*; (ii) o dever de "impulsão de ofício do processo administrativo, sem prejuízo da atuação dos interessados" (art. 2º, parágrafo único, XII). Nesse caso, a indisponibilidade do interesse público se traduz no princípio da *"oficialidade"*; (iii) o dever de interpretar a "norma administrativa da forma que melhor garanta o atendimento do fim público a que se dirige, vedada aplicação retroativa de nova interpretação" (art. 2º, parágrafo único, XIII). Aqui, a lei consagra o interesse público como guia da ação interpretativa do administrador, mas claramente reconhece que ele encontra balizas na segurança jurídica.

Quanto à decisão administrativa em si, a Lei da Ação Popular considera nulos os atos administrativos executados com desvio de finalidade, isto é, a prática de "ato visando a fim diverso daquele previsto, explícita ou implicitamente, na regra de competência" (art. 2°, parágrafo único, 'e', da Lei n. 4.717/1965). Esse mandamento demonstra que a violação do princípio do interesse público configura grave afronta à legalidade, daí por que macula os pressupostos de validade do ato. Contudo, a norma em questão necessita ser lida com cautela em suas consequências, mormente em face da segurança jurídica e das disposições restritivas da LPA federal (art. 54) e demais leis processuais de outros entes federativos.

3.8.4 Interesses públicos e direitos fundamentais

A relação do princípio do interesse público com os direitos fundamentais não é tão óbvia quanto parece. Sob uma perspectiva de análise, interesses públicos primários e direitos fundamentais se sobrepõem. Sob outra, entram em choque.

Na primeira perspectiva, os direitos fundamentais se inserem no princípio do interesse público, pois uma das funções primárias do Estado democrático reside em criar as condições de concretização daqueles direitos. O titular dos direitos fundamentais são os cidadãos (e pessoas jurídicas em certa medida), enquanto o destinatário desses mandamentos normativos são as entidades estatais. Cabe ao Estado e, por conseguinte, à Administração Pública trabalhar para garantir esses direitos em suas três facetas, a saber: (i) a negativa, entendida como *"direito de proteção"* contra agressões estatais; (ii) a positiva, que equivale ao *"direito a prestações"* estatais necessárias para viabilizá-los minimamente; e (iii) a ativa, resultante em *"direitos de participação"* na construção das políticas públicas.

Todos os direitos fundamentais (políticos, civis, sociais, culturais etc.) se desdobram nessas várias facetas. Veja-se o caso do direito à reunião e à propriedade, apontados como direitos de primeira geração. Para que uma manifestação ocorra em área pública de modo seguro, os manifestantes necessitam que o Estado organize o trânsito, sinalize a manifestação, envie apoio policial etc. Prestação equivalente existe quando o Estado envia policiais para proteger a propriedade privada contra invasores ou criminosos.

A despeito de sua natureza, qualquer direito fundamental se desdobra numa faceta negativa, positiva e ativa que deflagra deveres de ação e abstenção para o Estado. Isso revela que a tutela dos direitos fundamentais permeia todo e qualquer interesse público primário. Em um Estado democrático e baseado na dignidade da pessoa, difícil é imaginar algum interesse público que não esteja de alguma forma vinculado a direitos fundamentais de uma ou outra geração. Segundo Hartmut Maurer, considerando-se que a Constituição garante a dignidade humana, a persecução de qualquer interesse público pelo Estado há que levar em conta os interesses dos indivíduos, transformando-os inclusive em parte das tarefas estatais.[16] Embora

---

16. MAURER, Hartmut. *Allgemeines Verwaltungsrecht*, 13ª ed. Munique: Beck, 2000. p. 5.

desenvolvido a partir do texto da Lei Fundamental alemã, tal raciocínio aplica-se perfeitamente à realidade jurídica brasileira.

No entanto, em certas situações, a promoção de interesses públicos primários em favor da coletividade atinge de modo intenso a esfera de direitos de um ou mais indivíduos. É o que ocorre na desapropriação de uma casa ou um clube para a instalação de uma escola pública ou de um hospital. Nessas e noutras hipóteses, surgem dúvidas acerca da licitude da conduta estatal. Para solucionar a questão, como já dito, não parece satisfatório recorrer à "*supremacia* do interesse público" para justificar a validade de toda e qualquer medida administrativa que sacrifique direitos fundamentais.

A chave adequada para casos conflituosos se encontra no princípio da legalidade e da reserva legal assentados na Constituição (art. 5º, II) e pelos quais ninguém está obrigado a fazer ou deixar de fazer algo, senão em virtude de lei. Isso significa que cabe aos representantes do povo autorizarem e detalhar as ocasiões em que a consecução de interesses públicos primários justificará restrições gravosas a direitos fundamentais. Não é por outra razão que a Constituição prevê explicitamente as várias modalidades de desapropriação, de requisição de bens privados etc. Embora existente em alguns casos, previsão constitucional do gênero não é necessária. A legitimação e a legalização da ação vertical e restritiva da Administração se satisfazem igualmente por previsão em dispositivo de lei, tal como ocorre com a revogação de atos e a rescisão unilateral de contratos (exemplos de poderes que não constam da Constituição). Fundamental para garantir a legalidade da ação estatal baseada no interesse público primário é a manifestação dos representantes do povo, democraticamente eleitos, pelas fontes de normas reconhecidas no ordenamento jurídico e a observância constante ao princípio da moralidade administrativa, sobretudo na vertente da razoabilidade.

3.9 PRINCÍPIO DA SEGURANÇA JURÍDICA

3.9.1 Três dimensões da segurança jurídica

Assim como o princípio do interesse público, o princípio da segurança jurídica constitui um mandamento constitucional não escrito a ser considerado pela Administração ao longo de seus processos decisórios. Essa afirmação se tornou evidente a partir do momento em que leis de processo administrativo passaram a reconhecer o princípio em debate de modo expresso, tal como se vislumbra na LPA federal (art. 2º, parágrafo único). Porém, antes de se apresentar o conjunto de suas manifestações legais e extralegais, cumpre retomar os significados gerais do princípio da segurança jurídica, tomando-se como base a precisa lição de Paulo Modesto, que o tripartiu em: (i) segurança do direito, (ii) segurança no direito e (iii) segurança pelo direito.

A "*segurança do direito*" indica a capacidade de o direito positivo ser compreendido e aplicado facilmente. Modesto a indica como previsibilidade do "*status jurídico* das condutas", "precisão normativa, densidade normativa mínima e cognoscibilidade das prescrições jurídicas".[17] Isso requer que os textos normativos sejam construídos de modo objeto, claro, preciso, bem como que as leis sejam editadas de modo harmônico, e que a legislação administrativa seja simplificada sempre que possível. Sob essa perspectiva, da segurança jurídica resulta a necessidade de se construir o direito positivo de tal maneira que o cidadão nele encontre sem grandes dificuldades um mínimo de respostas claras para guiar com estabilidade sua vida social e suas relações jurídicas. Ao tratar da redação, alteração e consolidação de leis, a Lei Complementar n. 95/1998 consagrou essa necessidade ao determinar que as leis sejam "redigidas com clareza, precisão e ordem lógica" (art. 11). No direito urbanístico, vale mencionar, o Estatuto da Cidade também se preocupa com a segurança do direito ao traçar como diretriz do desenvolvimento urbano a "simplificação da legislação de parcelamento, uso e ocupação do solo e das normas edilícias" (art. 2º, XV).

A *"segurança no direito"* impõe "precisão sobre o modo de modificação das normas jurídicas e a equação de equilíbrio entre as normas de alteração do sistema e de preservação de situações jurídicas subjetivas existentes, inclusive a proteção da confiança legítima". Trata-se aqui de proteção de direitos adquiridos, coisa julgada, ato jurídico perfeito, da jurisprudência consolidada etc.[18] À luz dessa dimensão material, a segurança significa proteção das posições jurídicas e estabilidade das relações jurídicas entre Estado e sociedade, sobretudo diante de novas iniciativas estatais de regulação da vida social.

A *"segurança pelo direito"* se refere à disponibilidade de meios de proteção efetiva "contra toda e qualquer agressão ou ameaça de agressão contra os direitos reconhecidos no ordenamento jurídico". Nesse aspecto, Paulo Modesto destaca a função do princípio da segurança jurídica como gerador de mecanismos de controle das ações estatais e de tutela de direitos fundamentais contra atentados do Poder Público ou de terceiros.[19]

3.9.2 Manifestações legais da segurança jurídica

Com o passar do tempo e o incremento gradual do direito administrativo positivo, as três dimensões da segurança jurídica aos poucos se desdobraram em mandamentos escritos de hierarquia constitucional ou legal. Dentre eles, são dignos de menção:

---

17. MODESTO, Paulo. Legalidade e autovinculação da administração pública. In: MODESTO, Paulo (org.). *Nova organização administrativa brasileira*. Belo Horizonte: Fórum, 2010, p. 128.
18. MODESTO, Paulo. Legalidade e autovinculação da administração pública. In: MODESTO, Paulo (org.). *Nova organização administrativa brasileira*. Belo Horizonte: Fórum, 2010, p. 128.
19. MODESTO, Paulo. Legalidade e autovinculação da administração pública. In: MODESTO, Paulo (org.). *Nova organização administrativa brasileira*. Belo Horizonte: Fórum, 2010, p. 129.

- A *"proteção constitucional ao direito adquirido, ao ato jurídico perfeito e a coisa julgada"*. Dispõe a Constituição (art. 5º, XXXVI) que a "lei não prejudicará" esses três institutos. Ora, como são imunes à Lei, não poderá a Administração ignorá-los ou pretender destruí-los por seus atos normativos ou administrativos de natureza infralegal. Confirmando o mandamento, a LPA federal esclarece que a revogação de ato discricionário deverá respeitar o "direito adquirido" (art. 53). A LINDB, por sua vez, define os conceitos mencionados. De acordo com o art. 6º, o ato jurídico perfeito é o já consumado segundo a lei vigente ao tempo em que se efetuou; direitos adquiridos são os que seu titular, ou alguém por ele, possa exercer, como aqueles cujo começo do exercício tenha termo pré-fixado, ou condição pré-estabelecida inalterável; e a coisa julga é a decisão judicial de que já não caiba recurso.
- A *"decadência do poder anulatório"* e a *"confirmação do ato administrativo ilegal"* (art. 54 da LPA). Em linha com esse mandamento, o direito de o Poder Público anular seus atos administrativos benéficos em relação a cidadãos de boa-fé decai em cinco anos contados da data em que foram praticados. Em relação aos atos com efeitos patrimoniais contínuos, o prazo de decadência se inicia na data de percepção do primeiro pagamento e não do último – norma esta que favorece a situação do cidadão que, de boa-fé, recebe valores públicos indevidamente. Em qualquer situação, o prazo se suspenderá com a adoção de qualquer medida da autoridade que importe na impugnação do ato.
- A *"vedação da retroatividade de nova interpretação"* (art. 2º, parágrafo único, XIII, da LPA). Embora a Administração possa modificar seus posicionamentos de forma motivada para atender aos valores e interesses públicos primários, novas interpretações que divirjam de padrões decisórios não deverão retroagir para atingir e desestabilizar relações já sedimentadas. A LPA não qualifica as interpretações, razão pela qual a vedação abarcaria tanto as mais benéficas quanto as mais restritivas. Além disso, não cuida da possibilidade de solicitação de extensão da nova interpretação pelo interessado. No entanto, apesar do silêncio do legislador, se a nova interpretação for conveniente ao cidadão, desaparecerá qualquer razão que impeça sua extensão a caso já decidido, cabendo então à Administração deliberar discricionariamente pela extensão, levando em conta a isonomia. A LINDB também trata desse tema, conforme se verá a seguir.
- A *"motivação de abandono de jurisprudência firmada"* (art. 50, VII, da LPA federal). Em todo ente estatal com poder decisório, como as agências reguladoras, a repetição de determinados julgamentos gera jurisprudência administrativa, cujo sentido passa a constituir um guia comportamental para a sociedade. Exatamente por seu relevante papel, a lei federal determina de forma explícita que a jurisprudência consolidada não deve ser abandonada sem uma fundamentação explícita e racional. A Administração não está presa

à sua jurisprudência, mas não pode abandoná-la imotivadamente, sob pena de aniquilar a previsibilidade jurídica necessária ao desenvolvimento das relações humanas diante do Estado. A LINDB também trata do assunto, como se demonstrará, ao cogitar do papel das orientações gerais.

3.9.3 Segurança jurídica na LINDB

Nos últimos anos, a Lei de Introdução às Normas do Direito Brasileiro ganhou um papel de destaque na promoção da segurança jurídica dentro do direito administrativo. Embora tenha sido editada em 04 de setembro de 1942 como Lei de Introdução ao Código Civil Brasileiro (LICC), o Decreto-Lei n. 4.657 foi gradualmente robustecido pelo legislador e hoje contém inúmeros comandos essenciais sobre interpretação e aplicação do direito público. Em 1957, a Lei n. 3.238 alterou o Decreto-lei para nele incluir as definições de ato jurídico perfeito, coisa julgada e direito adquirido. Em 2010, ele foi rebatizado de LICC para LINDB, já que suas normas de "sobredireito" valem para inúmeras disciplinas jurídicas, não apenas para o civil. Em 2018, finalmente, a Lei n. 13.655 passou a incluir os artigos 20 a 30 que, apesar de alguns vetos, buscam imprimir mais segurança jurídica e eficiência na interpretação e aplicação do direito público. Em 2019, esses novos comandos foram regulamentados pelo Decreto n. 9.830.

Em alguns aspectos, a LINDB inovou. Em outros momentos, seus comandos reiteram normas já existentes no direito brasileiro, mas de modo a vincular todos os entes da federação, já que se trata de uma lei nacional e não meramente federal, como a LPA. Ademais, é preciso registrar que o texto dos dispositivos inseridos não é tão claro, direto e preciso como deveria ser à luz do que se entende "segurança *do* direito". É possível afirmar que a redação frequentemente peca por redações demasiadamente longas e confusas, por uso de conceitos não consagrados tecnicamente e por falta de clareza, deixando de lado os mandamentos de legística contidos na Lei Complementar n. 95 de 1998. Assim, para que se possam extrair todos os benefícios dos artigos da LINDB, é preciso dedicar algum esforço à compreensão de sua redação.

Os art. 20 e 21 da LINDB contêm um mandamento comum: a exigência de que as decisões administrativas venham acompanhadas de estudo de impacto. Essa norma modifica a lógica clássica da motivação dos atos, pois agora inclui como elemento da motivação a análise comparativa de consequência, valorizando o elemento finalístico e o dever de planejamento. Por essa razão, para motivar corretamente, o agente público deve fazer um prognóstico, um exame das potenciais consequências da medida, comparando-a com alternativas, além de apresentar os elementos tradicionais, ou seja, os pressupostos fáticos e jurídicos da decisão.

O art. 20 destaca a importância do exame das consequências para decisões em geral e impede que o administrador decida com base em "valores jurídicos abstratos (sic)". Essa expressão pleonástica (valor abstrato) pode ser traduzida por conceito jurídico indeterminado. Inaceitável será, portanto, uma decisão que se assenta sobre conceitos abertos, sem exame da realidade passada e, principalmente, dos impactos da decisão sobre a realidade futura. Para reforçar esse mandamento, o parágrafo único estabelece ao administrador o dever de fazer o teste da razoabilidade, ou seja, verificar se a escolha cumpre as regras da adequação, necessidade e proporcionalidade sempre à luz de possíveis alternativas.

O art. 21 segue a mesma lógica consequencialista, mas volta-se às decisões de invalidação de ato, contrato, processo ou norma. Em outras palavras, a legalidade do ato de invalidação dependerá de avaliação de impactos. Além disso, o parágrafo único exige que a decisão ofereça condições para que a regularização ocorra de modo proporcional e equânime, ou seja, de maneira razoável, sem ônus ou perdas anormais ou excessivos. Desse dispositivo pode-se extrair a possibilidade de a Administração modular os efeitos da decisão de invalidação no intuito de respeitar a razoabilidade.

Os art. 22 e 23 tratam de interpretação da norma de direito público e exige que nela sejam considerados os "obstáculos e as dificuldades reais do gestor", bem como as "exigências das políticas públicas a seu cargo". Esse dispositivo se dirige naturalmente aos órgãos de controle. Subjacente a ele está a ideia de que o ordenamento aceita frequentemente várias interpretações legítimas. Por essa razão, nenhum gestor público deverá ser acusado ou condenado pelo fato de ter extraído um comando aceitável do texto legal, ainda que sua interpretação não seja idêntica ao do órgão de controle. Ademais, interpretações legítimas, mas que não se harmonizem com as condições reais da Administração Pública, devem ser rechaçadas. Em outras palavras, por trás desse artigo, observa-se a preocupação com a busca de interpretações plausíveis, exequíveis, afastando-se interpretações que gerem deveres e obrigações impossíveis para o administrador público. O art. 22, § 1º estende a necessidade de consideração das circunstâncias práticas que condicionam ou limitam a ação do agente também para juízos acerca da legalidade de atos, contratos, processos e normas.

O art. 22, § 2º e 3º, a seu turno, tratam especificamente da dosimetria das sanções administrativas. Embora o tema seja antigo, até a criação desse mandamento, o direito positivo contava apenas com normas de dosimetria em um ou outra lei. Essas normas continuam válidas. No entanto, para situações de lacuna, as disposições da LINDB terão grande utilidade dada sua aplicabilidade subsidiária. Nos termos dos referidos parágrafos, a dosimetria da sanção deve passar: (i) pelo exame da natureza e gravidade da infração, bem como da mensuração dos danos que ela gerar; (ii) das circunstâncias agravantes ou atenuantes e (iii) dos antecedentes do "agente" público. A LINDB utiliza o termo "agente" de modo confuso. Apesar de se referir aparentemente a agente público, entendo que a interpretação deva ser ampla, de modo a incluir qualquer pessoa física ou jurídica acusada em qualquer tipo de processo administrativo.

O art. 22, § 3º, a seu turno, exige que as sanções aplicadas ao condenado deverão ser levadas em conta na dosimetria das "demais sanções de mesma natureza e relativas ao mesmo fato". Assim, por exemplo, a empresa punida por cartel licitatório com multa administrativa prevista na Lei Anticorrupção terá direito a que o CADE leve em conta essa sanção pecuniária ao decidir impor novas sanções administrativas pela mesma prática de cartel licitatório, mas com suporte na Lei de Defesa da Concorrência. Note-se que, nesse parágrafo, faz-se referência a um mesmo comportamento, mas punível administrativamente por diferentes autoridades por violar leis distintas. Essa situação não se confunde com a norma que exige aumento da sanção por reincidência, que consiste na comprovação de que o atual acusado já foi condenado por violar o direito administrativo do setor anteriormente, seja praticamente o mesmo ilícito (reincidência específica) ou praticamente ilícito distinto, mas de mesma natureza (reincidência genérica).

O art. 23 ainda cuida do tema da interpretação e busca proteger posições jurídicas em curso. Sempre que houver uma modificação de interpretação ou de orientação, de modo a se criar dever ou condicionamento a pessoa física ou jurídica que se beneficia de interpretação ou orientação anterior mais branda, a Administração deverá estipular um regime de transição, ou seja, de adaptação gradual, razoável, com prazos e medidas especiais para os que tiveram sua segurança jurídica afetada pelo câmbio interpretativo.

O art. 24 da LINDB segue tratando de interpretação e determina que o exame de legalidade de atos, contratos, normas ou processos deve levar em conta as interpretações e orientações vigentes quando eles se formaram. Orientação, no entender do legislador, é um indicativo da interpretação da Administração que pode ser extraído de "atos públicos de caráter geral", como guias, cartilhas e documentos de esclarecimento, bem como da jurisprudência judicial ou administrativa, e dos costumes. Note-se bem: o art. 24 não transforma o costume e a jurisprudência administrativa em fonte do direito, senão em fonte de interpretações legítimas que necessitam ser levadas em conta nos juízos de legalidade. A norma, nesse sentido, desponta como um remédio contra a "amnésia institucional".

O art. 26 é bastante importante, pois reforçou a autorização geral, no direito administrativo brasileiro, para uso de compromissos entre a Administração Pública e particulares com o objetivo de eliminar irregularidade, incerteza jurídica ou situação contenciosa. Para que o compromisso seja lícito, é preciso que: (i) comprove-se motivo de interesse público; (ii) ouçam-se os interessados; (iii) colha-se parecer do órgão jurídico e (iv) respeitem-se o conteúdo mínimo obrigatório (obrigações, prazo, sanções por descumprimento etc.) e as vedações de conteúdo (*e.g.* desoneração de dever ou condicionamento).

Igualmente na linha da consensualização e da busca de eficiência, o art. 27 permite que, na esfera administrativa, já se determine a compensação por benefícios indevidos ou prejuízos anormais ou injustos em relação aos envolvidos. Com isso, por exemplo, um agente público ou particular acusado por ilícito administrativo já poderá negociar com a Administração Pública, no processo acusatório, como devolverá valores obtidos indevidamente ou danos causados. Isso evita ações judiciais para reparações civis, torna a solução do conflito mais célere e desafoga o Judiciário. Para a compensação, porém, é preciso que se comprove o benefício ou prejuízo nos autos, motive-se a sua conveniência no âmbito do processo administrativo e colha-se a oitiva dos interessados.

O art. 28, diferentemente do 27, trata exclusivamente de responsabilidade do agente público, mas sem fazer menção ao tipo específico. Aparentemente, trata-se de comando voltado à responsabilidade disciplinar e civil, já que veda a responsabilidade pessoal do agente por "decisões ou opiniões técnicas" sem a comprovação de dolo ou erro grosseiro. Trata-se de mandamento que claramente busca dar mais segurança jurídica aos agentes públicos por seus atos e opiniões, evitando que sofram acusações por mera discordância quanto a interpretações da lei. O problema do dispositivo está no uso da expressão "erro grosseiro", sobretudo porque a Constituição prevê a responsabilidade por dolo ou por "culpa" em sentido amplo. O erro grosseiro veio definido no Decreto n. 9.830 (art. 12, § 1º) como erro "manifesto, evidente e inescusável praticado com culpa grave, caracterizado por ação ou omissão com elevado grau de negligência, imprudência ou imperícia". Assim, também de acordo com o Decreto, "o mero nexo de causalidade entre a conduta e o resultado" não implica responsabilização (art. 12, § 3º). Será sempre preciso examinar o comportamento do agente público acusado à luz da complexidade da matéria e das atribuições relacionadas ao erro cometido.

O art. 30, por fim, estimula o uso de regulamentos, súmulas administrativas e consultas para gerar segurança jurídica. Além disso, prevê que essas manifestações terão caráter vinculante em relação ao órgão ou à entidade a que se destinam até que sofram posterior revisão. Referido dispositivo consagra o uso de instrumentos consultivos de caráter preventivo, bem como a consolidação de entendimentos jurisprudenciais em enunciados sumulados. No entanto, gera certa inflexibilidade ao exigir que todos sejam acompanhados de caráter vinculante. No Judiciário, como se sabe, há súmulas vinculantes e de mera orientação, não parecendo haver razão para se aplicar regra mais rígida à Administração Pública.

3.9.4 Manifestações jurisprudenciais e doutrinárias

A segurança jurídica nem sempre se expressa em dispositivos legais, como os enumerados pela LPA federal ou na LINDB. Em virtude da falta de regras positivadas que lhe deem vida nos mais diversos cenários, a doutrina e a jurisprudência gradualmente atuaram no sentido de edificar relevantes desdobramentos da segurança jurídica. Com isso, contribuíram imensamente para sua propagação e consagração como pilar central do direito administrativo contemporâneo. Exemplos disso se vislumbram:

- Na *"teoria do fato consumado"*, que sugere a manutenção de situações estabilizadas, autorizadas por uma decisão anterior precária, ainda que a decisão final a considere ilegal. A manutenção da posição jurídica ilegal ou irregular se sustenta na segurança jurídica e no senso de justiça (STJ, REsp 709.934-RJ). Isso se vislumbra no caso da sentença que mantém o título de bacharelado do aluno que ingressara na Universidade Pública por força de uma liminar em mandado de segurança e cuja legalidade foi apenas decidida na justiça após sua formatura. A teoria do fato consumado aplica-se em casos excepcionais e a jurisprudência tem afastado sua incidência para fins de manutenção de indivíduos que tenham assumido cargos públicos precariamente por força de decisão judicial liminar, mas não confirmadas ao final do processo. Para o STF, "não é compatível com o regime constitucional de acesso aos cargos públicos a manutenção no cargo, sob fundamento de fato consumado, de candidato não aprovado que nele tomou posse em decorrência de execução provisória de medida liminar ou outro provimento judicial de natureza precária, supervenientemente revogado ou modificado" (ementa do RE 608482).

- A *"teoria do agente de fato"*, pela qual se garante a manutenção de eficácia jurídica de ato praticado por sujeito incompetente em favor de cidadão de boa-fé perante a Administração Pública. É o caso, por exemplo, do ato administrativo editado por servidor público ocupante de cargo criado por lei posteriormente declarada inconstitucional (STF, RE 78209 e 78594). Para se manter o ato em favor da segurança jurídica, há que se confirmar que o cidadão: a) tenha plausivelmente considerado legal o exercício da função pública por outro indivíduo que em verdade não era agente público e b) seria afetado de modo injusto pela declaração de nulidade do ato praticado pelo funcionário de fato.

- A *"teoria do respeito às promessas administrativas"*, da *"autovinculação"* ou da *"vedação do venire contra factum proprium"*.[20] De acordo com esses preceitos, originariamente elaborados no direito privado e atualmente a se espalhar pelo direito administrativo, o Poder Público deve manter a coerência em suas ações, sobretudo quando os cidadãos de boa-fé confiam nas práticas administrativas e as utilizam para guiar suas condutas. Assim, reputa-se incompatível com a segurança jurídica e a moralidade a contradição comportamental imotivada, desarrazoada, ardilosa, realizada de má-fé pelo agente público. É verdade que a teoria não afasta as medidas de autotutela necessárias para proteger a legalidade ou os interesses públicos primários (por exemplo, pela anulação e revogação de atos administrativos), mas caberá à autoridade pública, sempre que possível, optar pela solução capaz de conciliar a legalidade ou o interesse público, de um lado, e a segurança jurídica e a proteção da confiança, de outro.

---

20. Cf. a respeito, PENTEADO, Luciano de Camargo. Figuras parcelares da boa-fé subjetiva e *venire contra factum proprium*. *Revista de Direito Privado*, v. 27, 2006, p. 4 e seguintes da edição digital.

3.9.5 Boa-fé, proteção da confiança e segurança jurídica

Apesar de distintas, a boa-fé e a segurança jurídica são conceitos que com frequência se interpenetram, sobretudo porque muitas teorias e técnicas baseadas na segurança jurídica dependem da verificação da boa-fé dos envolvidos. De modo geral, a boa-fé deve ser entendida à luz de dois critérios: o material e o pessoal. Sob a perspectiva material, diferencia-se a boa-fé objetiva da subjetiva, as quais, pelo critério pessoal, atingem ora o cidadão, ora os agentes públicos.

A *"boa-fé objetiva"* designa uma "cláusula geral", ou seja, um *standard* jurídico composto por condutas consideradas adequadas à luz da moralidade dirigente das relações sociais em determinado espaço e em certo período histórico-jurídico. No direito administrativo, o dever de boa-fé objetiva dos agentes públicos se acopla ao princípio constitucional da moralidade, cujos desdobramentos aparecem, por exemplo, na LPA federal (art. 2º e 3º) e na Lei de Improbidade Administrativa (Lei n. 8429/1992, art. 9º, 10 e 11). Já para o cidadão nas relações com a Administração Pública, há preceitos legais importantes, como os deveres processuais de "expor os fatos conforme a verdade", "proceder com lealdade, urbanidade e boa-fé", "não agir de modo temerário" e "prestar as informações que lhe forem solicitadas e colaborar com o esclarecimento dos fatos" (LPA federal, art. 4º).

A seu turno, a *"boa-fé subjetiva"* consiste na crença legítima de alguém em comportamento ou manifestação de outrem. No âmbito administrativo, equivale à confiança plausível do indivíduo no Estado, traduzindo-se na necessidade de *"proteção à confiança legítima"*, por exemplo, mediante o combate a contradições injustificáveis e danosas praticadas por agentes públicos. Nada impede que se utilize o mesmo instituto em sentido reverso, ou seja, para tutelar a expectativa legítima do Estado diante do cidadão. Seu emprego também poderá ser útil em relações de natureza meramente administrativa, ou seja, relações entre órgãos ou entre entidades estatais.

É principalmente a boa-fé nesse sentido de crença subjetiva, verdadeira e legítima que muitas vezes o direito positivo elege como condição essencial ao emprego de institutos derivados da segurança jurídica e que se destinam a proteger a previsibilidade nas relações sociais. Sem comprovação da boa-fé subjetiva, não se pode falar de decadência do poder anulatório, de restrição ao comportamento contraditório da Administração ou de manutenção de atos administrativos praticados por agente de fato.[21] Reitere-se, contudo, que a relação entre os conceitos de boa-fé subjetiva e segurança jurídica não é essencial, mas sim ocasional.

---

21. Cf. MARRARA, Thiago. A boa-fé do administrado e do administrador como fator limitativo da discricionariedade administrativa. *RDA*, v. 259, 2012.

3 • PRINCÍPIOS **113**

3.10 PRINCÍPIOS SETORIAIS

Os princípios gerais da Administração Pública consagrados na Constituição da República de modo explícito ou implícito guiam todo e qualquer tipo de atividade administrativa. Há, contudo, princípios de aplicabilidade restrita. Conquanto derivem dos princípios gerais, de interesses públicos primários ou de direitos fundamentais, sua aplicabilidade se limita a certos sujeitos, relações ou tipos de ação administrativa, razão pela qual eles geralmente constam de diplomas infraconstitucionais específicos que serão examinados em outros capítulos. Sem prejuízo do aprofundamento posterior e apesar de dispersão desses princípios no ordenamento jurídico, para fins de apresentação de um panorama inicial, é possível classificá-los em:

- *"Princípios organizacionais"* (ou de organização administrativa), regentes da estruturação e da relação entre entidades públicas (relações interadministrativas) e entre órgãos públicos (relações intra-administrativas). Exemplos: princípio da tutela ou da supervisão da Administração Direta sobre a Indireta; princípio da cooperação e da coordenação estatal; da descentralização e do controle etc.

- *"Princípios funcionais"*, que se referem à situação dos agentes públicos, como os do concurso público, da assiduidade, da pontualidade, da urbanidade e da probidade administrativa.

- *"Princípios processuais"* (ou de processo administrativo), como o da duração razoável, da gratuidade, da oficialidade, da economia, do formalismo mitigado, da recorribilidade, do devido processo legal, da ampla defesa e do contraditório.[22]

- *"Princípios contratuais"*, como os da licitação prévia, da boa-fé contratual, da função social, da formalidade, da mutabilidade e da relativa verticalidade.

- *"Princípios prestacionais"*, atinente aos serviços públicos e outras atividades essenciais garantidoras da dignidade da pessoa, como o da universalidade, da continuidade, da modicidade e da atualidade.

3.11 BIBLIOGRAFIA PARA APROFUNDAMENTO

ÁVILA, Humberto. Repensando o princípio da supremacia do interesse público sobre o particular. *RTDP*, n. 24, 1998.

BANDEIRA DE MELLO, Celso Antônio. *Conteúdo jurídico do princípio da igualdade*. São Paulo: Malheiros, 2002.

---

22. Uma boa sistematização dos princípios processuais se encontra no art. 2º da Lei n. 9.784/1999. A respeito deles, cf. MARRARA, Thiago. Princípios do processo administrativo. *RDA*, v. 7, n. 1, 2020 e MOREIRA, Egon Bockmann. *Processo administrativo*: princípios constitucionais e a Lei 9.784/1999, 6ª ed. Belo Horizonte: Fórum, 2022.

CABRAL, Flávio Garcia. *O conteúdo jurídico da eficiência administrativa*. Belo Horizonte: Fórum, 2019.

CAMMAROSANO, Márcio. *O princípio constitucional da moralidade e o exercício da função administrativa*. Belo Horizonte: Fórum, 2006.

COUTO E SILVA, Almiro do. O princípio da segurança jurídica (proteção à confiança) no direito público brasileiro e o direito da administração pública de anular seus próprios atos administrativos: o prazo decadencial do art. 54 da Lei de Processo Administrativo da União (Lei 9.784/1999). *REDE*, n. 2, 2005.

DI PIETRO, Maria Sylvia Zanella; MARRARA, Thiago (org.). *Lei anticorrupção comentada*, 4ª ed. Belo Horizonte: Fórum, 2024.

DI PIETRO, Maria Sylvia Zanella; MARTINS JÚNIOR, Wallace Paiva. *Tratado de direito administrativo*, v. 1: teoria geral e princípios do direito administrativo. São Paulo: Revista dos Tribunais, 2014.

DI PIETRO, Maria Sylvia Zanella; RIBEIRO, Carlos Vinícius Alves (org.). *Supremacia do interesse público e outros temas relevantes do direito administrativo*. São Paulo: Atlas, 2010.

EISENMANN, Charles. O direito administrativo e o princípio da legalidade. *RDA*, v. 56, 1959.

FALEIROS JÚNIOR, José Luiz de Moura. *Administração pública digital*, 2ª ed. São Paulo: Foco, 2024.

FERRAZ, Sérgio; VENTURINI, Otavio; GASIOLA, Gustavo. *Proteção de dados pessoais e compliance digital*. Cuiabá: Umanos, 2022.

FRANCO SOBRINHO, Manoel de Oliveira. *O controle da moralidade administrativa*. São Paulo: Saraiva, 1974.

FROTA, Hidemberg Alves da. *O princípio tridimensional da proporcionalidade no direito administrativo*. Rio de Janeiro: GZ, 2009.

GABARDO, Emerson. *Eficiência e legitimidade do Estado*. Campinas: Manole, 2003.

GABARDO, Emerson. *Interesse público e subsidiariedade*. Belo Horizonte: Fórum, 2009.

GABARDO, Emerson. *Princípio constitucional da eficiência administrativa*. São Paulo: Dialética, 2002.

GALVÃO, Ciro Di Benatti. *O dever jurídico de motivação administrativa*. Rio de Janeiro: Lumen Juris, 2016.

GAMA, João Taborda. *Promessas administrativas*: da decisão de autovinculação do ato devido. Coimbra: Coimbra Editora, 2008.

GAVIÃO FILHO, Anízio Pires. O princípio da impessoalidade. *RBDP*, v. 5, n. 18, 2003.

GIACOMUZZI, José Guilherme. *A moralidade administrativa e a boa-fé da Administração Pública*. São Paulo: Malheiros, 2013.

HACHEM, Daniel Wunder. *Princípio constitucional da supremacia do interesse público*. Belo Horizonte: Fórum, 2011.

HEINEN, Juliano. *Comentários à Lei de Acesso à Informação*. Belo Horizonte: Fórum, 2015.

HEINEN, Juliano. *Interesse público*. Salvador: JusPodivm, 2018.

MAFFINI, Rafael; RAMOS, Rafael (coord.). *Nova LINDB*: consequencialismo, deferência judicial, motivação e responsabilidade do gestor público. Rio de Janeiro: Lumen Juris, 2020.

MAFFINI, Rafael; RAMOS, Rafael (coord.). *Nova LINDB*: proteção da confiança, consensualidade, participação democrática e precedentes administrativos. Rio de Janeiro: Lumen Juris, 2021.

MARQUES NETO, Floriano Peixoto de Azevedo. *Regulação estatal e interesses públicos*. São Paulo: Malheiros, 2002.

MARRARA, Thiago (org.). *Princípios de direito administrativo*, 2ª ed. Belo Horizonte: Fórum, 2021.

MARRARA, Thiago. A boa-fé do administrado e do administrador como fator limitativo da discricionariedade administrativa. *RDA*, v. 259, 2012.

MARRARA, Thiago. LGPD e seus impactos sobre concessões e PPPs. In: FERRAZ, Sérgio; VENTURINI, Otavio; GASIOLA, Gustavo. *Proteção de dados pessoais e compliance digital*. Cuiabá: Umanos, 2022.

MARRARA, Thiago. O conteúdo do princípio da moralidade: probidade, razoabilidade e cooperação. *RDDA*, v. 3, n. 1, 2016.

MARRARA, Thiago. Princípios de processo administrativo. *RDA*, v. 7, n. 1, 2020.

MARTINS JÚNIOR, Wallace Paiva. *Probidade administrativa*. São Paulo: Saraiva, 2009.

MARTINS JÚNIOR, Wallace Paiva. *Transparência administrativa*: publicidade, motivação e participação popular. São Paulo: Saraiva, 2004.

MARTINS-COSTA, Judith. A re-significação do princípio da segurança jurídica na relação entre o Estado e os cidadãos: a segurança como crédito de confiança. *Revista CEJ*, n. 27, 2004.

MODESTO, Paulo. Legalidade e autovinculação da administração pública. In: MODESTO, Paulo (org.). *Nova organização administrativa brasileira*. Belo Horizonte: Fórum, 2010.

MODESTO, Paulo. Notas para um debate sobre o princípio da eficiência. *Revista do Serviço Público*, v. 51, n. 2, 2000.

MOREIRA, Egon Bockmann. *Processo administrativo*: princípios constitucionais e a Lei 9.784/1999, 6ª ed. Belo Horizonte: Fórum, 2022.

MOURA, Emerson Affonso da Costa. *Um fundamento do regime administrativo*: o princípio da prossecução do interesse público. Rio de Janeiro: Lúmen Juris, 2014.

NOHARA, Irene Patrícia. *Limites à razoabilidade nos atos administrativos*. São Paulo: Atlas, 2006.

NOHARA, Irene Patrícia. *O motivo no ato administrativo*. São Paulo: Atlas, 2004.

OLIVEIRA, José Roberto Pimenta. *Os princípios da razoabilidade e da proporcionalidade no direito administrativo brasileiro*. São Paulo: Malheiros, 2006.

OTERO, Paulo. *Legalidade e Administração Pública* – o sentido da vinculação administrativa à juridicidade. Lisboa: Almedina, 2011.

PENTEADO, Luciano de Camargo. Figuras parcelares da boa-fé objetiva e venire contra factum proprium. *Revista de Direito Privado*, v. 27, 2006.

PEREZ, Marcos Augusto. *A Administração Pública democrática*. Belo Horizonte: Fórum, 2004.

RAMOS, Rafael (org.). *Comentários à nova LINDB*. Belo Horizonte: Fórum, 2023.

ROCHA, Cármen Lúcia Antunes. *Princípios constitucionais da administração pública*. Belo Horizonte: Del Rey, 1994.

SALGADO, Eneida Desiree. *Lei de acesso à informação*. São Paulo: Revista dos Tribunais, 2019.

SARMENTO, Daniel. *Interesses públicos vs. interesses privados*. Rio de Janeiro: Lúmen Juris, 2010.

SILVA, Luís Virgílio Afonso da. O proporcional e o razoável. *Revista dos Tribunais*, n. 798, 2002.

SIQUEIRA, Mariana de. *Interesse público no direito administrativo brasileiro*. Rio de Janeiro: Lumen Juris, 2016.

SUNDFELD, Carlos Ari. *Direito administrativo*: o novo olhar da LINDB. Belo Horizonte: Fórum, 2022.

SUNDFELD, Carlos Ari. Princípio é preguiça? In: MACEDO JÚNIOR, Ronaldo; BARBIERI, Catarina (org.). *Direito e interpretação – racionalidades e instituições*. São Paulo: Saraiva, 2011.

VALIM, Rafael. *O princípio da segurança jurídica no direito administrativo brasileiro*. São Paulo: Malheiros, 2010.

VALIM, Rafael; DAL POZZO, Augusto Neves; OLIVEIRA, José Roberto Pimenta (org.). *Tratado sobre o princípio da segurança jurídica no direito administrativo*. Belo Horizonte: Fórum, 2013.

ZAGO, Lívia Maria Armentano Koenigstein. *O princípio da impessoalidade*. Rio de Janeiro: Renovar, 2001.

4
DISCRICIONARIEDADE E VINCULAÇÃO

4.1 DISCRICIONARIEDADE E VINCULAÇÃO: ASPECTOS GERAIS

Para que possa exercer suas funções de concretização de interesses públicos e de direitos fundamentais, o ordenamento jurídico atribui à Administração Pública uma gama de tarefas e alguns poderes (como o de fiscalizar, impor medidas cautelares, punir, licenciar atividades, desapropriar, determinar ocupações e requisições de bens privados). Contudo, seria impossível ao legislador sempre prever de antemão a ação mais acertada diante dos vários contextos em que os agentes públicos atuam. Por isso, ora a lei define com mais detalhes o que a Administração deve fazer no caso concreto, ora deixa-lhe margens de escolha.

Quando a lei estabelece o comportamento administrativo ou algum de seus aspectos, fala-se de *"vinculação"* ou *"poder vinculado"*. Em contraste, quando a lei autorizar o agente a optar por um dentre dois ou mais comportamentos válidos perante o direito, existirá *"discricionariedade"* ou *"poder discricionário"*. Por conseguinte, quanto maior o grau de discricionariedade previsto no ordenamento, mais flexibilidade ganhará o Poder Público e mais responsabilidade se atribuirá a seus agentes. Do contrário, quanto mais intensa for a vinculação ao texto legal, maiores serão as amarras do comportamento estatal e menor o espaço de criatividade. Neste caso, mais reduzido será o espaço de responsabilização do agente público.

Embora a discricionariedade como possibilidade de escolha no exercício da função pública se espalhe pelos três Poderes do Estado (razão pela qual também se reconhece a discricionariedade legislativa e a judicial), para o direito administrativo, o conceito em questão se mostra essencial e recebe grande atenção teórica por duas grandes razões. De um lado, o legislativo não dispõe de tempo, de capacidade de previsão, nem de condições técnicas suficientes para disciplinar com qualidade e profundidade todos os fenômenos reais com os quais a Administração Pública interage e antever todas as suas ações. De outro, mesmo que pudesse disciplinar *a priori* todas as condutas administrativas em incontáveis e imprevisíveis casos concretos, ao fazê-lo, o legislador causaria inúmeras injustiças e problemas práticos. Afinal, a lei é estática, mas a realidade, dinâmica e complexa.

A previsão de espaços de discricionariedade administrativa na legislação se impõe, portanto, quer por um imperativo de ordem lógica e prática (resultante das limitações naturais da legislação como conjunto de normas gerais e abstratas), quer por força da eficiência e da igualdade material, pois a Administração necessita de flexibilidade para elaborar soluções adequadas ao cenário em que se insere e para adaptar suas medidas a desigualdades que atingem os cidadãos em uma sociedade plural.

Deve-se ter em mente, contudo, que um mesmo comportamento da Administração aceita elementos marcados pela discricionariedade e pela vinculação. É possível que a margem de escolha atinja a ação administrativa de modo geral ou somente um de seus elementos, como a competência, a forma ou o conteúdo. Por reflexo, é concebível que uma mesma ação abarque aspectos discricionários (dependentes de escolha) e vinculados (predeterminados pela norma jurídica). Como prelecionam Di Pietro e Edmir Netto de Araújo, na verdade, todas as atribuições administrativas apresentam aspectos discricionários e vinculados.[1] Cabe ao direito apenas diferenciar o grau dessas duas variáveis. Em última instância, isso revela inexistir atos puramente discricionários ou vinculados.

4.2 DISCRICIONARIEDADE, ARBITRARIEDADE E INTERPRETAÇÃO

Em perspectiva teórica, três advertências fundamentais a respeito dos conceitos de discricionariedade, arbitrariedade e interpretação necessitam ser registradas, quais sejam:

- Em primeiro lugar, conquanto se mencione a expressão "poder discricionário" com frequência na doutrina, a discricionariedade não configura um poder em si, autônomo, com conteúdo próprio. Trata-se em realidade de uma característica dos poderes ou das competências administrativas, que aparece em maior ou menor grau em cada situação. A discricionariedade aparece como característica dos poderes de sancionar, de fiscalizar, de normatizar, de contratar ou qualquer outro. Nesse sentido, a expressão "poder discricionário" necessita ser lida como "poder *exercido* de modo discricionário".

- Em segundo lugar, a discricionariedade entra em jogo após o processo de interpretação jurídica. Interpretar é extrair a norma de uma ou mais fontes do direito, principalmente o texto legislado. A interpretação também é flexível, pois o ordenamento é marcado por imperfeições, como conceitos demasiadamente vagos, textos confusos ou obscuros, além de lacunas. Isso significa que, muitas vezes, as fontes abrem espaço para interpretações diferentes, mas igualmente legítimas. No entanto, aqui não há discricionariedade administrativa como escolha de um aspecto da ação adminis-

---

1. DI PIETRO, Maria Sylvia Zanella. *Discricionariedade administrativa na Constituição de 1988*, 3ª ed. São Paulo: Atlas, 2012, p. 54 e ARAÚJO, Edmir Netto de. *Curso de direito administrativo*, 5ª ed. São Paulo: Saraiva, 2010, p. 167.

trativa. Somente quando concluída essa primeira etapa de interpretação é que se pode verificar se o direito positivo conferirá ou não margem de escolha à Administração Pública. Isso vale inclusive nas hipóteses em que o ordenamento apresenta um "conceito jurídico indeterminado" (como "bons costumes", "segurança nacional", "bem-estar", "dignidade" etc.). Nas normas que contam com conceitos desse tipo, marcados por grande abertura semântica, caberá inicialmente definir seu sentido normativo por uma interpretação metodologicamente legítima, aniquilando-se sua vagueza em face das circunstâncias concretas para, em seguida, verificar se a norma realmente conferirá ao agente público margem de escolha em relação a aspectos de sua ação.

- Em terceiro lugar, discricionariedade não se confunde com arbitrariedade. A escolha administrativa feita por certa entidade, órgão ou agente público sempre deve respeitar competências (legalidade), observar a segurança jurídica e a boa-fé, bem como a razoabilidade, a eficiência, a impessoalidade, além de se guiar por interesses públicos primários e pela publicidade. A margem de escolha tampouco afasta o dever de motivar. Na verdade, ela o reforça, exige que o agente compare opções decisórias, examine seus impactos e explique a razão de preferir uma decisão a outra. Ainda que abra uma margem de escolha, o direito não autoriza a Administração a se comportar de maneira aleatória, irracional, abusiva ou subjetivista. O juízo de conveniência e oportunidade que ignora as balizas constitucionais acaba por transformar a ação discricionária em arbitrariedade e, por conseguinte, em ilegalidade. O exercício abusivo da discricionariedade poderá configurar abuso de autoridade ou desvio de finalidade.

4.3 TIPOS DE DISCRICIONARIEDADE ADMINISTRATIVA

4.3.1 Elementos discricionários e vinculados

Além de se diferenciar a discricionariedade judicial, legislativa e administrativa de acordo com a função estatal envolvida, a afirmação de que inexistem atos discricionários puros enseja a apresentação de uma segunda distinção que leva em conta o elemento do ato sobre o qual recai a margem de escolha.

Considerando-se o tipo de escolha que o direito positivo abre à Administração Pública, o direito alemão separa a discricionariedade de decisão (*"Entschließungsermessen"*) da de escolha (*"Auswahlermessen"*).[2] Diante da primeira modalidade, o agente escolhe "se" age ou não. Frente à segunda, escolhe "como" age, ou melhor, qual das medidas juridicamente válidas empregará.

---

2. MAURER, Hartmut. *Allgemeines Verwaltungsrecht*. Munique: Beck, 2000, p. 124.

Essa classificação vale igualmente para o direito brasileiro. No entanto, para evidenciar com mais intensidade as figuras, mostra-se adequado diferenciar o grau de incidência da discricionariedade a partir dos cinco elementos clássicos do ato administrativo. Sob essa perspectiva, defende-se aqui a existência dos seguintes tipos básicos de discricionariedade: i) a de competência ("se" e "quando" o agente público agirá ou não), ii) a de conteúdo; iii) a de forma (ambas relativas ao "como" agirá); iv) a de motivo e v) a de finalidade.

4.3.2 Discricionariedade de competência

A margem de escolha que a legislação por vezes confere à Administração Pública para decidir entre atuar ou não em certo caso pode ser denominada de *"discriciona-riedade de competência"* ou "de agir". Aqui, portanto, há uma opção em relação ao exercício da competência, hipótese que se vislumbra de modo bastante frequente: i) quando a legislação reconhece como válida a omissão ou o silêncio administrativo, por exemplo, no campo de atividades restritivas de monitoramento e de fiscalização e ii) quando existir uma competência executória comum a duas ou mais entidades estatais, de sorte que a ação de uma torne dispensável a de outra.

O princípio da legalidade e da indisponibilidade dos interesses públicos proíbe as autoridades públicas de renunciar às suas funções. Na LPA federal, veda-se expressamente a renúncia total ou parcial de poder ou de competência, *"salvo autorização em lei"* (art. 2º, parágrafo único, II). Isso demonstra que o ordenamento jurídico pátrio reconhece a possibilidade de se permitir a certa entidade escolher entre agir ou não em determinadas ocasiões, sem que sua omissão represente uma renúncia ilegal de competência.

Exemplos assim se vislumbram em inúmeras situações, sobretudo no âmbito do exercício de poderes cautelares de medidas fiscalizatórias pela Administração. Observe as atividades de controle da ordem econômica, da ordem tributária, de infrações ambientais, da ordem urbanística e do tráfego. Nessas e noutras áreas, as autoridades podem decidir agir cautelarmente ainda que o processo administrativo não tenha se encerrado (LPA federal, art. 45). Ademais, no âmbito do poder de polícia, a extensão do campo de ação das autoridades públicas as obriga a concentrar seus esforços em alguns casos de acordo com estratégias pré-estabelecidas, sob pena de não lograr exercer suas tarefas de maneira eficaz. Nas situações em que agir de maneira espontânea, cumprirá à Administração Pública deliberar o que e quando fiscalizará, ponderando sua capacidade e seus limites materiais.

Há uma segunda situação em que a discricionariedade de agir se mostra bastante comum. Determinadas políticas públicas dependem da comunhão de esforços de várias entidades administrativas de uma ou mais esferas federativas. É o que ocorre, por ilustração, no Sistema Nacional de Defesa do Consumidor (SNDC) e no Sistema Nacional de Meio Ambiente (SISNAMA). A legislação confere aos vários entes estatais que compõem referidos sistemas um grande número de funções administrativas comuns, como a de fiscalizar ou de punir. No entanto, para que o sistema funcione de modo racional e eficiente, e para que se garanta um mínimo de segurança jurídica (contra a multiplicação de processos administrativos, por exemplo), é normal que as entidades detenham discricionariedade de ação. Assim, a omissão de um ente do sistema em virtude da ação suficiente de outro para tutelar os interesses públicos primários em jogo não configurará renúncia ilegal de competência.

4.3.3 Discricionariedade de conteúdo

A margem de escolha oferecida pelo ordenamento jurídico ao agente público pode recair sobre o conteúdo do ato normativo, do ato administrativo ou de um ato material ou opinativo. A despeito de se tratar ou não de uma tarefa obrigatória, a legislação autoriza o administrador a decidir *"como agir"*. Vários exemplos ilustram esse tipo de discricionariedade.

A margem de escolha é usual na fixação do conteúdo de medidas acautelatórias prévias ou concomitantes ao processo administrativo e cujo objetivo consiste em resguardar provisoriamente interesses públicos ou direitos fundamentais e proteger, com isso, a utilidade da decisão processual final. Já em relação aos atos sancionatórios, diante da comprovação de materialidade e autoria, a legislação muitas vezes faculta à autoridade competente escolher a sanção contra o condenado dentre duas ou mais legalmente previstas. De outra parte, nos processos liberatórios, costuma-se dar às autoridades a possibilidade de agregar a licenças e autorizações expedidas algumas condições, termos ou encargos, elaborados de modo discricionário em vista do bem a ser tutelado pela Administração.

4.3.4 Discricionariedade de forma

Assim como a discricionariedade de conteúdo, a discricionariedade de forma representa a possibilidade de o administrador público escolher, no caso concreto, "como agir". Contudo, em contraste com a modalidade anterior, a margem de escolha não incide sobre o objeto da decisão, mas sobre seus aspectos formais, ou seja, sobre as formalidades de criação ou elaboração, de edição ou instrumentalização e de divulgação de atos administrativos, materiais, opinativos ou normativos.

Na discricionariedade de forma, a legislação usualmente concede ao agente competente um poder de opção quanto a um dos seguintes aspectos: i) os procedimentos preparatórios à tomada da decisão, como a realização de audiências ou consultas públicas, a oitiva dos envolvidos ou de órgãos consultivos etc.; ii) os requisitos quanto à expedição da decisão, como o uso de Portaria, Decreto, Resolução etc., e iii) requisitos de divulgação do ato, como publicação em diário oficial ou em páginas eletrônicas.

Algumas leis, porém, criam vinculação, obrigam o emprego de certo aspecto formal, como se verifica na obrigatoriedade de uso de consultas públicas para atos normativos de agências reguladoras ou audiências em processos de elaboração de políticas urbanísticas. Apesar desses casos, é possível afirmar que a discricionariedade de forma é regra geral no direito administrativo. De acordo com a LPA federal, "os atos do processo administrativo não dependem de forma determinada senão quando a lei expressamente a exigir" (art. 22). Caso a legislação geral ou especial não disponha em sentido contrário e a forma não se mostre imperativa por norma constitucional, caberá ao administrador público decidir se e como utilizará os requisitos formais no exercício das funções que lhe cabem.

4.3.5 Discricionariedade de motivo?

Os motivos nada mais são que os fundamentos fáticos e jurídicos de um comportamento da Administração Pública. Agrega-se ao dever de exposição dos fundamentos a exigência de um prognóstico, ou seja, de um exame de consequências da decisão escolhida face a outras alternativas concebíveis. Esses elementos constituem pressupostos do ato. Isso significa que a autoridade, ao agir, deve apontar todos os elementos fáticos e jurídicos aptos a demonstrar a compatibilidade de sua decisão com os princípios constitucionais e os interesses públicos que a guiam. Não pode recortar a realidade em que a decisão se insere; não pode distorcê-la; escolher uns fatos relevantes e sonegar outros. Para demonstrar que agiu de modo racional, eficiente, legal, moral etc., todos os motivos identificáveis e relevantes devem ser considerados.

No entanto, existem situações em que o próprio ordenamento permite que certo instrumento jurídico seja empregado com base em dois ou mais motivos fáticos. Por exemplo, a classificação de informações como sigilosas pela Lei de Acesso à Informação é viável por uma série de situações fáticas listadas na legislação e que indicam situações de segurança do Estado ou da sociedade. Num caso concreto, é concebível que o sigilo de uma mesma informação se justifique por dois ou mais fundamentos. Isso mostra que o ato de classificação de uma única informação sensível pode ser praticado com motivos distintos. Ademais, como lembra Di Pietro,[3] há situações em que o ordenamento sequer delimita o rol de motivos fáticos, abrindo espaço para a escolha pública, como ocorre na exoneração *"ad nutum"* de agente comissionado.

Em relação aos motivos jurídicos, a situação se mostra mais delicada. Tal como defendi anteriormente, não parece haver aqui espaços para juízos de conveniência e oportunidade, senão mera flexibilidade interpretativa. Assim, reitero o quanto dito em estudo específico sobre o tema: "o bloco de legalidade que sustenta uma ação é dado pelo ordenamento jurídico pátrio ao qual se submete a autoridade pública. Ela não tem como dele se desviar, pois a apresentação das normas é indispensável ao

---

3. DI PIETRO, Maria Sylvia Zanella. *Discricionariedade administrativa na Constituição de 1988*, 3ª ed. São Paulo: Atlas, 2012, p. 77.

4 • DISCRICIONARIEDADE E VINCULAÇÃO   **123**

controle do ato praticado pela administração e, principalmente, para que o particular eventualmente atingido pelos efeitos jurídicos do ato dele possa se defender a partir da informação acerca dos motivos empregados. Os motivos jurídicos, portanto, são dados e não permitem escolhas".[4]

4.3.6 Discricionariedade quanto à finalidade?

Em relação à finalidade dos atos da Administração, defendeu-se, em outra oportunidade, a impossibilidade de discricionariedade. Vale a transcrição do raciocínio anteriormente elaborado: "(...) a finalidade pública primária que rege a ação administrativa não se sujeita às preferências da autoridade pública responsável pela decisão. Os atos da administração, incluindo os atos administrativos, são sempre praticados no intuito de se promover um ou alguns dos interesses públicos primários já previstos constitucionalmente ou, ao menos, implícitos no texto constitucional (p. ex., promoção da saúde, defesa do consumidor, proteção da concorrência etc.). O interesse público primário é sempre escolhido pelo legislador, em nome do povo, de modo direto ou indireto. A administração pública detém tão somente a possibilidade de determinar a finalidade imediata do ato discricionário por ela praticado, ou melhor, definir o interesse secundário considerado apto a atingir, em um segundo momento, os objetivos maiores escolhidos pelo povo e inseridos na Carta Constitucional".[5]

É preciso, contudo, temperar esse posicionamento em razão de certas situações concretas. Não há dúvidas de que, ao criar uma entidade estatal, o legislador já seleciona os interesses públicos que ela deve promover ou tutelar. Suas finalidades dadas pela lei são inalteráveis e indisponíveis por atos internos da entidade criada. No entanto, é concebível que o legislador vincule a ela uma pluralidade de finalidades. Assim, por exemplo, cumpre às universidades públicas o objetivo de promover o ensino, a pesquisa e a extensão. A seu turno, uma autarquia de defesa da concorrência geralmente serve para promover a livre-concorrência, a livre-iniciativa, a defesa do consumidor e o desenvolvimento nacional.

Essas duas situações evidenciam que uma entidade estatal pode ser instituída com o propósito de atingir múltiplas finalidades públicas. Daí ser perfeitamente legítimo que ela desempenhe suas tarefas com vistas ao atingimento de um fim escolhido dentre os vários que a guiam, naturalmente quando não se tornar viável contemplar todos eles de modo simultâneo. Aplicando-se essa lógica ao exemplo anterior, certa universidade pública, ao gerir o uso de seus espaços (auditórios, salas, bibliotecas e laboratórios), visará promover em conjunto a pesquisa, o ensino e a extensão. No entanto, caso disponha de um único auditório e, por hipótese, seu uso

---

4. MARRARA, Thiago. A boa-fé do administrado e do administrador como fator limitativo da discricionariedade administrativa. *RDA*, v. 259, 2012, p. 212.
5. MARRARA, Thiago. A boa-fé do administrado e do administrador como fator limitativo da discricionariedade administrativa. *RDA*, v. 259, 2012, p. 213.

seja demandado para a realização de três eventos distintos e voltados isoladamente a somente uma das finalidades acadêmicas, a universidade ver-se-á compelida a escolher a finalidade pública que prevalecerá no ato de autorização de uso do bem dentre as três finalidades que, por força de lei, orientam suas atividades como instituição estatal. Isso revela, portanto, ser concebível a escolha dos fins desde que, como dito, a concretização simultânea de todos eles se mostre inviável em um caso concreto.

No direito urbanístico, também para ilustrar, o Município pode utilizar o instrumento de transferência de direitos de construir para várias finalidades (necessidade de proteção do patrimônio histórico, de regularização fundiária etc.). Existe, pois, discricionariedade no tocante aos fins que serão acoplados ao instrumento no caso concreto.

4.4 TRANSFORMAÇÃO DA DISCRICIONARIEDADE EM VINCULAÇÃO

4.4.1 Redução integral da discricionariedade

É possível que, sob determinadas circunstâncias, a discricionariedade inicialmente oferecida pela norma jurídica ao administrador público desapareça e, em seu lugar, surja um comportamento vinculado. Melhor dizendo: embora a legislação tenha conferido *a priori* e de modo expresso ao Poder Público uma autorização para decidir se ou como age, a opção se esvai quer por força de peculiaridades do cenário fático analisadas à luz de princípios e valores jurídicos, quer em razão da necessidade de respeito aos direitos fundamentais.

Para esclarecer casos como esses, no período do pós-guerra, a jurisprudência alemã desenvolveu a teoria da redução da discricionariedade a zero (*"Ermessensreduzierung auf Null"*). Por ela se explica a perda da margem de escolha que o administrador detinha a princípio diante de uma situação especial presente no caso fático.

Segundo Fritz Ossenbühl, na medida em que se opera uma transformação contextual expressiva, é possível que a ponderação dos fatos e das normas aplicáveis conduza o agente público a uma única saída possível.[6] A discricionariedade transforma-se em vinculação, mas não em virtude de uma decisão do legislador e sim por força da interpretação sistemática do ordenamento jurídico diante das peculiaridades do caso concreto. Udo Di Fabio entende se tratar de caso atípico cujo reconhecimento exige ampla motivação[7] pelo agente público ou pelo órgão de controle. A explicitação dos motivos se mostra imprescindível para revelar como a interpretação sistemática afasta, num cenário particular, o poder de escolha que certo dispositivo normativo abstrato concede ao administrador público.

---

6. OSSENBÜHL, Fritz. Rechtsquellen und Rechtsbindungen der Verwaltung. In: ERICHSEN, Hans-Uwe; EHLERS, Dirk (org.). *Allgemeines Verwaltungsrecht*. Berlim: De Gruyter, 2002, p. 214.
7. Em detalhes, cf. DI FABIO, Udo. Ermessensreduzierung. *VerwArch.*, v. 86, 1995, p. 214-234.

As razões por trás desse fenômeno não são de difícil compreensão. Como registra Maurer, a discricionariedade não consiste em pura liberdade, mas sim em margem de escolha pautada pelo direito[8] e concedida ao agente público para que se atinjam certos interesses públicos primários. Ela consiste em um meio de flexibilização da ação administrativa, mas destinado à concretização dos fins estatais, daí porque não se sujeita apenas à sua regra de previsão, senão também ao ordenamento jurídico tomado em sua globalidade. Desse modo, é possível que os valores constitucionais, os direitos fundamentais e outras normas superiores, à luz das peculiaridades do caso concreto, restrinjam as opções originariamente possíveis a uma única solução aceitável.

Agustín Gordillo trata igualmente da redução da discricionariedade resultante da influência dos direitos fundamentais, que denomina de regulação indireta da atividade administrativa.[9] O jurista argentino destaca que, em algumas situações, a restrição à norma que prevê margem à discricionariedade não provém do direito administrativo, mas sim dos direitos dos cidadãos, reconhecidos nos campos civil, trabalhista, comercial etc. Nessas circunstâncias, ainda que a lei abra espaço para um juízo de conveniência e oportunidade, o dever de o Poder Público concretizar direitos fundamentais consagrados na Constituição ou em outros subsistemas jurídico-normativos fora do direito administrativo destrói as margens de escolha, deixando uma única decisão válida.

Essa hipótese apontada por Gordillo é de importância crescente em ordenamentos que constitucionalizaram direitos fundamentais. Segundo Dirk Ehlers, a inexorável vinculação do direito administrativo ao constitucional não implica somente que o Estado deva se abster de violar o texto constitucional. "Muito mais isso: a Administração necessita trabalhar ativamente para a concretização dos conteúdos constitucionais para que eles obtenham sua máxima eficácia".[10] Partindo-se do pressuposto de que o direito administrativo se guia pelo direito constitucional e que a Constituição protege direitos fundamentais de modo explícito, impede-se que o direito administrativo seja manejado de maneira a sacrificar completa e desarrazoadamente esses direitos.

Reitere-se: as normas de direito administrativo necessitam ser interpretadas sob mandamentos das fontes constitucionais. Devem ser lidas e aplicadas com base nas tarefas e nas finalidades públicas primárias, nos princípios gerais da administração pública e, por óbvio, nos direitos fundamentais. Como esses mandamentos constitucionais são superiores às normas legais ordinárias em que geralmente se preveem os comandos criadores de discricionariedade, não há óbice qualquer em aceitar que elas possam transformar, à luz do caso concreto, um espaço de discricionariedade em ação vinculada.

---

8. MAURER, Hartmut. *Allgemeines Verwaltungsrecht*, 13. ed. Munique: Beck, 2000. p. 128.
9. GORDILLO, Agustín. *Tratado de derecho administrativo*, t. 1, 7ª ed. Belo Horizonte: Del Rey, 2003, p. X-13
10. EHLERS, Dirk. Verwaltung und Verwaltungsrecht im demokratischen und sozialen Rechtstaat. In: ERICHSEN, Hans-Uwe; EHLERS, Dirk (org.). *Allgemeines Verwaltungsrecht*. Berlim: De Gruyter, 2002 p. 120-121.

4.4.2 Teoria dos fatos próprios ou da autovinculação

É concebível aceitar a redução da discricionariedade também por força da auto-vinculação administrativa, conhecida como teoria dos fatos próprios ou proibição do *"venire contra factum proprium"*. Isso significa, *grosso modo*, que a discricionariedade administrativa, inicialmente reconhecida pela norma jurídica, poderá ser mitigada pelos princípios da igualdade, da segurança jurídica e da moralidade administrativa.

Resgatando-se o que já se expôs em outra ocasião,[11] mostra-se relevante apartar duas hipóteses de incidência da teoria em exame. Na primeira situação, a exigência da manutenção do padrão decisório opera-se em relação a um mesmo indivíduo no tocante a um mesmo assunto. Aqui, a teoria dos fatos próprios exige que a Administração res-peite uma decisão por si prolatada, abstendo-se de violar a coisa julgada administrativa em detrimento da segurança jurídica do interessado. A segurança jurídica soma-se ao princípio da moralidade para demandar uma conduta coerente, não contraditória ou maliciosa da administração pública, impedindo que altere sem justificativas suas próprias decisões em prejuízo de um cenário já estabilizado. Seguindo essa lógica, por exemplo, a LPA federal proíbe a retroatividade de nova interpretação (art. 2º). Já a LINDB prevê que a resposta da Administração a certa consulta tem efeito vinculante de seus posicionamentos futuros no mesmo caso (art. 30).

Também por força da segurança jurídica e da moralidade é possível estender a teoria da autovinculação às chamadas *"promessas administrativas"*. Melhor dizendo: mesmo fora de um processo administrativo formal, é preciso que a Administração Pública aja de maneira honesta e congruente, levando a sério suas promessas. Caso certo ente estatal, ainda que por meio de declarações unilaterais, comprometa-se de modo explícito, plausível e inequívoco a um determinado tipo de conduta e adote medidas indicativas dessa orientação inequívoca, dando estímulo à criação de fortes expectativas pelo administrado em relação à tomada de uma decisão (sobretudo com efeitos pecuniários), então o ente promitente deverá cumprir o quanto declarado, salvo na presença de justificativa válida e legítima para agir em sentido contrário.

A promessa unilateral revela-se exigível na medida em que, além de verossímil e inequívoca, mostre-se legal, moral e condizente com os princípios do direito admi-nistrativo. No entanto, a teoria da autovinculação em nenhuma hipótese concederá ao particular um direito subjetivo à prática de decisões ilícitas pela Administração. Como ensina Menezes Cordeiro, a vedação do *"venire contra factum proprium"* se refere a comportamentos lícitos, diversos e diferidos no tempo.[12]

A segunda situação de incidência da teoria da autovinculação abrange decisões administrativas anteriores, porém esparsas. Se a Administração houver tratado

---

11. MARRARA, Thiago. A boa-fé do administrado e do administrador como fator limitativo da discricionarie-dade administrativa. *RDA*, v. 259, 2012, p. 207 e seguintes.
12. MENEZES CORDEIRO, Antonio Manuel da Rocha e. *Da boa-fé no direito civil*. Coimbra: Almedina, 2001, p. 745.

situação anterior de certa forma, espera-se que mantenha o padrão decisório para casos futuros, salvo quando dispuser de justificativa legítima, válida e expressa para alterá-lo. Esse mandamento geral se extrai do próprio direito positivo. A LPA federal exige motivação explícita, clara e congruente quando a Administração deixar de "aplicar jurisprudência firmada sobre a questão..." (art. 50, VII). Indiretamente, esse mandamento vincula o órgão público à sua jurisprudência administrativa, entendida como um conjunto de decisões que edifica um padrão decisório. Não se trata, portanto, de vinculação à coisa julgada ou à promessa administrativa isoladamente considerada, mas a um conjunto de decisões formadoras de uma orientação decisória. A valorização da coerência das ações em relação à jurisprudência foi reforçada igualmente na LINDB, que aponta expressamente a jurisprudência como fonte de orientação de comportamentos (art. 24).

A necessidade de se observar a jurisprudência administrativa existe pelo fato de que os cidadãos a levam em conta ao traçar seus comportamentos. A jurisprudência detém função de sinalização e orientação de comportamentos, de esclarecimento. Por conseguinte, se os indivíduos se orientam a partir de um padrão decisório válido e constante, a alteração desse padrão deverá ser justificada solidamente, sobretudo quando se revelar desvantajosa ao interessado.

Não é outra a conclusão que deriva dos princípios da igualdade e da impessoalidade. Caso situações relativas a alguns indivíduos tenham sido julgadas pela Administração Pública em determinado sentido, espera-se que a lógica decisória valha a todos os outros que se coloquem em situação idêntica, uma vez que todos são iguais perante a legislação e o Estado. O tratamento divergente será válido unicamente quando: a) embora a jurisprudência firmada revele-se compatível com a legislação, haja motivo racional, objetivo e explícito para abandoná-la;[20] b) constatar-se que a decisão anterior era ilegal ou c) efetivamente demonstrar-se que o caso posterior difere dos formadores da jurisprudência.

Desde que observadas essas ressalvas, a aplicação da teoria da autovinculação como fundamento de redução da discricionariedade administrativa será capaz de produzir uma série de efeitos positivos ao funcionamento da Administração. Em linha com a síntese de Paulo Modesto, acredita-se que o uso da teoria é capaz de evitar disparidade de respostas para demandas equivalentes, de reduzir o risco de litígios em virtude de suspeita de discriminação ou arbitrariedade, de acelerar a capacidade de resolução de demandas repetitivas e de antecipar "decisões futuras em matérias de alta incerteza, facilitando a mobilização de capitais privados em tempo útil para a oferta de bens e serviços para a própria Administração ou a adesão de terceiros a políticas públicas".[13]

---

13. MODESTO, Paulo. Legalidade e autovinculação da administração pública: pressupostos conceituais do contrato de autonomia no anteprojeto da nova lei de organização administrativa. In: MODESTO, Paulo (coord.). *Nova organização administrativa brasileira*. Belo Horizonte: Fórum, 2010, p. 136-137.

Registre-se que, com a edição da LINDB, a teoria da autovinculação se estendeu para outros campos. A Administração deve manter a coerência tanto em relação à sua jurisprudência, como dito, quanto diante de outras fontes de orientação, como seus costumes e suas manifestações em atos públicos, como cartilhas, guias, publicidade etc. As orientações extraídas dessas fontes serão úteis para a proteção das posições jurídicas dos administrados, caso, naturalmente, não sejam ilícitas nem incompatíveis com o interesse público, e adequem-se ao caso concreto.

4.5 VÍCIOS DO PODER DISCRICIONÁRIO OU VINCULADO

4.5.1 Excesso de poder

O excesso de poder configura um vício de competência, já que o agente público toma uma decisão não agasalhada pela norma jurídica que rege o caso concreto. Isso ocorre de igual forma nas situações em que o exercício do poder ou atribuição é vinculado ou discricionário. No entanto, quando existe margem de escolha oferecida pela lei ao agente público, esse vício também pode ser denominado de *"excesso de discricionariedade"*.

Em algumas situações, embora a lei efetivamente confira uma margem de escolha, o agente público elege decisão para o caso concreto que extrapola o espaço do aceitável e, com isso, ultrapassa os limites estabelecidos pelo legislador. A ação excessiva, que se desvia das opções comportamentais autorizadas na norma democraticamente construída, viola a legalidade e vicia a decisão administrativa, seja ela de natureza concreta (ato administrativo ou ato material) ou abstrata e geral (ato normativo da Administração).

Tome-se como exemplo certo dispositivo legal que permita à autoridade aplicar apenas aplicar as sanções administrativas de multa e/ou de cassação de benefícios creditícios a pessoas jurídicas condenadas por infração a normas de polícia. Caso a autoridade, ignorando as duas sanções possíveis, decida impor a certa condenada a suspensão de participação em licitação em virtude da gravidade do ato ilícito, incorrerá em excesso de discricionariedade, pois o legislador não lhe conferiu essa possibilidade. O mesmo ocorrerá na hipótese de a entidade pública em questão editar por ato normativo interno sanções adicionais àquelas estabelecidas pela lei de modo exaustivo.

4.5.2 Desvio de poder

Diferentemente do excesso de discricionariedade, passível de fácil verificação diante do texto legal, o mau uso ou desvio de poder configura vício menos evidente e que, em geral, acomete atos discricionários. Nessa hipótese, a margem de escolha conferida na lei é utilizada de modo correto à primeira vista, mas com falhas de motivo, de finalidade ou de razoabilidade. A decisão equivale a uma das opções a

4 • DISCRICIONARIEDADE E VINCULAÇÃO

princípio autorizadas pela norma jurídica. Porém, não se pode aceitá-la por conta de danos abusivos, vantagens ilícitas ou efeitos irrazoáveis dela derivados.

Imagine que a decisão eleita pelo agente público dentre aquelas permitidas pela norma jurídica, em vez de promover finalidades públicas, sirva para satisfazer meros interesses pessoais, geralmente no intuito de perseguir ou prejudicar determinada pessoa ou de gerar enriquecimento indevido. Embora a opção seja a princípio lícita, há desvio de finalidade. E como prelecionava Caio Tácito, não é lícito que "a ação unilateral e compulsória da autoridade possa dedicar-se à consecução de um fim de interesse privado ou mesmo de outro fim público estranho à previsão legal".[14]

Ademais, é possível que o vício decorra da comprovada falta de razoabilidade da decisão escolhida dentre as várias permitidas pela lei, isto é, quando ela se revelar contrária às regras da adequação (aptidão para atingir o fim público), da necessidade (medida mais branda dentre as adequadas) ou da proporcionalidade em sentido estrito (predominância dos efeitos positivos sobre os negativos). Igualmente viciada se mostrará a decisão administrativa baseada em pressupostos fáticos incorretos ou distorcidos. É o que ocorre quando a autoridade pública altera a realidade ou seu sentido para, com isso, criar um motivo que lhe permita realizar uma escolha, a princípio, impossível.

Em situações como as descritas, o controle da discricionariedade demanda mais que a mera verificação das margens de escolha dadas pela legislação. É preciso realizar exame contextual da prática do ato, levando-se em conta os aspectos volitivos do agente público, os motivos do ato e suas finalidades, bem como sua compatibilidade com a razoabilidade.

4.5.3   Desconhecimento da discricionariedade

O terceiro e último vício de discricionariedade consiste na ignorância do agente competente quanto ao poder de escolha que a norma jurídica lhe confere. Ele desconhece ou acredita inexistir discricionariedade quanto à ação que lhe compete ou ao modo dessa ação. Isso resulta quer porque erra ao interpretar o dispositivo normativo que rege sua conduta ou por uma falha no exame do caso concreto. Em qualquer situação, o que caracteriza o vício apontado é o não uso da discricionariedade, não por desejo da autoridade, mas por sua incorreta crença na ausência de margens de escolha autorizadas pelo ordenamento jurídico.

Em casos concretos, o desconhecimento da discricionariedade ganha relevo somente ao se demonstrar que a Administração teria agido de modo diverso, caso reconhecesse que o ordenamento lhe oferecia opções de escolha. Imagine-se, por exemplo, que um empreendedor solicite uma licença ambiental para instalação de uma fábrica, cujos efeitos poluentes futuros possam ser facilmente combatidos

---

14.   TÁCITO, Caio. Vinculação e discricionariedade administrativa. *RDA*, v. 205, 1996, p. 127.

mediante a imposição de condicionantes (ex. adoção de tecnologias de produção e de tratamento de resíduos). Imagine-se, ainda, que o órgão ambiental competente negue a licença ambiental por acreditar não poder expedir licenças condicionadas, ou seja, por supor que a lei lhe autoriza puramente indeferir ou deferir o pedido do empreendedor. Sob tais circunstâncias, a ignorância em relação à discricionariedade permitirá a revogação da decisão (de indeferimento da licença) desde que se considere mais razoável sua substituição pelo licenciamento condicionado (alternativa decisória cuja legalidade era a princípio desconhecida).

4.6 CONTROLE DA DISCRICIONARIEDADE E DA VINCULAÇÃO

Tanto os comportamentos vinculados, quanto os discricionários sujeitam-se a mecanismos de controle interno e externo capazes de ocasionar a extinção do ato viciado e a responsabilização da Administração Pública, do agente público e até de terceiros em diferentes esferas. No entanto, os modos e limites de controle variam de um caso para outro e não são ilimitados.

Nas situações de vinculação, uma vez cumpridos os requisitos exigidos pela norma jurídica, a Administração deverá praticar o ato cabível. Diante de sua omissão indevida, bastará ao interessado requerer que o órgão de controle determine ao órgão público competente a prática do comportamento previsto na legislação. Contudo, a exigibilidade do comportamento devido desaparecerá em algumas hipóteses excepcionais como: i) na impossibilidade fática comprovada de execução da medida, conhecida como *"reserva do possível"* (afinal, ninguém está obrigado ao impossível como há muito registra a expressão latina *"ad impossibilia, nemo tenetur"*) ou ii) diante do reconhecimento de inconstitucionalidade da norma, ainda que em sede cautelar.

A seu turno, a proteção do exercício regular da discricionariedade se mostra mais complexa, dado que ao órgão de controle não cabe, a princípio, suprimir o papel do administrador público. Essa restrição atinge igualmente o Poder Judiciário no controle da discricionariedade administrativa, tendo em vista que a Constituição Federal consagrou de modo explícito a separação e a harmonia entre os poderes (art. 2º). Não deve o juiz, por decisão sua, substituir-se ao agente público em qualquer caso para realizar, em seu lugar, a escolha dentre uma das opções válidas oferecidas pelo ordenamento jurídico. Conquanto o *"ativismo judicial"* seja necessário a estimular a Administração Pública a concretizar a Constituição e a trabalhar melhor, ele encontra limites. Antes de agir e de eventualmente decidir em lugar do administrador, é preciso que o órgão de controle, inclusive do Judiciário, verifique o tipo de falha cometida no caso concreto. Assim,

  i.   Caso se trate de excesso de poder (agente público escolhe opção não prevista pela norma) ou de desvio de discricionariedade (agente público viola a razoabilidade, a moralidade ou a impessoalidade administrativa), a decisão danosa deve ser anulada e ao órgão competente há que se exigir a elaboração de uma nova quando ainda restarem duas ou mais opções decisórias possíveis.

ii. Caso, ao anular a decisão viciada, o órgão de controle reconheça que sobra apenas uma alternativa válida perante o direito, então a discricionariedade terá se reduzido a zero, ou desaparecido, transformando-se em vinculação. Aí sim o próprio controlador, inclusive externo, poderá cumular a anulação com a determinação da prática da única decisão administrativa cabível.

iii. Caso se trate de desconhecimento de discricionariedade, a autoridade de controle simplesmente reconhecerá a possibilidade de o órgão público revogar a decisão baseada em erro de interpretação jurídica, substituindo-a por outra decisão escolhida dentre as possíveis sob a margem de escolha dada pelo ordenamento.

Apesar das nuances apontadas, fato é que a concessão de discricionariedade ao agente público não afasta o controle de seus comportamentos. Discricionariedade não se confunde com autorização de arbitrariedade, nem com imunidade ao Estado de Direito. Em qualquer hipótese, o exercício da discricionariedade será válido somente quando: a) basear-se em fundamento legal, expresso ou implícito; b) apoiar-se em motivos racionais, objetivos, verdadeiros e legítimos; c) não for empregado como justificativa para omissões indevidas da Administração na garantia de direitos fundamentais ou de interesses públicos primários.

Como ensina Friedrich Schoch, mesmo na presença de margens de escolha, caberá verificar se a Administração Pública não incorreu em erros interpretativos do direito positivo, não empregou critérios impertinentes de julgamentos ou incorreu em falhas procedimentais, por exemplo.[15] Além disso, como registra Caio Tácito, o controle será fundamental para se verificar a razoabilidade da medida escolhida.[16]

Tudo o que foi dito sobre o controle da discricionariedade vale em igual medida para a *"discricionariedade técnica"*, ou seja, hipóteses em que a Administração Pública opta por decisões de impacto jurídico, mas de conteúdo extrajurídico, pois sustentadas em conhecimentos e informações principalmente das ciências exatas, biológicas e sociais aplicadas. É o que ocorre quando um agente público decide sobre o traçado de uma estrada ou a fixação de uma área portuária; professores de uma universidade federal elaboram um projeto pedagógico ou corrigem uma prova; um órgão ambiental determina a certo empreendedor privado a adoção de técnicas específicas de tratamento de resíduos sólidos como condicionamento para o licenciamento ambiental de uma fábrica; uma agência reguladora delibera o modo como infraestruturas devam ser compartilhadas por agentes de mercado ou, ainda, quando um órgão municipal determina certos padrões de construção no intuito de proteger a ordem urbanística.

---

15. SCHOCH, Friedrich. Der unbestimmte Rechtsbegriff im Verwaltungsrecht. *Jura*, 2004, p. 618.
16. TÁCITO, Caio. Vinculação e discricionariedade administrativa. *RDA*, v. 205, 1996, p. 127.

Ainda que a decisão discricionária tenha como conteúdo aspectos técnicos de natureza extrajurídica e emane de entidade, órgão ou agente especializado, o controle externo poderá ser deflagrado para controlar abusos de poder, bem como falhas evidentes e erros comprovados. O que não se autoriza ao controlador é que substitua as escolhas do administrador, técnicas ou não, por opiniões, desejos ou caprichos seus, sem qualquer embasamento e, nomeadamente, quando existirem alternativas decisórias para além daquela que se considerou inválida. Reitere-se: se após o exercício regular do controle sobrar espaço de escolha, a opção final caberá ao administrador público legitimado, pela lei e por sua investidura, ao exercício da função administrativa.

4.7 BIBLIOGRAFIA PARA APROFUNDAMENTO

ABBOUD, Georges. *Discricionariedade administrativa e judicial*. São Paulo: RT, 2014.

BANDEIRA DE MELLO, Celso Antonio. *Discricionariedade e controle jurisdicional*. São Paulo: Malheiros, 1993.

DI PIETRO, Maria Sylvia Zanella. *A discricionariedade administrativa na Constituição de 1988*. São Paulo: Atlas, 2012.

FREITAS, Juarez. *Discricionariedade administrativa e direito fundamental à boa administração pública*. São Paulo: Malheiros, 2007.

GUERRA, Sérgio. *Discricionariedade e reflexividade*: uma nova teoria sobre as escolhas administrativas, 3ª ed. Belo Horizonte: Fórum, 2015.

JORDÃO, Eduardo. *Controle judicial de uma Administração Pública complexa*. São Paulo: Malheiros, 2016.

KRELL, Andreas. *Discricionariedade administrativa e conceitos legais indeterminados*. São Paulo: Livraria do Advogado, 2013.

MARRARA, Thiago. A boa-fé do administrado e do administrador como fator limitativo da discricionariedade administrativa. *RDA*, v. 259, 2012.

MODESTO, Paulo. Legalidade e autovinculação da administração pública: pressupostos conceituais do contrato de autonomia no anteprojeto da nova lei de organização administrativa. In: MODESTO, Paulo (coord.). *Nova organização administrativa brasileira*. Belo Horizonte: Fórum, 2009.

MOREIRA NETO, Diogo de Figueiredo. *Legitimidade e discricionariedade*. Rio de Janeiro: Forense, 1989.

OTERO, Paulo. *Legalidade e Administração Pública* – o sentido da vinculação administrativa à juridicidade. Lisboa: Almedina, 2011.

PEREIRA, César Guimarães. Discricionariedade e apreciação técnica da administração. *RDA*, v. 231, 2003.

PEREZ, Marcos Augusto. *Testes de legalidade:* métodos para o amplo controle jurisdicional da discricionariedade administrativa. Belo Horizonte: Fórum, 2019.

PIRES, Luis Manuel Fonseca. *Controle judicial da discricionariedade administrativa*, 2ª ed. Editora Fórum, 2013.

RAMOS, Elival da Silva. *Ativismo judicial*: parâmetros dogmáticos. São Paulo: Saraiva, 2010.

TÁCITO, Caio. Vinculação e discricionariedade administrativa. *RDA*, v. 205, 1996.

5
ORGANIZAÇÃO ADMINISTRATIVA

5.1 ORGANIZAÇÃO ADMINISTRATIVA: DEFINIÇÃO E RELEVÂNCIA

Em perspectiva comparativa, os Estados se diferenciam de modo expressivo quanto a suas funções e a seu papel diante da comunidade política. Apesar dessas diferenças, ao longo do tempo, muitos deles se agigantaram e assumiram tarefas extremamente relevantes para assegurar a dignidade das pessoas e o bom funcionamento tanto da sociedade, quanto da economia.

No Brasil, mesmo depois de um movimento de transformação do *"Estado prestador"* em *"Estado regulador"* iniciado na década de 1990, o número de tarefas administrativas permaneceu bastante elevado. E, na medida em que todos os indivíduos são iguais perante a lei e desfrutam do mesmo rol de direitos fundamentais, cumpre à Administração prestar essas variadas tarefas com qualidade equivalente em qualquer ponto do território continental, a despeito das disparidades econômicas, sociais e políticas, bem como das diferentes etnias e culturas.

Referidos fatores, entre outros, explicam a crescente importância do direito da *"organização administrativa"*, subárea do direito administrativo que se ocupa com o modo pelo qual o Estado se estrutura em entidades e órgãos, por meio de técnicas de junção ou repartição política, administrativa ou orgânica de tarefas, e com as relações entre o Estado e entidades não-estatais, com ou sem finalidade lucrativa, que colaboram com a execução de funções administrativas.

Não cabe à ciência jurídica proceder a análises de eficiência, de custos ou de conveniência política da formatação estatal – objeto de outras ciências –, mas sim estabelecer e esclarecer os fundamentos e os limites de organização no contexto do Estado Democrático de Direito, os requisitos e procedimentos legais de criação/extinção de entidades estatais, com personalidade de direito público ou privado, e sua estruturação em órgãos públicos, além de delinear seus regimes jurídicos, por exemplo, no que se refere à contratação, ao regime de pessoal e ao relacionamento inter e intra-administrativo. No estudo da organização administrativa, ademais, busca-se encontrar e expor os requisitos para que o Estado firme parcerias, em sentido amplo, com os entes privados de colaboração (também conhecidos como terceiro setor ou administração paraestatal).

A preocupação jurídica com a organização do Estado se revela fundamental quer porque a legislação trata do assunto em inúmeros diplomas, quer porque as opções organizacionais condicionam a concretização de objetivos e princípios constitucionais diversos. A maneira como o Estado se organiza influencia: i) a eficiência e a eficácia no exercício de suas tarefas, já que define o regime jurídico da máquina pública e impacta seus custos de funcionamento; ii) o grau de democratização e de legitimidade estatal, haja vista que a concentração e a repartição de tarefas podem, respectivamente, afastar ou aproximar o Estado da população, dos contextos regionais e das necessidades locais e iii) o controle do Estado pela sociedade, sua transparência e o combate à corrupção.

A organização estatal vigente em determinada época varia não somente em virtude dos três elementos apontados. Uma gama ampla de fatores jurídicos e extra-jurídicos deve ser considerada. A estruturação do Estado resulta, em primeiro lugar, das opções do poder constituinte em relação à divisão dos poderes em sentido vertical e horizontal, bem como das opções de formatos institucionais. Em segundo lugar, ela se explica por aspectos territoriais, demográficos, econômicos, operacionais e políticos. Em terceiro lugar, ela se vincula a modelos ou concepções dominantes de gestão pública em certos períodos históricos.

No Brasil pós-1990, a adoção do gerencialismo impactou de maneira evidente a estrutura do Poder Executivo federal e de inúmeros entes políticos subnacionais. No intuito de corrigir algumas deficiências do modelo burocrático, porém sem pretender substituí-lo, as reformas conduzidas a partir daquela década redundaram em diminuição do número de empresas estatais e no aumento de pessoas jurídicas de direito público com função regulatória. A reforma fortaleceu a privatização e reativou as entidades privadas que atuam em conjunto com o Estado, dando força ao terceiro setor, inclusive mediante a criação de novos rótulos, como "Organização Social", "Organização da Sociedade Civil de Interesse Público" e "Organização da Sociedade Civil". Já na década de 2000, as mudanças de governo ocasionaram, no âmbito federal, um incremento do número de Ministérios e uma retomada da criação de empresas estatais. Ainda assim, não se abandonou o modelo regulador, nem se dispensaram as técnicas de privatização e de fortalecimento de entes de colaboração não estatais. A partir de 2019, com as novas mudanças do perfil do governo, nota-se um caminho inverso de fusão e redução de ministérios, extinção de órgãos colegiados e alienação de empresas estatais.

Todas essas variações organizacionais ocorridas para um lado ou outro desde a Constituição de 1988 revelam como os temas de organização administrativa se deixam influenciar pelas concepções governamentais e confirmam a importância dos modelos de estruturação da Administração para a viabilização de políticas públicas e de planos governamentais.

5.2 SISTEMA ORGANIZACIONAL: ESTADO, PODERES, ENTIDADES E ÓRGÃOS

A depender das normas constitucionais e legais, das concepções políticas e de inúmeros fatores extrajurídicos, ora a organização administrativa se expande, ora se reduz; ora se aproxima do regime privado, ora retorna para o campo mais publicístico. Independentemente das variações, uma característica elementar sempre permanece inalterada: em qualquer contexto, o Estado jamais configurará um bloco monolítico. Isso significa que, na ordem interna, o Estado se forma por um conjunto institucional altamente complexo do ponto de vista organizacional e que resulta da aplicação de três técnicas básicas:

i. Pela *"centralização"* ou *"descentralização política"*, unem-se ou se dividem as competências entre as esferas federativas (descentralização vertical) ou entre os Poderes (horizontal);

ii. A *"centralização"* ou *"descentralização administrativa"*, pelas quais respectivamente se juntam ou se distribuem competências ou apenas o seu exercício entre entidades com personalidade jurídica própria, estatais ou não; e

iii. A *"concentração"* ou *"desconcentração"*, que operam, respectivamente, a junção ou a distribuição de competências pelos órgãos públicos que formam cada uma das entidades estatais.

5.3 DESCENTRALIZAÇÃO POLÍTICA

A *"descentralização política"* se assenta na Constituição da República tanto em sentido vertical (forma federativa do Estado, dando origem à União, aos Estados, ao Distrito Federal e aos Municípios), quanto horizontal (repartição de Poderes, do que resultam o Executivo, o Legislativo e o Judiciário). A descentralização política configura a forma mais intensa de divisão de competências e, por ser deliberada pelo Poder Constituinte, insere-se no documento constitucional sem aceitar modificações. Trata-se, pois, de distribuição originária e essencial de competências, imune a alterações por Emenda Constitucional por configurar *"cláusula pétrea"* (art. 60, § 4º, I e III, da CF).

Em sentido vertical, o poder constituinte originário repartiu o Estado brasileiro em níveis políticos autônomos conforme uma estrutura tripartite (União, Estados, Distrito Federal e Municípios – art. 1º e 18 da CF). Isso revela que houve clara evolução organizacional do país, desde sua independência, em direção ao incremento de descentralização política. Durante o Império, o Estado brasileiro era unitário. A partir da Constituição de 1891, adotou-se um modelo federativo de dois níveis em semelhança ao que hoje existe nos Estados Unidos e na Alemanha. A partir de 1988, a descentralização se intensificou ainda mais: os Municípios tornaram-se autônomos, de sorte a compor uma terceira esfera federativa.

É verdade que Municípios já existiam antes disso. Contudo, até então, configuravam mera subdivisão administrativa dos Estados, embora já tivessem autonomia para tratar de assuntos locais. Hoje, a Constituição os considera autônomos politicamente, isto é, verdadeiros entes federados no plano jurídico. Ocorre que as normas constitucionais garantidoras dessa condição aos Municípios nem sempre convencem os especialistas. É discutível se a Constituição realmente lhes confere autonomia, já que os entes locais ainda continuam intensamente dependentes de recursos financeiros de outros níveis políticos, sobretudo da União, e sofrem certo controle por parte dos Estados em que se inserem territorialmente, por exemplo, via Tribunais de Contas. Ademais, os Municípios não detêm Poder Judiciário próprio, não dispõem de servidores militares, nem de representação política na Assembleia Legislativa dos Estados (que são unicamerais). Em simetria com o que se vislumbra no Congresso, que contém o Senado, era de se esperar que um modelo federativo tripartite incluísse uma casa de representação dos interesses dos Municípios dentro das Assembleias Legislativas dos Estados – mas isso não ocorre.

Para além da divisão federativa, em sentido horizontal, a Constituição determinou uma *"descentralização política funcional"*, pela qual as esferas federativas se repartem em Poderes Legislativo, Executivo e Judiciário (art. 2º). Na prática, essa divisão é assimétrica. As esferas da União e dos Estados contam com os três poderes mencionados, enquanto os Municípios dispõem somente de dois (Legislativo e Executivo).

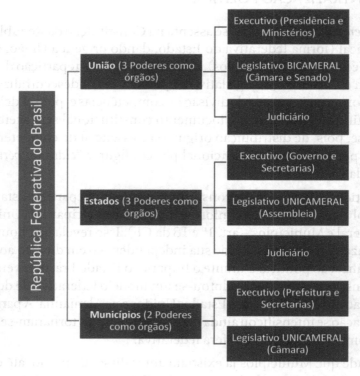

Fonte: elaboração própria

5 • ORGANIZAÇÃO ADMINISTRATIVA **139**

Entre os mesmos Poderes de diferentes esferas, inexiste vinculação funcional, salvo em situações excepcionais previstas na Constituição. O Executivo municipal não se subordina ao Estadual, nem ao Federal. Essa lógica também vale para os Poderes Legislativos e para a Justiça Estadual em relação à Justiça Federal. Estas Justiças vinculam-se, porém, aos Tribunais Superiores. Já na relação dos Poderes dentro de uma mesma esfera política, a Constituição garante independência e exige harmonia. De acordo com art. 2º, o Legislativo, o Executivo e o Judiciário "são independentes e harmônicos entre si". Isso significa que a Constituição atribuiu tarefas precípuas ou *"funções primárias"* a cada um dos Poderes (legislar, executar a lei e julgar conflitos jurídicos de modo definitivo). Ao exercerem suas atribuições, os Poderes não estão autorizados a ignorar uns aos outros. Inexiste independência no sentido de isolamento, de imunidade em relação a mecanismos de controle recíproco ou de ausência total de comunicação.

Em primeiro lugar, há muitos mecanismos pelos quais um Poder controla outro (como as ações de controle de constitucionalidade pelo Judiciário e o controle de contas exercido pelos Tribunais de Contas do Legislativo). Em segundo lugar, é possível que um Poder realize parcela da função primária de outro em casos excepcionais previstos na Constituição, mas apenas como *"função secundária"*. É o que ocorre quando o Executivo edita lei delegada ou medida provisória (chamada *"função colegislativa"*). Além das funções primárias e secundárias, os Poderes executam *"funções comuns"* (incluindo a função normativa interna, como a edição de regimentos internos e resoluções, e funções administrativas operacionais, como a gestão de pessoal, a gestão de bens, serviços e obras, além da gestão financeira).

5.4 DESCENTRALIZAÇÃO ADMINISTRATIVA E DESCONCENTRAÇÃO

Sem prejuízo da divisão interna e compulsória em Poderes, a União, os Estados e os Municípios estão autorizados a se repartir por meio de uma técnica denominada *"descentralização administrativa"*. Ela é empregada de modo opcional e dependente de chancela legislativa em cada esfera federativa. Ao se descentralizar, além das entidades obrigatórias que a Constituição da República lhes impõe criar, as esferas federativas podem instituir pessoas jurídicas estatais próprias com natureza jurídica de direito público interno (como as autarquias) ou de direito privado (como as empresas estatais). Cada uma dessas pessoas jurídicas equivale a uma *"entidade estatal"*, devidamente criada ou autorizada por lei em sentido formal do ente político e especializada na execução das atividades nela previstas (*"princípio da especialidade"*, decorrente da legalidade).

Dentro de cada uma das entidades estatais (com personalidade jurídica pública ou privada), opera-se o fenômeno da *"desconcentração"*. As entidades se dividem em *"órgãos"*, sem personalidade jurídica, de composição monocrática ou colegiada, e com número variável de competências. Reitere-se que, em contraste com as entidades, eles não detêm personalidade jurídica, embora possam deter personalidade judiciária. Além disso, é possível que um órgão se subdivida em um ou mais órgãos inferiores ou subordinados. Por ilustração, uma universidade pública, criada por lei como autarquia (entidade com personalidade jurídica de direito público), divide-se em faculdades (órgãos) que, em sequência, subdividem-se em unidades, departamentos, divisões, serviços, seções e setores (órgãos).

O órgão constitui a menor partícula da organização administrativa. Nele se encerra a teoria organizacional, pois a cada órgão estão vinculadas as pessoas físicas, os chamados *"agentes públicos"*, objeto da teoria do funcionalismo público (ou "direito administrativo trabalhista"). Os agentes se classificam em inúmeras categorias, a saber: os agentes políticos, os agentes administrativos (estatutários, empregados públicos e ocupantes de funções), os militares e os colaboradores.

Quadro: camadas organizacionais do Estado.

PESSOA OU ÓRGÃO	ESTRUTURA	TÉCNICA APLICADA
República Federativa do Brasil se reparte verticalmente em...	União, Estados e Municípios	Descentralização política vertical
Cada esfera federativa se reparte funcionalmente em...	Executivo, Legislativo e Judiciário	Descentralização política horizontal
Poder Executivo se reparte institucionalmente em...	Órgãos da Administração Direta e entidades estatais especializadas da Administração Indireta (pessoas jurídicas de direito público ou de direito privado)	Descentralização administrativa
Cada entidade se divide internamente em...	Órgãos superiores e inferiores	Desconcentração

Fonte: elaboração própria.

5.5 ADMINISTRAÇÃO PÚBLICA DIRETA E INDIRETA

A Administração Pública não constitui esfera federativa, nem um Poder, nem uma entidade ou órgão específico, daí a dificuldade de se posicioná-la com segurança na complexa organização estatal e de se interpretar corretamente as normas jurídicas que se referem a ela.

Como preleciona Edmir Netto de Araújo,[1] a doutrina brasileira convencionou empregar a expressão *"administração pública"*, com iniciais minúsculas, com o objetivo de indicar funções administrativas, tais como serviços públicos, as medidas de polícia, de fomento, a regulação ou a intervenção no mercado, bem como atividades administrativas operacionais, *e.g.* a realização de licitações, a gestão de pessoal, os processos disciplinares. Nesse *"sentido objetivo ou material"*, a administração públi-

---

1. ARAÚJO, Edmir Netto de. *Curso de direito administrativo*, 5ª ed. São Paulo: Saraiva, 2010, p. 151.

5 • ORGANIZAÇÃO ADMINISTRATIVA **141**

ca se desenvolve com primazia no âmbito do Executivo, embora também apareça como função secundária das entidades e dos órgãos do Legislativo e do Judiciário. Ao conduzirem processos disciplinares para apurar falhas de servidores, ao realizar concursos públicos e licitações, por exemplo, esses dois Poderes também fazem administração pública.

Fora do Estado, é igualmente possível que se fale de uma administração pública em sentido material. Existirá um direito administrativo fora Estado sempre que a atividade administrativa passar a ser exercida por pessoas físicas ou jurídicas não estatais, com base em técnicas de desestatização, de delegação ou de parcerias em sentido amplo. Exemplo disso são os serviços de "organização técnica e administrativa destinados a garantir publicidade, autenticidade, segurança e eficácia dos atos jurídicos", conhecidos como "serviços notariais e de registro". Esses serviços são de titularidade estatal, delegados por lei a pessoas físicas (art. 1° e 3° da Lei n. 8.935/1994). Da mesma forma, desempenha função administrativa a Organização Social que gerencia um serviço de saúde pública e a empresa que explora uma rodovia.

Em contrapartida, a *"Administração Pública"* com iniciais maiúsculas, aponta o conjunto de entidades e órgãos estatais que atuam na qualidade de Poder Público no exercício de funções administrativas. Nesse *"sentido orgânico ou subjetivo"*, a expressão equivale primordialmente ao Poder Executivo e se subdivide em Administração Pública Direta e Indireta. Essa repartição serve para diferenciar as entidades conforme suas atribuições e seu regime jurídico.

A *"Administração Direta"* abarca os órgãos públicos nucleares e obrigatórios das três pessoas políticas, isto é, da União, dos Estados, do Distrito Federal e dos Municípios. Esses órgãos nucleares estão previstos no texto constitucional e assumem funções estratégicas de governo, de administração pública e de coordenação das várias entidades e órgãos que a compõem. Dentro da Administração Direta em sentido orgânico, encontram-se a Presidência da República e os Ministérios, na União; os Governos e as Secretarias, nos Estados, e as Prefeituras e respectivas Secretarias, nos Municípios. A Administração Direta, portanto, situa-se no Poder Executivo e todas as entidades federativas (União, Estados ou Municípios), existentes como pessoas jurídicas de direito público interno. A Administração Direta não existe fora desses três tipos de pessoas de direito público.

A seu turno, a *"Administração Indireta"* representa o agrupamento de entidades estatais descentralizadas de direito público interno ou privado, criadas facultativamente por cada um dos três entes políticos da federação e que desempenham função administrativa sob a orientação da lei e das diretrizes da Administração Direta. Repita-se: a Administração Indireta é marcada pela facultatividade, pela ausência de função governativa, pela variabilidade de personalidades jurídicas. Nesse conceito, enquadram-se as autarquias, as empresas, as fundações e as associações estatais. Alguns desses entes detêm personalidade jurídica de direito público interno; outros, personalidade jurídica de direito privado e alguns, como as associações e fundações,

142 MANUAL DE DIREITO ADMINISTRATIVO – VOLUME I • Thiago Marrara

podem assumir ora personalidade pública, ora privada. Em qualquer situação, todos esses entes pertencem ao Estado, formam a Administração Indireta e encontram-se vinculados à Direta (não subordinados, diga-se bem).[2]

5.6 DESCENTRALIZAÇÃO TERRITORIAL

Para separar as entidades da Administração Indireta das entidades não-estatais que colaboram com o Estado na execução de tarefas administrativas, tais como empresas concessionárias de serviços públicos, é preciso ter em mente a diferença de três técnicas de descentralização administrativa (territorial, funcional e por colaboração). Essas técnicas por vezes se embaralham com os conceitos de desestatização e privatização.

Pelo emprego da *"descentralização administrativa territorial"*, transfere-se um conjunto genérico de competências de determinado ente federado para certa entidade administrativa que as exercerá dentro de espaço territorial pré-determinado. A passagem da titularidade e da execução desse conjunto de tarefas administrativas se dá por força de lei em direção a outra entidade dotada de personalidade jurídica e pertencente ao mesmo nível federativo. A entidade descentralizada age em nome do ente político que a cria com competências genéricas, ou seja, competências para as mais diferentes funções administrativas. Fora isso, é possível que ao ente descentralizado se confiram poderes de legislação quando a Constituição assim autorizar.

A descentralização territorial mostra-se bastante usual nos Estados Unitários, como a França ou a Inglaterra, em que a titularidade das competências se concentra em um único nível político central. Com o objetivo de imprimir mais eficiência às ações do Estado, tais competências são distribuídas por entes responsáveis por parcelas do território. Em Estados federados também se utiliza essa técnica. Tanto é assim que a Constituição brasileira prevê duas entidades do gênero.

Os *"territórios"* são subdivisões administrativas da União (art. 18, § 2º, da CF) geridos por um governador quando tiverem mais de 100 mil habitantes. Eles disporão de órgãos judiciários de primeira e segunda instância, bem como de membros do MP e de defensores públicos federais (art. 33, § 3º). O território terá uma *"Câmara Territorial"*, cuja competência será fixada na lei federal que o criar. Embora detenha estrutura bastante complexa, o território não constitui uma subdivisão política. Ele figura como mera pessoa jurídica da União, ou seja, uma entidade federal descentralizada territorialmente, que se orienta por lei editada pelo Congresso Nacional e que se sujeita ao controle do TCU. Na atualidade, inexistem territórios no Brasil, mas eram exemplos desse tipo de entidade descentralizada o Amapá e Roraima, transformados em Estados pela Constituição de 1988 (art. 14 do ADCT).

---

2. ARAÚJO, Edmir Netto de. *Curso de direito administrativo*, 5ª ed. São Paulo: Saraiva, 2010, p. 155.

A Constituição ainda menciona, sem extenso detalhamento, a figura dos distritos, que operará em nome do Município sob certa parcela do território local. De acordo com a Constituição, caberá exclusivamente aos Municípios a criação, a organização e a supressão de distritos, observada a legislação estadual (art. 30, IV, da CF). Embora a Constituição não diga claramente se distritos são órgãos da pessoa jurídica Município ou entidades, parece mais adequado que se adote o segundo modelo, ou seja, de distritos como entes, cuja personalidade jurídica lhes permita exercer direitos e obrigações, contratar, praticar atos etc.

5.7 DESCENTRALIZAÇÃO FUNCIONAL

Em contraste com a descentralização territorial, na *"descentralização funcional"*, certa lei específica cria diretamente uma entidade estatal com personalidade de direito público interno ou autoriza a criação de entidade estatal de direito privado. A entidade criada assume a titularidade de uma ou mais tarefas públicas especializadas, devendo empregar seus meios na consecução dessas tarefas primárias. É o caso da autarquia instituída por lei para atuar como universidade pública, da empresa estatal para produzir medicamentos ou do consórcio intermunicipal para desempenhar a função de agência reguladora.

Há quatro elementos marcantes da descentralização funcional: (i) a criação de ente estatal com personalidade jurídica própria, de direito público ou de direito privado; (ii) a "transferência da titularidade e da execução" de atividade administrativa ao ente criado; (iii) a exigência de manifestação do legislativo mediante *lei de criação*, para autarquias, inclusive as associativas (consórcios), ou de *lei de autorização* para as fundações de direito privado e empresas estatais e (iv) a especialização do ente criado na tarefa descentralizada.

Em se tratando de tarefa administrativa como natureza de atividade econômica em sentido estrito, a descentralização afigurar-se-á mais adequada a entes estatais com personalidade privada, como empresas ou fundações. Como tais atividades exigem flexibilidade, o uso da personalidade privada mostrar-se-á mais conveniente, pois atrairá o regime privado, mitigando boa parte da rigidez derivada das normas de direito público (regime híbrido). Por outro lado, em se tratando de serviços públicos típicos ou de poder de polícia, recomendável será a instituição de pessoas de direito público interno (sobretudo autarquias), que se submetem a regime jurídico-administrativo, marcado por poderes e restrições relevantes para o exercício dessas atividades, e cujo patrimônio se constitui de bens públicos. Tais entidades jamais perseguem lucro, nem podem ser adquiridas por particulares, daí não se mostrarem compatíveis com atividades econômicas do Estado – como bem explicita o Estatuto das Empresas Estatais ao reservar tais atividades a sociedades de economia mista, empresas públicas e suas controladas (art. 2º, *caput*, da Lei n. 13.303/2016).

Na prática do direito brasileiro, contudo, mostra-se bastante confuso o emprego ora da personalidade jurídica de direito público interno, ora da personalidade privada ao se realizar a descentralização administrativa. É comum que se atribuam atividades tipicamente administrativas (como o poder de polícia) a entidades estatais de direito privado, como sociedades de economia mista. Isso se vislumbra nas empresas municipais de controle de tráfego. Nesse e em outros casos, a execução de tarefas baseadas no poder de autoridade por entidades estatais de direito privado gera inúmeras discussões jurídicas, desde as relativas à compatibilidade do regime mais privado com funções administrativas típicas até as concernentes ao regime jurídico aplicável. Apesar disso, inexiste vedação constitucional a esse modelo organizacional.

As entidades descentralizadas até aqui mencionadas, com personalidade de direito público interno ou de direito privado, participam igualmente da Administração Indireta, restando sempre vinculadas à Administração Direta. A principal consequência dessa submissão reside no *"poder de supervisão"* ou *"poder de tutela"* que sobre elas exerce a Administração Direta (sobretudo os Ministérios e Secretarias) com base na Constituição e em leis de organização administrativa.

5.8 DESCENTRALIZAÇÃO POR COLABORAÇÃO

Ao lado das técnicas de descentralização administrativa territorial e funcional, existe um mecanismo mais fraco de descentralização, que consiste na transferência da *mera execução* de uma tarefa administrativa a um ente privado. Eis a chamada *"descentralização por colaboração"*, pela qual certo ente estatal, titular de uma função administrativa, transfere somente a execução parcial ou total de suas tarefas a terceiro por meio de contrato ou ato administrativo. Não se institui qualquer ente estatal novo. Ao contrário, estabelece-se somente uma parceria ou colaboração do Estado com particulares (pessoas físicas ou pessoas jurídicas de direito privado). É o que ocorre, por exemplo, quando a União transfere a gestão e exploração de suas rodovias, de serviços de geração de energia ou de aeroportos a empresas por meio de contratos de concessão. O mesmo se dá quando o Município transfere a execução de serviços de transporte coletivo urbano de passageiros a uma empresa ou a um consórcio empresarial. Em todos os casos apontados, não se desloca a titularidade sobre o serviço, mas simplesmente sua execução por período determinado.

Na experiência brasileira, a descentralização por colaboração envolve tanto o Estado (como titular do serviço) e particulares (como executores), quanto o Estado (como titular) e outros entes estatais especializados (como executores). Uma ilustração ajuda a esclarecer essas possibilidades. Ao desejar privatizar tarefas de saneamento básico, um Município abre licitação para escolher a empresa que assumirá o papel de concessionária do serviço público. Esta licitação, por lei, estará acessível a empresas sem qualquer participação estatal, a empresas privadas com participações acionárias do Estado ou a empresas estatais. Suponha-se que

5 • ORGANIZAÇÃO ADMINISTRATIVA

uma empresa estadual vença a licitação e celebre o contrato administrativo com o Município. Ao fazê-lo, essa entidade da Administração Indireta estadual passará à qualidade de concessionária local. A relação jurídica entre ela e o Município também exemplifica a descentralização por colaboração, pautada em um contrato com duração limitada. Diferentemente será a relação dessa mesma empresa estadual, que venceu a licitação local, com o Estado da federação que a instituiu. Na relação do Estado com sua própria empresa, a técnica empregada será de descentralização funcional, regida por lei.

Outra observação é relevante para se compreender a extensão da descentralização por colaboração. É comum que se refira a essa técnica organizacional para apontar exclusivamente a delegação da execução de serviços públicos econômicos (como transporte, atividade postal, energia e telefonia) a particulares. Contudo, na atualidade, ela viabiliza igualmente a transferência da execução de tarefas relacionadas a serviços públicos sociais, o fomento estatal e a polícia administrativa. A descentralização por colaboração, hoje conhecida como "parceria em sentido amplo", expandiu-se intensamente ao longo do final da década de 1990. Por isso, não há mais razão para que a doutrina limite o conceito ao campo dos serviços públicos econômicos.

Dos mais diversos instrumentos empregados para fins de descentralização por colaboração, são tradicionalmente empregados pelo Estado:

i. O contrato de *"concessão"* de serviços públicos, precedidos ou não de obras públicas, o qual abarca a modalidade comum ou plena (regida pela Lei n. 8.987/1995 e certas leis setoriais) e duas modalidades de parceria público-privada (PPP), a saber: a patrocinada e a administrativa (disciplinadas pela Lei n. 11.079/2004)[3];

ii. O contrato de *"permissão"* de serviços públicos, definido pelo direito positivo como "contrato de adesão", marcado pela precariedade e pela revogabilidade unilateral por parte do poder público e sujeito às disposições gerais da Lei n. 8.987/1995 (art. 40);

iii. O ato administrativo de *"autorização"* de serviços públicos, marcado pela precariedade, pela discricionariedade e pela revogabilidade, geralmente empregado para transferência emergencial ou excepcional de serviços públicos a particulares[4] ou também para situações em que o serviço é executado apenas em benefício do autorizatário[5] (Lei n. 9.074/1995, art. 5°, III, e art. 14);

---

3. Aplicam-se as disposições da Lei n. 14.133/2021 (Nova Lei de Licitações) subsidiariamente à Lei n. 8.987/1995 e à Lei n. 11.079/2004 (art. 186 da Lei n. 14/133/2021).

4. JUSTEN FILHO, Marçal. *Curso de direito administrativo*, 10ª ed. São Paulo: Atlas, p. 846.

5. Cf, entre outros, DI PIETRO, Maria Sylvia Zanella. *Parcerias na Administração Pública*, 13ª ed. Rio de Janeiro: Forense, 2022, p. 179.

iv. O *"contrato de gestão"*, utilizado para a transferência de serviços públicos de caráter social, como saúde e cultura, às chamadas Organizações Sociais (OS), entidades privadas sem fins lucrativos (Lei n. 9.637/1998);

v. O *"convênio"*, como ajuste de delegação geralmente empregado entre entes federativos para fins de transferência da execução de um serviço ou uma obra pública a outro. Isso se vislumbra na Lei n. 9.277/1996, que permite à União delegar mediante convênio, por até 50 anos, aos Municípios e Estados, a administração de rodovias ou obras rodoviárias federais, bem como a exploração de seus portos (art. 1º a 3º).

A enumeração dos institutos revela que a concessão, a permissão e a autorização não são mais, na atualidade, as únicas ferramentas de descentralização por colaboração. Não obstante elas tenham ganhado bastante destaque doutrinário no Brasil, sobretudo porque foram apontadas de modo explícito na CF (art. 21, XI e XII e art. 175), o ordenamento jurídico infraconstitucional oferece ao Estado outros meios para viabilizar a transferência da execução dos serviços sob sua titularidade para outros entes, públicos ou privados.[6]

5.9 DESCENTRALIZAÇÃO, DESESTATIZAÇÃO E PRIVATIZAÇÃO

A descentralização implica a distribuição ou da *"titularidade de competências"* dentro do Estado com base em um mandamento legal ou da *"execução de competências"* por meio de ato ou contrato temporário. A primeira situação abarca tanto a descentralização territorial, quanto a funcional. Nela, o número de entidades estatais aumenta e o Estado se expande. Já na segunda situação, fala-se de descentralização por colaboração, pela qual se objetiva reduzir o tamanho do Estado ao se transferir a execução de função administrativa, na maior parte das vezes, a um ente particular não estatal.

Com apoio nessa distinção, torna-se possível afirmar que a descentralização administrativa e a *"desestatização"* são conceitos distintos. A desestatização designa o movimento de redução organizacional do Estado, de encolhimento ou de extinção de entidades estatais, públicas ou privadas, que, inclusive, instrumentaliza-se por meio de descentralização por colaboração ou parceria, mas nunca por descentralização territorial ou funcional. Em outras palavras, nem todas as formas de descentralização configuram desestatização, como se constata da análise da Lei n. 9.491/1997, que instituiu o Programa Nacional de Desestatização da União, além de ter apresentado as técnicas e as razões desse movimento.

Editada em um contexto marcado pela tentativa de transformação da administração burocrática em gerencial, referida Lei esclarece que o programa de desestatização

---

6. Os contratos de concessão, permissão e PPP são tratados em capítulo próprio no volume 3 deste manual.

serve para: (i) reordenar a posição estratégica do Estado na economia, transferindo à iniciativa privada atividades "indevidamente" exploradas pelo setor público; (ii) contribuir para a reestruturação econômica do setor público, especialmente através da melhoria do perfil e da redução da dívida pública líquida; (iii) permitir a reto-mada de investimentos nas empresas e atividades que vierem a ser transferidas à iniciativa privada; (iv) contribuir para a reestruturação econômica do setor privado, especialmente para a modernização da infraestrutura e do parque industrial do país, de forma a ampliar sua competitividade e reforçar a capacidade empresarial nos diversos setores da economia; (v) permitir que a Administração Pública concentre seus esforços nas atividades em que a presença do Estado se mostre fundamental para a consecução das prioridades nacionais; (vi) contribuir para o fortalecimento do mercado de capitais, através do acréscimo da oferta de valores mobiliários e da democratização da propriedade do capital das empresas estatais (art. 1º da Lei n. 9.491/1997).

Além disso, a Lei trata das técnicas de desestatização empregadas no âmbito federal, incluindo: (i) a alienação de participação societária; (ii) a abertura de capital; (iii) o aumento de capital; (iv) a alienação, o arrendamento, a locação, o comodato ou a cessão de bens e instalações; (v) a dissolução de sociedades ou a desativação parcial de seus empreendimentos, com a consequente alienação de ativos; (vi) a concessão, permissão ou autorização de serviços públicos, (vii) o aforamento, a permuta, a cessão, a concessão de direito real e a alienação de bens imóveis (art. 4º). Permite, ademais, a transformação, a incorporação, a fusão ou a cisão de sociedades e a criação de subsidiárias integrais para implementar tais medidas (art. 4º, § 1º da Lei n. 9.491/1997). Todas as técnicas referidas se destinam a viabilizar a desestatização de empresas estatais, de bens estatais e de serviços públicos. Isso comprova que a desestatização e a descentralização não se confundem. Apenas a descentralização por colaboração (mediante concessões, permissões e autorizações) se enquadra como técnica desestatizante.

Resta indagar se desestatização e privatização se identificam conceitualmen-te. Apesar de a Lei n. 9.491 não ter consagrado uma definição do que entende por privatização, de seu texto normativo extrai-se a conclusão de que a privatização se refere estritamente aos casos de alienação do controle de empresas estatais (art. 11, 'a'), ou seja, a uma das modalidades de desestatização. No entanto, na ciência do direito administrativo, inexiste uniformidade no uso do termo. Como constatou Fernando Machado, em termos organizacionais, a palavra "privatização" ora é to-mada pela doutrina como desestatização, ora como mera alienação de controle de empresas estatais.[7]

---

7. MACHADO, Fernando Moreno. Desestatização e privatização no Brasil. *RDDA*, v. 2, n. 1, 2015, p. 108 e seguintes.

5.10 O PAPEL DO CÓDIGO CIVIL NA ORGANIZAÇÃO ADMINISTRATIVA

Em matéria de organização administrativa, o Código Civil desempenha um papel bastante proeminente no âmbito de todos os entes federados. Em linha com seu antecessor, de 1916, o Código de 2002 enumera as pessoas jurídicas de direito público e as pessoas jurídicas de direito privado. Com isso, estabelece parâmetros organizacionais para o Estado e sustenta a diferenciação entre: a) entidades estatais de direito público e b) entidades estatais de direito privado.

As *"pessoas jurídicas de direito público interno"* abrangem a União, os Estados, os Municípios, o Distrito Federal e os Territórios. As autarquias e as associações públicas (como consórcios) se enquadram na mesma categoria (art. 41 CC). Contudo, o rol do Código não é exaustivo, pois ele autoriza o Legislativo a criar entidades de caráter público para além das previstas em seu texto. Daí porque a lista de entidades públicas nele prevista detém puro caráter exemplificativo. Ao permitir que se elaborem outros formatos de pessoas de direito público interno, o Código Civil conferiu enorme flexibilidade ao legislador em matéria de organização administrativa.

O Código Civil de 2002 ainda menciona a esdrúxula figura das *"pessoas jurídicas de direito público com estrutura de direito privado"* (art. 41, parágrafo único), as quais "regem-se, no que couber, quanto ao seu funcionamento", pelas normas do próprio Código. Desse dispositivo resulta a seguinte conclusão: existem pessoas jurídicas públicas em formatos sem paralelo no direito privado (como as autarquias) e pessoas jurídica públicas que se espelham em estruturas privadas (com certas associações e fundações estatais). Nessa segunda situação, de acordo com o artigo apontado, caso a lei especial não estabeleça um regime jurídico próprio, o direito privado se aplicará de modo subsidiário. Assim, notam-se duas normas relevantes no artigo em comento: i) permite-se criar por lei pessoa jurídica pública fora do rol legal e com estrutura semelhante às do direito privado e ii) caso essa entidade não se submeta a regime diferenciado definido em lei especial, as normas do Código Civil regerão o seu funcionamento.

Além de conferir um rol exemplificativo de pessoas públicas e tratar da figura da "pessoa jurídica de direito público com estrutura de direito privado", o Código Civil lista as *"pessoas jurídicas de direito privado"*, quais sejam: as associações; as sociedades; as fundações; as organizações religiosas e os partidos políticos (art. 44).

Conquanto o Código não preveja a possibilidade de o Estado instituir entidades como pessoas jurídicas de direito privado, outros diplomas conferem-lhe de modo expresso essa faculdade, a começar pela Constituição da República (art. 173, § 1º). É por isso que existem, no Brasil, empresas, associações e fundações estatais com personalidade privada e em regime híbrido, composto por normas de direito privado em maior ou menor medida, mas nunca isolado por completo do direito público. Porém, jamais o Estado criará organizações religiosas ou partidos políticos, haja vista os princípios da laicidade e da impessoalidade. Essas duas formas de entidades serão sempre privadas e não-estatais.

5.11 O DECRETO-LEI N. 200/1967: RELEVÂNCIA, CONTEÚDO E MUDANÇAS

O Decreto-Lei n. 200, de 25 de fevereiro de 1967, desempenha o papel de principal diploma da organização administrativa no Brasil e representa um grande marco na evolução do direito administrativo, como registra Jesse Torres Pereira Júnior.[8] Ao contrário do Código Civil, esse diploma tem natureza de lei federal, de modo que suas normas visam a reger somente a estrutura administrativa da União.

Apesar de não se tratar de corpo normativo propriamente nacional, sua observância por Estados e Municípios não é descartável por dois motivos. De um lado, o Decreto-Lei disciplina aspectos de direito privado aplicáveis aos entes da Administração Indireta. Como apenas a União detém competência para legislar sobre direito civil e comercial, caberá aos entes estaduais e municipais respeitar as normas editadas pelo Congresso sobre o tema. De outro lado, quando a normatização da organização estadual e municipal for incompleta, a analogia com as normas do Decreto-Lei servirá para colmatar lacunas.

Além de definir a Administração Direta e Indireta e traçar as características das principais entidades descentralizadas, o Decreto-Lei estabelece como princípios gerais de organização administrativa: (i) o *"planejamento"*, que designa a atividade de diagnóstico, previsão de metas e seleção de meios para atingi-los de modo racional; (ii) a *"coordenação"*, como técnica de compatibilização de ações administrativas dos diferentes entes e órgãos estatais; (iii) a *"descentralização"* (funcional), como transferência do exercício de competências estatais para entes administrativos de diferentes níveis federativos ou para entes privados; (iv) a *"delegação de competência"*, como transferência do exercício de tarefas administrativas de órgãos superiores para inferiores e (v) o *"controle"*, como atividade consistente no acompanhamento das ações estatais, na verificação de sua compatibilidade com o ordenamento jurídico e na adoção de medidas preventivas ou corretivas de desvios e ilegalidades. Nesse último aspecto, em favor da eficiência, o Decreto-Lei demanda que se evitem e se suprimam mecanismos de controle "que se evidenciarem como meramente formais ou cujo custo seja evidentemente superior ao risco existente" (art. 14).

Inobstante o papel central que exerce para a organização administrativa brasileira, o Decreto-Lei n. 200/1967 apresenta deficiências que motivaram novos debates sobre a disciplina jurídica da matéria. Dessas deficiências, vale ressaltar: a mistura das definições de descentralização e desconcentração; a incompletude da lista de entidades estatais da Administração Indireta e falhas nas suas definições; as lacunas e incongruências no tocante ao regime das empresas estatais e das entidades por elas controladas de modo direto e indireto; a desatualização de normas sobre controle da Administração e a lacuna em relação a entidades paraestatais e entes do terceiro setor.

---

8. PEREIRA JÚNIOR, Jesse Torres. Supervisão ministerial e entidades vinculadas no moderno direito administrativo brasileiro. *RIL*, v. 13, n. 49, 1976, p. 171.

Com o objetivo de superar tantos problemas e desatualizações, despontaram iniciativas voltadas a se reestruturar do ponto de vista legislativo a disciplina da organização administrativa. Nesse sentido, por exemplo, uma comissão de juristas capitaneada pela professora Maria Sylvia Zanella Di Pietro concluiu em 2009 um anteprojeto que "estabelece normais gerais sobre a administração pública direta e indireta, as entidades paraestatais e as de colaboração".

Com o escopo de aprimorar o tratamento jurídico da organização administrativa, o anteprojeto apontado:) (i) confere atenção às subsidiárias das entidades estatais; (ii) diferencia as subsidiárias de autarquias (que englobam empresas estatais e fundações estatais e autarquias por elas criadas), das subsidiárias de empresas e de fundações estatais (outras empresas e fundações estatais por elas controladas); (iii) permite a participação minoritária do Estado em entes privados, o patrocínio estatal de entidade de previdência complementar, além da colaboração com entidade do terceiro setor; (iv) disciplina o contrato de autonomia, do planejamento, da articulação e do controle de entidades estatais; (v) normatiza as atividades de coordenação e de supervisão (com base em poder hierárquico), ambas como forma de articulação administrativa; (vi) disciplina o controle, tratando do autocontrole (dividido em controle interno e controle correcional, do controle externo e do controle social exercido pela sociedade civil e, por fim, difere entidades paraestatais (como corporações profissionais com personalidade jurídica de direito público e os serviços sociais autônomos, com personalidade jurídica de direito privado) de entes de colaboração (equivalentes ao terceiro setor, ou seja, pessoas jurídicas privadas e sem fins lucrativos que realizam atividades de interesse público).

Na ausência de aprovação do anteprojeto descrito ou outro equivalente, as dificuldades para se compreender o tema da organização administrativa no Brasil perduram. Afinal, nas palavras de Paulo Modesto, a pirâmide institucional pátria transformou-se numa galáxia e as disposições jurídicas que dela cuidam caracterizam-se pelo casuísmo, pela imprecisão conceitual e pela ausência de um quadro claro acerca dos regimes jurídicos. A seu turno, a teoria que se construiu sobre o fenômeno, sem qualquer espanto, permanece como o "capítulo mais inconsistente do direito administrativo nacional". Tais problemas estimulam a judicialização, dificultam a delimitação dos modos de ação das entidades estatais, obstam o processo decisório, inibem a criatividade da gestão pública, além de aumentarem os custos de funcionamento do Estado.[9]

5.12 PLANEJAMENTO NA ORGANIZAÇÃO ADMINISTRATIVA

Dos vários princípios de organização administrativa consagrados na legislação brasileira, o do planejamento, o da cooperação e o da coordenação merecem realce

---

9. MODESTO, Paulo. Anteprojeto de nova lei de organização administrativa: síntese e contexto. *REDE*, n. 27, 2011, p. 3 e 4.

5 • ORGANIZAÇÃO ADMINISTRATIVA

por três motivos: (i) sua importância para o bom funcionamento do Estado e para a execução eficiente de políticas públicas; (ii) o crescente número de leis que tratam desses institutos e (iii) pelo fato de gozarem de baixíssimo prestígio na doutrina contemporânea do direito administrativo a despeito do inegável papel que exercem para o bom funcionamento do Estado.[10]

No plano conceitual, o planejamento representa a atividade de programar, projetar, planejar e da qual pode ou não decorrer um plano concreto ou uma política pública. Quando o planejamento passa a ser normatizado, transforma-se em um procedimento jurídico e, dependendo da situação, em verdadeiro processo, marcado por garantias e direitos fundamentais. Não por outro motivo, alguns países tratam do planejamento em leis de processo administrativo, como a Alemanha. Já o plano, resultado frequente, mas não obrigatório do planejamento, também recebe atenção do ordenamento. Ora se determina sua edição por meio de lei (como o plano diretor, os planos nacionais de educação ou de cultura e os planos orçamentários), ora são tratados como atos da Administração (como os planos de governo, de investimento e de carreira).

Ainda que sua disciplina normativa seja mais recente, a atividade de planejar não é fenômeno novo. O indivíduo e as instituições desde sempre planejaram com vistas a atingir objetivos complexos, lidar com a escassez de recursos e superar desafios temporais, financeiros e espaciais. Na Administração Pública, a essencialidade do planejamento se enraíza no princípio da eficiência. Além disso, fundamenta-se na democracia, pois um Estado aleatório, desorganizado, que não sabe como e para que age, não adquire a legitimação necessária a justificar sua existência, os tributos que recolhe, nem as restrições que impõe à sociedade. O Estado que não se planeja para concretizar os objetivos constitucionais sob sua responsabilidade ignora os anseios e os esforços do povo que o sustenta, tornando-se arbitrário, perdulário e frequentemente incapaz de bem executar suas tarefas. Daí a necessidade de se consagrar o planejamento como tarefa essencial da Administração, como já o faz a Constituição em diversos de seus mandamentos (*e.g.* art. 25, § 3º, art. 29, XII, e art. 174).

As características essenciais do planejamento estatal resumem-se basicamente a:

i.   *"Complexidade"*,[11] que indica a presença de incontáveis elementos constitutivos, sua variabilidade procedimental, a multiplicidade de interesses e direitos que envolve e a pluralidade de sujeitos que dele participam.

ii.   *"Finalidade"*, que representa a vinculação do planejamento à concretização de objetivos estatais complexos, sempre relacionados a interesses públicos

---

10. Em geral sobre o planejamento como instituto essencial do direito administrativo, cf. MARRARA, Thiago. A atividade de planejamento na Administração Pública: o papel e o conteúdo das normas previstas no Anteprojeto da Nova Lei de Organização Administrativa. *REDE*, n. 27, 2011.

11. Cf. FÜRST, Dietrich. Komplexität in der Planung (Stadt-, Regional- und Landesplanung) am Beispiel der Regionalplanung. *Archiv für Kommunalwissenschaften (AfK)*, 1996, I, p. 20

primários, e sem os quais ele perde razão e sentido, transformando-se em um mero procedimento burocrático inútil e custoso.

iii. *"Seletividade"*, que aponta a necessidade de o planejamento focalizar um objeto minimamente definido, específico e exequível, sob pena de se comprometer sua racionalidade e de se inviabilizar sua efetividade.

iv. *"Conexidade"*, que denota a exigência de coerência entre as medidas elaboradas e determinadas ao longo do processo de planejamento,[12] de sorte a impedir que elas se contradigam, prejudiquem-se ou se autodestruam.

v. *"Flexibilidade"*, que designa a importância de alteração e correção contínua do processo de planejamento e de seus produtos no intuito de afastar estratégias incorretas ou inconvenientes, bem como de corrigir seus rumos, respeitando-se naturalmente os limites impostos pela segurança jurídica.

vi. *"Criatividade"*, que representa a necessidade de se garantir ao órgão planejador um espaço adequado de discricionariedade, isto é, um campo inventivo de soluções, desde que legais, legítimas, viáveis e necessárias à consecução dos objetivos estatais. Segundo Willy Spannowsky, é da fantasia e criatividade do planejador que resultará a escolha da melhor estratégia.[13]

Além dessas características essenciais, o planejamento conta com fases básicas e comuns, a saber: (i) a realização de diagnóstico da realidade, com mapeamento dos principais problemas a se solucionar; (ii) a definição de metas; (iii) a previsão dos programas, projetos e ações para atingir as metas; (iv) a aprovação do plano, eventualmente por lei; (v) a divulgação do plano; (vi) a execução do plano; (vii) a avaliação do plano e (viii) a revisão do plano, que deve ser realizada periodicamente. No sentido de fortalecer esse modelo, a EC 109/2021 incluiu o § 16 no art. 37 da Constituição da República para exigir que todas as políticas públicas sejam avaliadas e seus resultados, verificados e divulgados. Com isso, o legislador busca acertadamente evitar que a Administração concentre esforços apenas no diagnóstico e na elaboração do plano, deixando-se de lado a necessária e posterior verificação do sucesso ou insucesso das medidas escolhidas para o atingimento das metas.

5.13 COOPERAÇÃO E COORDENAÇÃO ADMINISTRATIVA

Em matéria de organização administrativa, oportunamente, a legislação reputa imprescindível a cooperação, entendida como o trabalho conjunto entre órgãos ou entidades estatais de um ou mais níveis políticos da federação. Como tal, a cooperação se destina a viabilizar ações e tarefas estatais que a entidade ou o órgão competente

---

12. Cf. SCHMIDT-AßMANN, Eberhard. Planung als administrative Handlungsform und Rechtsinstitut. In: BERKEMANN, Jörg et al. (org.). *Planung und Planungskontrolle*. Festschrift für O. Schlichter. Colônia: Carl Heymanns, 1995, p. 11.
13. SPANNOWSKY, Willy. Der Planer als Rechtsgestalter. *Die öffentliche Verwaltung* (DÖV), 1996, p. 1022.

não seria capaz de executar isoladamente com a efetividade desejada. Em virtude do aumento do volume de atividades estatais e da crescente fragmentação e especialização dos entes públicos, o apoio e o auxílio intraestatal ganham relevância crescente, sobretudo para concretizar o princípio da eficiência. Ademais, a cooperação se vincula à moralidade administrativa, prevista na Constituição da República como princípio geral da Administração Pública. Violaria a moralidade aceitar que um órgão ou ente estatal se recusasse imotivadamente a contribuir para o funcionamento de outro em situações excepcionais. Quando o apoio institucional representar condição essencial ao atingimento dos fins do Estado, ele será mandamental, pois cabe à Administração dar máxima eficácia possível à Constituição.

No plano teórico, classifica-se a cooperação administrativa sob inúmeros critérios. Ao se considerar o posicionamento dos órgãos ou entes envolvidos, separa-se a *cooperação horizontal* (entre entidades ou órgãos não hierarquizados) da *vertical* (entre entidades ou órgãos hierarquizados). Pelo critério da natureza jurídica dos envolvidos, diferenciam-se a cooperação interfederativa (entre diferentes entes da federação), a interadministrativa (entre entidades), a intra-administrativa ou interorgânica (entre órgãos de uma mesma entidade) e a intraorgânica (dentro de um órgão).

Quanto à iniciativa, a cooperação pode ser requerida ou ofertada de maneira *facultativa* ou estabelecida como tarefa *compulsória* pela legislação em determinadas circunstâncias. Já no que se refere ao vínculo jurídico, existem atividades cooperativas independentes de vínculo específico (sobretudo as ocorridas dentro de um mesmo ente) e atividades que se estabelecem por acordos administrativos, como o convênio de cooperação usualmente celebrado entre universidades públicas, entidades estatais de fomento e centros de pesquisa.

Cooperação não se confunde com delegação ou avocação de tarefas, institutos nos quais existe uma transferência do exercício da competência. Na cooperação, o órgão ou ente que recebe apoio de outro não está autorizado a abrir mão de suas competências sob pena de violação da legalidade, ou melhor, de infringir a regra de vedação de renúncia de competência. Além disso, exige-se que a entidade ou órgão que presta apoio atue no limite de suas competências. Em geral, a legalidade da cooperação depende da existência de finalidades comuns ou complementares dos entes ou órgãos envolvidos.

Cooperação e *"coordenação administrativa"* tampouco se identificam em termos conceituais. Enquanto a primeira designa trabalho conjunto, apoio, suporte, a segunda aponta o alinhamento de ações e/ou finalidades administrativas de órgãos ou entidades distintas. A coordenação consiste em técnica impositiva de organização administrativa pelo fato de que, sem ela, as ações estatais entrariam em choque constante, dando margem a conflitos jurídicos, dispêndios desnecessários de recursos públicos financeiros e humanos (racionalização) e outros prejuízos de ordem diversa. Ela se impõe pela necessidade de os vários entes estatais agirem de maneira coerente na promoção dos incontáveis interesses públicos primários consagrados no texto constitucional. Nas últimas décadas, essa necessidade se expandiu significativamente em virtude da multiplicação dos chamados sistemas nacionais de políticas públicas, ou seja, conjuntos de entidades que operam de modo conjunto na execução de objetivos constitucionais, como o Sistema Nacional de Defesa do Consumidor (SNDC) e o Sistema Nacional de Meio Ambiente (SISNAMA).

A relevância da coordenação para o funcionamento da organização administrativa não passou despercebida pelo legislador. Não é à toa que o Decreto-Lei n. 200/1967 trata do tema e dispõe que "as atividades da Administração Federal e, especialmente, a execução dos planos e programas de governo serão objeto de *permanente coordenação*" (art. 8º, *caput*). O diploma estabelece mecanismos para tanto, incluindo a ação de chefias, a realização sistemática de reuniões com participação de várias autoridades, a instituição de comissões de coordenação em cada nível administrativo. Também prevê as reuniões ministeriais e secretarias gerais. Há, ainda, norma relevante sobre coordenação de serviços públicos, conforme a qual "os órgãos que operam na mesma área geográfica serão submetidos à coordenação com o objetivo de assegurar a programação e execução integrada dos serviços federais" (art. 9º). Isso exige a coordenação das atividades da União, com as dos Estados e Municípios atuantes na mesma área geográfica.

Da Lei de Processo Administrativo federal também constam mecanismos de coordenação da Administração Pública. A Lei prevê, por exemplo, que, "quando necessária à instrução do processo, a audiência de outros órgãos ou entidades administrativas poderá ser realizada em reunião conjunta com a participação de titulares ou representantes dos órgãos competentes, lavrando-se a respectiva ata, a ser juntada nos autos" (art. 35).[14] Já no anteprojeto de nova Lei de Organização Administrativa elaborado em 2009, mas não aprovado, percebe-se igualmente uma grande preocupação com a coordenação, técnica que é colocada ao lado da supervisão como meio de articulação administrativa. Para realizá-la, o anteprojeto sugere o compartilhamento de informações em rede. Fora isso, aponta a figura da *"conferência de serviço"*, pela qual o chefe do Executivo reúne vários órgãos e entidades com o objetivo de formular uma decisão célere e concertada em matéria que envolva diferentes interesses setoriais (art. 43).

5.14 BIBLIOGRAFIA PARA APROFUNDAMENTO

ALMEIDA, Fernanda Dias Menezes. *Competências na Constituição de 1988*. São Paulo: Atlas, 1991.

ARAÚJO, Edmir Netto de. *Administração indireta brasileira*. Rio de Janeiro: Forense, 1997.

BACELLAR FILHO, Romeu Felipe. *Direito administrativo e o novo Código Civil*. Belo Horizonte: Fórum, 2007.

---

14. Em detalhes sobre o instituto, cf. MARRARA, Thiago; NOHARA, Irene Patrícia. *Processo administrativo*: Lei 9.784/99 comentada, 2ª ed. São Paulo: RT, 2018, comentários ao art. 35.

BICALHO, Alécia Paolucci Nogueira. *Desestatizações:* privatizações, delegações, desinvestimentos, parceiras. Belo Horizonte: Fórum, 2023.

DI PIETRO, Maria Sylvia Zanella. *Parcerias na Administração Pública*, 13ª ed. Rio de Janeiro: Forense, 2021.

FRANCO SOBRINHO, Manoel de Oliveira. *Comentários à Reforma Administrativa Federal*. São Paulo: Saraiva, 1975.

MACHADO, Fernando Moreno. Desestatização e privatização no Brasil. *RDDA*, v. 2, n. 1, 2015.

MARRARA, Thiago. A atividade de planejamento na Administração Pública: o papel e o conteúdo das normas previstas no Anteprojeto da Nova Lei de Organização Administrativa. *REDE*, n. 27, 2011.

MÂNICA, Fernando Borges; MENEGAT, Fernando. *Teoria jurídica da privatização*. Rio de Janeiro: Lúmen Juris, 2017.

MODESTO, Paulo (org.). *Nova organização administrativa brasileira*, 2ª ed. Belo Horizonte: Fórum, 2010.

MODESTO, Paulo. Anteprojeto de nova lei de organização administrativa: síntese e contexto. *REDE*, n. 27, 2011.

NOHARA, Irene Patrícia. *Reforma administrativa e burocracia*. São Paulo: Atlas, 2012.

PEREIRA JÚNIOR, Jesse Torres. Supervisão ministerial e entidades vinculadas no moderno direito administrativo brasileiro. *RIL*, v. 13, n. 49, 1976.

SOUTO, Marcos Juruena Villela. *Desestatização*: privatização, concessões e terceirizações. Rio de Janeiro: Lúmen Juris, 1997.

6
ADMINISTRAÇÃO DIRETA

6.1 DEFINIÇÃO E FUNÇÕES

O conceito de *"Administração Direta"* indica o conjunto de órgãos constituintes do Poder Executivo de cada pessoa política da federação brasileira, ou seja, da União, dos Estados, do Distrito Federal e dos Municípios. Ela se caracteriza: i) por estar prevista e detalhada nos diplomas constitucionais (CF, CE e LOM); ii) pela obrigatoriedade de criação e iii) pela competência para exercer funções de natureza governativa, colegislativa e, sobretudo, as funções administrativas estratégicas.

Como o Brasil se organiza em uma federação tripartite, a Administração Direta se desdobra pelos três níveis políticos. Dentro do Poder Executivo da União como pessoa jurídica de direito público interno, ela abrange a Presidência da República e os Ministérios; nos Estados, o Governo do Estado e as Secretarias Estaduais e nos Municípios, a Prefeitura e as Secretarias Municipais. O Distrito Federal está sujeito à vedação de desdobramento em Municípios, razão pela qual seus Poderes exercem funções estaduais e locais (art. 32, *caput* da CF). Por isso, sua Administração Direta, composta pelo Governo do Distrito Federal (GDF) e pelas Secretarias de Estado, detém competência mais alargada em comparação à dos Estados e dos Municípios.

Dentro dos órgãos da Administração Direta, há uma complexa divisão em inúmeros outros órgãos de menor escalão, não previstos diretamente nas fontes constitucionais, mas criados por lei. Assim, apenas para exemplificar, dentro dos Ministérios, existem secretarias, departamentos, conselhos etc. Todos esses órgãos de menor hierarquia, bem como os Ministérios em que eles se inserem e a Presidência formam a Administração Direta do Poder Executivo da pessoa jurídica denominada União. Estrutura semelhante se vislumbra nos planos estaduais e municipais. Isso demonstra que a Administração Direta representa um conjunto de órgãos públicos dentro das pessoas políticas, ou seja, da União, dos Estados e Municípios. Ela exerce as funções administrativas e políticas centrais, agindo por supervisão ou tutela sobre as demais pessoas jurídicas que também formam o Estado, mas se situam na Administração Indireta.

6.2 PRESIDÊNCIA DA REPÚBLICA

Na qualidade de órgão central do Executivo federal, a Presidência da República é o órgão de cúpula do governo e da Administração Pública no âmbito da

União. Além disso, a Presidência representa a federação brasileira como um todo em determinados campos, como nas relações exteriores. A direção desse órgão de cúpula cabe ao Presidente da República, eleito diretamente pelo povo, por maioria absoluta, entre cidadãos natos com idade mínima de 35 anos para um mandato de quatro anos, permitida uma reeleição (art. 14, § 5º CF conforme a EC n. 16/1997).

As competências do Presidente são bastante abrangentes em matéria administrativa. A ele cabe as tarefas de: direção superior da Administração Pública federal com o auxílio dos Ministros; desenvolvimento de políticas públicas e de planos de governo; elaboração de propostas orçamentárias; organização dos Ministérios (dependente de lei); indicação de nomes para a ocupação de cargos de relevo (como os de Presidente do Banco Central, Ministro de Estado, Procurador-Geral da República e de Ministro do Supremo) e a exoneração dessas autoridades, além do exercício do poder regulamentar primário.

Em razão de sua função de chefe da Administração Pública federal, a Constituição atribui ao Presidente a iniciativa exclusiva de lei para inúmeras matérias, mormente as relacionadas a questões administrativas do Executivo. De acordo com o texto constitucional (art. 61), essa *"reserva de iniciativa"* abrange projetos de leis que fixem ou modifiquem efetivos das forças armadas, disponham sobre "criação de cargos, funções ou empregos públicos na administração direta e autárquica ou aumento de sua remuneração", "organização administrativa e judiciária, matéria tributária e orçamentária, serviços públicos e pessoal da administração dos Territórios", "servidores públicos da União e Territórios, seu regime jurídico, provimento de cargos, estabilidade e aposentadoria", "organização do Ministério Público e da Defensoria Pública da União, bem como normas gerais para a organização do Ministério Público e da Defensoria Pública dos Estados, do Distrito Federal e dos Territórios"; "criação e extinção de Ministérios e órgãos da administração pública", "militares das Forças Armadas, seu regime jurídico, provimento de cargos, promoções, estabilidade, remuneração, reforma e transferência para a reserva".

Essa lista abrangente demonstra que a reserva de iniciativa de lei garantida ao Presidente se atrela fortemente ao tema da organização administrativa, da descentralização, da desconcentração e dos agentes e serviços públicos do Executivo federal. O Presidente, por exemplo, é o único responsável por projetos de lei sobre criação ou extinção de Ministérios, de autarquias, como as agências reguladoras e assim por diante. Exatamente por isso, jamais poderia o Congresso, por iniciativa de um deputado ou senador, decidir criar uma nova agência reguladora ou fazer reformas ministeriais. O poder de iniciativa de lei sobre certos assuntos não configura tarefa administrativa do Presidente, mas sim uma das várias *"tarefas colegislativa"*. Ainda no campo colegislativo, cumpre a ele sancionar, promulgar e fazer publicar leis; vetar projetos de lei, total ou parcialmente, além de editar medidas provisórias e leis delegadas (art. 61 e seguintes da CF).

As *"medidas provisórias"*, que gozam de força de lei, tratam de matérias marcadas pela relevância e urgência. No entanto, a Constituição traz um rol de vedações, de modo que não se autoriza sua edição para qualquer assunto a despeito desses dois requisitos. Ocorre que essas vedações não abarcam o direito administrativo, ressalva feita a assuntos dependentes de lei complementar ("reserva de lei complementar") e outros que já estejam em projeto de lei aprovado pelo Legislativo, pendente de sanção ou veto da Presidência (art. 62, § 1º). A não ser nessas situações excepcionais, a MP poderá tratar de direito administrativo.

No tocante às *"leis delegadas"*, a Constituição igualmente apresenta um rol de vedações. Não cabe LD quanto a assunto inserido no campo da competência exclusiva do Congresso ou, separadamente, da Câmara ou do Senado, bem como em relação a matérias sob reserva de lei complementar (art. 68). Assim, de modo geral, grande parte dos assuntos de direito administrativo pode ser disciplinada por esse tipo de lei.

Ao lado das funções administrativas e colegislativas, o Presidente da República exerce relevante *"função governamental"*. A Constituição da República lhe atribui, entre outras coisas, a competência de manter relações com Estados estrangeiros, celebrar tratados, convênios e atos internacionais (sujeitos a referendo do Congresso), decretar a intervenção federal e executá-la, além de prestar contas do exercício do mandato anualmente. Já no âmbito militar, cabe-lhe decretar o estado de defesa e de sítio, exercer o comando supremo das Forças Armadas, convocar e presidir o Conselho de Defesa Nacional, declarar guerra e celebrar a paz, com anuência do Congresso.

No exercício de tão variadas funções, o Presidente da República responde por *"crime de responsabilidade"* em razão de comportamentos ilustrados na Constituição da República, como a atuação contra a probidade administrativa (art. 85). As hipóteses previstas no texto constitucional não são exaustivas, senão meramente exemplificativas, pois a própria Constituição impõe ao legislador a tipificação dos ditos "crimes" e a definição das respectivas normas processuais. Esse tratamento consta da Lei n. 1.079/1950.

Os crimes de responsabilidade diferem dos crimes comuns cometidos pelo Presidente da República por alguns fatores centrais. Em primeiro lugar, nos *"crimes comuns"*, o Supremo Tribunal Federal realizará o julgamento e o Presidente ficará suspenso de suas funções quando recebida a denúncia ou a queixa-crime. Nos *"crimes de responsabilidade"*, o julgamento do Presidente caberá ao Senado e o afastamento dependerá da instauração do processo nesta casa do Congresso. Em segundo lugar, enquanto o crime comum constitui real infração penal, o de responsabilidade não é em essência um crime, senão infração de caráter político-administrativo que dá causa a sanções dessa mesma natureza. Apesar das diferenças mencionadas, em ambas as modalidades infrativas, a denúncia contra o Presidente necessitará ser previamente aceita pela maioria qualificada de 2/3 dos membros da Câmara dos Deputados (art. 86, *caput*, da CF).

6.3 MINISTÉRIOS

Não obstante sua alta relevância na Administração Pública e sua obrigatória criação por lei, os Ministérios não constituem verdadeiras entidades com personalidade jurídica autônoma, ou seja, própria. Eles são órgãos compostos do Executivo da União, especializados em certas matérias, com competência sobre todo o território nacional e hierarquicamente subordinados à Presidência da República, que, vale reiterar, também é um órgão.

A existência dos Ministérios é fundamental para compor a Administração Direta. Não é possível, assim, extinguir por completo esses órgãos, embora sua quantidade e suas especialidades possam ser alteradas por lei. Para tanto, a Constituição garante ao governo a iniciativa exclusiva de encaminhar ao Congresso proposta de lei que defina o número de Ministérios e o recorte de suas competências setoriais. A criação e a extinção dos Ministérios ocorrem por lei de iniciativa exclusiva da Presidência da República (art. 61, § 1°, CF). Isso significa que se condiciona a legalidade da organização ministerial à observância de dois requisitos: i) a reserva legal e ii) a reserva de iniciativa de lei do Presidente. Não é possível criar Ministério por decreto, nem aceitável que o Congresso altere a estrutura ministerial sem provocação do Presidente.

A chefia e a direção geral dos Ministérios competem aos *"ministros de Estado"*, indicados e nomeados pelo Presidente da República dentre brasileiros maiores de 21 anos e no exercício dos direitos políticos (art. 87, *caput*). Os Ministros ocupam cargo comissionado, não cumprem mandato e se sujeitam à exoneração *"ad nutum"* a qualquer tempo. Em contraste ao que ocorre em outros cargos de cúpula, inclusive os de ministros de tribunais superiores, os ministros de Estado não se submetem à sabatina do Congresso Nacional. O Presidente detém competência exclusiva para indicá-los e nomeá-los sem a necessidade de chancela prévia do legislativo. Possui, igualmente, poder discricionário para sua exoneração, que independe do Legislativo e de declinação de motivos (*"ad nutum"*). Por conta dessa flexibilidade, infelizmente, é comum no Brasil a indicação de pessoas sem as qualidades técnicas, morais e políticas essenciais para o exercício de tarefas de tamanha relevância e impacto. Não é raro encontrar ministros desprovidos de conhecimento especializado ou que atuam em contrariedade às políticas públicas pelas quais deveriam zelar. Tristemente frequente é também à indicação de envolvidos em escândalos de corrupção ou pessoas que mantêm relações suspeitas com entidades externas em evidente conflito de interesses.

Esses desvios acabam prejudicando as funções ministeriais. Afinal, compete ao Ministro auxiliar a Presidência na direção superior da administração e desenvolver política pública setorial, delimitada a assuntos pré-determinados em lei, como saúde, educação, transportes, ambiente etc. Dentro do campo de especialidade em que opera, cada Ministério contribui com o detalhamento da política e sua transformação em ações administrativas concretas, eficientes e coerentes. Daí ser possível afirmar que Ministérios configuram *"órgãos de transição e de intermediação"* entre o governo e a administração pública.

Por se subordinarem ao Executivo da União, os Ministérios assumem competências que atingem todo o território nacional e são desempenhadas por inúmeros órgãos internos, como as secretarias, os departamentos e os conselhos de políticas públicas. Suas competências, porém, restringem-se a determinado setor de atuação e devem respeito ao espaço de autonomia conferido a Estados e Municípios na federação.

A organização e o tratamento das competências ministeriais constam hoje da Lei federal n. 13.844/2019, amplamente alterada pela Lei n. 14.600/2023. Na prática, este diploma federal desdobra as *"competências ministeriais"* fixadas na Constituição Federal e que englobam: (i) a orientação, a coordenação e a supervisão da administração direta e indireta; (ii) a expedição de instruções para a execução da lei, decretos e regulamentos; (iii) a apresentação de relatórios de gestão à Presidência e (iv) a prática de outros atos delegados ou outorgados pelo Presidente (art. 87, parágrafo único da CF).

A questão da delegação merece comentários adicionais. A Constituição da República autoriza expressamente a transferência do exercício de competência presidencial a Ministérios somente para: (a) tratar de organização e funcionamento da administração federal (quando não implicar aumento de despesa nem criação/extinção de órgãos); (b) extinguir funções ou cargos públicos vagos; (c) conceder indulto ou comutar penas e (d) prover cargos federais (art. 84, parágrafo único). Por interpretação negativa ou residual, as demais atribuições centrais da Presidência são exclusivas e indelegáveis.

6.4 SUPERVISÃO MINISTERIAL DE ENTIDADES VINCULADAS

Um dos poderes mais relevantes e, ao mesmo tempo, mais polêmicos dos Ministérios consiste em supervisar as entidades da Administração Indireta que lhes estão diretamente vinculadas. A supervisão ministerial (ou *"tutela administrativa"*) figura explicitamente no rol de competências constitucionais dos Ministérios (art. 87, I da CF) e recebe detalhado tratamento no Decreto-Lei n. 200/1967 (art. 19 e seguintes). Por sua previsão constitucional e essencialidade à concretização de vários princípios constitucionais, é inválida qualquer norma infraconstitucional que aniquile o poder de supervisão.

Conforme as normas do Decreto-Lei n. 200 (art. 25 e 26), a supervisão é poder que se confere ao Ministério, salvo quando exercida diretamente pela Presidência. De modo geral, ela serve para: promover o cumprimento da lei; zelar pelo respeito aos princípios de organização administrativa; viabilizar a execução de programas governamentais; harmonizar e coordenar as atividades dos entes supervisionados com aquelas da Administração Direta; avaliar ações administrativas; diligenciar para que sejam executadas por agentes capacitados e proteger a meritocracia; fiscalizar a utilização de bens e recursos públicos; acompanhar gastos no intuito de promover a eficiência; proteger a administração contra interferências e pressões ilegítimas; zelar pelo cumprimento das finalidades de cada entidade e por sua autonomia financeira, administrativa e operacional.

Em apertada síntese, a supervisão se destina a garantir o respeito aos princípios da legalidade e da eficiência administrativa. Não obstante referidos objetivos sejam facilmente compreensíveis, há várias disputas acerca dos limites da supervisão e seus mecanismos de implementação. Tais disputas se acirraram principalmente a partir da década de 1990, momento em que autarquias com função regulatória se inseriram gradualmente na estrutura da Administração Indireta federal num movimento de transição do modelo de Estado prestador ao de Estado predominantemente regulador.

Muito antes disso, o Decreto-Lei n. 200/1967 já listava as variadas ferramentas de supervisão ou de tutela ministerial, incluindo: i) a indicação ou a nomeação de dirigentes da entidade supervisionada pelo Ministro, sem prejuízo de eventual eleição interna; ii) a designação de representantes do governo para órgãos de administração, controle e assembleias; iii) pedidos de informações e relatórios; iv) aprovação anual de orçamento e programação financeira; v) aprovação de contas, relatórios e balanços; vi) fixação de despesas de pessoal e administração; vii) fixação de critérios para gastos de publicidade, divulgação e relações públicas; viii) realização de auditoria e avaliação periódica e ix) intervenção por motivo de interesse público (art. 26, parágrafo único).

A listagem de medidas de supervisão contida no Decreto-Lei n. 200/1967 representa até hoje o detalhamento geral do dispositivo constitucional que consagra o poder de supervisão. No entanto, nada impede que o governo federal, ao encaminhar projetos de leis que criem ou modifiquem novas entidades da Administração Indireta, preveja restrições ou extensões ao poder de supervisão. Conquanto a hierarquia normativa da lei ordinária não lhe dê força para afastar a norma constitucional garantidora do poder de supervisão, é possível que o legislador edite normas especiais divergentes das previsões gerais contidas no Decreto-Lei n. 200. Nesse sentido, por exemplo, a Lei das Estatais prevê uma série de regras especiais para indicação de dirigentes de empresas públicas, sociedades de economia mista e suas subsidiárias. As inúmeras leis das agências reguladoras igualmente criam normas especiais que afastam algumas das regras gerais do Decreto-Lei n. 200.

Em qualquer situação, o importante é ter em mente que o poder de supervisão não deve significar um controle exagerado, passo a passo, extremamente interventivo, sob pena de gerar retrabalho desnecessário, custos excessivos e de aniquilar a razão de existir das entidades da Administração Indireta vinculadas à Direta. Ademais, essa relação de *"vinculação"* jamais deverá ser confundida com a subordinação que existe, dentre de cada entidade pública, entre órgãos inferiores e órgãos superiores.

6 • ADMINISTRAÇÃO DIRETA **163**

A subordinação representa sujeição ao poder hierárquico, amplo, intenso, enquanto a vinculação representa sujeição branda, voltada, sobretudo, à coordenação e ao planejamento das entidades descentralizadas e centralizadas em favor da eficiência estatal.

Nesse sentido, no anteprojeto de nova Lei de Organização Administrativa elaborado em 2009, há propostas de renovação do tratamento do assunto. Entre outras coisas, busca-se diferenciar a *"supervisão por hierarquia"* (existente na relação da Administração Direta com seus órgãos) da *"supervisão por vinculação"* (que se dá na relação da Administração Direta com as entidades que compõem a Indireta). Por oportuno, o anteprojeto ainda registra em dispositivo específico que "o exercício da supervisão por vinculação não pode ensejar a redução ou a supressão da autonomia conferida pela lei específica da entidade supervisionada, ou inerente à sua natureza, nem autoriza a ingerência do supervisor em sua administração e funcionamento, devendo a supervisão ser exercida nos limites da legislação aplicável" (art. 49).

Como a supervisão por vinculação envolve uma relação jurídica entre entidades distintas sustentadas em leis próprias, ou seja, a União (como sujeito ativo supervisor) e uma entidade federal pública ou privada da Administração Indireta (como sujeito passivo supervisionado), a elaboração de mecanismos de supervisão por mero ato infralegal não se harmoniza de modo algum com o princípio da legalidade. Conforme explica Jesse Torres Pereira Júnior, "a tutela administrativa jamais se presume, devendo existir texto legal que a estabeleça, ao mesmo tempo em que assinale, de maneira clara e precisa, os limites exatos da fiscalização tutelar".[1]

Essa consideração é extremamente relevante para se compreender, por exemplo, a discussão que se trava entre o poder ministerial de julgar *"recursos administrativos impróprios"*, ou seja, recursos interpostos por pessoas físicas ou jurídicas contra certa decisão de uma entidade da Administração Indireta, mas encaminhados a julgamento do Ministério supervisor. A não ser que haja previsão legal para tanto, recursos impróprios mostram-se incabíveis.

Apesar disso, a Advocacia Geral da União, no parecer AGU AC-51 aprovado pela Presidência da República como vinculante a toda Administração Federal em 2006, entendeu ser cabível recurso administrativo impróprio contra "as decisões das agências reguladoras referentes às suas atividades administrativas ou que ultrapassem os limites de suas competências materiais definidas em lei ou regulamento, ou, ainda, violem as políticas públicas definidas para o setor regulado pela Administração Direta". O parecer, em complemento, esclareceu ser inaceitável o recurso impróprio contra "decisões das agências reguladoras adotadas finalisticamente no estrito âmbito de suas competências regulatórias previstas em lei e que estejam

---

1. PEREIRA JÚNIOR, Jesse Torres. Supervisão ministerial e entidades vinculadas no moderno direito administrativo brasileiro. *RIL*, v. 13, n. 49, 1976, p. 188.

adequadas às políticas públicas definidas para o setor". A Lei Geral das Agências (Lei n. 13.848/2019) não abordou esse assunto.

6.5 CONTRATO DE DESEMPENHO

Com a Emenda Constitucional da Reforma da Administração Pública (EC n. 19/1998), a Constituição passou a contar com diversos institutos destinados a incrementar a eficiência operacional de entes e órgãos públicos. Não é outra a função do "contrato" inserido no art. 37, § 8º como instrumento de extensão da autonomia gerencial, orçamentária ou financeira de órgãos ou entes supervisionados pela Administração Direta. Esse ajuste reflete movimentos de *"contratualização do poder de tutela/supervisão"* e de *"valorização do controle posterior"* como se demonstrará a seguir.

Antes disso, vale alertar que, por muitos anos, o instrumento trazido pelo art. 37, § 8º da Constituição foi chamado de contrato de gestão. Essa expressão – que nunca apareceu no texto constitucional – foi propagada pela doutrina em razão do art. 51 e 52 da Lei n. 9.649/1998, que trata da organização da Presidência da República e dos Ministérios e prevê a figura das "agências executivas". Isso ocasionou confusões, sobretudo porque a legislação das Organizações Sociais utiliza uma figura contratual com o mesmo nome. Assim, o conceito de contrato de gestão aceitava definições dissonantes a depender do contexto. Com a edição da Lei n. 13.934, de 11 de dezembro de 2019, o problema foi resolvido, pois a lei rebatizou o instituto como "contrato de desempenho" e detalhou seu regime jurídico no âmbito da Administração Pública federal, em qualquer poder e igualmente nas suas autarquias e fundações públicas. O erro do legislador foi apenas não ter revogado expressamente os dispositivos da Lei n. 9.649/1998, que ainda falam de contrato de gestão.

De acordo com a Lei n. 13.934, contrato de desempenho é "acordo celebrado entre órgão ou entidade supervisionada, por meio de seus administradores, para o estabelecimento de metas de desempenho do supervisionado, com os respectivos prazos de execução e indicadores de qualidade, tendo como contrapartida a concessão de flexibilidades ou autonomias especiais" (art. 2º). De um lado, portanto, o órgão ou a entidade sob supervisão compromete-se a atingir metas, definidas na lei como "nível desejado de atividade ou resultado, estipulada de forma mensurável e objetivo para determinado período" e avaliadas de acordo com indicadores de qualidade (art. 2º, § 1º e § 2º). De outro, a entidade ou órgão supervisor compromete-se a oferecer níveis ampliados de autonomia gerencial, orçamentária ou financeira ao supervisionado.

Sob a perspectiva subjetiva, há duas modalidades legais de contrato de desempenho: (i) aquele firmado entre a Administração Direta (de qualquer Poder) e um órgão interno seu, modalidade que se pode batizar teoricamente de *intra-administrativa*, e (ii) o firmado entre a Administração Direta e uma entidade da Administração Indireta sujeita a seu poder de supervisão, modalidade *interadministrativa*. Observe-se que a lei não prevê modalidade específica para ser celebrada entre órgãos internos de entes da Administração Indireta, mas, a meu ver, como meio de autovinculação administrativa, isso se mostra perfeitamente aceitável com base no princípio constitucional da eficiência.

A primeira modalidade legal apontada (*intra-administrativa*) se pratica dentro de uma única entidade estatal. Veja-se o exemplo do contrato de desempenho celebrado por determinada Secretaria com um Departamento dentro do mesmo Ministério. Outros exemplos podem ser imaginados entre órgãos componentes do Judiciário e do Legislativo da União. Nessas e noutras situações, não há propriamente contrato, porque apenas uma pessoa jurídica se envolve na relação. A União contrata com ela mesma, ou melhor, seus órgãos firmam um mero acordo administrativo interno[2] que serve para fins de autovinculação e autolimitação. Conflitos relativos à inexecução desse tipo de contrato somente poderão ser resolvidos internamente.

Na segunda modalidade legal, o contrato de desempenho tem feição *"interadministrativa"* por abranger duas entidades, ou seja, duas pessoas jurídicas estatais. Exemplo disso seria o contrato celebrado pelo Ministério da Justiça com o CADE, autarquia a ele vinculada, ou pelo Ministério da Educação com a Universidade de Brasília ou qualquer outra universidade federal em forma de autarquia ou fundação pública. Aqui se encontra um verdadeiro contrato, já que há dissociação subjetiva, presença de partes contratuais, com vontades próprias, interesses contrapostos e personalidade jurídicas. Com sua celebração e o cumprimento de alguns outros requisitos da Lei n. 9.649/1998, a entidade supervisionada (autarquia ou fundação pública) passará a ser denominada agência executiva.

A despeito da modalidade, o contrato trará necessariamente metas de desempenho para o órgão ou entidade supervisionados pela Administração Direta. Como compensação pelo cumprimento das metas, eles se beneficiarão da ampliação de sua autonomia gerencial, orçamentária ou financeira. A definição de como isso ocorrerá será dada por lei de cada ente federativo. De fato, apesar de o Congresso deter competência privativa para editar normas gerais sobre qualquer forma de contratação (art. 22, XXVII da CF), o contrato previsto no art. 37, § 8º diz respeito à organização administrativa, não devendo o Congresso editar lei nacional sobre o tema. E foi exatamente assim que se entendeu. A Lei n. 13.934/2019 se aplica apenas à União, de modo que Estados e Municípios deverão regulamentar por lei a duração do contrato, os controles e os critérios de avaliação de desempenho, direitos, obrigações e responsabilidade dos dirigentes, bem como sobre a remuneração de pessoal (conforme manda o art. 37, § 8º, I a III, da CF).

Na União especificamente, esses aspectos foram assim tratados:

---

2. Criticamente sobre o contrato dada a falta de personalidade de órgãos públicos, cf. BANDEIRA DE MELLO, Celso Antônio. *Curso de direito administrativo*, 28ª ed. São Paulo: Malheiros, 2011, p. 234.

- *Competências de negociação e celebração*: os Chefes de cada um dos três Poderes da União, por ato normativo próprio, definirão os órgãos e as entidades supervisores que analisarão, aprovarão e assinarão os contratos (art. 4°).

- *Objetivos:* o contrato somente poderá ser celebrado para promover a melhoria do desempenho do supervisionado. Qualquer obrigação que venha a torná-lo mais ineficiente será incompatível com essa regra. A lei federal apresenta uma lista exemplificativa de como a eficiência será buscada, apontando o aperfeiçoamento de mecanismos de controle de resultados, a facilitação do controle social, o estabelecimento de indicadores objetivos de avaliação de metas etc. (art. 5°).

- *Autonomias:* entre outras autonomias e flexibilidades especiais, o contrato de gestão poderá permitir ao supervisionado a definição de estrutura regimental, sem aumento de despesas, e mais autonomia administrativa, por exemplo, para celebração de contratos (art. 6°).

- *Duração:* o prazo de vigência será superior a 1 ano e inferior a 5, permitindo-se prorrogação, revisão, renovação, suspensão e rescisão (art. 7°).

- *Obrigações do supervisionado* consistem basicamente em atingir as metas, publicar o extrato do contrato em órgão oficial como condição de sua eficácia, promover a ampla e integral divulgação do contrato em meio eletrônico (art. 8°).

- *Obrigações do supervisor* consistem em conferir as autonomias pactuadas, estruturar procedimentos internos de gerenciamento dos contratos, avaliar seus resultados e dar orientação técnica ao supervisionada na prestação de contas (art. 9°).

- *Descumprimento:* o não atingimento das metas intermediárias dará ensejo à suspensão motivada do contrato e da fruição das flexibilidades e autonomias especiais até a recuperação do desempenho ou repactuação da meta (art. 10). Nas hipóteses de insuficiência injustificada de desempenho ou descumprimento reiterado das cláusulas, o contrato poderá ser rescindido consensualmente ou unilateralmente por ato do supervisor (art. 11). Extrai-se dessas regras legais que o descumprimento ensejará sempre um processo administrativo para diálogo e avaliação do desfecho mais adequado ao caso concreto.

6.6 BIBLIOGRAFIA PARA APROFUNDAMENTO

DI PIETRO, Maria Sylvia Zanella e MOTTA, Fabrício Macedo. *Tratado de direito administrativo*, v. 2: Administração Pública e servidores públicos. São Paulo: RT, 2014.

DI PIETRO, Maria Sylvia Zanella. Contratos de gestão. Contratualização do controle administrativo sobre a administração pública e sobre as organizações sociais. *Revista da PGE/SP*, v. 2, 1996.

MARRARA, Thiago. As competências do Presidente da República: breves anotações ao art. 84 da Constituição da República. In: VIANNA, Olavo A. V. Alves (coord.). *Constituição federal*: 30 anos. Ribeirão Preto: Migalhas, 2018.

MARRARA, Thiago. A legalidade na relação entre Ministérios e agências reguladoras. *Revista da Faculdade de Direito da USP*, v. 99, 2004.

MARRARA, Thiago. Comentários aos art. 76 a 83 da Constituição. In: MORAES, Alexandre de *et al.* (coord.). *Constituição federal comentada*. Rio de Janeiro: Forense, 2018.

OLIVEIRA, Gustavo Justino de. *Contrato de gestão*. São Paulo: RT, 2008.

PEREIRA JÚNIOR, Jesse Torres. Supervisão ministerial e entidades vinculadas no moderno direito administrativo brasileiro. *RIL*, v. 13, n. 49, 1976.

7
ADMINISTRAÇÃO INDIRETA

7.1 ADMINISTRAÇÃO INDIRETA E PRINCÍPIO DA ESPECIALIDADE

A Administração Indireta abarca o conjunto de entidades estatais, dotadas de personalidade jurídica própria, de direito público ou privado, e instituídas pela União, pelos Estados, pelo Distrito Federal ou pelos Municípios. De acordo com suas próprias estratégias político-organizacionais, cada nível federativo escolhe se deseja executar tarefas pela Administração Direta ou se prefere transferi-las às entidades que formam a Administração Indireta. Em teoria, por serem especializadas, essas entidades tendem a se tornar mais eficientes e, por deterem personalidade jurídica, tendem a agir com maior autonomia em relação aos humores dos agentes políticos.

A Administração Indireta, em cada esfera da federação, resulta da utilização de técnicas de *descentralização funcional ou territorial* por cada ente federativo. Dentro de sua autonomia organizacional, União, Estados, Distrito Federal e Municípios definem a quantidade, a natureza jurídica e as funções de suas entidades descentralizadas. Nesse campo, cada nível político age de modo discricionário a partir de sua autonomia federativa, não cabendo impor a aplicação de qualquer tipo de paralelismo da estrutura organizacional da União a Estados e Municípios. A Constituição exige somente que o estabelecimento das entidades ocorra por meio de lei em sentido formal ou após autorização legal do respectivo Poder Legislativo (art. 37, XIX e XX da CF).

Se a entidade da Administração Indireta assumir personalidade jurídica de direito público interno (como as autarquias), deverá ser *"criada por lei"*; caso detenha personalidade de direito privado (como as empresas estatais), dependerá apenas de *"lei que autorize"* sua criação e do cumprimento dos requisitos da legislação civil ou comercial.

Em qualquer situação, ou seja, a despeito da natureza pública ou privada da entidade, exige-se a edição de lei em sentido formal para criar ou autorizar a criação de entidades da Administração Indireta ("reserva legal"). No âmbito da União, essas leis são leis debatidas e aprovadas pelo Congresso Nacional, mas apresentadas pelo Poder Executivo ("reserva de iniciativa"). Nos Estados e Municípios, por paralelismo, o Executivo goza de reserva de iniciativa e a criação depende do respeito à reserva legal.

A necessidade de observar tanto a reserva de iniciativa, quanto a reserva legal é compreensível. A reserva de iniciativa visa a garantir o equilíbrio entre os poderes, impedindo que o Legislativo interfira indevidamente na organização do Executivo, por exemplo, mediante a instituição de agências reguladoras, universidades públicas, empresas estatais ou outros entes indesejados pelo Executivo. A seu turno, a reserva legal legitima a nova entidade, já que a lei incorpora a vontade do povo, ou seja, indica que a coletividade considera oportuno, a partir de uma proposta do Poder Executivo, instituir e custear uma nova entidade estatal da Administração Indireta. A lei também define as finalidades e tarefas de cada entidade, estipulando seu regime jurídico e guiando a atuação de seus administradores públicos.

Sob essas circunstâncias, representam violações à legalidade administrativa:

(i) A criação de entidade da Administração Indireta por lei não proposta pelo Poder Executivo;

(ii) A criação de entidade da Administração Indireta por atos normativos, como resoluções ou decretos;

(iii) O direcionamento da entidade estatal, pelo administrador público, a fins não previstos, explícita ou implicitamente, no ordenamento jurídico, ou melhor, na lei de criação.

As entidades da Administração Indireta são regidas pelo *"princípio da especialidade"*, *i.e.*, pela obrigatoriedade de respeito às finalidades indicadas em lei. Um exemplo permite esclarecer a relevância desse princípio. Imagine-se que um Município crie uma empresa estatal, cujo objetivo legal consista na prestação local de serviços de coleta e gestão de resíduos sólidos. Após alguns anos de sua criação, com vistas a aumentar receitas financeiras, seus administradores decidem prestar serviços de saneamento para outros Municípios e no exterior, além de ingressar no setor de telefonia. Por força do princípio da especialidade (derivado da legalidade), a ampliação da atuação será ilícita. A modificação de escopo da empresa estatal será possível somente se os representantes políticos da população local na Câmara dos Vereadores aprovarem lei proposta pelo Prefeito para modificar os fins da entidade e seus limites territoriais de ação.

7.2 ENTIDADES COMPONENTES DA ADMINISTRAÇÃO INDIRETA

A Administração Indireta brasileira engloba pessoas jurídicas estatais, de direito público interno e de direito privado, especializadas em determinadas funções atribuídas pelo legislador e supervisionadas pela Administração Direta. Apesar da definição teórica relativamente simples, seu estudo é bastante complexo em razão: (i) da falta de um regime jurídico claro e bem delimitado; (ii) do uso indevido das figuras pelo legislador – que frequentemente atribui atividades tipicamente públicas a entidades estatais com personalidade privada e atividades tipicamente privadas nas mãos de entidades com personalidade pública –; e (iii) do constante anseio de muitos dirigentes dessas entidades de utilizar os poderes típicos do regime administrativo ao mesmo tempo em que buscam se livrar das limitações impostas por esse mesmo regime. Soma-se a isso um cenário de normas altamente pulverizadas, ora presentes nas fontes constitucionais, ora em leis de direito público e, até mesmo, em diplomas privados, como o Código Civil.

Apesar das dificuldades e dos desafios, todas as pessoas jurídicas da Administração Indireta podem ser enquadradas em quatro grandes categorias. Embora a Constituição se refira somente a autarquias, empresas e fundações estatais no art. 37, XIX, é preciso agregar a esse rol as associações estatais, que se apresentam ora como consórcios também baseados no texto constitucional (art. 241), ora como Associações de Representação de Municípios. O Código Civil rotula as associações públicas como espécies de autarquias (art. 41, IV). No entanto, a legislação específica prevê que os consórcios poderão assumir alternativamente a forma de associação estatal privada, caso em que não se incluirão no conceito de autarquia. Além disso, as Associações de Representação de Municípios também são associações estatais, porém com personalidade privada. Por essa razão, há que se ler com cautela o art. 41, IV do Código Civil para evitar generalização indevida. Nem todas as figuras associativas da Administração Indireta são públicas ou igualam-se às autarquias. Por isso, entendo melhor tratar as formas associativas estatais como categoria própria dentro da Administração Indireta.

Quanto à natureza jurídica, não há um padrão na Administração Indireta. As autarquias são sempre pessoas jurídicas de direito público interno *"criadas"* por lei (art. 37, XIX da CF). As associações estatais (derivadas do contrato de consórcio público ou como Associações de Representação de Municípios) são de direito público interno ou de direito privado (art. 1º, § 1º da Lei 11.107/2005). Já as fundações detêm, a princípio, natureza privada por força do Código Civil (art. 44, III), mas, na prática, o Estado institui várias delas com estrutura e regime autárquicos, ou seja, como pessoas de direito público interno idênticas a autarquias (daí serem usualmente chamadas de fundações autárquicas ou fundações de direito público). Por fim, as empresas estatais configuram sociedades *"autorizadas"* por lei com obrigatória personalidade de direito privado (art. 44, II do CC).

Administração Indireta	Personalidade de direito público	Personalidade de direito privado
Autarquias	Obrigatória	Proibida
Associações estatais	Possível	Possível
Fundações estatais	Possível	Possível
Empresas estatais	Proibida	Obrigatória

Fonte: elaboração própria

As quatro grandes categoriais jurídicas de entidades que formam a Administração Indireta não são exaustivas. O ordenamento não impede que o Estado, ao criar tais entidades, inove e institua pessoa jurídica com formato destoante dos mencionados. O Código Civil estabelece de modo explícito que a lei poderá criar outras entidades de caráter público (art. 41, V). Com isso, deixa claro que o formato e o regime públicos absorvem certa flexibilidade. Imprescindível é apenas que a criação do ente estatal público ocorra por lei de iniciativa do Chefe do Executivo (por paralelismo ao que a Constituição determina para as autarquias).

No campo privado, porém, inexiste esta mesma flexibilidade. Ao instituir entidades com personalidade de direito privado, caberá ao Estado se valer apenas de alguns dos formatos indicados de forma exaustiva no Código Civil, a saber: de sociedades, fundações e associações. É verdade que os partidos políticos e as organizações religiosas também configuram espécies de pessoas jurídicas de direito privado, mas ao Estado é incabível criá-las quer pela laicidade que o guia, quer por força dos princípios da impessoalidade e da moralidade.

7.3 AUTARQUIAS

As autarquias configuram pessoas jurídicas estatais de direito público interno criadas por lei específica e regidas de modo predominante pelo direito administrativo, com todas as suas prerrogativas e sujeições típicas. Em que pese a Constituição não estabelecer qualquer limitação, por sua natureza e regime altamente públicos, é natural que as autarquias assumam serviços públicos (como educação e saúde), atividades de polícia administrativa, regulação, fomento e muitas funções administrativas operacionais (como serviços de informática, gestão de bens públicos, arquivamento de documentos ou treinamento de servidores públicos). Nesse sentido, universidades públicas, agências reguladoras, entidades de polícia de trânsito são, geralmente, autarquias.

Na definição do Decreto-Lei n. 200/1967 (art. 5º, I), apresenta-se a autarquia como "serviço autônomo", com patrimônio e receita próprios, "para executar atividades típicas da Administração Pública que requeiram, para seu melhor funcionamento, gestão administrativa e financeira descentralizada". Essa definição contém algumas imperfeiçoes e requer advertências.

Em primeiro lugar, "serviço autônomo" não se identifica com serviço público. Autarquias podem assumir tanto esse tipo de serviço (como fazem as universidades - USP, UFRJ, UFSC, UFBA etc.), quanto atividades restritivas (a exemplo do Banco Central, da Anatel, do CADE, da CVM e do Iphan), de fomento (caso do IPEA e da ANCINE) ou tarefas administrativas operacionais (a exemplo do Inmetro e do DNIT).

Em segundo lugar, a expressão legal "atividade típica" não significa tarefa monopolizada pelo Estado. Autarquias podem desempenhar atividades em paralelo e em concorrência com agentes econômicos, tal como se vislumbra no campo da educação, da saúde, da cultura, da pesquisa e do esporte.

Em terceiro lugar, é preciso ter em mente que a imperfeita definição consagrada do Decreto-Lei é meramente federal, apesar de ter influenciado Estados e Municípios em suas legislações organizacionais. Os entes federativos subnacionais podem, destarte, estabelecer definições próprias em suas Constituições Estaduais, Leis Orgânicas ou outras leis que tratem de aspectos de organização administrativa.

Em virtude de sua natureza pública e de se destinarem a exercer funções estatais típicas, as autarquias se submetem a intenso regime de direito público, estabelecido em normas da própria Constituição e de leis diversas. Apesar da dificuldade de sistematizá-lo por completo, esse regime jurídico se reflete, por exemplo:

i. Na natureza pública de seus bens (art. 98 do CC), em geral, bens de uso especial, afetados à concretização de finalidades institucionais e dos usos primários que delas decorrem. As autarquias também podem ter bens dominicais em seu patrimônio, ou seja, bens públicos não afetados, como os meramente destinados à geração de receitas originárias por exploração econômica. Com ou sem afetação, todos esses bens públicos são beneficiados pela impenhorabilidade e pela imprescritibilidade. Os bens de uso especial, particularmente, ainda se caracterizam pela inalienabilidade;

ii. Na aplicação do regime de precatório para pagamento de suas dívidas judiciais (art. 100 da CF), o que explica a impossibilidade de penhora judicial de seus bens;

iii. Na sujeição às regras de responsabilidade civil objetiva em relações extracontratuais (art. 37, § 6º da CF) e de prescrição quinquenal de dívidas (Decreto-Lei n. 4.597/1942);

iv. Na forte dependência de recursos tributários, quer transferidos pela Administração Direta, quer arrecadados diretamente, como as taxas de polícia ou de serviços públicos;

v. No regime público de seu pessoal, inclusive com obrigatoriedade de respeito ao regime jurídico único (art. 39, *caput* da CF por força da ADI n. 2.135-4) e às demais normas gerais do direito público (teto, vedação de acumulação etc.);

vi. Na plena vinculação à legislação licitatória e de contratos administrativos (art. 22, XXVII da CF);

vii. Na imunidade tributária em relação a impostos (excluídas as taxas e contribuições), "no que se refere ao patrimônio, à renda e aos serviços, vinculados a suas finalidades essenciais ou às delas decorrentes" (art. 150, § 2º da CF);

viii. Na impossibilidade de falência (art. 1º da Lei n. 11.101/2005 por interpretação negativa); e

ix. Na criação e extinção por lei da esfera política em que se inserem (por força de reserva legal prevista no art. 37, XIX e art. 61, § 1º, II da CF).

Os elementos apontados mostram que as autarquias se submetem a regime marcado por inúmeras prerrogativas e sujeições típicas de direito público. Esse regime básico se estende a autarquias federais, estaduais e municipais, pois decorre tanto da Constituição da República quanto de leis de aplicabilidade nacional. Além disso, referido regime torna as autarquias naturalmente inconvenientes para o desempenho de atividades de intervenção direta do Estado na economia, ou seja, para atividades puras de mercado, em setores monopolizados ou abertos à concorrência. Nesses campos, adequada é a instituição de empresas estatais, dado seu regime híbrido, marcado por mais flexibilidade de gestão. Nesse sentido, o Estatuto das Empresas Estatais, de 2016, passou a determinar expressamente nesse sentido que "a exploração de atividade econômica pelo Estado será exercida por meio de empresa pública, sociedade de economia mista e suas subsidiárias" (art. 2º, *caput*, da Lei n. 13.303). Esse dispositivo não deve ser lido como uma proibição absoluta de qualquer atividade econômica pelas autarquias, mas sim como a proibição de que elas tenham essas atividades como função primária. Suas atividades econômicas, se e quando existentes, deverão ser harmônicas às suas funções institucionais e exercidas como atividade secundária.

7.4 AGÊNCIAS REGULADORAS E AGÊNCIAS EXECUTIVAS

A palavra *"agência"* reflete um anglicismo. Pela definição constante da *"American Administrative Procedure Act"*, a Lei de Processo Administrativo federal dos Estados Unidos, "agency" designa qualquer autoridade do governo, excluindo-se as cortes, o Congresso e os governos de territórios ou do Distrito de Columbia.

No Brasil, porém, o significado de agência é bem mais restrito. Agência nada mais é que um rótulo atribuído a órgãos ou entidades que desempenham certas funções ou apresentam algumas características estruturais. A expressão "agência reguladora" geralmente é uma autarquia com função de regulação, mas pode, alternativamente, assumir natureza de fundação ou consórcio. Já a expressão "agência executiva" designa órgãos ou entidades com autonomia operacional reforçada por força de ajustes administrativos celebrados no âmbito da União. É possível, inclusive, que uma entidade federal receba, ao mesmo tempo, os qualificativos de agência reguladora e executiva, como se demonstrará a seguir.

A expressão "agência reguladora" passou a ser largamente empregada na Administração nacional a partir da década de 1990 e, como dito, em sentido limitado. Nesse período, pretendeu-se operar, no âmbito da União, uma forte transição do modelo de Estado e de Administração Pública, partindo-se da burocracia para o gerencialismo. Com isso, foram desestatizados muitos serviços e privatizadas empresas estatais, ao mesmo tempo em que se multiplicou o número de autarquias rotuladas como "agências reguladoras", símbolos do movimento de "regulação" por meio de "agencificação".

Em termos objetivos, "agência reguladora" é conceito que se destina a: (i) apontar uma pessoa jurídica de direito público interno, geralmente uma autarquia ou, eventualmente, um consórcio interfederativo; (ii) com função específica de regulação de bens, serviços públicos ou atividades econômicas, monopolizadas ou em regime concorrencial[1] e (iii) cuja estrutura organizacional e regime jurídico buscam torná-la altamente tecnicizada e "autônoma", ou seja, menos sujeita à captura por agentes políticos e econômicos. É por esse regime jurídico de "autonomia" ou "blindagem anticaptura" que as agências reguladoras (assim como as universidades públicas) são consideradas espécies de autarquia de regime especial.

No âmbito da União, esse grupo de "autarquias especiais" com função regulatória engloba a ANEEL (energia), a ANP (petróleo), a ANATEL (telecomunicações), a ANA (águas), ANTT (transporte terrestre), ANTAQ (transporte aquaviário), ANS (saúde suplementar), ANVISA (vigilância sanitária), ANAC (aviação civil), a ANM (mineração), a Ancine (cinema) etc. Isso mostra que o modelo federal de agências é altamente setorializado, fragmentado e tecnicizado. Para solucionar os problemas que disso derivam, além das leis próprias que as criam e regem, toda agência federal deve observar os preceitos da Lei Geral de Agências de 2019 (Lei n. 13.848), que disciplina fundamentalmente a organização, o processo decisório e o controle social. Já a Lei n. 9.986/2000 trata especificamente da gestão dos recursos humanos das agências federais.

No âmbito dos Estados e Municípios, também há autarquias de regime especial que operam como agências reguladoras, mas não se vislumbra o mesmo nível de setorialização que se enxerga na União. Muitos entes subnacionais preferiram criar agências híbridas ou intersetoriais. Em alguns casos, uma única agência regula todos os serviços públicos locais, por exemplo. De um lado, essa concentração evita os problemas de coordenação e articulação típicos do modelo fragmentado federal, mas, de outro, pode colocar em risco a necessária tecnicidade da atuação regulatória e sua efetividade.

É oportuno registrar que inúmeros Municípios brasileiros, sobretudo os de menor porte, frequentemente descartam a figura da autarquia ao criar agências reguladoras, preferindo utilizar os consórcios interfederativos. Essa opção se justifica pelo fato de que os consórcios facilitam a união de esforços, o compartilhamento de recursos financeiros e humanos, a redução de custos, a neutralidade política, os ganhos de aprendizado, entre outras vantagens em relação à tradicional autarquia.

Independentemente do modelo mais ou menos especializado, sob o ponto de vista material ou funcional, as agências geralmente operam em três campos distintos.

---

1. Não cabe por ora aprofundar o conceito de regulação estatal. Por se tratar de uma dentre tantas funções administrativas, esse tema será examinado em detalhes no volume 2 deste manual.

Algumas delas regulam o uso de bens públicos, como minérios, portos e aeroportos; outras regulam atividades econômicas em sentido estrito, como o mercado de planos de saúde e de telefonia móvel; e há agências que regulam serviços públicos econômicos (como energia, telefonia fixa e saneamento básico) ou sociais (cultura, saúde e educação). Em outras palavras, elas desenvolvem suas ações em relação a atividades e bens, estatais ou não, monopolizados ou não.

Como já adiantado, as agências reguladoras são usualmente apontadas como "autoridades independentes" ou "agências autônomas" em muitos países e por parte da doutrina brasileira. Contudo, autonomia e independência são termos técnicos de direito público que não devem ser empregados de qualquer forma pelos juristas. Em sentido jurídico, "independente" é apenas o Estado soberano na ordem internacional e "autônomos" são os níveis da federação dentro do Estado. Por isso, apesar de estas autarquias frequentemente se sujeitarem a menor influência da Administração Direta e do Legislativo, em nenhum caso elas se desprendem por completo da estrutura estatal. O poder de supervisão ou tutela que a Administração Direta sobre elas exerce e o poder de controle que o Legislativo e o Judiciário detêm se ancoram todos na Constituição da República e são inevitáveis. Por conseguinte, não é possível que lei ordinária confira a essas autarquias verdadeira "independência" no sentido técnico-jurídico do termo.

Sem prejuízo, como o texto constitucional prescinde da indicação do conteúdo exato do poder de supervisão, abre-se o caminho para que o legislador confira formatações variadas a esse poder ao instituir autarquias especiais, como as agências reguladoras. Isso não significa, reitere-se, que o legislador possa ignorar ou suprimir o poder de supervisão, a não ser que norma igualmente constitucional abra a exceção – situação que inexiste no Brasil, inclusive no tocante a autarquias previstas de forma explícita na Constituição (ANATEL, art. 21, XI e ANP, art. 177, § 2º, III da CF).

Dentro dos referidos limites constitucionais, o legislador deverá organizar as agências reguladoras de sorte a reduzir os riscos de captura, ou seja, de sujeição a influências políticas externas no intuito de ampliar sua blindagem a humores políticos e de incrementar seu funcionamento à luz de critérios puramente técnicos. A lei deve garantir sua tecnicidade e o máximo de neutralidade no seu funcionamento para que a agência seja capaz de colocar em prática a política pública que a guia, afastando-se dos interesses oportunísticos de um ou outro agente político ou econômico.

Na Constituição, inexiste, contudo, uma norma geral que defina as características que conformam a autonomia relativa das agências. Para superar essa lacuna no âmbito federal, a Lei n. 13.848 (art. 3º, *caput*) estipula que a autonomia regulatória é caracterizada "pela ausência de tutela ou de subordinação hierárquica, pela autonomia funcional, decisória, administrativa e financeira e pela investidura a termo de seus dirigentes e estabilidade durante os mandatos...".

A partir do exame desse mandamento geral e das várias leis especiais existentes, é possível sustentar que a autonomia se caracteriza por fatores de ordem processual, material e funcional que consistem basicamente em:

i. *"Direção especializada"*, pois os dirigentes das agências são, em geral, escolhidos dentre expertos notórios no setor regulado, capazes de guiar a entidade em direção às escolhas mais adequadas do ponto de vista técnico e não puramente político. Apesar disso, não há neutralidade integral, já que os dirigentes são escolhidos por agentes políticos. No âmbito federal, cabe ao Presidente da República a indicação do dirigente e ao Senado Federal, sua sabatina, respeitando os requisitos de especialidade previstos em cada lei setorial;

ii. *"Estabilidade de direção"* em razão do mandato fixo dos dirigentes. O chefe do Executivo, conquanto possa indicá-los, em geral não detém poder para afastá-los do cargo durante o período de exercício do mandato determinado em lei. Essa vedação reduz de maneira significativa a influência política da Administração Direta sobre a agência e confere maior autonomia decisória, favorecendo a tecnicidade e repelindo decisões governamentais oportunistas. Especificamente em relação à nomeação e à destituição de dirigentes pela Administração Direta antes do término do mandato já se manifestou o STF. Na ADI n. 1949/RS, o Tribunal reconheceu a constitucionalidade de norma que impõe a prévia aprovação, pelo Legislativo, da indicação de dirigente pelo Executivo. Entretanto, por ofensa ao princípio da separação de Poderes (art. 2º da CF), o Plenário julgou parcialmente procedente a ADI para declarar a inconstitucionalidade de dispositivo de lei gaúcha, segundo o qual se permitia "a destituição, no curso do mandato, de dirigentes da Agência Estadual de Regulação dos Serviços Públicos Delegados do Rio do Sul – AGERGS por decisão exclusiva da assembleia legislativa". No entendimento do Supremo, o legislador infraconstitucional não poderia alterar "os campos de interseção entre os Poderes estatais constituídos, sem autorização constitucional, como no caso em que extirpa a possibilidade de qualquer participação do governador na destituição de dirigente de agência reguladora e transfere de maneira ilegítima a totalidade da atribuição ao Poder Legislativo (...)". Ainda, declarou a incompatibilidade da demissão *"ad nutum"* com o regime de entidade reguladora e, na falta de norma estadual, valeu-se de analogia à Lei federal n. 9.986/2000, no intuito de esclarecer que os casos de destituição de dirigente no curso do mandato deverá ocorrer por "a) renúncia; b) condenação judicial transitada em julgado ou c) processo administrativo disciplinar, sem prejuízo da superveniência de outras possibilidades legais, desde que observada a necessidade de motivação e de processo formal, *sem espaço para discricionariedade pelo Chefe do Executivo"* (Informativo STF n. 759, de 2014);

iii. *"Colegialidade"*, pois as decisões das agências são tomadas pela maioria de seus dirigentes em órgãos colegiados, cujas reuniões serão públicas e gravadas em meio eletrônico. No âmbito da União, esses órgãos, denominados "Conselho Diretor" ou "Diretoria Colegiada", devem ter até 4 membros e um Presidente com mandados não coincidentes (art. 4º da Lei n. 9.986/2000). A colegialidade não impede que as agências utilizem mecanismos de delegação de poder decisório internamente para atuarem com mais eficiência. Ao fazê-lo, deverão naturalmente respeitar as vedações da legislação de processo administrativo;

iv. *"Tecnicidade"*, já que, além de dirigida e composta por especialistas no setor regulado, as agências devem orientar-se por uma política pública específica e por planos internos vinculados a ela. No âmbito da União, de um lado, o plano estratégico, quadrienal, preverá seus objetivos, metas e resultados esperados no plano de gestão, regulação, fiscalização e normatização (art. 17 da Lei n. 13.848/2019). Já o plano de gestão anual, alinhado ao estratégico, traçará ações, resultados e metas de curto prazo, além de incluir a *agenda regulatória* e prever estimativas financeiras (art. 19). A agenda regulatória, em particular, destina-se a planejar as atividades normativas para temas prioritários que necessitam ser regulamentados durante a vigência do plano de gestão (art. 21);

v. *"Restrição ao controle decisório"*, por exemplo, em virtude de normas legais que reconhecem explicitamente a decisão da agência como final na esfera administrativa, de sorte a impedir recursos administrativos impróprios ao Ministério ou à Secretaria de supervisão. Apesar disso, na União, a Lei Geral das Agências exige elevado grau de transparência e controle social ao prever, por exemplo, avalições de impacto regulatório e obrigatoriedade de consulta pública antes da deliberação sobre as "minutas e as propostas de alteração de atos normativos de interesse geral dos agentes econômicos, consumidores ou usuários dos serviços prestados" (art. 9º, *caput*, da Lei n. 13.848/2019). Além disso, a lei exige a criação de ouvidorias (art. 22) e planejamento intenso em benefício da previsibilidade. A restrição ao controle decisório não deve ser compreendida com insulamento total do regulador. É preciso que as agências federais se articulem com outras, bem como com órgãos de defesa da concorrência e de proteção ambiental (art. 25 e seguintes). Esse dever de articulação não afasta a autonomia decisória, mas gera deveres de cooperação técnica (mediante oferta de pareceres, por exemplo) e de comunicação (*e.g.* de indícios de infração para apuração por outro ente), além das faculdades de editar atos normativos conjuntos, firmar convênios e instituir comitês para intercâmbio de experiências e dados;

vi. *"Maior autonomia financeira"*, por exemplo, mediante normas que garantem às agências recursos provenientes de fontes adicionais não controladas diretamente pela Administração Direta, como recursos de multas. No plano federal, a Lei Geral de Agências (Lei n. 13.848/2019) tratou amplamente desse tema ao prever regras sobre controle externo e relatório anual de atividades. Basicamente, segundo suas disposições, este relatório destacará o cumprimento da política do setor e dos planos estratégicos e do plano de gestão anual.

Apesar da edição da Lei Geral das Agências Federais (Lei n. 13.848/2019), as características que garantem a "autonomia" ainda variam parcialmente de uma entidade para outra e, principalmente, conforme as esferas federativas, dado que não estão consagradas na Constituição e podem sofrer alterações por leis especiais. Ademais, Estados e Municípios têm autonomia organizacional para criar suas regras próprias sobre as agências e sua forma de atuação, o que torna o sistema ainda mais complexo e frequentemente suscita iniciativas de padronização regulatória nacional – de duvidosa constitucionalidade, vale dizer.

É importante ter em mente que, além das assimetrias, a real autonomia de qualquer agência depende não somente de mecanismos que reduzam sua sujeição a humores e influências políticas da Administração Direta e do Legislativo. É imprescindível protegê-las contra o excesso de judicialização e contra a captura dos reguladores pelos agentes regulados.[2] Para tanto, o direito positivo oferece algumas técnicas úteis, como o impedimento dos dirigentes de agência para agir em certos processos e a quarentena de seis meses prevista na legislação federal. Essa regra impede que ex-dirigentes passem a atuar no mercado logo após deixarem o cargo na agência (art. 8º da Lei n. 9.986/2000).

Em termos de organização administrativa, esses esclarecimentos sobre as agências não poderiam prescindir de três advertências finais. Em primeiro lugar, elas não são a única modalidade de autarquia especial existente no direito brasileiro. Como dito, as universidades públicas também ingressam em regime autárquico especial em virtude da autonomia reforçada que a Constituição lhes assegura de modo expresso (art. 207). Contudo, elas prestam serviço público social, enquanto as agências se concentram em atividades de regulação. O Ministério Público, parte do Poder Executivo, goza igualmente de autonomia garantida constitucionalmente (art. 127, § 2º) mesmo sem ser autarquia.

Em segundo lugar, sob a perspectiva funcional, a atividade de regulação é partilhada com outras entidades públicas não necessariamente inseridas em regime especial, nem rotuladas explicitamente por suas leis de criação como "agências reguladoras". Veja, por ilustração, que o Banco Central (Bacen), o Conselho Administrativo de Defesa Econômica (CADE) e a Comissão de Valores Mobiliários (CVM) detêm poderes regulatórios, mas formalmente não ostentam o rótulo de "agência

---

2. Para uma visão global e aprofundada do assunto, cf., por todos, a excelente pesquisa de SILVA, Leonardo Oliveira da. *Autonomia regulatória*. Rio de Janeiro: Lúmen Juris, 2019, p. 73 e seguintes.

reguladora". Melhor dizendo: a lei não batiza tais entidades como agências, mas em termos funcionais elas são.

Em terceiro lugar, agência reguladora não se confunde com *"agência executiva"*. No âmbito da União, esta expressão designa autarquia ou fundação que celebra com a Administração Direta responsável por sua supervisão o contrato previsto na Constituição (art. 37, § 8°) e "apresente plano estratégico de reestruturação e de desenvolvimento institucional, voltado para a melhoria da qualidade da gestão e para a redução de custos, já concluído ou em andamento", os quais "definirão diretrizes, políticas e medidas voltadas para a racionalização de estruturas e do quadro de servidores, a revisão dos processos de trabalho, o desenvolvimento dos recursos humanos e o fortalecimento da identidade institucional da Agência Executiva" (Lei n. 9.649/1998, art. 51 e 52). Isso significa que, no nível federal, uma autarquia reconhecida como agência reguladora poderá simultaneamente receber o status de agência executiva ao cumprir os requisitos legais apontados e celebrar contrato de desempenho (antes chamado de contrato de gestão). Essa regra vale para fundações estatais federais. Já no âmbito dos Estados e Municípios, o conceito de agência executiva, para ser utilizado, depende da previsão e disciplina em legislação própria.

7.5 ENTIDADES ASSOCIATIVAS

A atuação isolada da União, dos Estados e, principalmente, dos Municípios mostra-se insuficiente para viabilizar o desempenho de muitas tarefas que o ordenamento jurídico lhes atribui. Há duas razões que explicam essa dificuldade.

De um lado, a realidade, os recursos ambientais e os problemas humanos não respeitam fronteiras jurídicas, políticas ou territoriais. Por isso, o sucesso na elaboração e na execução de políticas públicas nos campos da saúde, do ambiente, da urbanização, da construção e exploração de redes de infraestruturas, da proteção do patrimônio histórico e em várias outras áreas depende de cooperação intensa entre as entidades da Administração Pública pertencentes aos três níveis políticos.

De outro, por vezes, a cooperação não resulta propriamente da necessidade de resolver problemas comuns, interligados ou interdependentes que atingem dois ou mais entes políticos, senão de um imperativo de racionalidade econômica ou administrativa. Muitos entes, sobretudo os municipais, não dispõem de recursos humanos, físicos ou financeiros suficientes para executar de maneira satisfatória suas competências mais elementares. Para contornar a escassez de recursos de todas as espécies, a cooperação com outros entes políticos desponta não como uma alternativa, mas como necessidade. Na realidade brasileira, sem unir recursos e equipes, decerto milhares de Municípios jamais lograriam instituir agências de regulação, construir e operar hospitais complexos ou oferecer serviços de educação superior à sua população. Aliás, mesmo tarefas básicas, como elaborar planos de políticas públicas, realizar licitações ou celebrar contratos, ficariam inviabilizadas.

Atenta à grandiosidade e à complexidade de certas tarefas públicas e às dificuldades econômicas e administrativas narradas, a Constituição da República prevê estratégias relevantes de atuação conjunta. A primeira delas reside na previsão de competências administrativas comuns, executadas de modo cooperativo por todos os níveis da federação nos termos de leis complementares (conforme manda o art. 23, parágrafo único da CF). A segunda consiste em prever instrumentos de cooperação. A esse respeito, a Constituição determina que a União, os Estados, o Distrito Federal e os Municípios disciplinem por meio de lei os consórcios públicos e os convênios entre entes federados, "autorizando a *gestão associada de serviços públicos*, bem como a transferência total ou parcial de encargos, serviços, pessoal e bens essenciais à continuidade dos serviços transferidos" (art. 241, com redação dada pela EC n. 19/1998).

Do texto constitucional, extraem-se duas conclusões iniciais. A uma, a cooperação representa um imperativo da Administração Pública eficiente e, nos setores sob competência administrativa comum, ela se torna obrigatória e dependente de lei que harmonize a atuação das várias esferas da federação. A duas, a Constituição consagra os convênios e os consórcios como meios necessários ao trabalho conjunto dos entes políticos na federação.

Os convênios, em particular, receberam tratamento nacional no art. 116 da Lei de Licitações de 1993 antes mesmo de terem sido mencionados na redação dada ao art. 241 da Constituição da República dado pela Emenda n. 19 de 1998. Eles despontam como a mais tradicional forma contratual com finalidade de cooperação, envolvendo apenas entidades públicas ou, no setor da saúde, entes públicos e particulares. Na Lei de Licitações de 2021, porém, seu regime jurídico foi suprimido sem grande explicação, abrindo um vácuo legislativo preocupante.

Já os consórcios tiveram sua situação bastante modificada desde a Constituição de 1988. De início, eles eram tratados como uma espécie de convênio entre entidades estatais de mesma natureza, como universidades públicas. Eram um mero instrumento contratual de cooperação, uma subcategoria de convênio. Porém, a Lei n. 11.107/2005 e o Decreto regulamentar n. 6.017/2007 mudaram totalmente essa realidade, pois passaram a tratar o consórcio como pessoa jurídica estatal e interfederativa, parte da Administração Indireta das esferas federativas que o cria por meio associativo.

Mais tarde, em 2022, o Congresso Nacional aprovou a Lei n. 14.341 e introduziu no ordenamento brasileiro uma figura adicional, jamais mencionada pela Constituição, a saber: a Associação de Representação dos Municípios. Desde então, o consórcio deixou de ser a única figura associativa da organização administrativa brasileira e os Municípios ganharam mais um mecanismo para viabilizar a cooperação tão essencial ao cumprimento de suas funções basilares. As características, semelhanças e distinções entre essas Associações e os tradicionais consórcios serão examinadas nos itens a seguir.

7.6 CONSÓRCIOS INTERFEDERATIVOS

Como entidades da Administração Indireta brasileira, os consórcios são pessoas jurídicas, de direito público ou privado, decorrentes da associação de duas ou mais esferas federativas (União, Estados ou Municípios). Seu regime jurídico é disciplinado pela Lei n. 11.107/2005, cujos mandamentos gozam de eficácia jurídica nacional, ou seja, vinculam todos os níveis da federação.

O consórcio aqui debatido não se confunde com o acordo de cooperação que sociedades de direito privado, inclusive empresas estatais, celebram para viabilizar a colaboração empresarial e que, com bastante frequência, aparece em matéria de licitação e de controle da concorrência. Referido tipo de consórcio é figura meramente contratual, regida pelo direito civil e comercial. Já o consórcio aqui apresentado consiste em *"negócio jurídico plurilateral de direito público"*[3] que dá origem a uma *"associação estatal interfederativa"* regida por legislação administrativa e, subsidiariamente, pela legislação civil.

Como se vê, a dificuldade de se compreender a Lei n. 11.107 começa pelo uso equívoco que ele conferiu ao termo "consórcio" no direito administrativo. Ora a lei se refere ao *"consórcio como contrato público plurilateral"* celebrado por entes políticos para viabilizar a cooperação administrativa, ora se refere ao *"consórcio como entidade estatal"*, ou melhor, associação de direito público ou de direito privado resultante do consorciamento das esferas federativas. Nessa última acepção, o consórcio é pessoa jurídica, parte da Administração Indireta dos "consorciados", ou seja, dos entes federativos que o instituem.

Outra advertência terminológica merece ser registrada. A Lei n. 11.107 usa a expressão consórcios "públicos". Nesse contexto, é preciso cautela, pois "público" não aponta a personalidade jurídica de direito público interno. Como frequentemente ocorre no direito administrativo, o adjetivo "público" significa estatal, pertencente ao Estado. Tanto é assim, que o consórcio regido pela Lei n. 11.107 pode originar uma *"associação pública"*, como autarquia plurilateral, interfederativa, ou uma entidade com personalidade jurídica de direito privado (nos termos do art. 1°, § 1°).

Nesse último caso, o exame sistemático da lei mostra que se trata de *"associação civil"* sem fins econômicos (art. 4°, VI e art. 15), vedando-se uso de sociedade ou fundação privada. Daí se conclui que os consórcios são associações interestatais, ora com personalidade de direito público interno (subespécie de autarquia), ora com personalidade de direito privado (como associação civil). Por isso, apesar da letra da Lei n. 11.107/2005, entendo que o adjetivo "público" é inoportuno e incorreto, devendo-se preferir o uso da expressão consórcio "estatal" e em linha com as expressões "empresas estatais" e "fundações "estatais".

---

3. Cf. CARVALHO FILHO, José dos Santos. Consórcios públicos. São Paulo: Atlas, 2009, p. 26.

Em sentido institucional ou orgânico, portanto, o consórcio indica associação de direito público ou de direito privado criada por entes estatais de duas ou mais esferas federativas. A despeito da natureza jurídica, essa entidade se submeterá à legislação nacional, à legislação dos entes federados, à legislação dos serviços que passam a ser prestados em gestão associada e ao contrato de consórcio propriamente dito. Ademais, no que não contrariar a Lei n. 11.107, a organização e o funcionamento dos consórcios serão disciplinados de modo subsidiário pela legislação que rege as associações civis (art. 15).

A criação e o funcionamento dos consórcios estatais se mostram trabalhosos pelo fato de pressuporem recursos, interesses, esforços e decisões de dois ou mais entes da federação, além de inúmeros acordos jurídicos. Em resumo: o processo se inicia com o *"protocolo de intenções"*, o qual passa por *"ratificação"* posterior dos Poderes Legislativos dos entes consorciados, dando origem à associação pública. A ratificação posterior é somente dispensada quando os entes consorciados já tiverem tratado do assunto em lei anterior ao protocolo. Caso a associação assuma natureza privada, além da ratificação do protocolo, ainda será necessário respeitar requisitos estabelecidos pela legislação civil. Em seguida, para entrar em funcionamento, a associação dependerá da elaboração de um *"estatuto"* por sua assembleia geral, bem como da celebração de *"contratos de programa"* e de *"contratos de rateio"*. Essas etapas e instrumentos jurídicos merecem exame mais detalhado.

Em primeiro lugar, para se iniciar o processo de consorciamento, estabelece-se um *"protocolo de intenções"* entre os entes políticos interessados. De acordo com a natureza dos consorciados, é possível diferenciar teoricamente o *"consórcio horizontal"*, que envolve entes do mesmo nível político (apenas Municípios ou apenas Estados), do *"consórcio vertical"*, formado por entes de diferentes níveis (Município com Estado e eventualmente com a União, por exemplo). Para evitar desequilíbrio e desarmonia federativa, a Lei n. 11.107 prevê que "a União somente participará de consórcios públicos em que também façam parte todos os Estados em cujos territórios estejam situados os Municípios consorciados" (art. 1º, § 2º). Daí ser ilegal o consórcio formado entre Município e União, sem a presença do Estado.

Afora as limitações subjetivas, a lei determina o conteúdo mínimo obrigatório do protocolo de intenções. Dele constarão a denominação, a finalidade, a duração e a sede do consórcio, a identificação dos entes consorciados, a previsão da natureza jurídica, as normas relativas à assembleia geral e ao representante legal e outros elementos previstos na Lei n. 11.107 (art. 4º). De todos os itens do protocolo de intenções, certamente o mais relevante é o que trata da *"autorização para a gestão associada de serviços públicos"*, explicitando as tarefas e os poderes transferidos à associação estatal. Aqui, é preciso compreender a expressão "serviço público" em sentido amplo, de maneira a incluir serviços administrativos, fomento e execução de atividades de polícia administrativa. No entanto, proíbe-se que o consórcio assuma "poderes de planejamento, regulação e fiscalização dos serviços *por ele próprio pres-*

tados" (art. 13, § 3º). O consórcio não pode ser regulador e fiscalizador de si mesmo, nem isentar os entes consorciados de seus deveres de planejamento. Se tiver função de prestação de serviço público, o planejamento, a regulação e a fiscalização desse serviço recairão obrigatoriamente sobre outro ente. Somente se ele não executar o serviço poderá se tornar competente para planejá-lo, fomentá-lo ou regulá-lo.

Em segundo lugar, procede-se à *"ratificação do protocolo de intenção"* por lei posterior de cada ente consorciado, salvo quando já houver lei anterior tratando do consorciamento. Cabe ao protocolo, como contrato de consórcio, definir quantas ratificações serão necessárias para instituir a associação estatal (art. 5º). Somente ao se atingir o número mínimo de ratificações é que o contrato se aperfeiçoará e, então, nascerá a associação interfederativa. Caso os entes consorciados optem por instituir associação com personalidade privada, depois de obtido o número mínimo de ratificações, o nascimento da entidade ainda dependerá da adoção das providências estabelecidas pelo Código Civil.

Em terceiro lugar, uma vez instituído, o consórcio estatal elaborará seu *"estatuto"* para dispor "sobre a organização e o funcionamento de cada um dos órgãos constitutivos" (art. 7º). O estatuto guiará a vida da instituição e os dirigentes do consórcio responderão pessoalmente por atos praticados em desconformidade com suas disposições. Em termos orgânicos, todo consórcio possuirá uma *"assembleia geral"* e um *"representante legal"*. A assembleia configurará a instância máxima da entidade e nela cada ente consorciado deterá pelo menos um voto (art. 4º, § 2º). Já o representante legal será obrigatoriamente Chefe do Poder Executivo de um dos entes consorciados. Sua forma de eleição e seu mandato deverão ser tratados no estatuto de acordo com o estabelecido pelo protocolo de intenções à luz das normas legais e regulamentares.

Em quarto lugar, para que o consórcio passe a exercer suas funções, são necessários dois negócios jurídicos adicionais: o contrato de programa e, eventualmente, o contrato de rateio.

O *"contrato de programa"* disciplina as obrigações de um ente consorciado (inclusive por meio de entes públicos ou privados de sua Administração Indireta) com outro ou com a associação estatal (art. 13, *caput*). Referido ajuste conterá cláusulas que tratem, dentre outros aspectos, dos encargos transferidos, da responsabilidade subsidiária do ente consorciado, das penalidades por inadimplência, do momento de transferência do serviço, da indicação de quem arcará com os ônus e os passivos do pessoal transferido, dos bens transferidos e alienados à associação, da reversão de bens entre outros aspectos. Pela função que desempenha, o contrato continuará vigente mesmo quando extinto o consórcio ou convênio de cooperação que autorizou a gestão associada de serviços (art. 13, § 4º). A figura do contrato de programa não impede que o consórcio se valha de convênios de cooperação, por exemplo, com a União (art. 14) ou com entes não consorciados.

Em certos casos, para funcionar, o consórcio não depende de recursos financeiros do orçamento dos entes consorciados. Isso ocorre frequentemente com os que recolhem taxas de polícia ou de regulação. Em outras situações, porém, o consórcio depende de transferência de recursos orçamentários, tornando-se necessária a celebração do *"contrato de rateio"* (art. 8º). Esse ajuste, firmado pelo consórcio com cada ente consorciado, tem por escopo tratar de aspectos financeiros decorrentes da cooperação interfederativa. Sua formalização se dá a cada exercício financeiro como condição essencial para que um ente consorciado entregue recursos ao consórcio. Os demais entes consorciados, isoladamente ou em conjunto, detêm legitimidade para exigir o cumprimento das obrigações nele contidas. Já os entes que não consignarem, em sua legislação orçamentária, as dotações suficientes para suportar despesas assumidas no contrato de rateio se sujeitarão à possibilidade de exclusão da associação (art. 8º, § 5º).

Para além das etapas do consorciamento, resta verificar pontualmente alguns aspectos centrais do regime jurídico da associação estatal em debate. Quando assumir natureza pública, seu regime se formará com primazia pelo direito público e se assemelhará ao das autarquias em geral com as peculiaridades estabelecidas pela Lei dos Consórcios. Em razão de disposição expressa do Código Civil (art. 41, IV), a associação constitui espécie autárquica. Por conta disso e por força das normas especiais aplicáveis, ela: (i) possuirá bens públicos (art. 98 do CC); (ii) subordinar-se-á à responsabilidade civil objetiva em relações extracontratuais (art. 37, § 6º da CF), sendo os entes consorciados responsáveis solidários por débitos remanescentes (art. 12, § 2º da Lei 11.107; (iii) adotará regime jurídico celetista único de pessoal (art. 6º, § 2º) e procedimentos formais de seleção (art. 39, *caput* da CF por força da ADI n. 2.135-4), permitidos, contudo, o recebimento de pessoal cedido e a contratação de temporários; (iv) respeitará a legislação licitatória e de contratos administrativos (art. 22, XXVII da CF) e (v) gozará de imunidade tributária (em relação a impostos), "no que se refere ao patrimônio, à renda e aos serviços, vinculados a suas finalidades essenciais ou às delas decorrentes" (art. 150, § 2º da CF).

Caso se atribua à associação personalidade privada, o direito privado incidirá com ampliada intensidade, embora ainda se possa falar de aplicação de alguns mandamentos administrativos. Nessa situação, os bens dos consórcios serão estatais privados (art. 98 do CC) e não se aplicará o regime de precatórios. A princípio, a associação estatal privada não gozará de imunidade tributária, mas o exercício de atividade pública permite sustentar a extensão do benefício constitucional mediante analogia ao posicionamento do STF quanto às empresas estatais executoras de funções semelhantes. Do regime público, a associação respeitará, por exemplo, as normas de licitação e contratos, de prestação de contas, de concurso de admissão de pessoal (art. 6º, § 2º da Lei n. 11.107), além dos princípios gerais da administração.

A despeito da natureza pública ou privada, o consórcio pode exercer poderes típicos da Administração e se sujeitará a controle externo intenso. A depender da decisão dos entes consorciados cristalizada no protocolo de intenções, caberá à associação firmar convênios, contratos, acordos em geral, outorgar concessão, permissão ou autorização de obras ou serviços públicos, receber auxílios, contribuições e subvenções sociais ou econômicas de outras entidades governamentais, além de promover desapropriação, instituir servidão e beneficiar-se de contratação direta (via dispensa de licitação) pela Administração Direta ou Indireta dos entes consorciados (art. 2º da Lei 11.107).

Tanto esses poderes, quanto as funções do consórcio, devem constar do protocolo de intenções. Note-se, porém, que é possível alterar o consorciamento desde que: (i) se obtenha a aprovação da assembleia geral e (ii) as alterações sejam ratificadas por lei da maioria dos entes consorciados (art. 12-A da Lei n. 11.107/2005). Mesmo que a ratificação não se dê por todos os consorciados, a alteração de poderes, funções e outros aspectos é possível. Já a extinção do consórcio depende da aprovação da assembleia e da ratificação legal por todos os consorciados (art. 12, *caput*).

Como entidades da Administração Indireta, os consórcios estatais se subordinam a meios de controle diversos, mas com peculiaridades decorrentes de sua titularidade interfederativa e conformação multipolar. A execução de suas receitas e despesas deverá obedecer às normas de direito financeiro aplicáveis às entidades públicas (art. 9º). Já a prestação de contas obrigatória será encaminhada ao Tribunal de Contas competente para apreciar as contas do Chefe do Poder Executivo que agir como seu representante legal, sem prejuízo da atuação de entes de controle externo sobre consorciados em relação às obrigações por eles assumidas em face da associação, sobretudo em virtude do contrato de rateio.

7.7 ASSOCIAÇÕES DE REPRESENTAÇÃO DE MUNICÍPIOS

Em 2022, a Lei n. 14.341 introduziu no ordenamento brasileiro mais uma figura associativa: a Associação de Representação de Municípios (que designarei por ARM). Trata-se de entidade criada exclusivamente por Municípios, com personalidade de direito privado e com a função de desempenhar atividades sem fins econômicos. Isso significa que a União e os Estados não podem criar, nem participar dessas entidades, embora, a meu ver, estejam autorizadas a apoiá-las com recursos públicos ou técnicos.

A criação de ARM depende de iniciativa exclusiva de dois ou mais Municípios, que se filiam ou desfiliam de quantas associações desejarem sem a necessidade de lei, ou seja, mediante decisão discricionária do chefe do Poder Executivo (art. 8º). Sua natureza jurídica é sempre de direito privado, assumindo a forma de associação civil dedicada a tutelar os interesses dos Municípios associados. Uma vez criada, a Associação deverá aprovar estatuto que discipline, por exemplo, suas finalidades e atribuições, sede, denominação, eventual duração, requisitos para filiação e exclusão dos associados, possibilidade de desfiliação a qualquer tempo sem penalidades, entre outros aspectos.

Internamente, a ARM contará com uma Assembleia Geral, órgão obrigatório que operará como instância máxima (art. 5º). Já sua representação recairá sobre um Prefeito, atual ou antigo, dos associados. Seu mandato e modo de eleição serão regidos pelo Estatuto (art. 2º, III). A contratação de pessoal, de bens e serviços, a seu turno, respeitará um regulamento interno próprio e ocorrerá por procedimentos simplificados (art. 6º), afastando-se do regime geral de licitações e concursos públicos.

As funções das ARM são relativamente restritas, pois a Lei n. 14.341 é clara ao exigir que assumam atividades de caráter não econômico. A legislação, nesse sentido, evidencia que as ARM podem: atuar nas áreas de educação, esporte, cultura, ciência e social; manifestar-se pelos Municípios em processos legislativos ou processos administrativos de seu interesse, inclusive perante os Tribunais de Contas e Ministérios Públicos; postular, em juízo, em ações individuais ou coletivas, na defesa de seus interesses, assumindo a condição de parte, terceiro interessado ou *amicus curiae*; defender os interesses dos associados perante os Poderes Executivos da União, dos Estados e do Distrito Federal; representá-los em instâncias privadas; organizar reuniões, congressos e eventos; divulgar publicações e documentos na sua área de competência (art. 2º). De outra parte, o art. 4º da Lei 14.341 veda às ARM: exercer função político-partidária ou religiosa; gerir serviços públicos de interesse comum ou remunerar seus dirigentes.

A partir desses comandos legais, entendo que as Associações somente poderão executar funções que respeitem três critérios cumulativos: (i) o caráter não-econômico; (ii) a vinculação com interesses dos associados e (iii) a lista de funções proibidas. O caráter não-econômico das funções impede não apenas que as ARM se tornem prestadoras de serviços públicos locais, monopolizados e de natureza econômica, a exemplo do saneamento básico, como também que explorem economicamente bens públicos, desempenhem atividades de regulação ou exerçam a intervenção na ordem econômica mediante produção de bens ou oferta de serviços no mercado. Para a intervenção direta, os Municípios deverão se valer de empresas estatais.

Do ponto de vista financeiro, as ARM se mantêm mediante contribuição financeira dos próprios associados, podendo-se excluir o Município que estiver inadimplente mediante prévia suspensão por um ano (art. 9º). Não há previsão legal para que recolham taxas ou tributos, mas entendo possível que cobrem preços públicos, por exemplo, ao organizar eventos e capacitações, ou recebam honorários pela representação judicial.

Quanto ao controle, a Lei n. 14.341 exige que o Estatuto imponha a prestação anual de contas à Assembleia da ARM e que se divulguem, na internet, seus relatórios financeiros anuais, os valores das contribuições pagas pelos Municípios, além de todas as receitas e despesas da associação, inclusive folha de pagamento de pessoal, contratos, convênios e outros ajustes (art. 2º, IV e V, art. 5º, XIII). A Lei não fala de sua sujeição ao controle pelos Tribunais de Contas, mas vejo esse controle como inevitável, já que elas agem pelos Municípios, recebem seus recursos financeiros e afetam tanto seus interesses, quanto seu funcionamento.

Isso tudo demonstra que as ARM disciplinadas pela Lei 14.341/2002 diferem significativamente dos consórcios estatais regidos pela Lei n. 11.107/2005. As ARM somente envolvem Municípios, desempenham funções limitadas, têm sempre personalidade privada, não dependem de lei de criação, nem de lei para filiação ou desfiliação, adotam regulamento próprio para contração, além de não gozarem das prerrogativas de direito material e de direito processual asseguradas aos Municípios por força de expressa disposição legal (art. 12). A esse despeito, não me parece que essas entidades possam ser afastadas do conceito de Administração Indireta. Afinal, elas são criadas e sustentadas exclusivamente por esferas federativas, agindo exclusivamente em seu nome. Partindo-se dessa premissa, resta saber se os Tribunais aceitarão seu regime tão flexível, afastando-as das normas constitucionais que estipulam inúmeras sujeições aos entes da Administração Indireta.

7.8. FUNDAÇÕES ESTATAIS

Fundação é conceito jurídico a indicar um patrimônio personalizado e afetado pela vontade de seu instituidor a um fim determinado.[4] De maneira geral, há quatro tipos de fundação: (i) as fundações estatais de direito público; (ii) as fundações estatais de direito privado; (iii) as fundações não estatais puras e (iv) as fundações não estatais, mas de apoio ao Estado, conhecidas simplesmente como fundações de apoio. As duas primeiras são entes estatais; as duas últimas são organizadas pela sociedade civil.

Entidade	Titularidade	Natureza	Enquadramento
Fundações	Estatais	De direito público (ou fundações autárquicas)	Administração Indireta
		De direito privado	
	Não estatais	De direito privado, mas de apoio à Administração Pública	Terceiro setor
		De direito privado, em funções indicadas pelo Código Civil	

Fonte: elaboração própria

Quando se fala de fundações estatais ou governamentais, quer-se simplesmente indicar as fundações instituídas pelo Estado. A história administrativa brasileira deu origem a uma separação, de caráter doutrinário e jurisprudencial, entre as *"fundações (estatais) de direito privado"* e as *"fundações (estatais) de direito público"* – estas últimas como entidades que se enquadram no conceito maior de autarquia, ou seja, levam o rótulo de fundações, porém seguem regime autárquico. As razões para essa divisão são de basicamente duas ordens.

---

4. ARAÚJO, Edmir Netto de. As fundações públicas e a nova Constituição. Revista da Procuradoria Geral do Estado de São Paulo, n. 32, 1989, p. 179.

Em primeiro lugar, é preciso reiterar, mais uma vez, o emprego descuidado do adjetivo "público" em matéria de organização administrativa. "Público" tem sentido equívoco e serve ora para designar a titularidade de uma pessoa jurídica (público como equivalente a estatal, aquilo que pertence ao Estado), ora para indicar a natureza jurídica ou o regime jurídico administrativo (respectivamente, público como equivalente a "pessoa de direito público interno" ou como "regime marcado por prerrogativas e sujeições administrativas incomuns no direito privado"). Ao empregar a expressão "fundação pública", a doutrina e a legislação nem sempre deixam claro qual dos três sentidos pretendem acentuar. Idealmente, no tratamento das fundações instituídas pelo Estado, entendo mais correto usar exclusivamente a expressão fundações "estatais" (seguindo a lógica aplicável às associações e às empresas estatais), evitando-se o ambíguo adjetivo "públicas".

Em segundo lugar, a confusão que permeia o direito administrativo deriva de uma prática do Estado brasileiro consistente em batizar como fundações algumas entidades que não partilham as características essenciais das fundações disciplinadas pelo Código Civil. Apesar do rótulo, essas "falsas" fundações configuram, como já adiantado, pessoas jurídicas de direito público interno, espécies de autarquia, e sujeitas ao regime predominantemente administrativo. Daí, porque se as rotulam fundações autárquicas ou fundações de direito público.

Para caracterizar uma fundação criada pelo Estado como pública ou privada, é imprescindível observar o regime jurídico, isto é, as normas e princípios que a regem. As fundações autárquicas não seguem as formalidades de instituição do Código Civil, não se sujeitam à tutela do Ministério Público nos termos determinados pelo Código, dependem em geral de repasses orçamentários para sustentar suas atividades, beneficiam-se de poderes e de vantagens típicas do direito administrativo, por exemplo, na edição e execução de atos administrativos e no campo tributário, não obedecem às regras de extinção de fundações privadas etc. Quando essas características se confirmarem, restará evidente não se tratar de fundação em regime privado, senão de verdadeira autarquia, pessoa jurídica de direito público interno que, de maneira inadequada, recebeu o nome de fundação. Exemplos disso são a Fundação Universidade de Brasília e a Fundação Universidade Federal do ABC.

Embora cause confusão a instituição de uma fundação com natureza e regime públicos, essa possibilidade encontra suporte no Código Civil, cujo art. 41, V deixa aberto o rol de pessoas jurídicas de direito público interno. Para além das modalidades listadas (autarquias, associações públicas e entes políticos), é possível que se crie por lei uma entidade com outro nome qualquer, mas sob regime publicístico. Essa conclusão é reforçada pelo art. 41, parágrafo único, conforme o qual "salvo disposição em contrário, as pessoas jurídicas de direito público, a que se tenha dado estrutura de direito privado, regem-se, no que couber, quanto ao seu funcionamento, pelas normas deste Código". Aqui, o legislador esclareceu que o Estado está autorizado a instituir entidades públicas, porém valendo-se de estruturas típicas de direito privado, exatamente como ocorre com as tais fundações estatais de direito público. No entanto, é preciso considerar que essa opção tem uma consequência importante: sempre que houver lacuna, a entidade pública *com estrutura* de direito privado seguirá as normas do Código Civil.

Reitere-se, pois, que há dois tipos de fundações instituídas pelo Estado em qualquer uma das três esferas federativas: a) a *"fundação (estatal) de direito público"*, pessoa jurídica de direito público interno também conhecida como fundação autárquica, como a Funai, a FNDE, a UEL e a UnB e b) a *"fundação (estatal) de direito privado"*, estruturadas nos termos do Código Civil, como a Fundação Padre Anchieta, mantenedora da TV Cultura.

De acordo com a precisa observação de Juliana Bonacorsi de Palma, o poder constituinte derivado parece ter reconhecido a referida dualidade ao extirpar, com a EC n. 19/1998, o adjetivo "público" que constava originariamente da redação do art. 37, XIX, da Constituição da República.[5] No entanto, a expressão "fundação pública" ainda está presente em muitos textos científicos e legislativos, exigindo cautela interpretativa, pois ora significará o gênero maior das fundações estatais, ora apenas as fundações de direito privado criadas pelo Estado (como se vislumbra no Decreto-Lei n. 200/1967). Ideal, na realidade, seria excluir referida expressão do ordenamento, passando-se a utilizar a "fundação estatal" para indicar a categoria em debate.

Do reconhecimento da dualidade de fundações estatais resulta, ademais, a necessidade de se interpretar com cautela a redação do Decreto Lei n. 200/1967, cujo art. 5, IV, define as fundações como pessoas jurídicas de direito privado. Essa definição se tornou ultrapassada principalmente após o Código Civil de 2002 e o art. 37, XIX da CF com texto modificado pela EC n. 19/1998. Não obstante o Decreto-Lei se refira apenas a fundações com personalidade privada, como dito, também existem outras que detêm personalidade de direito público interno (fundações autárquicas).

Pelo fato de ambas as modalidades de fundações serem instituídas pelo Estado e se caracterizarem com entidades da Administração Indireta, elas se sujeitam a um *"regime jurídico comum básico"*, que finca suas raízes na Constituição.

Em primeiro lugar, a Constituição impõe que lei complementar fixe as áreas de atuação das fundações. Até 2015, não existia norma sobre o assunto. Mais tarde, o Código Civil foi modificado e nele se passou a estipular as áreas das fundações (art. 62, parágrafo único), incluindo assistência social, cultura, educação, saúde, segurança alimentar, defesa do ambiente, pesquisa e cidadania. Como o Código tem status de lei complementar e não há lei específica para fundações de direito público, esses limites de atuação devem pautar todas as

---

5. PALMA, Juliana Bonacorsi de. Fundações estatais de direito privado: viabilidade jurídica do PLP n. 92/2007. Revista de Direito Sanitário, v. 10, n. 1, 2009, p. 143.

fundações estatais. Registre-se, porém, que o Código autoriza a instituição de fundação para fins religiosos, mas tal objetivo não se compatibiliza com o Estado laico. Concebível seria unicamente uma fundação estatal que estimulasse ou protegesse a liberdade religiosa.

Além da restrição de áreas de atuação, são elementos do regime básico ou estrutural das fundações em consonância com a Constituição da República:

i. A submissão aos princípios gerais da administração pública e o respeito às finalidades previstas no Código Civil (art. 62, parágrafo único) por força do mandamento previsto no art. 37, XIX da CF;

ii. A submissão a normas gerais sobre gestão de pessoal, como a de obrigatoriedade do concurso público (art. 37, II), a de proibição de acumulação de cargos, empregos e fundações (art. 37, XVII), as regras especiais de acumulação com mandato eletivo (art. 38) e a sujeição ao teto de remuneração (art. 37, XI);

iii. O dever de seguir as normas gerais de licitações e contratos editadas pelo Congresso e independentemente de a Fundação ser mantida ou não com recursos do Estado (art. 22, XXVII);

iv. A sujeição a restrições de direito financeiro e a benefícios tributários. Nessa situação específica, a despeito da natureza pública ou privada, é fundamental verificar se a fundação estatal se mantém com a transferência de recursos públicos (fundação dependente). Se isso ocorrer, a fundação gozará de imunidade tributária (art. 150, § 2°), sujeitar-se-á à fiscalização do Tribunal de Contas (art. 71, II) e deverá respeitar limites de despesas, inclusive com pessoal (art. 169, § 1°).

Como se nota, a Constituição estipula um conjunto bastante amplo de normas comuns aplicáveis incondicionalmente a todas as fundações estatais e outras, incidentes apenas sobre aquelas eventualmente mantidas com recursos públicos (fundações dependentes), não interessando a personalidade de direito público ou privado. Ainda que se submetam a tantas normas gerais, existem elementos que diferenciam o regime jurídico da fundação estatal privada do da pública.

Nas *"fundações estatais públicas"*, muito frequentemente mantidas pelo Estado, a instituição, a modificação de objetivos e a extinção dependem de lei, já que elas assumem personalidade pública e se assemelham às autarquias. Assim, há que se interpretar com atenção a Constituição (art. 37, XIX) que, a princípio, exige mera autorização legal para sua instituição. Afinal, se a fundação de direito público é, na essência, uma autarquia, ela deve ser criada diretamente por lei. Tais entidades se sujeitam obrigatoriamente à fiscalização do Tribunal de Contas (não interessando se são dependentes ou não), bem como às normas restritivas de direito financeiro e ao regime de precatórios. Ademais, seus bens serão sempre públicos. A fiscalização do Ministério Público incidirá eventualmente, mas não por força de seu papel de "curador" de fundações nos termos do Código Civil, senão como guardião de interesses difusos e coletivos.

Já a criação de *"fundações estatais privadas"* depende de específica autorização legal por força da Constituição (art. 37, XIX) e do cumprimento dos requisitos de registro previstos no direito privado. A modificação dos objetivos da fundação e sua extinção também se regem pelo direito privado (art. 67 e 69 do CC). Diferentemente das fundações de direito público, as privadas detêm bens particulares (art. 98 do CC) e são fiscalizadas pelo Ministério Público por meio da curadoria das fundações. Em termos financeiros, seu regime se mostra mais flexível, já que não se beneficiam do regime de precatórios (art. 100 da CF). No entanto, caso passem a se manter com recursos públicos, a fundação estatal privada se aproximará do direito público, pois sobre elas incidirão normas de direito financeiro, mormente para fins de controle de despesas, inclusive o controle pelo Tribunal de Contas (art. 71, II, e art. 169, § 1º da CF).

7.9 EMPRESAS ESTATAIS

Empresa estatal é categoria jurídica que engloba qualquer sociedade sob controle do Estado e participante da Administração Indireta. Como sociedades, elas detêm personalidade jurídica de direito privado. No entanto, seu regime jurídico não se identifica por completo com o que disciplina as sociedades não estatais. O regime das estatais caracteriza-se pelo conteúdo híbrido, com maior ou menor incidência de prerrogativas e sujeições típicas do direito administrativo ao lado de normas de direito privado. Esse regime jurídico consta, desde 2016, da Lei n. 13.303, que "dispõe sobre o estatuto jurídico da empresa pública, da sociedade de economia mista e de suas subsidiárias, no âmbito da União, dos Estados, do Distrito Federal e dos Municípios" (Estatuto das Empresas Estatais – EEE).

O Estatuto das Empresas Estatais se aplica, como expressamente determinado, a todos os níveis da federação brasileira. Ele abarca as empresas que exercem atividade econômica, em regime de concorrência ou de monopólio, bem como as empresas que prestam serviço público. Com isso, o EEE reduziu a relevância da antiga distinção que se fazia na doutrina entre empresas em desempenho de atividade econômica e empresas estatais no exercício de serviço público. O Estatuto não se vale dessa separação de funções para definir o regime das empresas. A aplicabilidade de suas normas é apenas mitigada de acordo com um critério de porte da empresa. As que apresentarem receita operacional bruta inferior a 90 milhões de Reais estarão afastadas de muitos de seus mandamentos (art. 1º, § 1º), sobretudo os relativos ao conselho fiscal, ao comitê de auditoria estatutário, à diretoria, ao conselho de administração, ao administrador e ao acionista controlador.

Ao se referir às empresas estatais, a legislação abarca basicamente três tipos de entidades: (i) a empresa pública (EP), (ii) a sociedade de economia mista

(SEM) e (iii) as entidades controladas, inclusive as subsidiárias, examinadas no próximo item.

A *"empresa pública"* é definida legalmente como "entidade dotada de personalidade jurídica de direito privado, com criação autorizada por lei e com patrimônio próprio, cujo capital social é *integralmente detido* pela União, pelos Estados, pelo Distrito Federal ou pelos Municípios" (art. 3º, *caput* do EEE). Aqui, mais uma vez, o termo "público" aparece como mero sinônimo de estatal, indicando que empresa tem no Estado seu proprietário exclusivo. No Brasil, são empresas públicas a Caixa Econômica Federal (CEF), a Companhia Nacional de Abastecimento (CONAB) e o Banco Nacional de Desenvolvimento Econômico e Social (BNDES).

A definição do EEE revogou tacitamente a antes existente no Decreto-Lei n. 200/1967 (art. 5º, II). Na atualidade, as características centrais da empresa pública são: (i) a totalidade do capital estatal; (ii) a flexibilidade quanto à forma societária; (iii) a vedação de lançamento de títulos ou valores mobiliários, conversíveis em ações, e de emissão de partes beneficiárias (art. 11) e (iv) a submissão à justiça estadual (se forem municipais ou estaduais) e à justiça federal (se forem empresas públicas da União) nas ações judiciais em que participarem como autoras, rés, assistentes ou oponentes (art. 109, I, da CF).

A exigência de capital integralmente estatal não pressupõe que todo capital se concentre na propriedade de um mesmo ente. Desde que mantida a maioria do capital votante nas mãos do ente que a criou, parte do capital poderá ser distribuída por outros níveis políticos, inclusive a entes da Administração Indireta (art. 3º, parágrafo único do EEE). Por ilustração, entes estaduais ou federais poderão participar de uma EP local desde que a maioria do capital votante permaneça com o Município que a instituiu.

Em contraste, a *"sociedade de economia mista"* configura "entidade dotada de personalidade jurídica de direito privado, com criação autorizada por lei, sob a forma de sociedade anônima, cujas ações com direito a voto pertençam *em sua maioria* à União, aos Estados, ao Distrito Federal, aos Municípios ou a entidade da Administração Indireta" (art. 4º, *caput*). Essa definição também afastou a constante do Decreto-Lei n. 200/1967 (art. 5º, III). Exemplos dessas sociedades são a Petrobrás, o Banco do Brasil e o Instituto de Resseguros do Brasil (IRB).

A SEM difere da EP pelos seguintes fatores: (i) nela se admite participação de capital externo ao do Estado; (ii) sua forma societária é obrigatoriamente de sociedade anônima; (iii) não se lhe aplica a vedação para emissão de títulos, valores mobiliários ou partes beneficiárias e (iv) ela se sujeita sempre à justiça comum salvo, para a SEM federal, quando a União participar como interveniente no processo judicial (Súmulas 517 e 556 do STF).

Apesar dessas diferenças, há enorme número de traços jurídicos comuns às duas modalidades de empresas estatais, a saber:

i. Personalidade jurídica de direito privado (art. 44, II, do CC; art. 3º e 4º do EEE), razão pela qual seus bens são igualmente privados (art. 98 do CC) e elas não se submetem ao regime de precatórios (art. 100 da CF);

ii. Instituição e extinção dependem de *"autorização"* específica por lei, diferentemente das autarquias, cuja criação e extinção se operam diretamente por lei (art. 37, XIX, da CF);

iii. Criação baseada obrigatoriamente em motivo de segurança nacional ou em relevante interesse coletivo (art. 173 da CF). O motivo deverá constar da lei autorizativa para orientar a empresa constantemente em todas as suas atividades;

iv. Ao perseguir suas finalidades, a empresa estatal ainda deverá promover o bem-estar econômico, a alocação socialmente eficiente dos recursos geridos, o benefício dos consumidores por meio de maior acesso a seus produtos e serviços, e o desenvolvimento de tecnologia brasileira e da sustentabilidade (art. 27 do EEE). Para dar concretude a essa exigência, evitando que se perca ou se desvie do motivo de sua criação, o EEE requer que a empresa elabore anualmente uma carta, subscrita pelos membros do conselho de Administração, e em que se explicitem os compromissos para a consecução dos objetivos de políticas públicas (art. 8º, I);

v. Ausência de imunidade tributária e proibição de que gozem de "privilégios fiscais não extensivos às do setor privado" (art. 173, § 2º da CF). Contudo, é de se observar que o STF tem reconhecido a imunidade de empresas estatais executantes de serviços públicos, como a Empresa Brasileira de Correios e Telégrafos (RE 773.992 e RE 601.392). Entendimento semelhante beneficiou à Casa da Moeda do Brasil (CMB), empresa pública delegatária de serviço monopolizado da União e responsável por emissão de papel moeda, cunhagem de moeda metálica, fabricação de fichas telefônicas e impressão de selos postais (RE 610.517);

vi. Relações trabalhistas regidas pelo modelo celetista com algumas mitigações de direito administrativo, como a de respeitar a obrigatoriedade do concurso público (art. 37, II), a vedação da acumulação de cargo, empregos e funções no Estado (art. 37, XVII) e a vedação de contratar com deputados e senadores ou de lhes oferecer empregos ou funções (art. 54, I da CF). Os tetos de remuneração a princípio não se aplicarão a tais empresas, a não ser que recebam recursos públicos para pagar suas despesas com pessoal ou de custeio em geral (art. 37, § 9º da CF);

vii. Submissão aos instrumentos gerais de controle interno e externo (art. 85 e seguintes do EEE), inclusive à supervisão do Executivo sem prejuízo da autonomia da empresa (art. 89 e 90 do EEE) e ao controle pelo Legislativo e seus tribunais de contas (art. 49, X, e 71 da CF), bem como ao controle por ato de improbidade administrativa (art. 1º, § 5º da Lei n. 8.429/1992) e por crimes contra a administração pública (art. 327, § 1º do CP); e

viii.Sujeição aos princípios gerais de direito administrativo e a normas gerais comuns sobre organização interna (art. 13 do EEE).

Em relação a essa última característica, merece registro o papel relevante das normas trazidas pelo Estatuto das Empresas Estatais para garantir maior respeito à eficiência, à publicidade, à impessoalidade, à legalidade e à moralidade na gestão dessas entidades da Administração Indireta. Das determinações que favorecem esses princípios, cumpre ressaltar as que preveem: (i) instrumentos de promoção da transparência, com permanente divulgação na internet, desde a elaboração da carta anual de compromissos até a remuneração dos administradores, sem prejuízo da observância do regime informacional estabelecido pela CVM (art. 8º, 12 e 86); (ii) a adoção de regras de estrutura e práticas de gestão de riscos, além da implementação cotidiana do controle interno, a atribuição da responsabilidade de verificação das normas a setor específico da empresa, a instituição de auditoria interna e de comitê de auditoria estatutário, a elaboração de código de conduta e integridade, a previsão de canal de denúncias etc. (art. 9º, 12 e 24); (iii) a necessidade de avaliação de desempenho, individual e coletiva, de periodicidade anual, dos administradores e membros dos comitês (art. 13); (iv) a estipulação clara dos deveres e da responsabilidade do acionista controlador (art. 14 e 15); (v) a observância de normas para escolha dos administradores (membros do conselho de administração e da diretoria), levando-se em conta experiência profissional, formação acadêmica compatível, "ficha limpa" (ou seja, não incidência em hipóteses de inelegibilidade do art. 1º, *caput*, I da LC n. 64/1990), além de requisitos específicos de neutralidade em relação a partidos, organizações sindicais, fornecedores ou compradores da entidade etc. (art. 17); (vi) a garantia de participação, no conselho de administração, de representantes dos empregados e dos acionistas minoritários (art. 19); (vii) a obrigatoriedade de que o conselho de administração se componha de, no mínimo de 25% de membros independentes, garantido o número mínimo de um (art. 22); (viii) a assunção de compromisso de metas e resultados específicos pelos diretores (art. 23); (ix) as normas sobre conselho fiscal (art. 26); (x) a observância da função social (art. 27); (xi) a adoção do regime próprio de licitações e contratos (art. 28 e seguintes)[6] e (xii) o respeito ao regime de patrocínios a entidades externas (art. 27, § 3º e 93), que necessariamente deverá estar atrelado ao fortalecimento de suas marcas, observando-se, no que couber, as normas licitatórias.

---

6. A respeito do assunto, cf. os capítulos sobre licitações e contratos no volume 3 do manual.

7.10 SUBSIDIÁRIAS, CONTROLADAS E PARTICIPAÇÕES MINORITÁRIAS

O texto constitucional (art. 37, XX) autoriza que se institua, por meio de autorização legislativa, "subsidiárias" às entidades públicas ou privadas pertencentes à Administração Indireta. Com isso, objetivou o legislador reconhecer a possibilidade de se distribuírem algumas tarefas do ente descentralizado a outro que lhe esteja vinculado. Dessa maneira, a título de ilustração, aceita-se vincular uma autarquia hospitalar a uma autarquia universitária ou viabilizar que uma SEM crie empresa desenvolvedora de tecnologias.

Os dois exemplos demonstram que o conceito de subsidiária, da maneira como está previsto na Constituição, é bastante abrangente, ultrapassando o mero conceito de empresa "subsidiária integral", empregado pela Lei das Sociedades Anônimas para apontar a sociedade anônima cujo capital se concentra na mão de um único acionista, inclusive uma empresa estatal (art. 251), e que se submete em geral aos mandamentos do Estatuto das Empresas Estatais (conforme previsão explícita do art. 1º, *caput*).

Para além dos conceitos de *"entidade subsidiária"* e de *"empresa subsidiária integral"*, a figura da *"empresa controlada"* direta ou indiretamente pelo Estado tem ganhado crescente atenção doutrinária. Conquanto o art. 37, XX, da Constituição não a mencione, diversos outros dispositivos constitucionais a ela se referem. O art. 37, XVII, estende às controladas a vedação de acumulação de cargos, empregos e funções públicas. O art. 163, II, determina sua submissão à legislação que trata da dívida pública interna e externa e o art. 202, § 4º, refere-se à relação entre entes estatais, inclusive empresas controladas pelo Poder Público, e suas entidades fechadas de previdência privada. Já o EEE submete as controladas ao seu regime, inclusive licitatório (art. 1º, § 6º da Lei n. 13.303).

Apesar de tratarem do assunto, nem a Constituição, nem o EEE esmiúçam o conceito. Uma definição da empresa controlada se encontra somente na Lei Complementar n. 101/2000 (Lei de Responsabilidade Fiscal). No intuito de delimitar seu âmbito de aplicabilidade, esse diploma a considera como "sociedade cuja *maioria do capital social com direito a voto* pertença, *direta ou indiretamente*, a ente da Federação" (art. 2º, inciso II). O dispositivo mostra que o conceito de controlada abarca tanto o de companhia subsidiária integral, como o de outras empresas, com ou sem forma de sociedade anônima, cujo controle tenha sido adquirido pelo Estado com base em autorização legislativa específica ou genérica. A definição da LRF ainda inclui as situações de controle indireto. Em razão disso, sob o ponto de vista teórico, dentro do amplo conceito de empresa controlada cabe inserir as seguintes situações:

7 • ADMINISTRAÇÃO INDIRETA

Quadro: modalidades de participações em empresas.[7]

Propriedade do capital da empresa	Modalidade de controle
Propriedade integral do capital social (empresa pública ou subsidiária integral)	Poder de controle totalitário
Participação por maioria acionária de um único ente estatal	Poder de controle majoritário
Participação de vários entes estatais organizados verticalmente	Poder de controle majoritário se a somatória atingir a maioria das participações
Participações minoritárias organizadas por acordo de acionistas	Poder de controle majoritário se a somatória atingir a maioria das participações
Participação minoritária com *golden share*	Eventual poder de controle gerencial

A grande dificuldade no tratamento dessas várias situações consiste em saber em que medida as referidas empresas se submetem ao direito administrativo e se elas participam ou não da Administração Indireta, submetendo-se às suas normas de funcionamento. Para solucionar o problema, imprescindível se mostra a diferenciação dos mais diversos tipos de controlada. Em verdade, sociedades de economia mista e empresas públicas não deixam de ser controladas. Essa lógica vale para as subsidiárias genericamente previstas na Constituição (art. 37, XX), que abarcam a figura específica da companhia subsidiária integral. Todas elas se enquadram sem grande dificuldade no âmbito da Administração Indireta pelo fato de se relacionarem de modo imediato com o Estado-empresário. Além disso, elas se sujeitam ao regime do Estatuto das Empresas Estatais (como manda seu art. 1º, *caput*).

Isso revela que o conceito de empresa controlada, na ciência do direito administrativo, não é útil para solucionar questões a respeito das SEM, das EP e das subsidiárias, as quais já estão tratadas na legislação. O conceito, em realidade, serve por focalizar outras situações em que o Poder Público assume controle de sociedades privadas por motivos de fomento, de controle de concessões ou outras finalidades que não o desejo de realmente utilizar uma empresa para ingressar na economia ou para executar uma finalidade típica estatizada. Nesses casos, é comum que o Estado detenha participação minoritária no capital da sociedade, mas eventualmente assuma controle por meio de ações preferenciais especiais (*"golden share"*) ou mesmo de acordos de acionistas. Isso revela que tais empresas (chamadas de semiestatais ou público-privadas) não se acoplam ou se confundem com o conceito estrito de empresas estatais e com o de subsidiárias integrais.

Apesar disso, tanto a Constituição da República, quanto o Estatuto das Empresas Estatais colocam as empresas controladas pelo Estado em regime próximo ao das

---

7. O presente quadro foi baseado na classificação de MARRARA, Thiago; MAFFIOLETTI, Emanuelle Urbano. Intervenção direta do Estado na economia por participações minoritárias: formas, requisitos e razoabilidade. RDPE, n. 54, 2016, p. 189.

empresas estatais em muitas situações. Nesse sentido, como já dito, a Constituição de modo expresso lhes estende a vedação de acumulação de cargos, empregos e funções públicas (art. 37, XVII) e exige que Lei Complementar lhes estabeleça limites de dívida (163, II). O Estatuto das Estatais, a seu turno, impõe suas normas às empresas controladas, inclusive às de propósito específico (art. 1º, § 6º). No entanto, o Estatuto diferencia empresas sob controle acionário do Estado de empresas em que o Estado detenha participação, mas sem controle acionário. No primeiro caso, as controladas ingressam na Administração Indireta e no regime das empresas estatais. No segundo, das empresas não controladas pelo Estado, não se aplica o regime do EEE, já que tais entidades não participam da Administração Indireta. Ainda assim, as empresas estatais que detenham a participação acionária sem controle deverão adotar, ao fiscalizarem essas empresas privadas, práticas de governança e de controle proporcionais à relevância, à materialidade e aos riscos do negócio, observando, para tanto, os parâmetros do EEE (art. 1º, § 7º).

7.11 BIBLIOGRAFIA PARA APROFUNDAMENTO

ARAGÃO, Alexandre Santos de. *Agências reguladoras*. Rio de Janeiro: Forense, 2013.

ARAGÃO, Alexandre Santos de. *Empresas estatais*. São Paulo: Gen-Forense, 2017.

ARAÚJO, Edmir Netto de. *Administração indireta brasileira*. Rio de Janeiro: Forense Universitária, 1997.

ARAÚJO, Edmir Netto de. As fundações públicas e a nova Constituição. *Revista da PGE/SP*, n. 32, 1989.

ASSIS, Luiz Eduardo Altenburg de. *Oportunidades de negócio na Lei das Estatais*. Rio de Janeiro: Lúmen Juris, 2019.

BANDEIRA DE MELLO, Celso Antônio. *Natureza e regime jurídico das autarquias*. São Paulo: RT, 1968.

BINENBOJM, Gustavo. O regime jurídico das empresas estatais não-dependentes. *RDE*, v. 19, 2010.

BORGES, Alice Gonzalez. Consórcios públicos, nova sistemática e controle. *REDAE*, n. 6, 2006.

CARVALHO FILHO, José dos Santos. *Consórcios públicos* – Lei n. 11.107, de 06/04/2005 e Decreto n. 6.017. São Paulo: Atlas, 2013.

DI PIETRO, Maria Sylvia Zanella; MOTTA, Fabrício Macedo. *Tratado de direito administrativo*, v. 2: Administração Pública e servidores públicos. São Paulo: RT, 2014.

DI PIETRO, Maria Sylvia Zanella. Contratos de gestão. Contratualização do controle administrativo sobre a administração pública e sobre as organizações sociais. *Revista da PGE/SP*, v. 2, 1996.

DI PIETRO, Maria Sylvia Zanella. O consórcio na Lei n. 11.107, de 6.4.2005. *REDE*, n. 3, 2005.

FERRAZ, Luciano. Além da sociedade de economia mista. *RDA*, v. 266, 2014.

FERREIRA, Sérgio Andréa. Sociedade de economia mista e sociedade subsidiária. Regime jurídico dos contratos por elas celebrados. Alteração contratual: consequências. *Revista Forense*, v. 358, 2001.

FIDALGO, Carolina Barros. *O Estado empresário*: das sociedades estatais às sociedades privadas com participação minoritária do Estado. São Paulo: Almedina, 2017.

GALVÃO, Ciro Di Benatti. *Consórcios públicos*: uma nova perspectiva jurídico-política, 3ª ed. São Paulo: Revista dos Tribunais, 2020.

GARCIA, Viviane Macedo. *Consórcios públicos e desenvolvimento regional*: a experiência do primeiro consórcio público de desenvolvimento regional do país. Belo Horizonte: D'Plácido, 2016.

GROTTI, Dinorá Adelaide Musetti. As agências reguladoras. *REDAE*, n. 6, 2006.

GUIMARÃES, Bernardo Strobel. A participação de empresas estatais no capital de empresas controladas pela iniciativa privada: algumas reflexões. In: MARQUES NETO, Floriano; MENEZES DE ALMEIDA, Fernando; NOHARA, Irene Patrícia; MARRARA, Thiago (org.). *Direito e administração pública*: estudos em homenagem à Maria Sylvia Zanella Di Pietro. São Paulo: Atlas, 2013.

GUIMARÃES, Edgar; SANTOS, José Anacleto Abduch. *Lei das Estatais*. Belo Horizonte: Fórum, 2017.'

HARGER, Marcelo. *Consórcios públicos na Lei 11.107/05*. Belo Horizonte: Fórum, 2007.

JUSTEN FILHO, Marçal (org.). *Estatuto jurídico das empresas estatais*. São Paulo: Revista dos Tribunais, 2016.

LUCCA, Newton de. *Regime jurídico da empresa estatal no Brasil*. Tese de livre docência. Universidade de São Paulo, 1986.

MARQUES NETO, Floriano de Azevedo. *Agências reguladoras independentes*. Belo Horizonte: Fórum, 2005.

MARQUES NETO, Floriano de Azevedo; PALMA, Juliana Bonacorsi de. Empresas estatais e parcerias institucionais. *RDA*, v. 272, 2016.

MARRARA, Thiago. A legalidade na relação entre Ministérios e agências reguladoras. *Revista da FDUSP*, v. 99, 2004.

MARRARA, Thiago; MAFFIOLETTI, Emanuelle Urbano. Intervenção direta do Estado na economia por participações minoritárias: formas, requisitos e razoabilidade. *RDPE*, n. 54, 2016.

MARRARA, Thiago; MENCIO, Mariana (org.). *Estatuto da Metrópole comentado*, 2ª ed. Belo Horizonte: Fórum, 2024.

MEDAUAR, Odete; OLIVEIRA, Gustavo Justino de. *Consórcios públicos*. São Paulo: RT, 2006.

MIRANDA, Jorge. *Teoria do Estado e da Constituição*. Rio de Janeiro: Forense, 2002.

MODESTO, Paulo. As fundações estatais de direito privado e o debate sobre a nova estrutura orgânica da administração pública. *RTDP*, v. 47, 2004.

MORAES, Alexandre de. *Presidencialismo*. São Paulo: Atlas, 2013.

OCTAVIANI, Alessandro; NOHARA, Irene Patrícia. *Estatais*. São Paulo: RT, 2019.

OLIVEIRA, Gustavo Justino de. *Contrato de gestão*. São Paulo: RT, 2008.

PALMA, Juliana Bonacorsi de. Fundações estatais de direito privado: viabilidade jurídica do PLP n. 92/2007. *Revista de Direito Sanitário*, v. 10, n. 1, 2009.

PEREIRA JÚNIOR, Jessé Torres. Supervisão ministerial e entidades vinculadas no moderno direito administrativo brasileiro. *RIL*, v. 13, n. 49, 1976.

PEREIRA JÚNIOR, Jessé Torres; HEINEN, Juliano; DOTTI, Marinês Restelatto; MAFFINI, Rafael. *Comentários à Lei das Empresas Estatais* – Lei 13.303/16. Belo Horizonte: Fórum, 2020.

PINTO JÚNIOR, Mario Engler. *Empresa estatal*: função econômica e dilemas societários. São Paulo: Atlas, 2010.

PINTO, Henrique Motta. Empresas semiestatais. *RDPE*, n. 36, 2011.

SCHWIND, Rafael Wallbach. *O Estado acionista*: empresas estatais e empresas privadas com participação estatal. São Paulo: Almedina, 2017.

8
ÓRGÃOS PÚBLICOS

8.1 DESCONCENTRAÇÃO E ÓRGÃOS PÚBLICOS

Muitas são as técnicas empregadas com a finalidade de promover a divisão interna do Estado. Por meio da *"descentralização política"*, estruturam-se os Poderes Legislativo, Executivo e Judiciário, assim como as três esferas da federação brasileira. Em seguida, a *"descentralização administrativa"* leva à instituição de inúmeras pessoas jurídicas estatais, de direito público ou privado, responsáveis por funções especializadas e inseridas na Administração Indireta. A seu turno, a *"desconcentração"* promove a distribuição de competências de certa entidade estatal (pessoa jurídica) por subdivisões internas despersonalizadas, os chamados *"órgãos públicos"*. Desconcentrar, portanto, consiste em repartir no seio de uma pessoa jurídica a titularidade das tarefas estatais em corpos sem personalidade jurídica. Concentrar, por via reversa, representa juntar tarefas administrativas em um determinado órgão.

Enquanto uma entidade criada pela técnica da descentralização sempre deterá personalidade jurídica, o órgão, como feixe de atribuições, caracteriza-se pela despersonalização, pela ausência de personalidade autônoma. Isso não impede que ele se subdivida em outros, assumindo uma estrutura composta em favor de uma desconcentração de vários níveis. Uma universidade estatal (entidade) se reparte em unidades ou centros, que se desmembram em divisões, departamentos, serviços, seções, setores, diretoria e outros órgãos.

Dentro dos órgãos, caberá aos agentes públicos das mais diversas categorias zelar pelo exercício eficiente das tarefas institucionais. As ações e omissões dos agentes pelos órgãos são consideradas, em última instância, como comportamentos da entidade personalizada pela *"teoria da imputação"*, igualmente conhecida como *"teoria do órgão"*. Assim, por exemplo, diante de uma falha do órgão, um cidadão lesado buscará a responsabilização da entidade, pessoa jurídica, dotada de patrimônio próprio.

Da teoria em questão resta evidente que não existe órgão sem entidade. Não há parte sem o todo. O órgão sempre estará inserido em uma pessoa jurídica estatal, já que ele é a sua subdivisão interna. De outro lado, contudo, o órgão independe de cargos, empregos e funções, bem como de agentes públicos. Como célula organizacional, o órgão sobrevive apesar da vacância ou da extinção dos cargos, empregos e funções que estão vinculados a ele.

Quanto mais complexas se tornam as entidades administrativas, mais importância ganham os órgãos. A razão para tanto é simples. A excessiva concentração de funções em poucos órgãos os torna muito generalistas, ocasiona demasiado congestionamento de trabalho e causa lentidão no desempenho das atividades da entidade estatal, obstando sua execução satisfatória. Esses e outros fatores revelam a necessidade de se utilizar a desconcentração para se permitir a especialização do trabalho, a repartição de tarefas e a eficiência. No entanto, a excessiva desconcentração também é capaz de gerar inconvenientes. Um número muito alto de órgãos requer mais mecanismos de coordenação administrativa, mais recursos humanos e materiais, tendendo a elevar os custos de funcionamento do Estado e os riscos de atuações incoerentes.

Como alternativa à desconcentração, é possível promover a eficiência das entidades públicas mediante a simples *"transferência de execução"* de determinada competência atribuída a um órgão de hierarquia superior a um órgão inferior. Essa técnica é conhecida como *"delegação"* e seu inverso, como *"avocação"*, pela qual o órgão superior desloca transitoriamente para si o exercício de competência de titularidade de órgão inferior.

Enquanto a (des)concentração propriamente dita consiste em técnica de distribuição ou união da *"titularidade"* de funções dentro da entidade por meio de órgãos despersonalizados, a delegação e a avocação simplesmente deslocam o *"exercício"* da competência interna, pressupondo uma pluralidade de órgãos em hierarquia, como se verificará em mais detalhes ao longo do estudo dos atos administrativos.[1]

8.2 CLASSIFICAÇÃO DOS ÓRGÃOS

Inúmeros são os critérios que permitem classificar os órgãos públicos e, a partir disso, selecionar aspectos jurídicos que merecem aprofundamento. Desses critérios de classificação, reputa-se sobremaneira relevante considerar:

- O da *"fonte de criação"* do órgão, pelo qual se diferenciam órgãos instituídos diretamente pela Constituição, órgãos criados por lei e os estabelecidos por disposição normativa da própria entidade em que eles se inserem;
- O da *"obrigatoriedade"*, pelo qual se distinguem órgãos de instituição compulsória por mandamento constitucional (como a Câmara, o Senado, o Conselho da República, a Presidência da República, a Prefeitura etc.), dos órgãos de criação voluntária, não previstos na Constituição ou em Lei, de modo que sua instituição depende de juízo de discricionariedade organizacional de uma entidade a respeito de sua organização interna;

---

1. A esse respeito, cf. o volume 3 deste manual.

8 • ÓRGÃOS PÚBLICOS   **203**

- O da *"hierarquia"*, pelo qual se identificam órgãos de cúpula ou de direção superior, órgãos intermediários e órgãos de base. Também pela hierarquia se fala de órgãos superiores e inferiores (ou subordinados). No Brasil, os chamados órgãos de direção superior são os responsáveis pela "formação e manifestação da vontade originária do Estado, assumindo responsabilidade política e jurídica pelas decisões".[2] Eles são dirigidos por agentes políticos, que, em grande parte das situações, ocupam seus postos sem permanência por força do princípio republicano (como ocorre na Presidência, no Senado e na Câmara);

- O da *"formação da vontade"*, pelo qual se contrapõem os órgãos singulares (ou monocráticos) aos órgãos colegiados, cujas vontades se formam a partir de uma conjunção de vontades dos agentes que dele participam com direito de voto;

- O da *"estrutura"*, pelo qual se vislumbram órgãos simples (sem subdivisões) e órgãos compostos, que "contemplam órgãos secundários ou departamentos organizados de forma hierarquizada em sua estrutura";[3] e

- O da *"função primária"*, do qual despontam órgãos executivos, consultivos, decisórios e de controle. Fala-se de função primária para indicar a função predominante, já que, em realidade, é usual que um órgão assuma mais de uma função.

8.3 CRIAÇÃO E EXTINÇÃO

Os órgãos públicos nascem por força de disposição constitucional, de disposição legal ou de normas editadas pela própria Administração Pública. A parte final dessa afirmação exige alguns esclarecimentos, pois é comum encontrar o entendimento doutrinário de que a instituição de órgãos se vincula constantemente à reserva legal, o que afastaria o poder de a Administração editar atos internos para instituí-los.[4]

O entendimento, aqui criticado, de que a criação de órgãos sempre depende de lei em sentido formal parece resultar de uma interpretação restritiva de certos dispositivos constitucionais. De um lado, a Constituição nega ao Presidente da República o poder de extinguir ou criar órgãos públicos mediante decreto (art. 84, VI, 'a') e, de outro, atribui-lhe a iniciativa de lei para criar e extinguir órgãos e Ministérios (art. 61, § 1º, II, 'e'). Como preveem a reserva legal para criação e para extinção, os dois

---

2. ARAÚJO, Edmir Netto de. *Curso de direito administrativo*, 5ª ed. São Paulo: Saraiva, 2010, p. 160.
3. DI PIETRO, Maria Sylvia Zanella; MOTTA, Fabrício. *Tratado de direito administrativo*, v. 2: administração pública e servidores públicos. São Paulo: Revista dos Tribunais, 2014, p. 112.
4. Entre outros, cf. DI PIETRO, Maria Sylvia Zanella; MOTTA, Fabrício. *Tratado de direito administrativa*, v. 2: administração pública e servidores públicos. São Paulo: Revista dos Tribunais, 2014, p. 112. Em sentido diverso e mais próximo ao que aqui se sustenta, cf. SUNDFELD, Carlos Ari. Criação, estruturação e extinção de órgãos públicas. *RDP*, n. 97, 1991, p. 43.

dispositivos constitucionais mencionados levam à conclusão inicial de que a lei seria uma condição inafastável de existência e de validade do órgão público.

Em ambos os artigos, porém, a palavra "órgão" é mal utilizada pelo legislador. No art. 61, a Constituição coloca órgãos e Ministérios como conceitos distintos, mas, em verdade, Ministérios são espécies de órgão. A redação do art. 61, § 1º, II, alínea 'e', somente se torna compreensível quando se interpreta a palavra órgão como entidade, ou seja, como pessoa jurídica estatal. A interpretação do dispositivo nesse sentido se acopla com outra norma constitucional que impõe a edição de lei para criar ou autorizar a instituição de entidades (art. 37, XIX e XX) e se apoia no princípio da eficiência administrativa. Em contraste com as entidades, com cargos e empregos públicos, que geram despesas e, por isso, dependem de criação por lei, os órgãos configuram meras subdivisões institucionais, motivo pelo qual eles podem ser estabelecidos por um mandamento editado pelo Poder Legislativo ou, no que não contrariar a lei, pelo Executivo e pelo Judiciário.

Por tudo isso, defendo que existem órgãos criados pela Constituição, órgãos criados por lei e órgãos criados por ato interno da entidade estatal no qual ele se insere. Dentre os órgãos previstos na Constituição se encontram o Conselho da República, o Conselho de Defesa Nacional, a Câmara, o Senado, a Presidência, os Ministérios entre outros. Já os órgãos previstos em lei geralmente se relacionam com a estrutura central de determinada entidade estatal e, exatamente por isso, constam da própria lei que a cria ou autoriza. Isso ocorre com os órgãos de direção de agências reguladoras ou os colegiados centrais de universidades públicas, como o conselho universitário, por exemplo. Alguns desses órgãos criados por lei estão previstos no texto constitucional como obrigatórios, de modo que não sobra ao legislador discricionariedade para instituí-los ou não. Cabe-lhe apenas definir suas características, competências de atuação e, eventualmente, sua quantidade (como ocorre com os Ministérios).

Fora isso, não se deve desprezar o conjunto de órgãos criados por ato infralegal da própria Administração. Nada impede que uma entidade estabeleça subdivisões internas despersonalizadas não previstas na lei desde que tal medida não distorça o diploma legal que a instituiu e que tal órgão se faça necessário para o atingimento das finalidades institucionais. Assim, por exemplo, é aceitável que uma universidade pública federal, instituída por lei como autarquia, instale nova Faculdade de Medicina como órgão interno sem a chancela do Congresso Nacional. É igualmente aceitável juridicamente que essa universidade instale um escritório de relações internacionais como órgão interno da reitoria sem depender de um aval do legislador. A validade jurídica dessas medidas me parece inquestionável. No exemplo dado, a universidade pública agiria de forma ilícita apenas se sua lei de criação tivesse vedado a instituição de mais de uma faculdade com igual função ou tivesse previsto norma com rol taxativo de órgãos, impedindo a criação de outros.

Por coerência a esse posicionamento, também entendo que a extinção de órgãos poderá ocorrer com base em norma constitucional, norma legal ou norma da própria entidade estatal. Órgãos cuja instituição decorra da Constituição serão extintos somente por modificação constitucional, caso não estejam protegidos por cláusula pétrea. Órgãos criados por lei, de igual maneira, serão suprimidos apenas por força de norma constitucional ou norma legal. Já os órgãos previstos em ato normativo interno da entidade se sujeitam à extinção tanto por um ato interno posterior de hierarquia normativa idêntica ou superior, bem como por lei ou norma constitucional. Por conseguinte, caso uma lei elimine determinada instituição estatal, todos os seus órgãos internos desaparecerão, incluindo aqueles previstos na lei de criação da entidade e os que eventualmente tenham sido estabelecidos por ato normativo.

A extinção do órgão em nenhuma situação ocasionará o desaparecimento automático de cargos ou empregos públicos, pois, como dito, a existência do órgão não se vincula aos postos de trabalho a ele relacionados, nem depende das pessoas físicas que, na qualidade de agentes públicos, atuam em seu âmbito e materializam suas competências. Da mesma forma, o fato de se extinguirem os cargos ou empregos vinculados ao órgão, não gera automaticamente o seu desaparecimento. O órgão permanecerá inativo até que disponha novamente de cargos e empregos providos. Como dito anteriormente, embora a relação do órgão com a entidade seja de dependência (sem entidade, não há órgão), a relação do órgão com empregos, cargos, funções e agentes é de independência.

8.4 PODERES DERIVADOS DA HIERARQUIA ORGÂNICA

A hierarquia designa relação de subordinação econômica, política, psicológica ou de várias outras ordens entre duas ou mais pessoas ou objetos. Ao se falar de hierarquia jurídico-administrativa, quer-se apontar a subordinação de uma entidade, um órgão ou um agente em relação a outro.

A hierarquia se desenvolve em vários sentidos, ou melhor, no sentido interpessoal, no plano interorgânico (entre órgãos) e no plano interadministrativo (entre entidades). No entanto, a relação hierárquica entre órgãos é designada como subordinação, enquanto aquela que envolve entidades da Administração Direta e Indireta se conhece como vinculação. O poder de supervisão existe nesses dois casos: do órgão superior em relação ao órgão subordinado; bem como da entidade da Administração Direta (União, Estados ou Municípios) em relação à entidade da Administração Indireta vinculada (autarquias, fundações, empresas ou associações estatais).

Segundo Di Pietro, alguns poderes decorrem da relação hierárquica por subordinação entre órgãos que se situam dentro de uma entidade estatal, a saber: (i) o de fixar diretrizes por meio de atos normativos administrativos; (ii) o de rever atos dos órgãos subordinados, inclusive para anulá-los, revogá-los ou convalidá-los; (iii) o

206 MANUAL DE DIREITO ADMINISTRATIVO – VOLUME I • THIAGO MARRARA

de delegar o exercício de competência do órgão superior para o inferior; (iv) o de avocar o exercício de competência do órgão inferior para o superior e (v) o poder disciplinar.[5]

8.5 ÓRGÃOS MONOCRÁTICOS E COLEGIADOS

Em termos de regime jurídico, uma diferença fundamental na teoria dos órgãos resulta da classificação baseada no critério de formação de sua vontade. Nos *"órgãos singulares"*, ainda que um ou mais servidores desempenhem suas funções, a vontade oficial do órgão derivará do agente que exerce isoladamente a função de direção ou chefia. A esse agente, cabe o dever de motivar os atos praticados e a responsabilidade individual na esfera disciplinar, da improbidade e criminal, quando agir por culpa ou dolo, por vícios, ilegalidades e desvios no exercício do poder decisório concreto ou normativo.

Nos chamados *"órgãos colegiados"*, embora haja um chefe ou presidente, o poder decisório se encontra obrigatoriamente diluído entre os vários agentes públicos que compõem a estrutura orgânica, inclusive colaboradores da Administração Pública (como os representantes da sociedade civil com direito de voto). Por consequência, a vontade do órgão se aperfeiçoa somente a partir do momento em que uma maioria das vontades dos seus membros converge em idêntico sentido deliberativo. Como explica Günter Püttner, o princípio colegial (*"Kollegialprinzip"*) é frequentemente empregado para órgãos de hierarquia superior, responsáveis por decisões de caráter mais estratégico e político, marcadas por alto grau de discricionariedade. Para assuntos assim, a estrutura colegial, pela sua pluralidade natural, tende a enriquecer e a aprofundar a discussão das matérias, além de favorecer o controle recíproco dos agentes públicos em favor da legalidade.[6] Por esses e outros motivos, vários tipos de entidades estatais adotam a colegialidade dos órgãos dirigentes, a exemplo das universidades públicas e das agências reguladoras.

Por conta das peculiaridades que caracterizam a construção da vontade em um órgão colegiado, é imprescindível discutir algumas questões: (i) como se elabora a motivação das decisões? (ii) Como se resolvem empates decisórios? (iii) Em que medida a necessidade de decisões emergenciais se harmoniza com a estrutura colegiada?

No tocante à motivação de um ato editado pelo Estado, não importa para o indivíduo interessado se o órgão é singular ou colegiado. Em qualquer uma das estruturas, a relação do cidadão se firma com o Estado e o ordenamento lhe garante o direito de obter os motivos da decisão que o atinge como condição ao exercício do direito fundamental de defesa. Entretanto, é frequente a falha ou a omissão dos

---

5. DI PIETRO, Maria Sylvia Zanella. Transformações da organização administrativa. Diretrizes, relevância e amplitude do anteprojeto. In: MODESTO, Paulo (org.). *Nova organização administrativa brasileira*. Belo Horizonte: Fórum, 2010, p. 29.
6. PÜTTNER, Günter. *Verwaltungslehre*, 3ª ed. Munique: Beck, 2000, p. 150 e 152.

colegiados na explicitação dos motivos de suas decisões. Para solucionar referido problema, oferecem-se dois caminhos.

De um lado, é possível que o colegiado, ao decidir, tome como seus motivos os fundamentos lançados por um de seus membros ou outros órgãos em manifestação prévia ou em manifestação ao longo da sessão de deliberação. Conforme o art. 50, § 1º da LPA federal, "a motivação deve ser explícita, clara e congruente, *podendo consistir em declaração de concordância com fundamentos de anteriores pareceres, informações, decisões ou propostas,* que, neste caso, serão parte integrante do ato" (g.n.). De outro lado, quando não houver parecer ou manifestação de suporte ou o colegiado não concordar com os motivos do parecerista, então seus membros deverão, respectivamente, elaborar a deliberação ou selecionar os motivos relevantes a fundamentá-la, registrando-os em ata com a necessária clareza e objetividade.

Questão interessante diz respeito ao registro dos argumentos divergentes daqueles que embasaram a decisão vencedora. A princípio, tais argumentos não necessitariam constar em ata na medida em que não fundamentaram a decisão e, por isso, não constituíram motivos oficiais. No entanto, os votos divergentes e as abstenções necessitam de registro por uma razão simples: a importância de se diferenciar a responsabilidade dos membros do órgão colegiado por decisões ilegais ou abusivas. Sem o registro de seu voto divergente, certo membro do colegiado, apesar de não concordar com a postura da maioria, assumirá o risco de ser responsabilizado pela decisão vencedora que, eventualmente, viole o ordenamento jurídico.

Uma segunda questão interessante sobre os colegiados se refere aos empates. A diluição do poder decisório nesses órgãos ocasiona empates frequentes entre duas ou mais proposições para um caso concreto. A solução usual para esse tipo de problema é dada pelo voto de qualidade ou de "minerva" conferido ao presidente do colegiado. O voto de qualidade tem o efeito de um voto preponderante. Desse modo, entre duas propostas de decisão com igual número de votos prevalecerá aquela selecionada pelo presidente. É necessário, contudo, que as normas regimentais ou legais prevejam o voto de qualidade, do contrário se presumirá que todos os membros detêm poder de voto de igual peso. Além disso, o voto de minerva não se confunde com o chamado voto duplo. O fato de o voto do presidente ter o poder de resolver um desempate não significa que ele equivalha ao voto de dois membros em todas as situações.

Em terceiro lugar, há que se discutir a questão da eficiência dos colegiados no desempenho de suas funções. A estrutura decisória colegiada, conquanto mais propícia à legitimação de decisões do Poder Público, muitas vezes gera empecilhos à celeridade e à duração razoável do processo administrativo. Exatamente por isso, além de se conferir o poder de minerva ao presidente do colegiado para se resolver empates, a legislação ou as normas administrativas atribuem a esse membro o poder de decidir questões urgentes, a pedido dos interessados, *"ad referendum"* do colegiado. Nessa situação, a decisão sob competência do colegiado é antecipada por ato decisório monocrático do Presidente. Assim que o colegiado se reunir, a decisão será então submetida ao crivo de todos os membros do órgão, que poderão referendá-la, revogá-la, anulá-la ou modificá-la. Como a decisão *"ad referendum"* consiste em espécie de antecipação da tutela no direito administrativo, ela requer um exame de plausibilidade do direito alegado pelo interessado (*"fumus boni juris"*) e a comprovação de que a espera pela reunião do colegiado e sua deliberação coletiva possa gerar elevado risco de perecimento de direito ou de perda do resultado útil do processo administrativo (*"periculum in mora"*).

8.6 PERSONALIDADE JUDICIÁRIA

No processo judicial, segundo Carvalho Filho, há basicamente três tipos de capacidade: (i) a de ser parte; (ii) a de estar em juízo e (iii) a capacidade postulatória.[7] Especificamente a capacidade de ser parte (capacidade processual ou personalidade judiciária) é atribuída a pessoas, físicas ou jurídicas, não estatais ou estatais, de direito público ou privado. Traduzindo-se isso para o direito administrativo, cabe a entidade, como pessoa jurídica, representar o Estado em juízo. O órgão, como mera unidade interna despersonalizada, não atua judicialmente como parte.

Essa regra geral, que vale para o processo civil, o processo trabalhista e outros, sofre restrições. Quando presentes algumas condições, tem-se aceitado a conferência de capacidade processual a órgãos públicos. Na lição de Carvalho Filho,[8] em primeiro lugar, é preciso que o órgão a que se confere capacidade postulatória perante o Judiciário integre a estrutura superior de uma pessoa política (União, Estados ou Municípios). Em segundo lugar, há que se justificar a postulação judicial na necessidade de proteção de direitos e competências outorgadas ao órgão pela Constituição – ou melhor, pela Constituição da República, pelas Constituições Estaduais e pelas Leis Orgânicas dos Municípios. Em terceiro lugar, não se encaixará na exceção a situação em que o órgão ingressar em juízo para discutir questões meramente patrimoniais. Para isso, a capacidade se limitará à pessoa jurídica (entidade) em que o órgão interessado estiver inserido.

8.7 BIBLIOGRAFIA PARA APROFUNDAMENTO

CARVALHO FILHO, José dos Santos. Personalidade judiciária de órgãos públicos. *REDE*, n. 11, 2007.

DI PIETRO, Maria Sylvia Zanella. Transformações da organização administrativa. Diretrizes, relevância e amplitude do anteprojeto. In: MODESTO, Paulo (org.). *Nova organização administrativa brasileira*. Belo Horizonte: Fórum, 2010.

---

7. CARVALHO FILHO, José dos Santos. Personalidade judiciária de órgãos públicos. *REDE*, n. 11, 2007, p. 3.
8. CARVALHO FILHO, José dos Santos. Personalidade judiciária de órgãos públicos. *REDE*, n. 11, 2007, p. 9-10.

DI PIETRO, Maria Sylvia Zanella; MOTTA, Fabrício. *Tratado de direito administrativo*, v. 2: administração pública e servidores públicos. São Paulo: Revista dos Tribunais, 2014.

FRANCO SOBRINHO, Manoel de Oliveira. Introdução à teoria do órgão no direito administrativo. *RDP*, v. 9, n. 27, 1969.

MARRARA, Thiago. Competência, delegação e avocação na lei de processo administrativo (LPA). *REDE*, n. 28, 2012.

MIRANDA, Jorge. Sobre órgãos do Estado. *RDA*, v. 206, 1996.

SUNDFELD, Carlos Ari. Criação, estruturação e extinção de órgãos públicos. *RDP*, n. 97, 1991.

9
ENTES DE COLABORAÇÃO

9.1 ESFERA PÚBLICA NÃO ESTATAL E ENTES DE COLABORAÇÃO

Ao longo do estudo da Administração Direta e Indireta, demonstrou-se que o Estado se subdivide em pessoas jurídicas de direito público interno e de direito privado. Cada uma delas desempenha atividades públicas exclusivas (como serviços públicos monopolizados), atividades públicas não exclusivas (como os serviços sociais) e atividades econômicas (ora em concorrência, ora em regime de monopólio). Por mais que exerçam funções distintas, todas essas pessoas jurídicas compõem o Estado e podem ser chamadas de *"entes estatais"*.

Ao lado deles, posicionam-se os *"entes não estatais"*, pessoas jurídicas de direito privado, com ou sem finalidade lucrativa, criadas por decisão da sociedade para perseguir finalidades econômicas, promover ações de interesse da coletividade ou até mesmo assumir uma tarefa estatal pública delegada de modo temporário pelo Estado. É o caso das empresas, das organizações religiosas, dos partidos, das fundações e associações não estatais.

Independentemente da figura, fato é que o conceito subjetivo de Administração Pública não abrange entes não estatais. Melhor dizendo, eles não participam da Administração Direta, nem da Indireta. No entanto, quando exercerem funções de interesse público ou funções propriamente públicas delegadas, esses entes não estatais agirão como colaboradores do Estado, formando uma esfera não estatal sob o aspecto subjetivo, porém pública sob o aspecto funcional. Ao participarem da *"esfera pública não estatal"*, também conhecida como terceiro setor ou administração paraestatal, ingressarão num regime diferenciado, a princípio de direito privado, mas submetido a intensos influxos do direito administrativo.

Quadro: pessoas jurídicas e funções.

Ente	Personalidade jurídica	Funções	Categoria jurídica
Ente estatal	De direito público interno ou de direito privado	Atividade pública típica exclusiva (atividade diplomática, certas ações de polícia administrativa, serviços púbicos econômicos etc.) ou não exclusiva (como serviços públicos sociais na área de saúde e educação)	Administração Direta ou Indireta
		Atividade econômica, monopolizada ou em regime de concorrência	Administração Indireta
Ente não estatal	Apenas de direito privado	Atividade pública delegada por contrato administrativo	Delegatários de serviços públicos (também se enquadram na categoria dos *"entes de colaboração em sentido amplo"*)
		Atividade social ou de interesse público mediante vínculo com o Estado	*"Entes de colaboração em sentido estrito"* (em regra, sem fins lucrativos e fomentados pelo Estado)
		Atividade não estatal particular, social ou econômica, sem vínculo com o Estado	Esfera não estatal privada ou pura

Fonte: elaboração própria.

Entre o Estado e a chamada esfera dos particulares que atuam livremente no mercado ou em áreas sociais sem qualquer vínculo com o Poder Público, existem entidades privadas "intermediárias", que não participam do Estado, embora ajam ao seu lado com vistas a promover atividades e interesses públicos primários. Esses entes não estão incluídos no conceito de Administração Indireta, nem se encaixam na esfera privada pura, uma vez que assumem tarefas públicas por delegação ou exercem ações de interesse público sob fomento estatal no intuito de contribuir com a realização dos fins do Estado. É o caso das Santas Casas na área de saúde e das fundações que apoiam universidades públicas.

Esse grupo bastante heterogêneo de entidades privadas em função pública ou de utilidade pública pode ser conceituado como *"entes de colaboração"*. Proponho dividir esse conceito em uma definição ampliada e outra, restrita. Em sentido amplo, menos utilizado na doutrina, a expressão abrange tanto entidades privadas não estatais com finalidades lucrativas e que operam na qualidade de delegatárias de funções públicas (como as empresas particulares concessionárias e permissionárias de serviços públicos), quanto entidades privadas não estatais sem fins lucrativos beneficiadas pelo fomento do Estado (como as organizações da sociedade civil de interesse público, as organizações da sociedade civil e as entidades do sistema "S"). Já em sentido estrito, mais frequentemente empregado pela doutrina nacional, os entes de colaboração se resumem ao segundo grupo, isto é, restringem-se a entidades particulares e sem fins lucrativos que se dedicam a tarefas de interesse público não exclusivas do Estado e com seu fomento. Essa é a definição usualmente dada à expressão.

No Brasil, essas pessoas jurídicas de direito privado inicialmente apareceram sob o rótulo de *"entidades paraestatais"*, ou seja, que atuam ao lado do Estado. Com a reforma gerencial da década de 1990, voltada a reduzir o tamanho e os custos de funcionamento da Administração, ganhou força a expressão *"terceiro setor"*.[1] Embora os entes paraestatais e os entes do terceiro setor correspondam a figuras valorizadas em momentos históricos distintos, na prática, eles dividem muitas características comuns, o que permite inseri-los todos no mesmo conceito de entes de colaboração diante da falta de uma terminologia consagrada no direito positivo.

Emprestando-se aqui a lição de Di Pietro, esse grupo bastante heterogêneo de entidades partilha as seguintes marcas: (i) personalidade de direito privado; (ii) instituição por particulares, por vezes, em virtude de uma determinação contida em ato normativo estatal, como ocorre com os entes do Sistema "S"; (iii) competência para o desempenho de atividades sociais ou assistenciais não exclusivas do Estado; (iv) recebimento de algum tipo de incentivo público; (v) frequente vínculo com a Administração Pública, seja por atos de qualificação, seja pela celebração de acordos de diversas espécies, sobretudo para fins de fomento e (vi) regime básico de direito privado derrogado em parte pelo direito administrativo,[2] por exemplo, em razão de sua submissão ao controle público, mormente dos Tribunais de Contas, e a formas especiais de responsabilidade, como por ato de improbidade administrativa (art. 1º, § 6º e 7º e art. 2º, parágrafo único da Lei n. 8.429/1992) e por crimes contra a Administração Pública (art. 327, § 1º do CP).

Em virtude dessas características comuns, é possível incluir na categoria dos entes de colaboração em sentido estrito as Organizações Sociais (OS), as Organizações da Sociedade Civil de Interesse Público (OSCIP), as Organizações da Sociedade Civil (OSC), as entidades do Sistema "S", as Fundações de Apoio e entidades congêneres.

Advirta-se que os conselhos profissionais criados por lei como pessoas jurídicas de direito público em forma de autarquia não integram o espaço público não estatal. Sua personalidade de direito público os coloca no âmbito das entidades da Administração Indireta, razão pela qual não se confundem com os entes de colaboração aqui debatidos. Nada impede, porém, que leis prevejam conselhos com função regulatória das profissões e dotados de certas prerrogativas públicas. Nessa hipótese, diferentemente, eles poderão ingressar no campo dos entes de colaboração. Não há, contudo, lei que padronize o regime dessas entidades no Brasil. O que existem são leis específicas que ora os tratam como pessoas jurídicas de direito público, ora silenciam a respeito de sua natureza. Segundo Mariana Mêncio, a própria jurispru-

---

1. BRESSER PEREIRA, Luís Carlos. Uma reforma gerencial da Administração Pública no Brasil. *Revista de Serviço Público*, n. 1, 1998, p. 24.
2. DI PIETRO, Maria Sylvia Zanella. *Direito administrativo*, 32ª ed. São Paulo: Gen-Forense, 2019, p. 627-628.

dência prescinde de posicionamento uniforme sobre o tema. Embora em geral tome os conselhos como autarquias especiais, na ADI n. 3.026/DF, para dificultar ainda mais o debate do assunto, o STF qualificou a OAB como uma entidade "sui generis" dadas suas funções de promoção da justiça e democracia. Esse posicionamento abriu espaço para uma situação discriminatória bastante questionável.[3]

9.2 ORGANIZAÇÕES SOCIAIS (OS)

A expressão "organização social" (OS) nada mais é que um rótulo jurídico atribuído pelo Estado: (i) a uma fundação ou associação privada; (ii) sem fins lucrativos; (iii) instituída por particulares; (iv) para execução de finalidades de interesse público e (v) que cumpra determinados requisitos organizacionais e operacionais previstos em lei de cada esfera da federação para (vi) receber benefícios estatais destinados a viabilizar suas atividades.

A figura da OS surgiu no âmbito da União com a Lei n. 9.637/1998, que instituiu o chamado "Programa Nacional de Publicização". Apesar do nome, trata-se de uma estratégia de desestatização voltada a reduzir o tamanho e os custos do Estado por meio da transferência de suas atividades, de sua infraestrutura e até de seus servidores a entes privados.[4] Não por outra razão, autores como Edmir Netto de Araújo adequadamente incluem as OS na categoria dos mecanismos de descentralização por colaboração.[5] Ainda no ano de 1998, por força da lei mencionada, o Laboratório Nacional de Luz Síncroton e a Fundação Roquette Pinto tornaram-se as primeiras entidades qualificadas como OS pela União.

Reitere-se que a OS não constitui uma nova modalidade de pessoa jurídica. Trata-se de uma qualificação, um rótulo, um atributo jurídico que se confere a entidades privadas sem fins lucrativos interessadas em se relacionar com o Estado e desenvolver atividades de interesse público, muitas vezes em substituição a um ente da Administração Indireta. Nesse contexto, é preciso examinar: (a) os requisitos legais para a qualificação como OS; (b) os benefícios decorrentes da qualificação; (c) as restrições que ela acarreta às entidades privadas e (d) as causas para a perda da qualificação.

Os "requisitos de qualificação" de uma pessoa jurídica de direito privado como OS são de natureza organizacional, finalística e formal:

---

3. Criticamente sobre o posicionamento do STF quanto à OAB, cf. MENCIO, Mariana. Regime jurídico aplicável à ordem dos advogados do Brasil (OAB). In: PEREIRA, Flávio Henrique Unes; CAMMAROSANO, Márcio; SILVEIRA, Marilda de Paula; ZOCKUN, Maurício (org.). O direito administrativo na jurisprudência do STF e do STJ: homenagem ao Professor Celso Antônio Bandeira de Mello. Belo Horizonte: Fórum, 2013, p. 416-417.

4. Duras críticas às OS foram elaboradas por DI PIETRO, Maria Sylvia Zanella. Parcerias na Administração Pública, 8ª ed. São Paulo: Atlas, 2011, p. 270-271.

5. ARAÚJO, Edmir Netto de. Curso de direito administrativo, 5ª ed. São Paulo: Saraiva, 2010, p. 189.

- Em termos organizacionais, é preciso que a fundação ou a associação privada sem fins lucrativos interessada no título de OS conte com uma diretoria executiva e um conselho de administração. O conselho necessita ser formatado de forma a congregar representantes internos, do governo e da sociedade (incluindo tanto pessoas vinculadas a entidades da sociedade civil quanto profissionais capacitados e moralmente idôneos). Isso significa que a gestão da entidade assumirá caráter misto, haja vista que se abrirá à participação e à consequente influência do Estado e da sociedade, setores a que mais de 50% dos membros do conselho deverão representar por força da lei (art. 2°). Entre outras incumbências, ao conselho misto competirá fixar a atuação da entidade, aprovar seus contratos de gestão, orçamento e programa de investimento, indicar e dispensar a diretoria, fixar remuneração de diretores, aprovar e alterar o estatuto, editar o regimento interno, o regimento de procedimentos de contratação e o plano de cargos, aprovar e encaminhar ao Estado os relatórios de gestão, fiscalizar o cumprimento de metas, além de deliberar sobre a extinção da entidade (art. 3°).
- Em termos finalísticos, a entidade interessada na qualificação deverá comprovar que do registro de seu ato constitutivo constam a natureza social de seus objetivos, a ausência de finalidade lucrativa, a vedação da distribuição de bens ou de parcela de seu patrimônio a seus membros, a previsão de incorporação de seu patrimônio, em caso de extinção ou de desqualificação, a outra organização social da mesma área. A simples comprovação de finalidade social é insuficiente para a qualificação, pois a lei indica que as OS deverão atuar em setores específicos, quais sejam: ensino, pesquisa, desenvolvimento tecnológico, proteção e preservação ambiental, cultura ou saúde (art. 1°).
- Em termos formais, a qualificação dependerá da solicitação voluntária pela entidade privada e da aprovação discricionária do pedido por órgão ministerial, supervisor ou regulador da área de atividade correspondente ao seu objeto social. Disso resulta que não há qualificação de ofício, determinada pelo próprio Estado sem pedido, sob pena de se configurar intervenção estatal indevida na esfera de autonomia das entidades privadas. De outra parte, porém, o Estado não está obrigado a aprovar a qualificação, uma vez que a Lei lhe confere espaço para um juízo de conveniência e oportunidade, o qual, por óbvio, pautar-se-á pelos princípios da administração pública, principalmente o da moralidade e o da impessoalidade, descabendo à Administração negar a qualificação no intuito de beneficiar indevidamente certas entidades ou de prejudicar outras.

Obtida a qualificação, a nova OS poderá celebrar *"contrato de gestão"* com o Estado no intuito de se beneficiar de incentivos estatais para desempenhar atividades de interesse público. De acordo com Gustavo Justino de Oliveira, o contrato de gestão nada mais é que um acordo administrativo de natureza colaborativa.[6] Apesar de terem natureza semelhante, não se deve confundir o contrato de gestão em debate, pelo qual se estabelece uma relação jurídica entre Estado e entes particulares do terceiro setor, com o contrato previsto no art. 37, § 8º da CF, celebrado dentro do próprio Estado com a finalidade de se reforçar a autonomia de entes e órgãos da Administração Pública – conforme se esclareceu nas explicações acerca das agências executivas. Esse contrato também já foi chamado de contrato de gestão, gerando confusões com os instrumentos celebrados com as OS. Agora, porém, recebe o nome de "contrato de desempenho" (Lei n. 13.934/2019).

O contrato de gestão celebrado com o terceiro setor estabelece atribuições, obrigações e responsabilidades tanto do Poder Público quanto da OS, incluindo um programa de trabalho, metas de resultado, limites de despesa com remuneração de dirigentes, prazos para execução de tarefas e critérios de avaliação das atividades executadas. Nele igualmente se preveem os benefícios estatais oferecidos à entidade privada para o desempenho de suas atividades de interesse público. Esses benefícios podem incluir: (i) transferência de recursos financeiros do Estado; (ii) a permissão de uso, sem licitação, de bens públicos necessários às atividades sociais; (iii) a cessão especial de servidores públicos com ônus para a origem; (iv) benefícios derivados de sua equiparação a entidades de interesse social e utilidade pública (art. 11) e (v) a possibilidade de a Administração contratar a OS mediante dispensa de licitação.

O benefício de contratação de OS por dispensa já foi objeto de intenso debate. De acordo com a antiga Lei de Licitações (art. 24, XXIV, da Lei n. 8.666/1993), admitia-se a dispensa de licitação para "a celebração de contratos de prestação de serviços com as organizações sociais qualificadas no âmbito das respectivas esferas de governo, para atividades contempladas no contrato de gestão". Referido dispositivo foi questionado na ADI n. 1.923-DF perante o STF, mas, ao final, julgado compatível com a Constituição. Na prática, sua aplicação requeria o preenchimento de alguns requisitos, a saber: (i) que a qualificação da OS fosse conferida na esfera política que se realizava a dispensa, de modo que seria ilícita a contratação sem licitação por um Estado ou Município em benefício de uma entidade sem fins lucrativos qualificada como OS apenas no âmbito federal; (ii) que houvesse simetria entre a demanda do Estado, o objeto do contrato e a finalidade da OS, daí a ilegalidade de dispensas para contratar serviços administrativos ou econômicos de uma OS que, por lei, somente pudesse agir em áreas sociais ou mesmo para contratar uma OS que atuasse na área de saúde para prestar serviços de educação; e (iii) que se comprovasse a compatibilidade dos preços da OS com os praticados no mercado. Destaque-se, todavia, que a Lei de Licitações de 2021 não repetiu referido inciso ao tratar dos casos de dispensa da licitação (art. 75).

---

6. OLIVEIRA, Gustavo Justino de. *Contrato de gestão*. São Paulo: Revista dos Tribunais, 2008, p. 272-273.

A qualificação e a posterior celebração do contrato de gestão não garantem a OS somente benefícios. Aplicam-se a elas inúmeras *"restrições administrativas"*. Além de se sujeitarem aos requisitos necessários à qualificação, inclusive os que impõem a transferência de seus bens a outra OS do setor em caso de extinção, essas entidades se submetem a reforçados mecanismos de controle em razão das tarefas que assumem e dos benefícios estatais que recebem. Anote-se, a título de ilustração, sua sujeição à fiscalização da entidade estatal competente pelo setor de atuação por meio de comissão de avaliação especializada; o dever de entregar ao Estado relatórios sobre a execução do contrato e prestação de contas financeiras; a submissão às sanções da Lei de Improbidade e da Lei Anticorrupção e a possibilidade de se decretarem indisponíveis seus bens em caso de indícios fundados de malversação de bens ou recursos públicos, causa que também permitirá o sequestro judicial dos bens de seus dirigentes e a responsabilização civil por eventuais danos.

De acordo com a lei federal que rege a matéria, a *"desqualificação"* da OS ocorrerá quando se comprovar o descumprimento do contrato de gestão, fato a ser apurado em processo administrativo no qual se assegure a ampla defesa e o contraditório. Todavia, essa não parece ser a única hipótese imaginável. A desqualificação também se dará em razão de extinção da entidade em virtude de decisão do conselho administrativo ou de aplicação de sanções como as previstas na Lei Anticorrupção; por solicitação voluntária da retirada da qualificação e por perda dos requisitos necessários à qualificação, com alterações indevidas do estatuto e do conselho de administração. Destarte, uma interpretação sistemática da lei mostra que existem ao menos quatro causas de desqualificação. Em qualquer uma delas, os bens e valores recebidos pela OS, naturalmente não utilizados, deverão ser revertidos ao respectivo ente público que os transferiu (art. 16, § 2º). Já os bens e ativos patrimoniais recebidos de terceiros serão direcionados a uma organização social que atue no mesmo setor (art. 2º, I, 'i').

9.3 ORGANIZAÇÃO DA SOCIEDADE CIVIL DE INTERESSE PÚBLICO (OSCIP)

Em semelhança ao que ocorre com a OS, a Administração Pública pode qualificar como Organização da Sociedade Civil de Interesse Público (OSCIP) uma entidade privada, não estatal, sem fins lucrativos, que exerça atividades de interesse público e busque se beneficiar de programas de fomento. No âmbito da União, o regime jurídico da OSCIP e os requisitos de qualificação estão disciplinados na Lei n. 9.790/1999, cuja aplicabilidade se resume ao âmbito federal.

Para se compreender esse ente de colaboração, há que se verificar (a) quais são os requisitos legais de qualificação, (b) quais os benefícios que derivam da qualificação e da assinatura do termo de parceria; (c) como a qualificação gera restrições administrativas à gestão da entidade e (d) quais são as causas de perda de qualificação. Após a análise desses aspectos centrais, será possível esclarecer com mais facilidade como a OSCIP e a OS diferem.

De acordo com a Lei n. 9.790/1999, a qualificação de uma entidade privada como OSCIP depende do cumprimento de requisitos de ordem organizacional, finalística e formal, quais sejam:

- Em termos organizacionais, é preciso que a solicitante seja pessoa jurídica de direito privado sem fins lucrativos, constituída e em funcionamento regular há no mínimo três anos (art. 1°, *caput*). A exigência de 3 anos configura requisito inserido posteriormente na lei e mostra a preocupação do legislador em qualificar apenas entidades que já demonstrem algum histórico, evitando-se fomento de organizações fantasmas, criados do dia para a noite, sem qualquer experiência e comprovação de resultados. A entidade deverá ainda se guiar por estatuto que siga diretrizes específicas da lei (art. 4°), como a de respeitar os princípios da legalidade, da moralidade, da impessoalidade e da eficiência, a de adotar boas práticas administrativas, a de prever a transferência do patrimônio obtido por recursos públicos a outra OSCIP em hipótese de desqualificação, a de observar parâmetros compatíveis com os de mercado na remuneração de seus dirigentes e a de obedecer às normas mínimas sobre prestação de contas. Em sentido negativo, a interessada não poderá se enquadrar na lista de vedações da Lei (art. 2°), ou seja, no rol de pessoas incompatíveis com a qualificação de OSCIP. Nesse sentido, é incabível a qualificação, por exemplo, de sociedades comerciais, sindicatos, associações de classes, instituições religiosas, organizações partidárias, inclusive suas fundações, escolas privadas com ensino pago, organizações sociais, cooperativas e fundações públicas.

- Em termos finalísticos, a interessada na qualificação deverá ter como seu objetivo social uma das áreas listadas de modo taxativo pela Lei e exercer suas atividades em linha com o princípio da universalização, ou seja, de modo aberto e sem discriminação a qualquer interessado. As áreas previstas na lei abrangem, a título de exemplo, assistência social, cultura, educação gratuita, saúde gratuita, segurança alimentar, defesa do ambiente, combate à pobreza e promoção do desenvolvimento, promoção de direitos, da ética, da paz, da cidadania e de direitos humanos, pesquisa e desenvolvimento de tecnologias etc. (art. 3°). Como se vislumbra, não é preciso que a atividade da OSCIP se caracterize sempre pela gratuidade, a não ser em casos especialmente listados como o de saúde e educação. Fora isso, a despeito do fim, a lei veda expressamente que a entidade qualificada se envolva em campanhas de interesse político-partidário ou eleitorais, sob quaisquer meios ou formas (art. 16).

- Em termos formais, a qualificação depende de requerimento voluntário e escrito, formulado pela entidade privada interessada ao Ministério da Justiça e acompanhado da documentação exigida na lei, inclusive balanço patrimonial, resultado de exercício anterior e declaração de isenção do imposto de renda. Em contraste com a Lei das OS, a documentação exigida pela Lei das OSCIP reforça a necessidade de que a entidade comprove um histórico de efetiva atuação anterior à qualificação. Ademais, a lei em debate expressa que a decisão do Ministro é vinculada. Isso fica evidente no dispositivo que limita a possibilidade de indeferimento da qualificação a casos específicos, como o de documentação incompleta ou de descumprimento dos requisitos organizacionais e finalísticos (art. 6º, § 3º).

Desde que se observem os requisitos legais, a entidade fará jus à obtenção da qualificação de OSCIP e, com ela, tornar-se-á apta a celebrar os chamados *"termos de parceria"* com a União, visando a obter incentivos para o desenvolvimento de atividades de interesse social previstas na legislação.

O termo de parceria nada mais é que uma espécie de convênio ou de acordo administrativo de natureza colaborativa.[7] De acordo com a lei, dele constarão as normas gerais de cooperação entre o ente privado e o Estado, incluindo o objeto de ação e o programa de trabalho, as metas esperadas, o cronograma e os prazos de execução, os critérios objetivos de avaliação, a previsão de receitas e despesas para as ações estipuladas, a obrigatoriedade de apresentação de relatório de execução, de prestação de contas, de publicação de extrato do ajuste e de demonstrativo de execução física e financeira como requisito para liberação de recursos. Para ganhar validade e eficácia, a celebração do termo de parceria será precedida de consulta ao conselho de políticas públicas do setor envolvido.

Um dos maiores problemas em relação à celebração do termo de parceria diz respeito à escolha da OSCIP que dele se beneficiará. A Lei não esclarece como o Estado selecionará tais entidades. Para resolver o problema, há que se resgatar as normas regulamentares editadas pela Presidência da República. De acordo com o Decreto n. 3.100/1999, a escolha da OSCIP para "a celebração de termo de parceria deverá ser feita por meio de publicação de edital de *concursos de projetos* pelo órgão estatal parceiro para a obtenção de bens e serviços e para a realização de atividades, eventos, consultoria, cooperação técnica e assessoria" (art. 23). Entre outros detalhes, a norma regulamentar indica, para o concurso, critérios de julgamento aceitáveis e inaceitáveis. Ademais, reconhece certas possibilidades de dispensa do procedimento, por exemplo, em caso emergência e para manutenção de atividades já ajustadas com uma OSCIP há mais de cinco anos com a condição de que se comprove seu bom desempenho e de que suas contas anteriores tenham sido aprovadas. Os mecanismos de seleção via chamamento público, previstos na Lei n. 13.019/2014, não se aplicam à OSCIP por expressão exclusão legal (art. 3º, VI).

Uma vez celebrado o termo de parceria, a OSCIP poderá se valer de benefícios oferecidos pelo Estado, que abrangem: a) a transferência de recursos orçamentários e b) a outorga de uso de bens públicos. Em contrapartida, a entidade se sujeitará a uma série de restrições, ora expressas na Lei n. 9.790, ora decorrentes da incidência do regime administrativo. Ela deverá editar regulamento de procedimentos para

---

7. DI PIETRO, Maria Sylvia Zanella. *Parcerias na Administração Pública*, 8ª ed. São Paulo: Atlas, 2011, p. 282.

contratação de obras, serviços e bens; comprometer-se-á à apresentação de relatório de atividades e prestação de contas, inclusive mediante realização de eventual auditoria; submeter-se-á à fiscalização estatal por conselhos de políticas públicas, pelo Tribunal de Contas e pelo Ministério Público, bem como à avaliação realizada por comissão instituída de comum acordo com o Estado e ao controle social; sujeitar-se-á a medidas de indisponibilidade de seus bens e de sequestro dos bens de seus dirigentes em caso de indício fundado de malversação de patrimônio; responderá por desvios e danos causados nos termos da Lei de Improbidade, da Lei Anticorrupção e da legislação civil, sem prejuízo de aplicação da legislação penal em relação aos seus membros.

Fora isso, a Lei n. 9.790 prevê a *"perda da qualificação"* por decisão administrativa proferida após a condução de processo administrativo ou judicial, de iniciativa popular (vedado o anonimato) ou do MP (art. 7°). O motivo da desqualificação consistirá na perda dos requisitos organizacionais ou finalísticos necessários para a qualificação, no descumprimento do termo de parceria ou na configuração de fraude (art. 8°). A lei ainda prevê expressamente a retirada da qualificação a pedido da entidade interessada, caso para o qual não se deverá exigir motivo específico. Apesar do silêncio da lei, agregue-se ainda a hipótese de desqualificação automática por extinção da entidade.

A partir das características apresentadas é possível traçar um comparativo básico entre o regime da OSCIP e da OS. Do ponto de vista organizacional e finalístico, os requisitos de qualificação da OSCIP mostram-se mais limitativos, pois tratam de vedações quanto à natureza e à finalidade da pessoa jurídica interessada, proíbem sua relação com atividades partidárias e exigem prazo mínimo de existência e experiência (três anos). No entanto, a OSCIP não se submete à gestão mista em contraste com a OS, cujo conselho será em maioria composto por representantes do Estado e da sociedade. Na verdade, a participação de servidores públicos no conselho ou na diretoria da OSCIP é possível por lei (art. 4°, parágrafo único com alteração dada pela Lei n. 13.019/2014). Todavia, não se impõe a gestão híbrida que caracteriza as OS, organizações que desempenham papel mais intenso na colaboração com o Estado.

Em verdade, enquanto a OSCIP configura um ente do terceiro setor meramente fomentado pelo Estado; a OS pode assumir a função de verdadeira delegatária de serviços públicos não exclusivos, numa forma de concessão disfarçada. Não é por outra razão que o Estado está autorizado por lei a transferir às OS recursos financeiros, grandes infraestruturas e ainda agentes públicos para executar serviços que antes estavam sob sua prestação direta, como se verifica na área de saúde e de cultura. Isso significa que a OS constitui uma figura passível de uso para fins de redução do tamanho da Administração e esvaziamento de entes públicos, o que a torna bastante questionável quando se cotejam os instrumentos que a Constituição disponibilizou para fins de delegação de serviços.

Já a OSCIP não se submete à exigência de gestão mista, mas em contrapartida recebe menos benefícios. A Lei não prevê em seu favor a cessão de agentes públicos, nem a dispensa de licitação na contratação pelo Poder Público. Sua relação com o Estado se reduz basicamente ao fomento e não à delegação camuflada de serviço estatal não exclusivo, como saúde. Ainda assim, não há dúvida de que o Estado tem a possibilidade de utilizá-las no intuito de paulatinamente reduzir investimentos na Administração Pública, ou seja, na manutenção de entidades próprias.

Registre-se em complemento que a Lei das OSCIP se mostra mais específica no tocante a normas de controle, inclusive com a valorização do controle social, e em relação aos casos de desqualificação. No entanto, a lei em debate peca por não detalhar normas sobre os bens públicos transferidos pelo Estado e por não estabelecer o procedimento que se deverá utilizar para a escolha da OSCIP beneficiada com um termo de parceria – lacuna essa que, como dito, foi solucionada pelas normas do decreto regulamentar.

9.4 ORGANIZAÇÕES DA SOCIEDADE CIVIL (OSC)

9.4.1 Panorama da Lei n. 13.019 e definição de OSC

A Lei n. 13.019/2014 inseriu no ordenamento jurídico brasileiro um amplo conjunto de normas a respeito das parcerias estatais com as chamadas Organizações da Sociedade Civil (OSC) em todas as esferas da federação. Diferentemente das leis federais que tratam das OS e das OSCIP, restritas à União, a lei das OSC possui caráter nacional e, por isso, atinge igualmente os Estados e os Municípios. Além de sua aplicabilidade geral, a Lei se mostra muito relevante pelo fato de criar um tipo adicional de ente de colaboração. Assim como as OSCIP, as OSC se relacionam com o Estado para obter fomento necessário à viabilização de atividades de interesse público por meio de três instrumentos específicos de parceria, a saber: (i) o termo de fomento; (ii) o termo de colaboração e (iii) o acordo de colaboração.

Com o escopo de regular essas parcerias entre Estado e OSC, a Lei n. 13.019/2014 se desdobra em seis capítulos, dedicados, respectivamente, a: (i) estabelecer disposições preliminares (objeto da lei, conceitos e definições relevantes etc.); (ii) tratar da celebração do termo de colaboração, do termo de fomento e do acordo de cooperação, bem como do chamamento público como modalidade licitatória; (iii) reger a formalização e a execução dos instrumentos de parceria; (iv) disciplinar a prestação de contas; (v) cuidar das responsabilidades e estabelecer sanções e (vi) estipular disposições finais, incluindo normas sobre a vigência da lei. Isso revela que o legislador desejou criar amarras para moralizar as relações do Estado com o terceiro setor e controlar o uso de recursos públicos aplicados em políticas de fomento.

No intento de delimitar o âmbito de aplicação de suas normas, a Lei n. 13.019 também esclarece o conceito de Organizações da Sociedade Civil (OSC), o qual inexistia no ordenamento jurídico brasileiro até a sua edição. Esse conceito amplo não designa um tipo novo de pessoa, mas sim um novo rótulo categorial que inclui:

- As *"entidade privada sem fins lucrativos"* que não distribuam entre os seus sócios ou associados, conselheiros, diretores, empregados, doadores ou terceiros eventuais resultados, sobras, excedentes operacionais, brutos ou líquidos, dividendos, isenções de qualquer natureza, participações ou parcelas do seu patrimônio, auferidos mediante o exercício de suas atividades, e que os aplique integralmente na consecução do respectivo objeto social, de forma imediata ou por meio da constituição de fundo patrimonial ou fundo de reserva;

- As *"sociedades cooperativas"* previstas na Lei n. 9.867, de 10 de novembro de 1999; as integradas por pessoas em situação de risco ou vulnerabilidade pessoal ou social; as alcançadas por programas e ações de combate à pobreza e de geração de trabalho e renda; as voltadas para fomento, educação e capacitação de trabalhadores rurais ou capacitação de agentes de assistência técnica e extensão rural; e as capacitadas para execução de atividades ou de projetos de interesse público e de cunho social;

- As *"organizações religiosas"* que se dediquem a atividades ou a projetos de interesse público e de cunho social distintas daquelas orientadas a fins puramente religiosos.

Apesar de sua extensa abrangência, o regime jurídico da Lei n. 13.019/2014 não incide em uma série de situações, como parcerias da Administração com OSC, por exemplo, baseadas em tratados, acordos e convênios internacionais que contenham regime especial; convênios e contratos com entidades filantrópicas sem fins lucrativos da área da saúde; termos de compromisso cultural (Lei n. 13.019/2014) ou parcerias da Administração com os serviços sociais autônomos. A lei tampouco cuida das relações de fomento do Estado com OS e com OSCIP regidas por leis federais específicas. A respeito desse último aspecto, há que se fazer uma consideração crítica. Não há motivo para se conferir à União, que criou a política de parcerias com as OSC, uma situação mais benéfica que a dos Estados e dos Municípios. Por conta disso, se a Lei n. 13.019 não afeta o regime especial de fomento às OS e às OSCIP no âmbito da União, a mesma exceção deveria valer para os Estados e Municípios que tenham leis especiais sobre essas entidades do terceiro setor. Não faz sentido afirmar que a relação da União com suas OS se sujeita a lei específica, enquanto a relação de um Estado da federação com suas OS se rege pela Lei n. 13.019.

9.4.2 Acordos de colaboração, termos de parceria e de colaboração

Nas situações regidas pela Lei n. 13.019, a relação de fomento entre a União, os Estados ou os Municípios e as OSC se estabelece por um dos três instrumentos contratuais já mencionados: o termo de colaboração, o termo de fomento ou o acordo de cooperação.

Os dois termos são bastante semelhantes, pois constituem contratos de cooperação que se destinam a viabilizar atividade de interesse público e que regem a transferência de recursos públicos da Administração para a OSC parceira. A diferença entre eles reside na iniciativa: os de colaboração são propostos pela Administração, enquanto os de fomento provêm de estímulos da sociedade civil, embora isso não afaste a necessidade de chamamento público para se garantir a igualdade entre os diversos entes do terceiro setor.

Em contraste com os acordos de cooperação, os termos de colaboração e de fomento envolvem necessariamente a transferência de recursos financeiros públicos para a OSC contratada. Já os acordos de cooperação não aceitam transferência de recursos. Essa diferença tem uma implicação importante. A Lei n. 13.019 torna o chamamento público obrigatório para os termos. Já os acordos de cooperação são contratados de modo direto, sem chamamento, salvo quando envolverem comodato ou doação de bens públicos em favor da OSC ou a beneficiarem por outras modalidades de compartilhamento de recursos patrimoniais de natureza não-financeira (art. 29).

A variação da nomenclatura para os ajustes de cooperação e fomento tratados pela Lei n. 13.019 seria em verdade desnecessária, já que eles se assemelham bastante e poderiam ser enquadrados na figura geral do convênio, porém sob regime jurídico especial. Como demonstra a legislação, os três instrumentos devem ter o mesmo conjunto de cláusulas essenciais (art. 42), as quais tratarão, entre outras coisas: da descrição do objeto, da obrigação das partes, da vigência e hipóteses de prorrogação, da prestação de contas, do monitoramento e da avaliação, do destino dos bens e direitos remanescentes, do acesso dos órgãos de controle aos documentos da parceria, da extinção da parceria, da solução de controvérsias e da responsabilidade exclusiva da OSC por encargos trabalhistas, previdenciários, fiscais e comerciais, excluída a responsabilidade solidária ou subsidiária da Administração. Ademais, um plano de trabalho acompanhará qualquer um dos três ajustes.

A definição do objeto da parceria necessita ser elaborada de acordo com as limitações impostas pela Lei n. 13.019. Nos termos do art. 40, "é vedada a celebração de parcerias previstas nesta Lei que tenham por objeto, envolvam ou incluam, direta ou indiretamente, delegação das funções de regulação, de fiscalização, de exercício do poder de polícia ou de outras atividades exclusivas de Estado". Em sua redação originária, anterior à modificação operada pela Lei n. 13.204/2015, as vedações em relação ao objeto eram bem mais extensas e abarcavam: i) a delegação das funções de regulação, de fiscalização, do exercício do poder de polícia ou de outras atividades exclusivas do Estado; ii) a prestação de serviços ou de atividades cujo destinatário seja o aparelho administrativo do Estado; iii) a contratação de serviços de consultoria, com ou sem produto determinado e iv) o apoio administrativo com ou sem disponibilização de pessoal, fornecimento de materiais consumíveis ou de outros bens. Essas três últimas hipóteses não se encontram mais no rol de vedações desde 2015 e, a princípio, podem constituir objeto da parceria.

As regras sobre alteração e os modos de extinção são também idênticos para os três tipos de parceria. De acordo com a Lei (art. 55), a vigência poderá ser alterada mediante solicitação formal e motivada da OSC apresentada em até trinta dias do termo final do ajuste. A Lei ainda confere à OSC um direito subjetivo de prorrogação do prazo de vigência quando a Administração der causa a atrasos no repasse de recursos financeiros (art. 55, parágrafo único). Apesar do silêncio do legislador, entende-se que esse mesmo direito deve ser garantido à OSC em relação a atrasos de repasse de bens públicos essenciais ao desenvolvimento da parceria. Além da alteração de vigência, a lei permite a modificação de valores ou metas previstas no plano de trabalho (art. 57), documento anexo da parceria.

No tocante à extinção do ajuste, não existem normas sistematizadas na lei. Sem prejuízo, é possível sustentar que há modos de: *"extinção natural"*, por exemplo, pelo atingimento das metas ou pelo decurso do prazo de vigência; *"extinção consensual"*, a qualquer tempo em vista da concordância das partes envolvidas e sem prejuízo de aplicação de sanções e apuração de responsabilidades (art. 42, XVI) e *"extinção unilateral"* determinada pela Administração em razão de inadimplemento por parte da OSC. Nessa última hipótese, a lei confere poderes exorbitantes à Administração, incluindo o de assumir o objeto da parceria ou transferir a responsabilidade pela execução do objeto a outra OSC para evitar sua descontinuidade e de retomar os bens públicos em poder da entidade inadimplente (art. 42, XII e art. 62). Referidos poderes se marcam pela autoexecutoriedade, ou seja, podem ser executados a despeito de manifestação judicial.

9.4.3 Chamamento público

Como os termos de colaboração e de fomento preveem a transferência de recursos financeiros, é preciso que se conduza antes de sua celebração um *"chamamento público"*, procedimento licitatório especial destinado a selecionar uma ou mais OSC parceiras do Estado. Já os acordos de cooperação em geral não envolvem benefícios à OSC, razão pela qual sua celebração não reduz a possibilidade de a Administração Pública firmar ajustes idênticos ou semelhantes com outras organizações. Essa ausência de concorrência torna o chamamento a princípio prescindível. Assim, somente quando estiver em jogo a transferência de uso ou doação de bens ou de outras vantagens patrimoniais não-financeiras é que o chamamento será obrigatório como procedimento de escolha da organização que celebrará o acordo de cooperação.

Em semelhança a uma licitação, o chamamento público se reparte em uma fase interna ou de planejamento e uma fase externa, na qual se desenvolve a competição entre as organizações interessadas na parceria.[8] De acordo com a Lei n. 13.019/2014, a *"fase interna"* ou de planejamento abrange três tarefas fundamentais, a saber:

- A instituição da *"comissão de seleção"*, ou seja, do "órgão colegiado destinado a processar e julgar chamamentos públicos, constituído por ato publicado em meio oficial de comunicação, assegurada a participação de pelo menos um servidor ocupante de cargo efetivo ou emprego permanente do quadro de pessoal da administração pública" (art. 2º, X). Note-se, em primeiro lugar, que a lei exige um empregado público ou servidor estável na comissão. Os outros membros poderão ser comissionados, por exemplo. A flexibilidade concedida pela lei nesse aspecto afigura-se nociva, pois torna a comissão mais suscetível a influências políticas. Ainda assim, com o escopo de promover a moralidade e a impessoalidade, a Lei impede que participe da comissão pessoa que, nos últimos cinco anos, tenha mantido relação jurídica com, ao menos, uma das entidades participantes do chamamento (art. 27, § 2º). A essa proibição somam-se naturalmente as hipóteses de impedimento e de suspeição das leis de processo administrativo. Nos chamamentos públicos da União, portanto, incidem os dispositivos sobre a matéria contidos na LPA federal (art. 18 a 21). Enfim, é de se lamentar que a Lei n. 13.019 não tenha exigido como requisito para a participação na comissão o treinamento e a capacitação prévia dos agentes públicos (art. 7º, parágrafo único).[9] A falta de investimento em treinamento eleva o risco de falhas na condução do processo, bem como as probabilidades de questionamentos e de invalidações.

- A eventual realização de *"Procedimento de Manifestação de Interesse Social"* (PMIS), no qual qualquer pessoa física ou jurídica da sociedade civil pode colaborar com o Poder Público por meio da apresentação de propostas de parceria desde que respeitados certos requisitos legais (art. 19). Depois de atestar a observância dos requisitos, a Administração poderá abrir o PMIS, caso em que conferirá publicidade à proposta e então ouvirá a sociedade em consulta pública. Concluído o PMIS, o órgão responsável fará novo juízo discricionário para decidir se abrirá ou não um chamamento com o objetivo de efetivar a parceria sugerida. O fato de uma OSC ter sugerido a proposta ou ter participado da consulta pública no PMIS não lhe gera, por conseguinte, qualquer preferência ou direito de contratação. No entanto, a lei tampouco a prejudica, já que não a proíbe de participar do chamamento em igualdade de condições com outras entidades interessadas no contrato.

---

8. Em mais detalhes sobre essas duas fases, cf. MARRARA, Thiago; CESARIO, Natália de Aquino. Chamamento público para parcerias sociais: comentários à Lei n. 13.019/2014. *RDDA*, v. 3, 2016, p. 453 e seguintes.

9. Também nesse sentido, OLIVEIRA, André Tito Motta. *Da atuação do terceiro setor por meio das parcerias com o estado e seu controle pelos tribunais de contas*: entre os lindes da transparência e da eficiência. Dissertação de Mestrado apresentada a Faculdade de Direito da Universidade de São Paulo, 2014, p. 82.

- Independentemente da realização do PMIS, que é facultativa, toda parceria pressupõe um *"plano de trabalho"*, igualmente desenvolvido na fase de planejamento. Para os termos de fomento, o plano é de iniciativa da sociedade civil. Sem prejuízo dessa pequena distinção, em todos os casos, o documento constituirá instrumento essencial, obrigatório e será anexado ao contrato de parceria. De acordo com a Lei (art. 22), dele deverão constar a descrição da realidade em que a parceria se insere, as metas e as atividades que serão executadas, a previsão de receitas, despesas e dos parâmetros de avaliação.

A *"fase externa"* do processo administrativo de chamamento público se destina a selecionar a OSC mais bem preparada para executar a parceria e a melhor proposta à luz dos requisitos do edital. A rígida disciplina da fase competitiva do chamamento na Lei n. 13.019/2014 espelha a enorme preocupação do legislador em moralizar as escolhas das organizações da sociedade civil que se relacionarão com o Estado no intuito de se beneficiar de políticas de fomento para atividades de interesse público. Basicamente, a fase externa se divide em três etapas centrais:

- Na *"abertura do chamamento"*, publica-se o ato convocatório, denominado edital. Nele se apontam com clareza e objetividade as normas relativas ao processo e à parceria. O edital deverá conter no mínimo: a programação orçamentária que autoriza e viabiliza a celebração da parceria; o objeto da parceria; as datas, os prazos, as condições, o local e a forma de apresentação das propostas; as datas e os critérios de seleção e julgamento das propostas, inclusive no que se refere à metodologia de pontuação e ao peso atribuído a cada um dos critérios estabelecidos, se for o caso; o valor previsto para a realização do objeto; normas recursais; a minuta do instrumento de parceria e medidas de acessibilidade para pessoas com deficiência ou mobilidade reduzida e idosos (art. 24, § 1º). Com o objetivo de estimular a concorrência e o controle social, a Lei exige sua publicação em página oficial da administração pública na internet, com antecedência mínima de trinta dias. Entretanto, estranhamente, a Lei não contém previsão de direito de impugnar o ato convocatório. Sem prejuízo, entende-se que esse direito configura um mecanismo de controle social necessário à concretização da moralidade, da legalidade e do interesse público, além de se ancorar no direito fundamental de petição. Assim, a despeito do silêncio legal, há que se reconhecer o direito de impugnação tanto aos cidadãos quanto às OSC interessadas na competição.

- Após o encerramento das inscrições, abre-se a etapa de *"julgamento"* conforme critérios objetivos previamente divulgados pelo Estado. Para tanto, permite-se o uso de pesos e a aplicação de metodologias específicas, desde que previstos no edital. A Lei n. 13.019/2014 não explica quais são esses critérios, cabendo aos entes da federação defini-los em regulamentos próprios ou atribuir às suas entidades a tarefa de estabelecê-los em cada caso, sempre em respeito à objetividade e à isonomia. Em paralelo ao que se determina na Nova Lei de Licitações (Lei n. 14.133/2021), em seu art. 9°, inciso I, o legislador vedou "admitir, prever, incluir ou tolerar, nos atos de convocação, cláusulas ou condições que comprometam, restrinjam ou frustrem o seu caráter competitivo em decorrência de qualquer circunstância impertinente ou irrelevante para o específico objeto da parceria". Disso resulta que medidas discriminatórias serão aceitáveis contanto que se revelem pertinentes e relevantes à execução bem-sucedida do contrato. Além disso, o legislador abriu espaço para que o ente público contratante a) selecione exclusivamente propostas apresentadas por OSC sediadas ou com representação atuante e reconhecida na unidade da federação onde será executado o objeto da parceria e b) estabeleça cláusula que delimite o território ou a abrangência das atividades (art. 24, § 2°).

- Após o julgamento, opera-se a *"habilitação"* da OSC mais bem classificada. Aqui entram em jogo as exigências dos art. 33, 34 e do art. 39 da Lei. O art. 33 trata de aspectos de organização interna e do histórico da OSC. Entre outras coisas, há que se comprovar a finalidade de interesse público da organização, as normas de destinação de seu patrimônio e, mais importante, sua experiência prévia na atividade pactuada e suas condições materiais, técnicas e operacionais para executar o contrato. Exige-se, ainda, que a organização tenha, ao menos, um ano de existência para celebrar parcerias municipais, dois anos para estaduais e três anos para federais. Essa norma é bastante questionável, já que tira dos Estados e Municípios o poder de fixar o período de experiência dos contratados, inclusive de maneira diferenciada para certos setores. Para além das exigências do art. 33, a habilitação do chamamento depende da observância das disposições do art. 34. Por força desse dispositivo, a OSC deve apresentar certidões e documentos comprobatórios de sua regularidade fiscal, previdenciária, tributária e jurídica. Quanto à regularidade trabalhista, a Lei se cala inexplicavelmente. Todavia, não há que se interpretar esse silêncio como uma proibição de que a entidade contratante exija o cumprimento de requisitos do gênero com base no princípio da moralidade e na necessidade de se promover a justa competição das OSC no certame. Fora isso, a habilitação depende da observância ao art. 39. Nele, impede-se a celebração de qualquer modalidade de parceria com a OSC que, apenas para ilustrar, não esteja autorizada a funcionar no território nacional, não tenha prestado contas de outras parcerias, tenha sofrido sanções de impedimento de contratar ou decretação de inidoneidade. Mesmo que se cumpram os requisitos do art. 33 e 34, a OSC deverá ser afastada do certame caso recaia em alguma das variadas hipóteses de exclusão previstas no art. 39. Em caso de inabilitação baseada em algum dos dispositivos mencionados, a entidade estatal contratante poderá, a seu juízo discricionário, suspender o processo de contratação ou convocar a segunda OSC melhor classificada na fase de julgamento (art. 28, § 1°).

Tal como ocorre nas licitações tradicionais, é possível que o chamamento seja substituído pela contratação direta. Em outras palavras, executa-se a fase de planejamento, mas não se abre competição em razão de uma justificativa expressa que comprove certa hipótese de dispensa ou de inexigibilidade.

A *"dispensa"* indica uma situação especial, prevista sempre em lei, em que se atribui ao administrador público margem de discricionariedade para decidir se afasta ou não o chamamento. Na Lei n. 13.019/2014, a dispensa se justificará somente nos casos de: i) urgência de paralisação ou iminência de paralisação de atividades de relevante interesse público, pelo prazo de até cento e oitenta dias; ii) guerra, calamidade pública, grave perturbação da ordem pública ou ameaça à paz social e iii) quando se tratar da realização de programa de proteção a pessoas ameaçadas ou em situação que possa comprometer a sua segurança. As duas primeiras situações baseiam-se em elementos contextuais e a última, no objeto específico da parceria. Como as hipóteses de dispensa constituem uma mitigação do princípio da isonomia, considera-se o rol legal taxativo, impondo-se sua interpretação restritiva e vedando-se analogias. Não cabe ao Poder Executivo por decreto ou qualquer ato normativo interno inventar novas situações legais de dispensa, nem transportar para o campo das parcerias com as OSC as hipóteses variadas previstas na legislação geral de licitações e contratos.

A *"inexigibilidade"*, a seu turno, indica situações em que o chamamento é inviável por razões circunstanciais ou por ser incompatível com o contrato de parceria. Embora a legislação costume apontar certas situações de inexigibilidade, elas serão sempre exemplificativas. Afinal, "ninguém está obrigado ao impossível", de modo que a falta de previsão legal não é capaz de tornar exigível algo que não pode ser executado na realidade. Ao cuidar do assunto, por isso, a Lei n. 13.019 aponta certas situações de caráter simplesmente exemplificativo. O chamamento torna-se inexigível quando a competição entre as OSC se tornar inviável, quando o objeto demonstrar natureza singular ou quando somente uma OSC específica puder atingir as metas estipuladas na parceria. Fora das hipóteses do art. 31, a Lei menciona a inexigibilidade do chamamento na situação em que a Administração pretender firmar acordo de cooperação sem transferências de bens ou de qualquer vantagem patrimonial a OSC (art. 29). Também nesse caso, inexistirá possibilidade de competição, porque a celebração de um acordo não exclui, a princípio, a de outros de igual teor com diferentes OSC.

9.4.4 Monitoramento, prestação de contas e responsabilidades

Após a conclusão do chamamento público ou nas situações de contratação direta por dispensa ou inexigibilidade, a Administração firmará o termo de fomento, o termo de colaboração ou o acordo de cooperação, cujos efeitos jurídicos se produzirão com a publicação do respectivo extrato em meio oficial de publicidade (art. 38 da Lei n. 13.019/2014). Publicado, o ajuste passará a produzir efeitos jurídicos, tornando-se possível sua execução pela OSC. É a partir de então que se ingressa na etapa de gestão contratual, extremamente importante para o sucesso da parceria, dado que nela se acompanham a execução das obrigações e o uso devido de recursos e bens públicos, além de se verificar o atingimento das metas estipuladas.

Uma das deficiências do sistema contratual brasileiro tem sido exatamente o da gestão contratual. Por essa razão, andou muito bem o legislador ao prever na Lei n. 13.019 uma série de normas sobre o monitoramento, a prestação de contas e as responsabilidades da OSC parceira.

No campo financeiro, a Lei determina como os recursos públicos serão empregados e veda sua utilização para finalidades estranhas à parceria, bem como para pagamento de agentes públicos (art. 45). Ademais, impõe a liberação das transferências financeiras do Estado à OSC de acordo com um cronograma e permite a retenção dos valores em detrimento da organização parceira por força de evidências de irregularidades no uso dos recursos públicos, por constatado desvio de finalidade na gestão financeira, por inadimplemento de obrigações contratuais ou em vista do desatendimento injustificado de medidas saneadoras estipuladas pela entidade pública contratante (art. 48).

Para controlar a execução do ajuste, a Lei ainda prevê a elaboração obrigatória de prestação de contas (art. 49); garante à Administração e aos entes de controle o direito de livre acesso a documentos relacionados à parceria e aos locais de sua execução (art. 42, XV); impõe que a Administração viabilize o acompanhamento, pela internet, da liberação de recursos às OSC (art. 50) e determina que a movimentação dos recursos no âmbito da parceria se faça por transferências eletrônicas com identificação dos beneficiários pelos pagamentos (art. 53). A essas normas se somam os mecanismos de controle social, de controle por conselhos de políticas públicas e pelos órgãos de controle interno ou externo.

Durante a execução do contrato, cumpre à Administração exercer o monitoramento e a avaliação da parceria, inclusive com apoio técnico de terceiros, por meio de delegatários ou mediante cooperação com órgãos ou entidades que se situem próximos ao local de aplicação dos recursos (art. 58). No desempenho das tarefas de controle concomitante, papel essencial se atribui ao gestor da parceria, ao qual compete realizar acompanhamento e fiscalização constante do contrato, informar indícios de irregularidades e outros problemas ao superior hierárquico, além de disponibilizar materiais e equipamentos tecnológicos necessários às ações de monitoramento e avaliação.

Além disso, a cada ano e ao final da parceria, a OSC fornecerá prestação de contas mediante entrega de dois documentos centrais: (i) um *"relatório de execução das atividades"* e (ii) um *"relatório de execução financeira"* (art. 66). A eles o Poder Público somará o *"relatório de visita técnica"*, elaborado pela comissão de monitoramento e avaliação a respeito do cumprimento da parceria e acompanhado por um parecer de análise do gestor sobre a prestação de contas. Com vistas a subsidiar a avaliação, a Administração também deverá realizar *"pesquisa de satisfação"* com os beneficiários para parcerias com vigência superior a um ano. No plano do direito positivo, destarte, não faltam mecanismos de monitoramento, cujo papel essencial é o de garantir que a parceria atinja suas finalidades e que os recursos públicos sejam bem aplicados.

Da apreciação dos documentos de prestação de contas pela Administração Pública poderá resultar a decisão de aprovação, de aprovação com ressalvas ou de rejeição e, por conseguinte, a determinação de tomada de contas especial (art. 69, § 5º). Na hipótese de reprovação, a OSC receberá prazo para sanar a irregularidade ou cumprir a obrigação. Uma vez transcorrido o prazo sem a exigida regularização, a entidade pública competente deverá apurar responsabilidades e infligir as sanções cabíveis. As irregularidades não sanadas serão igualmente registradas em plataforma eletrônica de acesso público e consideradas por ocasião de futuras parcerias. Com isso, busca-se impedir que o Estado recontrate em outras oportunidades aquelas entidades que não tenham demonstrado profissionalismo na execução das parcerias ou probidade na gestão dos recursos públicos.

Pela violação da competição no chamamento público, bem como pelo inadimplemento do ajuste, por cometimento de danos ao longo da violação da parceria, de desvio de recursos públicos ou outros ilícitos, tanto a OSC quanto seus gestores poderão responder com base na Lei de Improbidade administrativa, na Lei Anticorrupção, no Código Penal, sem prejuízo de assumirem responsabilidade civil e se sujeitarem a sanções administrativas no âmbito da responsabilidade contratual. A esse respeito, a Lei n. 13.019 prevê que a execução irregular ou a inexecução da parceria autoriza a Administração a aplicar contra a OSC (apenas contra a pessoa jurídica) a advertência, a suspensão temporária para participar de chamamentos e o impedimento de celebrar parceria ou contrato administrativo por até dois anos, ou a declaração de inidoneidade para participar de chamamento público ou celebrar parceria ou contrato com entidades de todas as esferas federativas por dois anos ao menos. O exercício do poder de impor sanções administrativas contratuais prescreve no prazo de cinco anos da apresentação da prestação de contas e pressupõe a condução de um processo administrativo no qual se garanta ampla defesa e contraditório à OSC acusada.

9.5 SERVIÇOS SOCIAIS AUTÔNOMOS E SISTEMA "S"

A expressão *"serviço social autônomo"* designa pessoas jurídicas de direito privado, sem fins lucrativos, cuja instituição foi determinada por norma jurídica, e às quais cumpre executar atividades de interesse público de cunho social, não exclusivas do Estado, em favor da coletividade ou de certas categorias profissionais com suporte do Poder Público, sobretudo mediante a destinação de contribuições de natureza parafiscal.

Nessa categoria, incluem-se as conhecidas entidades do Sistema "S", de que são exemplos o Serviço Social da Indústria (SESI), o Serviço Social do Comércio (SESC), o Serviço Nacional de Aprendizagem Industrial (SENAI), o Serviço Social de Aprendizagem Comercial (SENAC), todos criados na década de 1940. Mais tarde, na década de 1970, criou-se o Serviço de Apoio às Micro e Pequenas Empresas (SEBRAE) e, na década de 1990, surgiram o Serviço Social de Transporte (SEST), o Serviço Nacional de Aprendizagem do Transporte (SENAT) e o Serviço Nacional de Aprendizagem Rural (SENAR).

Para se visualizar com mais clareza as peculiaridades dessas entidades, vale cotejar alguns casos ilustrativos. O Decreto-Lei n. 9.403, de 25 de junho de 1946, atribuiu à "Confederação Nacional da Indústria encargo de criar o Serviço Social da Indústria (SESI), com a finalidade de estudar, planejar e executar direta ou indiretamente, medidas que contribuam para o bem-estar social dos trabalhadores na indústria e nas atividades assemelhadas, concorrendo para a melhoria do padrão geral de vida no país, e, bem assim, para o aperfeiçoamento moral e cívico e o desenvolvimento do espírito de solidariedade entre as classes" (art. 1º). Já o art. 2º do Decreto-Lei prescreve que o SESI é pessoa jurídica de direito privado, nos termos da lei civil, organizando-se conforme regulamento da Confederação Nacional das Indústrias aprovado por ato ministerial. Em sentido muito semelhante, o SESC foi criado pela Confederação Nacional do Comércio por força do Decreto-Lei 9.853, de 13 de setembro de 1946, para "planejar e executar, direta ou indiretamente, medidas que contribuam para o bem-estar social e a melhoria do padrão de vida dos comerciários e suas famílias, e, bem assim, para o aperfeiçoamento moral e cívico da coletividade" (art. 1º). O Decreto-Lei ainda aponta sua personalidade de direito privado, conforme a legislação civil, e define que sua organização se dará conforme regulamento elaborado pela Confederação e aprovado por ato ministerial. A seu turno, o SENAI foi estabelecido pela Confederação das Indústrias por força de previsão contida no Decreto-Lei n. 4.048, de 22 de janeiro de 1942, para "organizar e administrar, em todo país, escolas de aprendizagem para industriários" (art. 2º). Paralelamente, a Confederação Nacional do Comércio criou o SENAC em atendimento ao Decreto-Lei n. 8.621, de 10 de janeiro de 1946, para "organizar e administrar, no território nacional, escolas de aprendizagem comercial" (art. 1º).

Apesar de algumas variações nos diplomas legais que tratam dos serviços sociais autônomos, essas entidades seguem um regime privado básico, salvo naquilo que não for expressamente excepcionado por normas de direito público. De modo geral, o regime público se estende a essas entidades em virtude dos recursos que recebem diretamente do Estado ou por agirem em seu nome. Para sustentar suas atividades, além de gerar receitas próprias por cobranças de suas atividades, é possível que as entidades do sistema "S" obtenham recursos estatais, principalmente mediante recolhimento de contribuições paraestatais ou sociais com supedâneo no art. 240 da Constituição da República.

Com o objetivo de garantir a moralidade, a impessoalidade e a eficiência no uso de recursos públicos, muitas normas administrativas acabam influenciando o funcionamento dessas entidades paraestatais. Em termos licitatórios, elas não se subordinam à legislação geral conforme já decidiu o STF (ADI n. 1864), mas devem prever mecanismos licitatórios próprios que garantam a moralização das contratações. Como não são entes estatais, elas tampouco podem se valer de benefícios licitatórios como a dispensa para aquisição de bens públicos (STJ, REsp n. 1241460-DF). No campo trabalhista, seus agentes seguem regime celetista, não se aplicando para sua seleção a regra constitucional do concurso público (art. 37, II da CF) na linha da jurisprudência do TST e do STF (RE n. 789.874). Já suas atividades, atos, contratos, processos e contas também se regem de modo geral pelo direito privado, porém se sujeitam à fiscalização estatal, sobretudo pelo Tribunal de Contas. Seus agentes, ademais, respondem por crime contra a Administração Pública e por ato de improbidade administrativa.

Em relação à solução de conflitos no Judiciário, já dispôs o STF na Súmula n. 516 que "o Serviço Social da Indústria (SESI) está sujeito à jurisdição da justiça estadual". Todavia, a súmula não é vinculante e se refere apenas ao SESI. Na prática, é preciso verificar se existe alguma norma especial a respeito do tema para cada uma das entidades em debate. O Decreto-Lei n. 9.853/1946, por exemplo, prescreve que "as ações em que o Serviço Social do Comércio for autor, réu, ou interveniente serão processadas no Juízo Privativo da Fazenda Pública" (art. 2º, § 1º). Na ausência de norma específica como essa, afigura-se adequado estender o mandamento da súmula para as demais entidades paraestatais aqui examinadas.

9.6 FUNDAÇÕES DE APOIO

Além das entidades privadas que nascem no meio social para desenvolver atividades de interesse públicos, existem associações e fundações de cooperação que se formam, por iniciativa de agentes públicos ou usuários de serviços públicos, ao redor de entes estatais da Administração Indireta no intuito de promover suas finalidades e apoiar seus membros. Nas instituições de ensino superior (IES) pertencentes ao Estado brasileiro, isso se vislumbra com grande facilidade nas figuras dos centros acadêmicos, das associações atléticas, das associações de antigos alunos, das associações de servidores. Ao redor de outras instituições estatais, encontram-se entidades privadas semelhantes, como as associações de amigos de museus e bibliotecas.

Dentro desse enorme grupo de entidades de colaboração, papel de destaque ganhou a fundação de apoio, espécie de fundação privada não estatal constituída por docentes e/ou pesquisadores com o objetivo explícito de contribuir com as instituições públicas de ensino ou de pesquisa no desempenho de suas tarefas finais. Indiretamente, embora nem sempre se reconheça esse aspecto em seus documentos de criação, referidas fundações também se destinam a melhorar as condições de vida e de trabalho dos próprios servidores que as criam, por exemplo, mediante o gerenciamento de atividades de pesquisa, a distribuição de bolsa de estudo e de auxílios de pesquisa, bem como a aquisição de equipamentos e o incremento de infraestrutura. Não bastasse isso, elas atraem o interesse de servidores de entidades acadêmicas pelo fato de:

- Viabilizarem a contratação de pessoal sem a realização de concurso público. Os agentes contratados pelas fundações de apoio, não raro, substituem ou complementam a mão de obra interna da entidade estatal. Por conseguinte, em certas universidades, os servidores públicos se misturam e se confundem com trabalhadores privados contratados pela fundação, os quais, muitas vezes, assumem o exercício de função administrativa sem a devida investidura, colocando-se no papel de "agentes públicos de fato".

- Facilitarem a contratação de serviços, obras e mercadorias, uma vez que, como fundações privadas, não estão submetidas ao dever constitucional de licitar, nem ao regime jurídico dos contratos administrativos da legislação geral editada pelo Congresso. Com isso, o uso da fundação permite driblar as limitações típicas do regime jurídico administrativo, desburocratizar e acelerar procedimentos de contratação à margem dos controles que incidem sobre as entidades acadêmicas públicas.

- Instrumentalizarem a realização de atividades simultâneas por docentes e pesquisadores, muitos dos quais se encontram em regime de dedicação integral. Isso ocorre mediante a celebração, da Fundação com particulares, de contratos de pesquisa ou convênios, assim como da oferta de serviços de assessoria, de consultoria, de educação, de treinamento ou de organização de concursos públicos.

- Facilitarem a organização de cursos de especialização e atividades de extensão, sobretudo com a cobrança de preços paralelos aos praticados no mercado e em concorrência com instituições privadas não estatais, inclusive de modo a desafiar a letra fria da Constituição da República, cujo art. 206, IV, prevê a gratuidade do ensino nos estabelecimentos oficiais – o que explica a estratégia de muitas universidades públicas rotularem as especializações e atividades análogas como "extensão" e não como ensino. A esse respeito, no julgamento do RE 597854, em 2017, o Supremo reconheceu a possibilidade de as universidades públicas cobrarem por especializações como forma de extensão. O Ministro Edson Facchin, a justificar o voto vencedor, explicou que nem todas as atividades potencialmente desempenhadas pelas universidades públicas se referem exclusivamente ao ensino.

- Viabilizarão a complementação salarial de docentes e pesquisadores, inclusive sem a limitação do teto de remuneração estabelecido para agentes públicos na Constituição da República e sem o controle social imposto pela legislação de acesso à informação. Em certas situações, o pagamento é feito a pessoas jurídicas de que os docentes e pesquisadores participam como sócios para reduzir o imposto de renda que pagariam caso recebessem como pessoas físicas. No âmbito específico da União, porém, as Fundações de Apoio estão expressamente proibidas de contratar, sem licitação, pessoa jurídica que tenha como proprietário, sócio ou cotista: seu dirigente; servidor da instituição de ensino ou da de pesquisa; e cônjuge, companheiro ou parente de até 3º grau de dirigente ou servidor das entidades apoiadas (art. 3º, § 2º da Lei n. 8.958/1994).

Por conta das vantagens apontadas e do fato de que aqueles que as gerem são ao mesmo tempo seus maiores beneficiários, não é difícil imaginar que as fundações de apoio tendem a se desvirtuar facilmente de suas finalidades centrais para dar origem a "fundações que se apoiam", ou seja, entidades privadas que, sob o pretexto de colaborar com o Estado, usam sem a devida retribuição ou sem qualquer tipo de ajuste prévio a infraestrutura, os recursos humanos e a imagem das universidades e dos centros de pesquisa estatais no intuito de beneficiar uma determinada classe de servidores públicos, sobretudo para lhes garantir complementação salarial não oficial e invisível aos olhos da sociedade. Em alguns casos mais graves, tais fundações passam a concorrer com a própria entidade pública, por exemplo, ao ofertarem cursos de graduação e de pós-graduação próprios após adquirirem fama e renome. Isso se vislumbra em muitas fundações de apoio paulistas, inicialmente incubadas dentro das universidades estaduais e posteriormente delas desprendidas para atuar no mercado vendendo ensino, pesquisa, inovação, cursos de extensão etc.

É igualmente ocorrente que os estatutos das fundações promovam confusões de papeis e conflitos de interesses, visando a dificultar o controle do Estado. Isso se dá mediante a previsão estatutária de participação dos dirigentes das entidades públicas (que deveriam exercer o controle) nos órgãos diretivos ou consultivos das fundações de apoio (entidades controladas). Na medida em que o controlador e o controlado se confundem, o controle tende a desaparecer por força de pressões corporativas.

Diante desses possíveis abusos e ilegalidades, cabe às esferas da federação estabelecer normas que regulem a relação de suas entidades científicas e acadêmicas com as chamadas fundações de apoio e pessoas jurídicas congêneres. Um exemplo de disciplina normativa se estruturou no âmbito federal com a edição da Lei n. 8.958, de 20 de dezembro de 1994. Esse diploma trata, no âmbito exclusivo da União, das "relações entre as instituições federais de ensino superior e de pesquisa científica e tecnológica e as fundações de apoio".

De modo extremamente sucinto, a Lei federal: a) reconhece a possibilidade de dispensa de licitação para a contratação de fundações de apoio (nos termos do art.

24, XIII da antiga Lei de Licitações – Lei n. 8.666/1993 –, que encontra correspondente no art. 75, XV da Lei n. 14.133/2021); b) prevê a possibilidade de as fundações apoiarem projetos de ensino, pesquisa, extensão, desenvolvimento institucional, científico e tecnológico, bem como estímulo à inovação, inclusive na gestão administrativa e financeira necessária à execução desses projetos; c) impõe que as fundações operem em conformidade com os princípios da legalidade, da impessoalidade, da moralidade, da publicidade, da economicidade e da eficiência, sujeitando-se à fiscalização do MP, à legislação trabalhista e ao prévio registro e credenciamento no Ministério da Educação e no Ministério da Ciência, Tecnologia, Inovações e Comunicações com renovação a cada cinco anos; d) estipula normas referentes a conflitos de interesses de dirigentes de fundações e entidades por elas contratadas e das quais tais dirigentes participem; e) cria normas de controle das atividades de apoio, inclusive por meio da publicidade, na internet, das prestações de contas, dos contratos com as entidades apoiadas e agências de fomento, da relação de pagamentos efetuados a agentes públicos, pessoas físicas e pessoas jurídicas; f) prevê a necessidade de compatibilidade entre as funções do docente e do pesquisador na IES com as atividades desempenhadas na fundação e g) rege o uso de bens públicos das IES pelas fundações de apoio para execução de projetos de ensino, pesquisa, extensão e desenvolvimento institucional.

Como, a princípio, referido diploma vale apenas para fundações de universidades federais, é preciso construir normativas semelhantes no âmbito dos Estados e dos Municípios, sobretudo naqueles em que a importância das universidades públicas é elevada. Ao fazê-lo, mais que prever a obrigatoriedade da adoção de regulamentos de contratação, é fundamental que se formule um modelo apto a evitar conflitos de interesses, a confusão entre controladores e controlados, o uso abusivo de recursos e físicos e humanos das universidades apoiadas, o enriquecimento indevido, a violação do dever de contratação de servidores públicos em favor do esvaziamento dos quadros estatais e o exercício ilícito de atividades públicas por pessoas físicas não habilitadas para tanto, assim como a observância ampla das normas de acesso à informação.

Em matéria licitatória, especificamente, a Lei n. 14.133/2021, em seu art. 75, XV, dispensa a licitação para "contratação de instituição brasileira que tenha por finalidade estatutária apoiar, captar e executar atividades de ensino, pesquisa, extensão, desenvolvimento institucional, científico e tecnológico e estímulo à inovação, inclusive para gerir administrativa e financeiramente essas atividades...". No entanto, de acordo com a Súmula n. 250 do TCU, "a contratação de instituição sem fins lucrativos, com dispensa de licitação, com fulcro no art. 24, inciso XIII, da Lei n. 8.666/93 [antiga Lei de Licitações], somente é admitida nas hipóteses em que houver *nexo efetivo* entre o mencionado dispositivo, a natureza da instituição e o objeto contratado, além de comprovada a compatibilidade com os *preços de mercado*". Daí se conclui, por exemplo, que um Município não pode contratar de uma universidade pública e sua fundação bens e serviços que não se relacionem diretamente com a expertise dessas entidades ou que estejam em preço superior àqueles cobrados por outros agentes de mercado.

9.7 BIBLIOGRAFIA PARA APROFUNDAMENTO

DI PIETRO, Maria Sylvia Zanella. *Parcerias na Administração Pública*, 8ª ed. São Paulo: Atlas, 2011.

DIAS, Maria Tereza Fonseca. *Terceiro setor e Estado*: legitimidade e regulação. Belo Horizonte: Fórum, 2008.

MARRARA, Thiago; CESARIO, Natália de Aquino. Chamamento público para parcerias sociais: comentários à Lei n. 13.019/2014. *RDDA*, v. 3, 2016.

MARRARA, Thiago; CESARIO, Natália de Aquino. O que sobrou da autonomia dos Estados e Municípios para legislar sobre parcerias com o terceiro setor? *Revista de Direito da Administração Pública*, v. 2, 2016.

MENDES, Michelle Diniz (org.). Marco regulatório das organizações da sociedade civil. Belo Horizonte: Fórum, 2017.

MODESTO, Paulo. Reforma administrativa e marco legal das organizações sociais no Brasil. *RDA*, v. 210.

MOTTA, Fabrício; MÂNICA, Fernando Borges; OLIVEIRA, Rafael Arruda (org.). *Parcerias com o terceiro setor* – as inovações da Lei 13.019/14. Belo Horizonte: Fórum, 2017.

OLIVEIRA, André Tito Motta. *Da atuação do terceiro setor por meio das parcerias com o estado e seu controle pelos tribunais de contas*: entre os lindes da transparência e da eficiência. Dissertação de Mestrado apresentada a Faculdade de Direito da Universidade de São Paulo, 2014.

OLIVEIRA, Gustavo Justino de (org.). *Terceiro setor, empresas e Estado*: novas fronteiras entre o público e o privado. Belo Horizonte: Fórum, 2007.

OLIVEIRA, Gustavo Justino. *Contrato de gestão*. São Paulo: Revista dos Tribunais, 2008.

PEREIRA, Marcelo Cardoso. *Lei 13.019/2014*: entendendo o marco regulatório das organizações da sociedade civil. Belo Horizonte: Arraes, 2023.

ROCHA, Silvio Luís Ferreira da. *Terceiro setor*. São Paulo: Malheiros, 2006.

SCHOENMAKER, Janaina. *Controle das parcerias entre o Estado e o terceiro setor pelos Tribunais de Contas*. Belo Horizonte: Fórum, 2007.

SUNDFELD, Carlos Ari; MONTEIRO, Vera; SOUZA, Rodrigo Pagani. Base jurídica dos procedimentos próprios de contratação dos serviços sociais autônomos. *RBDP*, v. 48, 2015.

VIOLIN, Tarso Cabral. *Terceiro setor e as parcerias com a administração pública*: uma análise crítica. Belo Horizonte: Fórum, 2010.

10
AGENTES PÚBLICOS

10.1 DEFINIÇÃO E ESPÉCIES

Para desempenhar as funções administrativas, legislativas e judiciais em prol da concretização dos interesses públicos primários e dos direitos fundamentais, o Estado age como uma grande corporação que se apoia no trabalho remunerado ou gratuito de milhares de cidadãos. Ao vincularem-se ao Estado e atuarem em seu nome, esses indivíduos submetem-se a um conjunto de normas especiais que não se confunde inteiramente com o regime dos trabalhadores privados ou autônomos, embora em alguns casos se aproxime bastante dele.

Em verdade, inexiste um único regime jurídico que discipline as relações laborais com incontáveis entidades estatais. Os vínculos e os regimes são variados e, exatamente para dar conta dessa variedade, consagrou-se ao longo do tempo a expressão *"agentes públicos"* como um conceito abrangente. Nele se inserem todos os trabalhadores do Estado, quais sejam: os servidores públicos civis (empregados públicos, estatutários e ocupantes de função temporária), os militares, os agentes políticos e os colaboradores.

A Constituição da República prescinde de uma definição dos agentes públicos. No entanto, a expressão é reconhecida em certos dispositivos, tal como se vislumbra no art. 37, § 6º, que trata da responsabilidade objetiva do Estado em razão de danos causados por seus "agentes". Dada a lacuna constitucional, é preciso buscar na legislação algum suporte para a compreensão do conceito. É nesse contexto que ganha importância a Lei n. 8.429/1992 (Lei de Improbidade Administrativa), a qual define como agente público "o agente político, o servidor público e todo aquele que exerce, ainda que transitoriamente ou sem remuneração, por eleição, nomeação, designação, contratação ou qualquer outra forma de investidura ou vínculo, mandato, cargo, emprego ou função..." (art. 2º, *caput*).

A norma da Lei de Improbidade tem dúplice utilidade. De um lado, ela permite identificar o sujeito ativo do ato de improbidade. De outro, oferece uma definição nacional do conceito de agente público que se mostra capaz de abarcar todos os indivíduos que atuam em nome do Estado de acordo com os mais diversos tipos de relação jurídico-trabalhista.

	Agentes políticos
	Colaboradores
	Militares
Agentes públicos	Servidores civis em sentido amplo (ou agentes administrativos) - Ocupantes de cargos públicos de provimento efetivo - Ocupantes de cargos públicos de provimento vitalício - Ocupantes de cargos comissionados - Empregados públicos - Servidores temporários em razão de excepcional interesse público

Fonte: elaboração própria

10.2 PEC 32 E PROPOSTAS DE REFORMA

Em relação à matéria de agentes públicos, tramita na Câmara dos Deputados a Proposta de Emenda à Constituição (PEC) n. 32/2020, denominada "Reforma Administrativa". Com ela, busca o governo federal alterar significativamente as disposições sobre o regime dos agentes públicos. A classificação atual seria completamente substituída por uma nova, baseada em servidores: (i) com vínculo de experiência (como etapa do concurso público); (ii) com vínculo por prazo determinado; (iii) ocupantes de cargo e com vínculo por prazo indeterminado; (iv) ocupantes de cargo típico do Estado e (v) ocupantes de cargo de liderança e assessoramento, que assumiriam "atribuições estratégicas, gerenciais ou técnicas". Somente os ocupantes dos cargos típicos disporiam de estabilidade, sendo todos os outros precários, inclusive os de liderança em atividade técnica – proposta que obviamente aniquila a autonomia laboral dos técnicos dentro da Administração Pública. Como a PEC n. 32/2020 ainda está sob análise e em discussão no Congresso e existem muitas e fundadas críticas ao seu conteúdo, não será levada em conta na exposição deste capítulo.

10.3 AGENTES POLÍTICOS

Agentes políticos são indivíduos que exercem atribuições funcionais nas cúpulas dos três Poderes da União, dos Estados, do Distrito Federal ou dos Municípios. Por seu relevante papel na condução do Estado e na construção das políticas públicas, eles operam com base em ampla discricionariedade, submetem-se a um regime jurídico especial, sobretudo em termos de prerrogativas e de responsabilização, e dependem de alta legitimação democrática, garantida quer por meio de sua eleição direta pelo povo, quer por sua indicação por outro agente político eleito. Dessa definição extraem-se quatro características fundamentais que merecem ser ressaltadas, quais sejam:

i. O exercício de *"funções de cúpula"* no Executivo, no Legislativo ou no Judiciário, ou seja, a execução direta do poder de criar leis, a realização de atividades governativas e da alta administração, além do desempenho da magistratura no âmbito dos tribunais superiores.

ii. A *"escolha direta pelo povo"*, para os agentes políticos que exercem mandato determinado pelo texto constitucional em obediência ao princípio republicano, ou a *"indicação livre por um agente eleito"*, caso em que poderão assumir cargo de livre nomeação, com ou sem livre exoneração;

iii. A maior *"abertura de seus cargos à ação discricionária"* e a influxos de ordem ideológica, política, partidária e até religiosa, dado que, em grande parte, os agentes políticos são escolhidos pelo povo em virtude de suas concepções e posicionamentos a respeito dos rumos do Estado e da sociedade;

iv. A submissão a um *"regime jurídico especial"*, delimitado em muitos aspectos pela própria Constituição da República, bem como pelas Constituições Estaduais e Leis Orgânicas dos Municípios, inclusive em matéria de responsabilização, remuneração, cumulação de cargos, empregos e funções públicas e hipóteses de perda do cargo.

Em virtude dessas características, consideram-se como agentes políticos o Presidente da República e o Vice-Presidente, o Governador e o Vice-Governador, o Prefeito e o Vice-Prefeito, os Ministros de Estado, os Secretários estaduais e municipais, os Senadores, os Deputados federais, os Deputados estaduais, os Vereadores, os Ministros do STF, do STJ, do STM, do TST e do TSE, bem como os Ministros do TCU e os comandantes da Marinha, do Exército e da Aeronáutica. No âmbito da União, integram-se igualmente à categoria dos agentes políticos: os membros do Conselho Nacional de Justiça, do Conselho Nacional do Ministério Público, o Procurador-Geral da República e o Advogado-Geral da União.

Os magistrados de carreira, os promotores e outros profissionais vinculados ao sistema de Justiça, no âmbito do Judiciário ou do Executivo, não se caracterizam como agentes políticos, mas sim como servidores civis regidos por estatutos especiais ou próprios. Não é possível incluí-los como agentes políticos por lhes faltar: (i) legitimação decorrente da escolha direta do povo (já que sua legitimação é técnica), (ii) ampla discricionariedade típica do agente político (pois devem manter extrema neutralidade) e (iii) relação com a cúpula dos três Poderes.[1]

O fato de os agentes políticos dividirem características comuns não implica que se encaixem em um regime jurídico único e homogêneo. Conforme explicita o texto constitucional, existem normas que atingem uns, mas não outros.

A Constituição traz uma série de normas próprias aos agentes políticos eleitos para cumprir mandato no *Poder Legislativo*:

---

1. Nesse sentido, cf. igualmente DI PIETRO, Maria Sylvia Zanella; MOTTA, Fabrício. *Tratado de direito administrativo*, v. 2: Administração Pública e servidores públicos. São Paulo: Revista dos Tribunais, 2012, p. 335.

- Em primeiro lugar, ela cuida dos requisitos de elegibilidade (art. 14, § 3º) e garante a esse subgrupo de políticos: (i) a inviolabilidade civil e penal por opiniões, palavras e votos; (ii) submissão a julgamento pelo STF desde a expedição do diploma; (iii) impossibilidade de prisão durante o mandato, salvo em flagrante por crime inafiançável, dependente de voto da maioria dos membros da Casa legislativa.

- Em segundo lugar, estabelece proibições específicas para deputados federais e senadores (art. 54). Esses agentes não poderão, desde a expedição do diploma: firmar ou manter contrato com pessoa jurídica de direito público, autarquia, empresa pública, sociedade de economia mista ou empresa concessionária de serviço público, salvo quando o contrato obedecer a cláusulas uniformes, nem aceitar ou exercer cargo, função ou emprego remunerado, inclusive os de que sejam demissíveis *"ad nutum"*, em qualquer dessas entidades. Além disso, desde a posse, não poderão: ser proprietários, controladores ou diretores de empresa que goze de favor decorrente de contrato com pessoa jurídica de direito público, ou nela exercer função remunerada; ocupar cargo ou função de que sejam demissíveis *"ad nutum"* na Administração Indireta ou concessionárias; patrocinar causa em que seja interessada qualquer dessas entidades; ser titulares de mais de um cargo ou mandato público eletivo.

- Em terceiro lugar, aponta causas específicas de perda de mandato dos agentes políticos (art. 55) por: violação das proibições específicas (art. 54); atuação incompatível com o decoro parlamentar, o que abrange o abuso de prerrogativas e a percepção de vantagens indevidas (art. 55, § 1º); ausência, em cada sessão legislativa, à terça parte das sessões ordinárias; perda ou suspensão dos direitos políticos; decretação de perda do mandato pela justiça eleitoral e ainda por condenação criminal determinada em sentença transitada em julgado.

Já no que se refere aos *agentes políticos da cúpula do Executivo*, a Constituição trata, entre outras coisas: dos requisitos de elegibilidade do Presidente (art. 14, § 3º e 7º); da eleição do Presidente e Vice-Presidente (art. 77); da possibilidade de reeleição (art. 14, § 5º); da posse do Presidente e seu Vice em sessão do Congresso Nacional, momento em que os eleitos deverão prestar o compromisso de manter, defender e cumprir a Constituição, observar as leis, promover o bem geral do povo brasileiro, sustentar a união, a integridade e a independência do Brasil (art. 78); dos casos de substituição do Presidente pelo Vice ou, na sua ausência, pelos presidentes da Câmara dos Deputados, do Senado e do STF (art. 79 e 80);[2] dos procedimentos necessários em caso de vacância, isto é, de novas eleições pelo povo se a vacância ocorrer nos dois primeiros anos do período presidencial ou de eleição pelo Congresso Nacional, para

---

2. Em detalhes sobre o regime do Presidente da República, cf. MARRARA, Thiago. Art. 77 a 83. In: MORAES, Alexandre de *et al. Constituição Federal comentada.* Rio de Janeiro: Forense, 2018, p. 723 e seguintes.

vacância nos dois últimos anos (art. 81); do mandato quadrienal (art. 82); dos limites temporais para ausência do país (art. 83); dos crimes de responsabilidade (art. 85).

Em diversos dos dispositivos mencionados e em outros (sobretudo nos art. 14, 29 e 29-A), a Constituição também trata dos Governadores, Prefeitos e respectivos vices, de modo a reduzir o espaço de normatização das Constituições Estaduais e Leis Orgânicas Municipais. Nesse sentido, especificamente quanto à responsabilização, o STF igualmente limitou o espaço dos entes estaduais e municipais ao estipular, na Súmula Vinculante n. 46, que "a definição dos crimes de responsabilidade e o estabelecimento das respectivas normas de processo e julgamento são da competência legislativa privativa da União". Cabe somente à lei nacional, portanto, a fixação dos crimes de responsabilidade para os agentes políticos de todos os níveis federativos, não podendo Estados e Municípios legislarem sobre a questão.

10.4 COLABORADORES

Sob a figura dos colaboradores enquadram-se as pessoas físicas que assumem funções estatais prestativas ou restritivas, deliberativas, opinativas ou executivas, com ou sem remuneração, mas sempre de modo temporário e a despeito da realização de concurso público e da ocupação de cargo ou emprego público.[3] Trata-se de uma categoria residual, ampla, complexa e cujo regime jurídico é plural, tornando bastante dificultosa sua sistematização teórica.

O grupo dos colaboradores se mostra bastante heterogêneo. Entendo haver pelo menos seis tipos de situações em que eles surgem. Os três primeiros tipos são tomados por empréstimo de Maria Sylvia Zanella Di Pietro,[4] para quem há colaboradores: (i) por *"delegação"* do Poder Público e sob sua fiscalização, como os trabalhadores de empresas concessionárias de serviços públicos ou de organizações do terceiro setor vinculadas ao Estado, bem como os tradutores e intérpretes públicos; (ii) por *"requisição, nomeação, designação* ou *contratação"* para o exercício de funções públicas relevantes, como os jurados, os convocados para prestação de serviço militar ou eleitoral, os comissários de menores, advogados de pessoas em situação de vulnerabilidade econômica, engenheiros contratados pelo Estado para contribuir com a fiscalização de uma obra e o profissional designado pelo juiz como perito; e (iii) por *"gestão de negócios públicos"*, como os indivíduos que exercem funções públicas em situações de emergência ou catástrofe.

A esses três grupos, é preciso somar: (iv) os *"representantes"* da sociedade, de grupos profissionais ou do mercado em órgãos públicos, como conselhos e comissões,

---

3. Por esse motivo, há autores que não incluem os colaboradores na categoria dos agentes públicos, como ROCHA, Carmen Lúcia Antunes. *Princípios constitucionais dos servidores públicos*. São Paulo: Saraiva, 1999, p. 59 a 61.
4. DI PIETRO, Maria Sylvia Zanella; MOTTA, Fabrício. *Tratado de direito administrativo*, v. 2: Administração Pública e servidores públicos. São Paulo: Revista dos Tribunais, 2012, p. 342.

como alunos eleitos pelos seus pares como representantes discentes para atuar em colegiados de universidades públicas; (v) os *"estagiários"* em instituições públicas e (vi) os *"trabalhadores voluntários"*, regidos pela Lei n. 9.608/1998, que define o serviço voluntário como "atividade não remunerada, prestada por pessoa física a *entidade pública de qualquer natureza...*", regida por termo de adesão, mas não geradora de vínculo empregatício, nem obrigação de natureza trabalhista, previdenciária ou afim. Por força da lei, embora não remunerado, o voluntário poderá ser ressarcido por despesas que comprovadamente realizar no exercício de suas atividades, desde que elas tenham sido autorizadas pela entidade estatal.

Nesses seis casos, o que marca a figura dos colaboradores é sua atuação legítima e válida como particular em função pública, o que os diferencia do agente público de fato e do usurpador de função. Por conta de sua atividade reconhecida dentro ou em nome do Estado, e mesmo nas situações em que inexiste remuneração, os colaboradores ingressam em regime jurídico permeado por grande número de normas de direito administrativo.

Apenas para ilustrar, isso significa que, no exercício de função pública, com algumas exceções a depender da legislação específica, os colaboradores: (i) devem agir de acordo com os princípios de direito administrativo; (ii) submetem-se a certas normas disciplinares, sobretudo as que criam deveres para o agente público; (iii) subordinam-se à legislação de processo administrativo; (iv) respondem por ato de improbidade; (v) respondem por crime contra a Administração; (vi) deflagram a responsabilidade objetiva do Estado quando causarem danos a terceiros no exercício da função pública e (vii) têm seus atos sujeitos a controle interno e externo, inclusive a remédios especiais utilizados pelos cidadãos, como o mandado de segurança e a ação popular.

Reitere-se, em primeiro lugar, que a legislação específica a cada tipo de colaborador ora amplia ora restringe a submissão do colaborador ao direito administrativo e às regras mencionadas, daí a necessidade de se cotejar o regime concreto em cada uma das diversas situações. Em segundo lugar, é preciso ter em mente que o direito administrativo incide somente para verdadeiras tarefas de administração pública, não sobre atividades comerciais ou privadas do colaborador como pessoa física.

10.5 MILITARES

Os agentes militares representam um grupo de servidores regidos por estatutos próprios e que se dedicam fundamentalmente a funções de defesa da pátria e do território, à garantia da ordem e da segurança e à proteção da vida e de outros direitos fundamentais. Essa categoria abrange: os membros das Forças Armadas (Marinha, Exército e Aeronáutica), vinculados à União, e os membros das polícias militares e dos corpos de bombeiros, ambos militares estaduais. Os Municípios não possuem agentes militares. Já os membros das polícias civis, da polícia federal, das guardas eventualmente criadas pelos Municípios, da polícia rodoviária e da polícia ferroviária inserem-se na categoria dos servidores civis. Esse grupo também enquadra as polícias penais, criadas pela EC n. 104/2019, formadas por servidores civis estaduais, responsáveis pela segurança dos estabelecimentos penais e vinculadas ao órgão administrador do sistema penal da unidade federativa a que pertencerem (art. 144, § 5º-A da CF). Todas essas polícias estão excluídas da categoria dos militares delineada pela Constituição.

A Constituição trouxe inúmeras normas sobre os militares, mas separadas em dois blocos: um referente às forças armadas e outro, aos militares estaduais. No entanto, os dois regimes jurídicos acabam se aproximando por duas razões. Em primeiro lugar, a Constituição estende de modo expresso várias normas sobre as forças armadas para os militares estaduais. Em segundo lugar, prevê normas que se referem aos militares de maneira genérica e abrangente, ou seja, de sorte a incluir os dois grupos mencionados. Exemplos disso se vislumbram no tratamento dos direitos políticos e da elegibilidade dos militares (art. 14, § 8º), na sujeição à prisão por transgressão e por crime militar (art. 5º, LXI) e na organização interna baseada na hierarquia e na disciplina.

As características específicas do regime das *"forças armadas"* estão estabelecidas nos art. 142 e 143 da Constituição. Em virtude desses dispositivos, as forças armadas abrangem a Marinha, o Exercício e a Aeronáutica como instituições nacionais permanentes e regulares, submetidas à autoridade do Presidente da República e regidas por lei complementar. Elas se destinam especificamente à defesa da pátria, à garantia dos poderes constitucionais e, por iniciativa de qualquer destes, da lei e da ordem. Por determinação de leis ordinárias, as forças armadas também desempenham certas funções administrativas, sobretudo de caráter restritivo. Nesse sentido, apenas para exemplificar, a legislação atribui à Marinha papel de controle do tráfego aquaviário em águas sob a jurisdição nacional (Lei n. 9.537/1997).

O art. 142, § 3º detalha aspectos fundamentais do regime jurídico, incluindo: (i) a proibição de greve e de sindicalização; (ii) a proibição de filiação a partidos políticos enquanto ativo no serviço; (iii) os casos de perda do posto e da patente; (iv) a extensão de certos direitos trabalhistas previstos no art. 7º da Constituição à categoria, a saber: a garantia de 13º salário e do salário-família, o gozo de férias anuais remuneradas, a licença paternidade e a maternidade, a assistência gratuita a filhos e dependentes de até cinco anos em creches e pré-escolas; (v) a submissão a certas previsões gerais do art. 37, que lhes conferem remuneração por subsídio e direito de irredutibilidade, mas lhes impõem o respeito ao teto de remuneração e à vedação de acumulação de cargos.

Já no tocante aos militares estaduais (ou seja, os policiais militares e os bombeiros), o regime geral se extrai do art. 42 e 144 da Constituição. Recorde-se que, em sua redação originária, a Constituição não usava a expressão "militares dos Estados", hoje prevista, mas sim "servidores públicos militares". Essa modificação redacional ocorreu devido à EC n. 18/1998. Conquanto pareça insignificante, explica Maria Sylvia Zanella Di Pietro que o intuito evidente do legislador, na EC 18/1998, foi o de suprimir a expressão "servidores públicos" para evitar que benefícios outorgados aos militares fossem pleiteados pelos servidores civis, como se viu em relação ao art. 37, X, da CF de 1988.[5]

Para além dessas modificações, é necessário registrar o extenso poder normativo que a União mantém sobre os militares estaduais, embora eles constituam agentes públicos de outra esfera federativa: os Estados.

Em primeiro lugar, pelas normas previstas no art. 42 e no art. 144 da Constituição da República, muitas das características do regime militar estadual foram padronizadas pela União. Em virtude desses dispositivos, por exemplo: (i) há uma especificação nacional de funções, de modo que às polícias militares "cabem a polícia ostensiva e a preservação da ordem pública", enquanto aos corpos de bombeiros competem "a execução das atividades de defesa civil" e o desempenho de outras definidas em lei (art. 144, § 5º); (ii) as polícias militares e os corpos de bombeiros assumem o papel de "forças auxiliares e reservas do Exército" e (iii) impõe-se a subordinação dos militares estaduais aos governadores (art. 144, § 6º). Por conseguinte, essas características do regime jurídico não podem ser modificadas pelas Constituições estaduais.

Em segundo lugar, a Constituição da República atribui, ao Congresso Nacional, a competência legislativa privativa para editar "normas gerais sobre organização, efetivos, material bélico, garantias, convocação e mobilização das polícias militares e corpos de bombeiros militares" (art. 22, XXI). A expressão "normas gerais" há que ser traduzida por normas básicas editadas pelo Congresso para padronizar minimamente o regime jurídico no que for necessário à unidade nacional e ao bom funcionamento do Estado brasileiro. Sua elaboração necessitará respeitar as peculiaridades econômicas, sociais e administrativas dos Estados membros da federação e não poderá esgotar todo o exercício da competência normativa. Em outras palavras, o Congresso deve zelar para que se garanta o espaço de normatização dos Estados para questões específicas.

Em terceiro lugar, os militares estaduais são ainda abrangidos por inúmeras normas referentes às forças armadas, já que incidem sobre eles as disposições do art. 142, § 2º e 3º. Isso significa, por exemplo, que não estão autorizados a fazer greve, a sindicalizar-se ou a filiar-se a partido político. De outra parte, a aproximação de regimes jurídicos os beneficia com os mesmos direitos trabalhistas do art. 7º que valem para os membros das forças armadas.

Apesar dessa forte influência do Congresso, os aspectos relacionados a ingresso na carreira, estabilidade, transferência, regime de pensionistas e outras situações

---

5. DI PIETRO, Maria Sylvia Zanella; MOTTA, Fabrício. *Tratado de direito administrativo*, v. 2: Administração Pública e servidores públicos. São Paulo: Revista dos Tribunais, 2012, p. 329.

especiais dos militares estaduais serão objeto de lei estadual. Já as patentes dos oficiais estaduais serão conferidas pelos respectivos governadores.

As polícias federais (inclusive a rodoviária e a ferroviária), bem como as polícias civis estaduais, as polícias penais e as guardas municipais, como se referiu anteriormente, não se enquadram no grupo dos militares. No entanto, há entendimentos jurisprudenciais que aproximam os regimes desses servidores civis aos dos militares em razão de desempenharem tarefas relevantes para a manutenção da segurança pública. Nesse sentido, em 2017, o STF por maioria manifestou-se contrariamente à greve das polícias civis, estendendo a elas a proibição dos militares. Nos termos do ARE n. 654.432, "as atividades desenvolvidas pelas polícias civis são análogas, para efeito do exercício do direito de greve, às dos militares, em relação aos quais a Constituição expressamente proíbe a greve (artigo 142, parágrafo 3º, IV)".

10.6 SERVIDORES PÚBLICOS CIVIS EM SENTIDO AMPLO OU AGENTES ADMINISTRATIVOS

10.6.1 Panorama e regime jurídico único

O grupo mais amplo de agentes públicos no âmbito do direito administrativo é o dos servidores públicos civis em sentido amplo, também conhecidos como agentes administrativos. Nele se incluem os ocupantes de cargos (de provimento efetivo, de provimento vitalício e os comissionados), os empregados públicos e os temporários, que não ocupam cargo, nem emprego, resumindo-se ao exercício de função pública.

Fonte: elaboração própria

As duas categorias principais de agentes administrativos são os ocupantes de cargos, conhecidos como estatutários pelo fato de se submeterem a leis específicas, e os empregados públicos, regidos em grande parte pela CLT. Para evitar assimetrias de direitos, deveres e responsabilidades entre os agentes administrativos, a Constituição da República, em seu texto originário, previa que "a União, os Estados, o Distrito Federal e os Municípios instituirão, no âmbito de sua competência, *regime jurídico único* e planos de carreira para os servidores da administração pública direta, das autarquias e das fundações públicas" (art. 39, *caput*). Impunha-se, por conseguinte, a adoção de regime jurídico único, ou seja, cada esfera da federação deveria fazer a opção pelo regime de emprego ou somente de cargos, ressalvando a situação das empresas estatais.

Ocorre que o texto constitucional transcrito foi completamente substituído com a edição da EC n. 19/1998, de modo que desapareceu por certo período a imposição de unicidade de regime. A nova situação durou até 2007, ano em que o STF deferiu parcialmente medida cautelar na ADI 2.135-4 após ter reconhecido que a EC n. 19 não foi aprovada pela maioria qualificada de 3/5 dos parlamentares da Câmara em 1º turno em violação ao art. 60, § 2º, da CF. Com isso, o STF suspendeu, com efeito *ex nunc*, a redação do art. 39, *caput* dada pela EC n. 19 e a redação antiga voltou a valer. Isso significa dizer que as leis de criação de cargos e empregos aprovadas entre 1998 e agosto de 2007 continuam válidas ainda que misturem regimes. No entanto, a partir de 2007, o regime único voltou a valer, devendo ser observado no âmbito federal, estadual e municipal.

Vale lembrar, porém, que a escolha nem sempre poderá ser feita pelas esferas federativas subnacionais, pois, em relação a algumas entidades da Administração Indireta, o regime jurídico já se encontra pré-definido por lei nacional ou pela Constituição da República. Isso ocorre nos consórcios e nas empresas estatais, cujos servidores próprios ocupam empregos públicos e se sujeitam ao regime celetista por disposição expressa da Lei n. 11.107/2005 e do art. 173, § 1º, II da Constituição, respectivamente.

10.6.2 Estatutários (vitalícios, efetivos e comissionados)

Os *ocupantes de cargos públicos*, também designados *servidores públicos em sentido estrito* ou *estatutários*, sujeitam-se a um regime trabalhista regido por uma ou mais leis próprias de cada esfera da Federação. Essas leis, conhecidas como "estatutos", delineiam o regime funcional ao estabelecer os direitos, os deveres e as responsabilidades dos ocupantes de cargos, afastando a CLT. No entanto, existem direitos trabalhistas previstos no art. 7º da Constituição da República para os empregados, mas extensíveis aos servidores estatutários por força do art. 39, § 3º. Como os empregados públicos, os estatutários detêm, por exemplo, direito a salário-família, remuneração adicional por trabalho noturno, décimo terceiro salário, repouso semanal remunerado, férias anuais remuneradas, licença paternidade e maternidade, remuneração adicional por serviço extraordinário e garantia de salário mínimo.

É possível classificar os estatutários de acordo com dois critérios. O primeiro leva em conta sua *"lei de regência"*, ou seja, seu regime jurídico. Com base nesse critério, distinguem-se os estatutários comuns dos especiais. Os comuns são regidos pela lei geral de servidores civis editada no âmbito da União, dos Estados e dos Municípios. Na União, por exemplo, o estatuto dos servidores civis consta da importante Lei n. 8.112/1990. De outra parte, os estatutários próprios ou especiais, são trabalhadores que ocupam cargos disciplinados por lei específica para certa categoria de profissionais. Esse é o caso, por exemplo, dos juízes, regidos pela Lei Orgânica da Magistratura, e dos promotores, disciplinados pela Lei Orgânica do Ministério Público.

Muitas dessas normas especiais que disciplinam a carreira de certos profissionais encontram suas raízes na Constituição. O art. 95 da Carta assegura aos juízes garantias próprias, incluindo a *"vitaliciedade"* após dois anos de exercício no primeiro grau, razão pela qual o cargo se perde apenas mediante sentença judicial, a *"inamovibilidade"*, salvo por motivo de interesse público, e a *"irredutibilidade de subsídios"*, salvo em situações especiais estabelecidas pela Constituição, incluindo o respeito ao teto. O dispositivo citado também traz vedações especiais aos ocupantes de cargo de magistrado, incluindo a de exercer, ainda que em disponibilidade, outra função ou cargo público, salvo de magistério; receber, a qualquer título ou pretexto, custas ou participação em processo; dedicar-se à atividade político-partidária; receber, a qualquer título ou pretexto, auxílios ou contribuições de pessoas físicas, entidades públicas ou privadas, ressalvadas as exceções previstas em lei; e exercer a advocacia no juízo ou tribunal do qual se afastou, antes de decorridos três anos do afastamento do cargo por aposentadoria ou exoneração. Aos membros do Ministério Público, de modo semelhante, a Constituição também garante vitaliciedade, inamovibilidade e irredutibilidade e impõe vedações praticamente idênticas às dos magistrados (art. 128, § 5°).

Uma segunda classificação dos servidores estatutários leva em conta o tipo do cargo ocupado e os direitos a eles relacionados, destacando o grau de precariedade ou estabilidade do vínculo jurídico-funcional. Sob esta perspectiva, separam-se os estatutários em três grupos:

- Os ocupantes de *"cargo de provimento efetivo"* ingressam nos quadros de pessoal após aprovação em concurso, nomeação e posse, e adquirem estabilidade após três anos de efetivo exercício (art. 41 da CF). A estabilidade indica a proteção do vínculo desses agentes com o cargo que ocupam e restringe sua demissão a quatro hipóteses previstas na Constituição (art. 41, § 1° e art. 169, § 4°). O provimento do cargo tem caráter vinculado e definitivo. Até a aquisição da estabilidade, o servidor pode ser exonerado por decisão motivada, mas desde que garantido seu direito de ampla defesa em processo administrativo.

- Os ocupantes de *"cargo de provimento vitalício"* ingressam nos quadros com ou sem aprovação prévia em concurso público e obtêm vitaliciedade imediatamente ou após alguns anos de exercício. Para ilustrar as distinções, tome-se o exemplo da magistratura. Os juízes de primeiro grau ingressam mediante aprovação em concurso e adquirem a vitaliciedade em dois anos (art. 95 da CF). O provimento é vinculado e definitivo. Já o acesso aos Tribunais de segundo grau se dá por promoção em razão de antiguidade ou merecimento, bem como por indicação pelo quinto constitucional (art. 94). E nos Tribunais Superiores, o ingresso depende de aprovação do indicado no Senado e nomeação pelo Presidente da República. Aqui, diferentemente, o provimento é discricionário, condicionado e definitivo. Apesar das distinções no tocante ao provimento, tanto na hipótese de acesso aos Tribunais pelo quinto, quanto na situação dos tribunais superiores, a vitaliciedade é adquirida de imediato e, por sua força, a perda do cargo ocorrerá somente em virtude de sentença judicial transitada em julgado. Quando comparada com a estabilidade, a vitaliciedade representa uma proteção reforçada do vínculo funcional e, por isso, somente beneficia servidores expressamente mencionados na Constituição (magistrados, membros do Ministério Público e dos Tribunais de Contas).

• Os ocupantes de *"cargo de provimento comissionado"*, igualmente regidos pelo estatuto geral dos servidores civis, são nomeados por decisão discricionária (livre nomeação) e, passíveis de exoneração "ad nutum", ou seja, sem indicação de causa (livre exoneração), salvo em casos especiais em que o desligamento é vinculado à ocorrência de termo final (mandato), como ocorre nas agências reguladoras.

10.6.3 Estatutários comissionados

Algumas advertências importantes merecem registro em relação aos servidores estatutários comissionados ou ocupantes de cargos em comissão.

Em primeiro lugar, a Constituição veda que o legislador crie cargo comissionado sem relação com funções de direção, chefia e assessoramento (art. 37, V). Por ilustração, é ilegal o cargo comissionado destinado para atividades de procurador, de jardineiro, de docente ou outras funções puramente técnicas. Na ADI n. 4.125/TO, o STF reconheceu violação a essa norma constitucional e determinou a exoneração de milhares de comissionados e a subsequente realização de concurso público pelo Estado de Tocantins para o preenchimento de cargos técnicos.

Em segundo lugar, é preciso diferenciar os cargos comissionados das funções. O cargo é um conjunto de atribuições e responsabilidades que se insere na estrutura de cada entidade estatal de direito público interno após criação por lei específica. Assim como outros cargos, o comissionado depende de lei e permanece existindo, ainda que esteja vago. Diferentemente, as funções são tarefas ou atribuições avulsas, assumidas por um agente público de qualquer natureza, inclusive por colaboradores, com ou sem remuneração adicional, e não necessariamente previstas em lei. Dentre as inúmeras funções, existem as de confiança, que, por força da Constituição, devem ser "exercidas exclusivamente por servidores ocupantes de cargo efetivo" (art. 37,

V) e, em semelhança aos cargos comissionados, "destinam-se apenas às atribuições de direção, chefia e assessoramento" (art. 37, V).

Em terceiro lugar, apesar da livre-nomeação e da livre-exoneração, o provimento de cargos comissionados não deve ser usado para fins de barganha política, troca de favores ou geração de benefícios a familiares ou amigos. Com o objetivo de tutelar a moralidade e a impessoalidade, valores essenciais do Estado republicano, o STF editou a Súmula Vinculante n. 13, que veda o nepotismo direto ou cruzado de companheiro, cônjuge ou parente de até terceiro grau.[6] Além disso, a despeito da falta de uma regra constitucional, com base nos princípios da eficiência e da moralidade, entendo que a livre nomeação não afasta a necessidade de demonstração da competência técnica e reputação ilibada do indivíduo que assume o cargo comissionado para o desempenho das funções públicas. Ideal seria, no Brasil, que essa determinação constasse expressamente da Constituição e dos estatutos.

Em 2021, o Congresso deu um passo importante nesse sentido ao aprovar a Lei n. 14.204, que dentre outros pontos, simplifica a gestão de cargos em comissão e de funções de confiança na administração pública federal direta, autárquica e fundacional. Dispositivo importante da mencionada lei é o que estabelece critérios gerais para ocupação dos cargos em comissão e funções de confiança, quais sejam, "idoneidade moral e reputação ilibada; perfil profissional ou formação acadêmica compatível com o cargo ou com a função para a qual tenha sido indicado, e não enquadramento nas hipóteses de inelegibilidade previstas no art. 1º da LC n. 64/1990 (art. 9º).

Em quarto lugar, a Constituição exige que se preencha um mínimo de cargos comissionados com servidores de carreira conforme legislação de cada esfera federativa (art. 37, V). Em outras palavras, a União, os Estados e Municípios devem indicar em lei própria o percentual mínimo de cargos comissionados que será ocupado por servidores concursados. O restante dos cargos poderá ser provido tanto por pessoas externas aos quadros do funcionalismo estatal, quanto por agentes públicos.

Em quinto lugar, a livre exoneração típica dos cargos comissionados sofre limitações em alguns casos nos quais a legislação estabelece mandatos. Isso ocorre, por exemplo, em relação aos dirigentes de agências reguladoras, os quais são nomeados livremente, desde que respeitados certos requisitos legais, mas em geral não podem ser exonerados pelo governo ao longo do mandato, sobretudo para que se garanta a autonomia e a tecnicidade no funcionamento dos entes reguladores que dirigem. Em síntese, no que se refere a esses comissionados especiais, existe livre nomeação, mas não livre exoneração. O provimento é discricionário, porém vinculado a termo final que resulta do mandato previsto em lei. Registre-se somente que as diversas

---

6. Em detalhes a respeito da aplicabilidade da súmula, cf. MODESTO, Paulo. Nepotismo em cargos político-administrativos. In: MARQUES NETO, Floriano de Azevedo; ALMEIDA, Fernando Dias Menezes; NOHARA, Irene Patrícia; MARRARA, Thiago (org.). *Direito e administração pública*: estudos em homenagem à Maria Sylvia Zanella Di Pietro. São Paulo: Atlas, 2013, p. 261 e seguintes.

leis que criam agências reguladoras tratam desses comissionados especiais de modo distinto, razão pela qual se encontram variações no ordenamento brasileiro, por exemplo, em relação aos requisitos de nomeação, à duração do mandato e até mesmo às hipóteses de perda do cargo.

Em sua jurisprudência, o STF também consolidou entendimentos importantes sobre esse tipo de agente público. Por exemplo, entende a Corte que: (i) os comissionados não se submetem à aposentadoria compulsória por idade e não há limite de idade para sua nomeação; (ii) não há óbice constitucional para que servidor efetivo aposentado compulsoriamente permaneça em cargo comissionado; e (iii) as vedações da Súmula Vinculante 13 não decorrem exclusivamente das relações de parentesco, pois derivam da presunção de que a escolha para ocupar o cargo comissionado tenha sido direcionada à pessoa cuja relação de parentesco possa interferir no processo de seleção.[7]

10.6.4 Empregados públicos

Nem todos os servidores civis ocupam cargos. Existem aqueles que assumem postos de emprego público, igualmente criados por lei de cada esfera da federação e regidos a princípio pela CLT com derrogações eventuais de direito administrativo. A diferença entre o cargo e emprego não está na dependência de lei de criação, mas sim no regime jurídico, já que os empregados ingressam em regime celetista, com certas mitigações de direito administrativo.

Um exame sistemático da Constituição revela, porém, que os regimes dos empregados públicos e dos servidores estatutários se sobrepõem e se identificam em muitos aspectos. Como se viu, os estatutários gozam de vários direitos dos trabalhadores previstos no art. 7º da Constituição por determinação do art. 39, § 3º. De outro lado, os empregados públicos se submetem a muitas limitações de direito administrativo, como o teto de remuneração, a vedação de acumulação de cargos, empregos e funções, o ingresso mediante concurso público e outras normas administrativas previstas, sobretudo, nos art. 37 a 40 da Constituição. Além disso, estão sujeitos às diversas esferas de responsabilização dos agentes públicos, por exemplo, por improbidade, crime contra administração, dano civil a terceiros ocasionado de modo culposo ou doloso, responsabilidade por conduta abusiva ou negligente etc.

Apesar dos pontos comuns mencionados, desde que o regime privado não venha a ser excepcionado por norma administrativa, os empregados gozam de vantagens e desvantagens em relação aos estatutários. Eles se beneficiam de auxílio desemprego, de fundo de garantia, de participação nos lucros (o que é bastante relevante em empresas estatais), de aviso-prévio de no mínimo trinta dias, de seguro contra

---

7. Cf. BRASIL. Supremo Tribunal Federal. Informativos STF 2014-2018: teses e fundamentos de direito administrativo. Brasília: STF, 2019, p. 14 e seguintes.

acidentes de trabalho e de outros direitos previstos no art. 7º da Constituição da República. Todavia, eles não se beneficiam da estabilidade ou da vitaliciedade, de sorte que sua exoneração se torna mais simples.

Além de diferenças trabalhistas, o regime de emprego contrasta com o estatutário nos campos previdenciário e processual. Em matéria previdenciária, os empregados públicos seguem o regime geral da previdência (art. 201 da CF), vedada a instituição de regime próprio. Em matéria processual, enquanto os estatutários se submetem de modo geral à justiça comum estadual ou federal, os empregados têm seus conflitos com o Estado solucionados pela justiça trabalhista. De forma explícita, dispõe a Constituição que compete à Justiça do Trabalho processar e julgar: "as ações oriundas da relação de trabalho, abrangidos os entes de direito público externo e da administração pública direta e indireta da União, dos Estados, do Distrito Federal e dos Municípios" (art. 114, I com redação dada pela EC n. 45/2004).

O regime trabalhista é facultativo em algumas situações e compulsório em outras. De modo geral, ele pode ser aplicado em todos os níveis da federação e na Administração Direta e Indireta. Cabe aos entes federativos a opção por um regime único de emprego ou cargo, conforme prevê o art. 39 da Constituição. Como se disse anteriormente, a redação originária desse dispositivo havia sido modificada pela EC n. 19/1998, mas voltou a vigorar por consequência da decisão liminar do STF na ADI n. 2.135-4, proferida em 2007. De acordo com o texto originário repristinado, "a União, os Estados, o Distrito Federal e os Municípios instituirão, no âmbito de sua competência, *regime jurídico único* e planos de carreira para os servidores da *administração pública, direta, das autarquias e das fundações públicas*".

No âmbito federal, com base em sua competência privativa para editar normas de direito do trabalho, o Congresso Nacional editou a Lei n. 9.962/2000, a qual tratou das relações de emprego público com a União no âmbito da administração direita, autárquica e fundacional. Entre outras coisas, a lei veda que os comissionados assumam emprego, exige lei para criação de empregos (vedando medidas provisórias nesse campo), prevê a transformação de cargos vagos em empregos, trata da obrigatoriedade do concurso público para ingresso e ainda das hipóteses de demissão dos empregados. No tocante à demissão, fica evidente que o legislador desejou aproximar a situação do empregado público a do estatutário, conferindo-lhe mais proteção contra a demissão. A Lei n. 9.962/2000 restringiu a demissão a situações de: prática de falta grave (art. 482 da CLT); acumulação ilegal de emprego, cargo ou função pública; necessidade de redução de quadro de pessoal para economia de despesas e insuficiência de desempenho.

A Lei em questão trata somente de empregados da Administração Direta, autárquica e fundacional. Isso significa que ela não abrange as empresas estatais, nem mesmo as que executam funções públicas. Para estas entidades com personalidade de direito privado, a incidência de normas administrativas esbarra na Constituição, cujo art. 173, § 1º, II as submete a "regime jurídico próprio das empresas privadas, inclusive quanto aos direitos e obrigações civis, comerciais, *trabalhistas* e tributários". Assim, os trabalhadores das empresas estatais sempre se vincularão ao regime celetista e às normas especiais constantes do Estatuto das Empresas Estatais (Lei n. 13.303/2016), que, entre outras coisas, garante-lhes a participação no conselho de administração (art. 19, *caput*). O fato de um ente federativo optar pela adoção do regime único estatutário para a Administração direta, autárquica e fundacional, não atingirá as empresas estatais por expressa exceção constitucional.

Caso a empresa estatal exerça atividade pública, o regime celetista continuará vigente. No entanto, há entendimento do STF de que o direito administrativo o influenciará, por exemplo, ao limitar a dispensa de empregado independentemente de motivação. Esse posicionamento foi firmado no RE n. 589.998, cuja ementa dispõe que "a validade do ato de despedida do empregado da Empresa Brasileira de Correios e Telégrafos (ECT) está condicionada à motivação, por gozar a empresa do mesmo tratamento destinado à Fazenda Pública em relação à imunidade tributária e à execução por precatório além das prerrogativas de foro, prazos e custas processuais".[8]

Para além das empresas, as associações ou consórcios estatais são um outro tipo de ente cujo quadro próprio de pessoal necessariamente se formará de empregados, restando vedada a previsão de estatutários. Embora a Lei n. 11.107/2005 indevidamente fale de consórcios "públicos", na realidade, esses entes podem se estabelecer com pessoas jurídicas de direito público interno (formas de autarquia interfederativa) ou de direito privado. Independentemente do tipo de personalidade jurídica escolhida pelos entes consorciados, o regime de pessoal será sempre celetista. Estatutários poderão eventualmente auxiliar o consórcio, mas apenas na qualidade de servidores cedidos pelos entes políticos consorciados.

10.6.5 Temporários

Nem todas as demandas da administração são constantes e previsíveis. Esse fator torna a contratação de empregados ou a nomeação de estatutários efetivos muitas vezes inconveniente aos cofres públicos. Para contornar o problema e conferir mais flexibilidade ao Estado, sobretudo às pessoas jurídicas de direito público interno, a Constituição criou a figura dos servidores temporários, que não ocupam cargos, nem postos de emprego público, mas simplesmente desempenham tarefas públicas limitadas temporalmente e que se justificam em razão de excepcional interesse público conforme as hipóteses previstas em lei de cada ente federativo. De acordo com o texto constitucional, "a lei estabelecerá os casos de contratação por

---

8. Criticamente sobre o julgado, cf. ARAÚJO, Florivaldo Dutra. A dispensa de empregados das empresas estatais. In: PEREIRA, Flávio Henrique Unes; CAMMAROSANO, Márcio; SILVEIRA, Marilda de Paula; ZOCKUN, Maurício (org.). *O direito administrativo na jurisprudência do STF e do STJ*: homenagem ao Professor Celso Antônio Bandeira de Mello. Belo Horizonte: Fórum, 2014, p. 253 e seguintes.

tempo determinado para atender a necessidade temporária de excepcional interesse público" (art. 37, IX).

Desse mandamento retiram-se as características fundamentais dos temporários:

i. As hipóteses de contratação temporária pressupõem situações excepcionais, previstas em lei de cada ente da federação, e que fazem nascer uma demanda por pessoal efêmera e essencial à proteção de um interesse público específico (saúde, segurança etc.), mas que não justifique o provimento definitivo de um cargo efetivo ou de um emprego público. Disso resultam duas conclusões: a) se a demanda for efêmera, mas não essencial à tutela de um interesse público, a contratação não se justificará e b) se a demanda for constante, correto será a criação por lei de novos empregos ou cargos, não a contratação de temporários. Nesse sentido, o STF já decidiu, em relação à defensoria pública, que não cabe contratação temporária para funções permanentes e em relação às quais o Estado deve se planejar para organizar as carreiras e preencher postos definitivos no instituto de garantir a efetividade das instituições (cf. ADI n. 3.700/RN).[9]

ii. O vínculo que os une ao Estado tem natureza contratual e sofre obrigatória limitação temporal que deverá respeitar os prazos máximos legais e constar das cláusulas contratuais. Temporários não ocupam cargos, nem empregos públicos, daí por que se permite sua contratação em quantidade fixada em mera determinação administrativa. Em outras palavras, conquanto uma lei de cada ente federativo deva estabelecer o regime jurídico dos temporários, a criação das vagas varia de acordo com a situação excepcional, razão pela qual é definida pelo ente contratante em cada caso.

iii. A contratação de temporários, conforme prevista na Constituição, não afasta de modo explícito a obrigatoriedade do concurso público. Entende-se, por isso, que os temporários deverão passar a princípio por seleção que respeite os princípios da impessoalidade e da moralidade e demais requisitos legais, salvo quando a situação fática concreta inviabilizar o procedimento de seleção prévia.

No âmbito da União, a Lei n. 8.745/1993 cuida da figura dos temporários e aponta inúmeras situações em que se permite sua contratação (art. 2º). Por sua natureza excepcional, essas situações devem ser interpretadas sempre de modo taxativo e restritivo. Não cabe aqui transcrevê-las, mas, em termos teóricos, é possível afirmar que elas apontam ou uma *"demanda por força de trabalho adicional em razão de caso*

---

9. Em comentário ao julgado, cf. BARBOSA, Maria Elisa Braz; DINIZ, Gilberto Pinto Monteiro. A contratação temporária por excepcional interesse público sob a ótica do STF. In: PEREIRA, Flávio Henrique Unes; CAMMAROSANO, Márcio; SILVEIRA, Marilda de Paula; ZOCKUN, Maurício (org.). *O direito administrativo na jurisprudência do STF e do STJ*: homenagem ao Professor Celso Antônio Bandeira de Mello. Belo Horizonte: Fórum, 2014, p. 377 e seguintes.

fortuito ou força maior" (casos de calamidade, de emergências em saúde pública ou encargos temporários de obras ou serviços de engenharia nas forças armadas), ou uma *"demanda por trabalhos naturalmente transitórios"* (de pesquisador ou professor visitante estrangeiro, docentes temporários em escolas de governo, técnicos para projetos de pesquisa por tempo determinado, apoio temporário à proteção de povos indígenas etc.) ou uma *"demanda adicional de temporada"* (como ocorre durante a realização de censos demográficos).

Nos termos da Lei Federal (art. 3°), a contratação ocorre em regra após a condução de processo seletivo. Em casos especiais, autoriza-se o recrutamento após análise de currículo e, em situações gravíssimas, como calamidade pública, emergência ambiental ou risco iminente à saúde humana, vegetal ou animal, prevê-se a contratação direta, ou seja, sem qualquer procedimento prévio de verificação de mérito. A Lei trata ainda dos prazos máximos de duração do contrato, de sua prorrogação, da remuneração dos temporários, de suas vedações e de sua responsabilidade em termos disciplinares. Entre outras coisas, ela veda que temporários ocupem cargos em comissão ou funções de confiança, recebam atribuições não previstas no contrato e sejam recontratados antes de dois anos do término do contrato anterior, salvo em situações específicas (art. 9°).

Cumpre ressaltar que devido à pandemia de Covid-19, o inciso IX do art. 37 da CF deve ser lido em conjunto com a Emenda Constitucional n. 106, de 07 de maio de 2020, que instituiu regime extraordinário fiscal, financeiro e de contratações para enfrentamento de calamidade pública nacional decorrente de pandemia. Referida emenda ficará automaticamente revogada na data do encerramento do estado de calamidade pública reconhecido pelo Congresso Nacional (art. 11). Porém, durante este período, com o objetivo de enfrentar o contexto de calamidade e seus efeitos, autoriza o Poder Executivo federal, no âmbito de suas competências, a adotar processos simplificados de contratação de pessoal, em caráter temporário e emergencial, bem como de obras, serviços e compras que assegurem, sempre que possível, igualdade de condições entre os concorrentes, dispensando as exigências do §1° do art. 169 da CF (prévia dotação orçamentária e autorização específica na LDO) (art. 2°).

10.7 AGENTES DE FATO

Para que um determinado indivíduo se apresente perante a sociedade como agente público e atue validamente, é preciso que tenha sido investido de modo formal em uma função, cargo ou emprego público de acordo com os requisitos constitucionais e legais. Nas situações em que um cidadão desempenha a função pública sem o cumprimento dos requisitos legais de investidura e fora das hipóteses de colaboração, mas sob a aparência de regularidade e de modo público e pacífico, fala-se de funcionário de fato ou, na terminologia mais atual, *"agente de fato"*.

O agente de fato abarca o exercício da função pública: a) *"sem investidura"*, por exemplo, do cidadão que, em momento de guerra ou calamidade pública, assume a atribuição de agente municipal de trânsito; b) em *"investidura irregular"*, como a do indivíduo aprovado em concurso para fiscal que passa a praticar medidas de polícia administrativa, a pedido da Administração Pública, previamente à posse e à entrada oficial em exercício; ou c) em *"investidura ilícita"*, *e.g.*, quando certo indivíduo ocupa um cargo público não criado por lei, como manda a Constituição, mas por mera decisão administrativa.

Sob perspectiva jurídica, a figura do agente de fato suscita ao menos duas questões relevantes. É preciso verificar se os atos praticados pelo agente serão válidos e eficazes e, em seguida, que tipo de responsabilidade esse fenômeno suscitará.

Por força do princípio da segurança jurídica e, por vezes, do princípio da continuidade das funções públicas essenciais, os atos praticados por funcionário de fato serão considerados válidos e eficazes, desde que comprovado que seu destinatário se comportou de boa-fé. Carlos de Barros Júnior ressalta a necessidade de se examinarem as circunstâncias concretas para se confirmar: a) a plausibilidade da investidura do agente aos olhos do cidadão e b) o exercício público e pacífico das funções no interesse geral da sociedade. A seu ver, "o interesse dos terceiros só é legítimo e merece ser protegido enquanto o público acreditou e pôde, razoavelmente, acreditar que o indivíduo que exercia a função era agente regular".[10] Já a boa-fé do agente de fato não representa condição necessária para que se mantenham os atos que editou em nome do Poder Público perante terceiros, mas deve ser levada em conta no exame das circunstâncias do caso, na diferenciação entre a função de fato e a usurpação de função e na definição da responsabilização civil e penal.

Em termos de responsabilização criminal, nem todas as hipóteses de agente de fato apontadas são puníveis. De acordo com o Código Penal (art. 324), representa crime contra a Administração Pública "entrar no exercício de função pública antes de satisfeitas as exigências legais, ou continuar a exercê-la, sem autorização, depois de saber oficialmente que foi exonerado, removido, substituído ou suspenso". Em outro dispositivo (art. 328), o Código tipifica o comportamento de "usurpar o exercício de função pública" como "crime do particular contra a Administração em geral". Em ambos os crimes, o autor não age de boa-fé, nem no interesse da coletividade. Os tipos são dolosos, daí porque não podem gerar a responsabilização de qualquer tipo de agente de fato. No tipo do art. 324, o indivíduo tem ou teve vínculo com a entidade estatal, mas "sabe" que não cumpre requisitos para o exercício, que foi desligado do quadro de pessoal ou teve suas funções suspensas. Trata-se de crime contra a Administração Pública, pois o particular tinha, tem ou terá um vínculo funcional com a entidade estatal. O crime consiste em antecipar ou prolongar indevidamente, quando já não mais poderia, o exercício da função pública. No tipo do

---

10. BARROS JÚNIOR, Carlos S. de. Teoria jurídica do funcionário de fato. *RDA*, v. 100, 1970, p. 53-54.

art. 328, o particular assume de má-fé as tarefas de um ente estatal sem que com ele mantenha, tenha mantido ou venha manter qualquer vínculo funcional. Aqui, há usurpação de função, crime mais grave que o anterior.

Em termos de responsabilidade civil, a boa-fé do agente desempenha um papel fundamental. O agente de fato pode fazer jus a recebimento de indenização pelo trabalho prestado à Administração durante o período irregular desde que sua conduta se faça de boa-fé e em nome de interesses públicos. Imagine-se, por exemplo, um docente de universidade pública que atua por poucos anos até que é exonerado, porque se descobre que assumiu um cargo que jamais fora criado por lei. Exigir a devolução da remuneração ou negar o pagamento ao docente de boa-fé representaria enriquecimento sem causa do Estado (cf. STJ, REsp 48.412/SC).

Já os eventuais danos causados pelo agente aos cidadãos devem ser reparados de modo direto ou pelo Estado, a depender do contexto. Em outras palavras, a entidade estatal em nome da qual procedeu o agente de fato responderá objetivamente nos termos do art. 37, § 6º da Constituição contanto que se comprove a plausibilidade de sua atuação aparente como agente público perante a sociedade (teoria da aparência). Nesse caso, o agente responderá em regresso por culpa ou dolo. Diversamente, caso não se comprove a plausível atuação como agente público, não se poderá falar de verdadeiro agente de fato. Assim, os eventuais lesados deverão ajuizar ações de reparação diretamente contra o indivíduo causador do dano, não incidindo a responsabilidade estatal.

10.8 SERVIDORES CIVIS: CONSTITUCIONALIZAÇÃO DO REGIME FUNCIONAL

A consagração da federação brasileira em uma estrutura tripartite garante à União, aos Estados e aos Municípios o poder de legislar sobre a administração pública e de executar suas funções administrativas. Contudo, referida autonomia é em grande parte afetada e reduzida pelas dezenas de normas constitucionais que regem diversos temas de direito administrativo e por um amplo conjunto de competências legislativas privativas que o poder constituinte reservou à União. Essa redução de autonomia se vislumbra no campo do funcionalismo público, tema sobre o qual a normatividade presente na Constituição da República se revela inquestionavelmente excessiva, já que muitos dos assuntos nela disciplinados assumem um grau de tecnicidade ou de detalhamento incompatível com o papel do texto constitucional. Muitas das normas constitucionais sobre o regime dos servidores públicos, como se verá, melhor se enquadrariam na legislação ordinária.

Justificativas para o inchaço normativo constitucional se encontram, entre outros fatores, na cultura centralizadora que marca o direito e o Estado brasileiros em termos legislativos e na suposta preocupação do Congresso em garantir uma padronização mínima da Administração Pública brasileira, de forma a evitar distinções acentuadas entre os ordenamentos e as instituições subnacionais. Esses fatores explicam em certa medida a inserção de tantas normas disciplinadoras dos agentes públicos na Constituição.

Em seu título III, referente à "organização do Estado", encontra-se uma seção dedicada aos "servidores públicos" e aos militares dos Estados, do Distrito Federal e dos Territórios. No título IV, sobre a "organização dos Poderes", há inúmeras seções sobre os mais diversos agentes políticos e sobre membros do Poder Judiciário e de outras instituições essenciais à Justiça. Já no título V, sobre a "defesa do Estado e das instituições democráticas", novamente emergem normas sobre os agentes militares, mas com foco no regime dos membros das forças armadas.

Muitos dos aspectos constitucionais relativos aos agentes públicos em geral foram tratados anteriormente, razão pela qual as linhas seguintes focalizarão o regime jurídico dos agentes administrativos (ou seja, dos servidores públicos civis em sentido amplo), tal como delineado pelas previsões dos art. 39 a 41 da Constituição. Dentre os vários assuntos tratados nesses artigos, pretende-se enfatizar e debater a vedação de acumulação de cargos, empregos e funções; as formas de remuneração e seus tetos; a associação sindical e a greve; o regime previdenciário e as modalidades de aposentadoria. Os aspectos de responsabilidade do agente público, inclusive na esfera disciplinar e por improbidade administrativa, serão tratados somente nos capítulos finais sobre controle e responsabilidade do Estado e de seus agentes.

10.9 ACESSO A CARGOS, EMPREGOS E FUNÇÕES

Sob os ares do patrimonialismo, o Estado representava uma extensão do patrimônio e da vida do governante. As funções públicas eram desempenhadas de acordo com seus desejos e atribuída por força de seus interesses, de suas amizades e de laços familiares a certos indivíduos. Simplificadamente, o acesso aos postos de trabalho e às funções estatais dependia de uma mera decisão subjetiva do governante, do detentor do poder.

Com a evolução em direção ao modelo de Administração burocrática e a consagração do Estado democrático e republicano, a situação se modificou de forma bastante significativa – ao menos no plano teórico. Promoveram-se valores como a racionalidade e a divisão de trabalho, a neutralidade, a impessoalidade, a meritocracia e o profissionalismo. Por força desses valores, passou-se estruturar um conjunto de procedimentos objetivos destinados tanto a garantir a todos o direito de tentar acessar funções, cargos ou empregos públicos, quanto a promover a seleção dos indivíduos tecnicamente mais aptos para desempenhar as tarefas estatais.

No Brasil, hoje, a preocupação com a isonomia e com o ideal republicano se espelha em inúmeros dispositivos constitucionais. Nesse espírito, em matéria de pessoal, garante-se a todos os brasileiros e estrangeiros que preencherem os requisitos legais o acesso a cargos, empregos e funções (art. 37, I). Na redação originária do artigo, porém, não se mencionavam estrangeiros. A Constituição era em sua origem mais restritiva, pois beneficiava apenas os brasileiros (natos ou naturalizados). Esse cenário se modificou aos poucos. Em 1996, a EC n. 11 incluiu o § 1º do art. 207 no intuito de permitir a contratação de professores, técnicos e cientistas estrangeiros por universidades estatais (o que redundou na edição da Lei federal n. 9.515/97). Mais tarde, em 1998, a EC n. 19 alterou o art. 37, inciso I e contemplou o acesso de "estrangeiros" a cargos, empregos e funções "na forma de lei", ou seja, nos termos de diploma legal editado por cada um dos entes da federação.

Além da importante norma do art. 37, inciso I, a Constituição trata do assunto em outros dispositivos, como o que reserva aos brasileiros natos o acesso aos cargos de Presidente, Vice-Presidente, Presidente da Câmara dos Deputados e do Senado, Ministro da Defesa, Ministro do STF, bem como a cargos da carreira diplomática e de oficial das forças armadas (art. 12, § 3º c/c art. 12, I). Para estes cargos, veda-se o acesso de estrangeiros ou, mesmo, de brasileiros naturalizados. Note-se, porém, que esse parágrafo menciona exclusivamente cargos da União. Nos Estados e Municípios, as regras de acesso para os cargos análogos deverão constar das respectivas constituições estaduais e leis orgânicas municipais.

10.10 PROVIMENTO: TIPOS E MEIOS

Cargos, empregos ou funções existem a despeito de sua ocupação por um agente público. O fato de permanecerem vagos não ocasiona seu desaparecimento. A ocupação, a seu turno, dependerá do emprego de algum instrumento de provimento, ou seja, de um ato (no caso dos cargos) ou de um contrato (no caso dos empregos e funções temporárias) que resulte no seu preenchimento, na sua vinculação a um indivíduo. Seu esvaziamento ou vacância, de outro lado, resultará tanto de um ato quanto de um fato jurídico (como o falecimento do agente público).

Existem inúmeros critérios de classificação das formas de provimento. Com base na lição de Paulo Modesto,[11] ao se considerar a permanência do agente no quadro ou quanto à duração do vínculo, é possível diferenciar: o *"provimento definitivo"* (para cargos efetivos e vitalícios); o *"provimento a termo"* (para cargos com mandato) e o *"provimento precário"* (para cargos comissionados). Quanto à natureza do ato de provimento, distinguem-se o *"provimento vinculado"*, no qual inexiste discricionariedade na escolha do indivíduo que assumirá o quadro (o que ocorre em relação aos aprovados em concurso e aos agentes eleitos pelo povo) e o *"provimento discricionário"*, no qual a autoridade competente detém margem de escolha do indivíduo que

---

11. MODESTO, Paulo. Nepotismo em cargos político-administrativos. In: MARQUES NETO, Floriano de Azevedo; ALMEIDA, Fernando Menezes de; NOHARA, Irene Patrícia; MARRARA, Thiago (org.). *Direito e administração pública*: estudos em homenagem à Maria Sylvia Zanella Di Pietro. São Paulo: Atlas, 2013, p. 266-269.

10 • AGENTES PÚBLICOS   **259**

ingressará na Administração (como se vislumbra nos cargos comissionados). Outra diferenciação relevante contrapõe o *"provimento incondicionado"* do *"provimento condicionado"*, que depende, por exemplo, de elaboração prévia de lista tríplice ou de aprovação em sabatina do Senado Federal (art. 52, III, 'f', da CF). Exemplos de provimento condicionado se vislumbram no provimento de cargos de Presidente e Diretor do Banco Central, Ministro de Tribunais de contas, Procurador-Geral da República etc.

Apesar da utilidade das três classificações para esclarecer a riqueza de situações funcionais ou trabalhistas no âmbito da Administração Pública, o critério mais destacado de classificação dos provimentos é o que leva em conta a presença ou ausência de vínculo prévio do indivíduo com o Estado. Na ausência de vínculo funcional anterior, fala-se de *"provimento originário"*, instrumentalizado pelo ato administrativo de nomeação (para cargos) ou por contrato (para empregos e funções temporárias). Em contrapartida, fala-se de *"provimento derivado"* nas hipóteses em que o servidor já mantém vínculo com a entidade.

Valendo-se aqui da tipologia do Estatuto dos Servidores Civis da União (art. 8º da Lei n. 8.112/1990), os meios de provimento derivado abrangem:

i. A *"reintegração"*, pela qual o preenchimento ocorre por força da anulação judicial ou administrativa da demissão do servidor que ocupava o cargo anteriormente (art. 41, § 2º, da CF). Apesar de se falar de demissão, há casos de exoneração que também poderiam ser anulados, de modo a ocasionar à reintegração. Daí porque o dispositivo constitucional deve ser interpretado de modo ampliativo para abranger outras hipóteses de desligamento do servidor.

ii. A *"reversão"*, em que o preenchimento decorre da cessação da incapacidade física ou mental do servidor aposentado por invalidez (reversão vinculada) ou do pedido de retorno do servidor aposentado voluntariamente (reversão discricionária). No âmbito da União, a reversão discricionária depende de: i) pedido feito por aposentado voluntário; ii) existência de cargo vago; iii) comprovação de estabilidade no cargo em que se aposentou e iv) comprovação de que a aposentadoria não ocorreu há mais de cinco anos (art. 25 da Lei n. 8.112).

iii. A *"recondução"*, na qual o servidor retorna a cargo anterior pelo fato de não ser aprovado no estágio probatório ou pelo fato de o antigo servidor do cargo que ocupa ser reintegrado (art. 29 da Lei n. 8.112).

iv. A *"readaptação"*, pela qual se investe o servidor que tenha sofrido limitações em sua capacidade física ou mental em outro cargo compatível com sua atual capacidade laboral. O estatuto federal também exige que a readaptação se faça para cargo de atribuições afins, respeitada a habilitação exigida, nível de escolaridade e equivalência de vencimentos e, na hipótese de inexistência de cargo vago, dispõe que o servidor exercerá suas atribuições como excedente até a ocorrência de vaga (art. 24, § 2º da Lei n. 8.112). A EC n. 103/2019 conferiu ao instituto *status* constitucional, criando um direito à readaptação para exercício de cargo cujas atribuições e responsabilidades sejam compatíveis com a limitação que o agente tenha sofrido em sua capacidade física ou mental, enquanto permanecer nesta condição, desde que possua a habilitação e o nível de escolaridade exigidos para o cargo de destino, mantida a remuneração do cargo de origem (art. 37, § 13, da CF).

v. A *"promoção"*, ato pelo qual o servidor progride no nível e nas classes de seu cargo ou assume cargo superior da mesma carreira em que atua. Na Súmula n. 685 e posteriormente na Súmula Vinculante n. 43, o STF consagrou o entendimento de que "é inconstitucional toda modalidade de provimento que propicie ao servidor investir-se, sem prévia aprovação em concurso público destinado ao seu provimento, em cargo que não integra a carreira na qual anteriormente investido". Isso demonstra, por exemplo, a inconstitucionalidade de normas que autorizem um servidor, pelo simples fato de ter ingressado nos quadros públicos, saltar de uma carreira a outra. A promoção, como forma de provimento derivado independente de concurso, aplica-se apenas no âmbito de uma carreira específica. Além disso, para que ocorra, a Constituição impõe a participação em curso de formação e de aperfeiçoamento, atribuindo aos entes estatais o dever de criar escolas de governo ou de se conveniar com outros entes públicos para viabilizar a educação profissional do servidor (art. 39, § 2º, da CF).

vi. O *"aproveitamento"*, pelo qual um servidor posto em disponibilidade retorna ao Estado para assumir cargo de natureza e vencimento compatíveis com o que antes ocupava. Na falta de determinação legal, o aproveitamento é decisão discricionária (Súmula n. 39 do STF) e, em todo caso, atinge um servidor em disponibilidade, ou seja, em inatividade remunerada de modo proporcional ao tempo de serviço e decorrente da extinção de seu cargo ou da declaração de sua desnecessidade. Pela Constituição (art. 41, § 3º), a disponibilidade é um direito subjetivo do servidor estável. Já o aproveitamento, como dito, depende do juízo de conveniência e oportunidade da Administração, salvo quando imposto pela lei de certo ente federativo.

Dos vários meios de provimento mencionados com base no Estatuto da União, alguns constam expressamente da Constituição da República (como o aproveitamento, a reintegração e a readaptação). Aqueles não baseados no texto constitucional, mas previstos no Estatuto dos Servidores Civis da União não necessitam ser adotados pelos Estados e Municípios. Isso significa que, nos níveis estaduais e municipais, a classificação e a nomenclatura empregadas no estatuto federal não necessitam ser reproduzidos. É da autonomia dos Estados e Municípios deliberar sobre seguir a classificação federal acima apontada ou criar a sua própria, sempre respeitando as normas constitucionais.

10.11 CONCURSO PÚBLICO

A investidura de um cidadão em cargo ou emprego público, salvo em situações especiais, depende de aprovação prévia em concurso público (art. 37, II, da CF). Em poucas palavras, o concurso representa um processo administrativo de finalidade seletiva, caracterizado pela objetividade, guiado pela meritocracia, composto de provas elaboradas de acordo com a complexidade e com a natureza do quadro que se busca preencher e às quais se pode somar a análise de títulos.

Objetivo central do concurso é promover a eficiência e o ideal republicano, de que resulta a necessidade de comparar tecnicamente e de modo isonômico todos os candidatos. A busca dos indivíduos mais aptos para desempenhar as tarefas estatais requer igualmente a elaboração de provas condizentes com a qualificação necessária ao exercício dos cargos ou empregos que serão ocupados pelos aprovados. A prova constitui um requisito indispensável do concurso e serve tanto para mensurar conhecimentos técnicos, quanto para avaliar a aptidão física dos candidatos. A depender do concurso, é possível que se realize não uma prova, mas várias, com ou sem caráter eliminatório.

Sobre o assunto, existe densa e vasta jurisprudência, sobretudo no âmbito do STJ, tribunal que já consagrou, entre outros, os seguintes posicionamentos: i) a banca examinadora pode exigir conhecimento posterior ao da publicação do edital, mas desde que relacionado à matéria do concurso (RMS 033191/MA); ii) o judiciário não analisará critérios de formulação e correção de provas, salvo por ilegalidade ou violação editalícia (RMS 041785/RS); iii) a convocação para determinada fase do concurso público após considerável lapso temporal entre uma fase e outra, sem a notificação pessoal do interessado, viola os princípios da publicidade e da razoabilidade, não sendo suficiente a publicação em diário oficial (AgRg no RMS 039895/ES); iv) é lícita a "cláusula de barreira", pela qual o edital estipula que somente um determinado número ou certo percentual de candidatos de uma fase anterior atingirá a fase seguinte das provas (STJ, RMS 40496/DF e, no STF, RE 635739) – tese confirmada pelo STF (RE 635.739).

A *"análise de títulos"* poderá ser agregada à fase de provas, de acordo com um juízo discricionário da Administração e desde que haja relação com o que se pretende avaliar. Porém, o concurso baseado de maneira exclusiva em exame de títulos viola a Constituição. Ademais, o STF entende que a fase de títulos jamais poderá ser eliminatória, devendo ser empregada unicamente para fins de classificação, sem exclusão de candidatos (MS 31.176). Avaliações de natureza ideológica, religiosa, sexual e outros fatores que se relacionem a liberdades constitucionais de todo e qualquer indivíduo tampouco são compatíveis com a lógica que permeia os concursos. Já o *"exame psicotécnico"* poderá compor o procedimento quando lei o prever explicitamente. O Supremo converteu a Súmula 686 na Súmula Vinculante n. 44, conforme a qual: "só por lei se pode sujeitar a exame psicotécnico a habilitação de candidato a cargo público". Conquanto o enunciado sumular se refira a cargos, nada obsta sua aplicação a concurso destinado ao provimento de emprego público.

A princípio, o concurso é aberto a todos e a Súmula n. 684 do STF dispõe que "é inconstitucional o veto não motivado à participação de candidato a concurso público". No entanto, o princípio da meritocracia e da isonomia não impedem que se acoplem ao concurso *"mecanismos discriminatórios"*, os quais surgem em duas situações distintas. De um lado, há casos em que o edital do concurso impõe a diferenciação dos candidatos em virtude das características do cargo ou emprego, como limites mínimos ou máximos de peso, de altura ou de idade. Restrições como essas serão válidas desde que se confirme que candidatos fora dos limites não lograriam exercer as tarefas profissionais caso fossem recrutados. A Súmula n. 683 do STF dispõe que "o limite de idade para a inscrição apenas se legitima em face do art. 7º, inciso XXX, da Constituição quando possa ser justificado pela natureza das atribuições do cargo...". Em outras palavras, a imposição de restrições objetivas e gerais quanto às condições pessoais dos candidatos não violará a Constituição quando resultantes de imperativo lógico. Agregue-se a isso que as discriminações lógicas sequer dependerão de previsão legal explícita, podendo ser inseridas diretamente no edital pela Administração Pública. Discordo, portanto, da jurisprudência do STJ no sentido de que a limitação de idade, sexo e altura para o ingresso na carreira militar, para ser válida, dependa de previsão em lei específica e no edital do concurso (RMS 044597/SC). A exigência de reserva legal em relação a uma discriminação desse tipo é completamente irrazoável e apenas burocratiza o funcionamento da Administração Pública.

Distinta é a hipótese das discriminações editalícias que visam acoplar ao concurso uma finalidade social e inclusiva, como se vislumbra na reserva de vagas para deficientes ou membros de determinadas etnias. Aqui, a discriminação assume caráter político, desponta como ação afirmativa, pois não decorre obrigatoriamente da natureza do cargo ou emprego, mas sim da intenção de promover e incluir certos grupos vulneráveis. Nesse caso, a discriminação depende de fundamento legal explícito (reserva legal). No ordenamento brasileiro, por vezes, é a própria Constituição que prescreve a discriminação, como cotas ou reserva de vagas para deficientes (art. 37, VIII). Em outros momentos, a técnica inclusiva resulta de opção legislativa de cada nível federativo. Exemplo disso se vislumbra na reserva de 20% das vagas de concursos federais até 2024 para indivíduos autodeclarados negros e pardos, nos termos da Lei n. 12.990/2014 (julgada em 2017 como compatível com a CF na ADC 41). De acordo o STF, é legítima a autodeclaração de etnia, bem como a utilização de critérios subsidiários de heteroidentificação, desde que respeitada a dignidade da pessoa humana e garantidos o contraditório e a ampla defesa.

Recentemente, no sentido de se garantir também igualdade material aos candidatos de ambos os gêneros, a Lei n. 13.872/2019 estabeleceu o direito de as mães amamentarem seus filhos de até 6 (seis) meses de idade durante a realização de concursos públicos na Administração Pública Direta e Indireta dos Poderes da União, durante as provas e os processos de avaliação, mediante prévia solicitação à instituição organizadora.

Outra discussão essencial em matéria de concurso público diz respeito aos efeitos da aprovação dos candidatos. De acordo com a Constituição, o edital deve prever um prazo de *"validade do concurso"*, que pode atingir dois anos, permitida uma prorrogação por igual período (art. 37, III). Durante o prazo de validade estipulado por ato discricionário da Administração, antes ou depois da prorrogação, a Constituição confere aos candidatos aprovados um *"direito subjetivo de prioridade"* sobre novos concursados para assumir o cargo ou emprego na carreira (art. 37, IV).

Desse inciso, extraem-se inúmeras conclusões importantes. A uma, a Constituição não garante de modo explícito ao aprovado um direito subjetivo à nomeação ou à contratação, ainda que ele se classifique no limite das vagas previstas em edital. Confere, em verdade, um mero direito de preferência – o qual, como se verá abaixo, transmutou-se por força da jurisprudência brasileira em virtude da necessidade de proteção da boa-fé do cidadão. A duas, é lícita a realização de um novo concurso durante o prazo de validade de um anterior, ambos destinados ao preenchimento do mesmo tipo de cargo ou emprego em uma mesma entidade estatal. É exatamente por isso que a Constituição criou um direito de prioridade ou preferência aos candidatos do concurso anterior. No entanto, os entes federativos, no exercício de sua autonomia de organização, estão autorizados a decidir pela proibição de realização de novos concursos enquanto um anterior estiver válido, como fez a União em relação a seus concursos para preenchimento de cargos públicos de servidores civis (art. 12, § 2º da Lei n. 8.112/1990). Diante desse tipo de previsão legal, o direito de preferência perde sua utilidade.

A despeito de eventual proibição de novo concurso dentro do prazo de validade, fato é que em qualquer situação a Administração Pública deve se planejar antes de realizar os processos em questão. É preciso que os empregos e cargos estejam devidamente criados por lei, que haja recursos suficientes para praticar os atos de provimentos e que se mensure com cautela o número de vagas posto no edital. Afinal, o concurso é absorvido como promessa pela sociedade. Os candidatos depositam confiança legítima de que o Estado abre tais processos com o intuito honesto de preencher um conjunto de cargos ou empregos. Com base nessa crença, assumem custos financeiros, pessoais, familiares e psicológicos.

Em vista dessa confiança depositada no Estado e apesar de a Constituição oferecer um mero direito de prioridade na convocação, a jurisprudência brasileira, valorizando os princípios da segurança jurídica, da proteção da boa-fé dos candidatos, tem transformado a discricionariedade administrativa na convocação em uma ação vinculada. Nessa linha jurisprudencial, defendida tanto pelo STF (RE n. 598.099) quanto pelo STJ (RMS 20.718), passou-se a entender que existe um *"direito líquido e certo à nomeação ou à contratação"* do candidato aprovado dentro do número de vagas previsto no edital. Esse direito deverá ser garantido dentro do prazo de validade do concurso, salvo por força de um fato superveniente e relevante que altere o contexto do recrutamento e justifique a redução do número de convocados ou a impossibilidade total de convocação. No entanto, o STF deixa claro que "a criação de novos cargos, ainda que no prazo de validade do concurso público, não gera direito líquido e certo de nomeação para aqueles aprovados fora do número de vagas do edital, por se tratar de ato discricionário e, portanto, submetido ao juízo de conveniência e oportunidade da Administração" (RE 607.590 AgR-ED).

10.12 NOMEAÇÃO, POSSE E ESTÁGIO PROBATÓRIO

Nas hipóteses de emprego público, o candidato aprovado em concurso é convocado para celebrar contrato com a Administração Pública e então iniciar suas atividades, mas sem a possibilidade de adquirir estabilidade. No preenchimento de cargo público de provimento efetivo, a situação é mais complexa. O candidato aprovado deve ser nomeado pela Administração Pública, firmar o termo de posse e entrar em exercício, momento em que se iniciam o estágio probatório e a contagem do tempo para obtenção da estabilidade. Há, portanto, vários institutos que merecem discussão: a nomeação, a posse, o exercício, o estágio probatório e a estabilidade.

A *"nomeação"* configura um ato administrativo cuja finalidade é preencher o cargo público, efetivo, vitalício ou comissionado. No caso dos cargos efetivos e em alguns vitalícios, a nomeação pressupõe a aprovação em concurso, diferentemente do que ocorre com a nomeação dos agentes comissionados. Temporalmente, a nomeação necessita ocorrer dentro do prazo de validade do concurso e, materialmente, há que respeitar a ordem de classificação na aprovação. Uma vez praticada, surge o direito subjetivo do nomeado à posse (Súmula n. 16 do STF). Após a nomeação, portanto, a Administração não pode recusar a posse sob pena de ofender direito adquirido à ocupação do cargo.

De acordo com o estatuto do servidor civil da União, a *"posse"*, como ato praticado pelo nomeado que o investe no cargo, dar-se-á em prazo de 30 dias após a nomeação por meio de "assinatura do respectivo termo, no qual deverão constar as atribuições, os deveres, as responsabilidades e os direitos inerentes ao cargo ocupado, que não poderão ser alterados unilateralmente, por qualquer das partes, ressalvados os atos de ofício previstos em lei" (art. 13, *caput* da Lei n. 8.112/1990). Ainda nos termos do estatuto federal, a posse: (a) dependerá de prévia inspeção médica oficial e (b) poderá ser firmada por procurador do nomeado. Ultrapassado o prazo legal sem a posse, o ato de nomeação perderá efeito, devendo-se convocar o próximo candidato aprovado. Anote-se, em adição, que a posse ocorrida com base em decisão judicial precária (ou não definitiva) não garante ao seu beneficiário a aplicação da teoria do fato consumado de acordo com a jurisprudência do STF (RE

n. 405964, de 2012). Se a sentença reconhecer ao final do processo que a posse não poderia ter ocorrido, o cargo deverá ser desocupado.

Concluídas a nomeação e a posse, o ocupante de cargo terá um prazo legal para entrar em *"exercício"*, ou seja, passar a desempenhar efetivamente as tarefas como agente público. No âmbito da União, é preciso que o exercício ocorra em até 15 dias da data da posse (art. 15, § 1º da Lei n. 8.112/1990), do contrário o servidor será exonerado. Com o exercício, inicia-se o *"estágio probatório"*, período de três anos necessário para avaliar as competências do servidor no desempenho das funções estatais. Durante esse lapso temporal, ainda não há estabilidade. O desligamento do servidor independe da configuração de uma das três hipóteses do art. 41, § 1º da CF. Ademais, seu cargo pode ser extinto (Súmula 22 do STF) e, em caso de necessidade de redução de gastos com pessoal, ele deverá ser exonerado antes que o servidor estável. No entanto, de acordo com a Súmula n. 21 do STF, o "funcionário em estágio probatório não pode ser exonerado nem demitido sem inquérito ou sem as formalidades legais de apuração de sua capacidade". Isso significa que a ausência de estabilidade não afastará a necessidade de respeito ao devido processo legal, nem mesmo o dever de motivar com fundamentos verdadeiros e legítimos o desligamento.

No final do estágio probatório, a Constituição impõe como condição para a aquisição da estabilidade a avaliação especial de desempenho por comissão instituída para essa finalidade (art. 41, § 4º), cabendo aos estatutos definirem os elementos e os critérios de avaliação. Nesse sentido, de acordo com o estatuto federal, ao longo do estágio, serão verificadas sua aptidão e capacidade para o desempenho das tarefas do cargo, observando-se os seguintes fatores: assiduidade, disciplina, capacidade de iniciativa, produtividade e responsabilidade (art. 20 da Lei n. 8.112/1991). O servidor que for inabilitado no estágio probatório, será exonerado de ofício ou reconduzido ao cargo anteriormente ocupado no qual já era estável. Se aprovado, permanecerá no cargo e nele adquirirá a estabilidade.

Embora a Constituição fale de requisito essencial, não é de se descartar a situação em que a Administração Pública deixe indevidamente de proceder à avaliação do servidor. Em vista dessa hipótese, cumpre debater se o silêncio equivalerá à sua aprovação e gerará a estabilidade ou não. Para Edmir Netto de Araújo, a confirmação no cargo é função do decurso do tempo, razão pela qual não será necessário ato específico para a estabilização.[12] Em sentido oposto, Celso Antonio Bandeira de Mello adota a posição de que a avaliação de desempenho por comissão específica é obrigatória à aquisição da estabilidade.[13]

Em linha com a redação estrita da Constituição e com Bandeira de Mello, entendo que a avaliação é obrigatória e que o silêncio ou o atraso da Administração na

---

12. ARAÚJO, Edmir Netto. *Curso de Direito Administrativo*, 5ª ed. São Paulo: Saraiva, 2010, p. 354.
13. BANDEIRA DE MELLO, Celso Antônio. *Curso de direito administrativo*, 30ª ed. São Paulo: Malheiros, 2013, p. 295.

sua realização não significa a reprovação do candidato no estágio probatório, nem sua aprovação por decurso do tempo (aprovação ficta pelo silêncio administrativo). A avaliação deverá ser realizada como condição essencial da estabilidade mesmo após o decurso dos três anos. Caso se constate que o agente competente retardou a avaliação de modo malicioso, por exemplo, com o objetivo de adiar indevidamente a obtenção da estabilidade do agente em estágio, dever-se-á apurar sua responsabilidade disciplinar e por eventual ato de improbidade, além de se determinar a imediata avaliação. Sem prejuízo, o servidor prejudicado poderá buscar medidas de controle administrativo ou judicial no intuito de impor a avaliação imediata. O servidor que deveria ser avaliado, mas se calou com o propósito de se beneficiar da falta de avaliação não poderia ser beneficiado com a estabilidade automática. Afinal, ninguém pode se beneficiar da própria torpeza.

10.13 ESTABILIDADE E VITALICIEDADE

Após o decurso do prazo de três anos e da avaliação positiva no estágio probatório, o ocupante de cargo efetivo obtém a *"estabilidade"*, isto é, um reforço à manutenção de sua relação com o cargo que se destina a garantir as funções de Estado e a reduzir o impacto de pressões governamentais ilegítimas sobre os servidores. Em outras palavras, a estabilidade existe para que o servidor faça o que tem que ser feito conforme o direito e à luz dos interesses públicos primários, não se submetendo a mandos, desmandos, abusos e desejos pessoais de superiores e agentes políticos.

Por força da estabilidade, em qualquer nível federativo, o servidor somente perderá o cargo por sentença, por decisão condenatória em processo administrativo ou por mau desempenho constatado em avaliação periódica ou se sua exoneração for necessária para fazer valer os limites de despesa de pessoal, respeitadas as condições constitucionais (art. 169, § 4º, CF, detalhado pela Lei n. 9.801/1999). Além disso, os estáveis terão direito à disponibilidade remunerada (art. 41, § 3º da CF) e a benefícios específicos não garantidos aos que estão em estágio probatório, como determinados afastamentos e licenças (art. 20, § 4º da Lei n. 8.112/1990).

A redação originária da Constituição previa a aquisição de estabilidade após dois anos de efetivo exercício, prazo que ainda aparece em alguns estatutos. Com a edição da EC n. 19/1998, modificou-se o art. 41 da Constituição para se elevar o prazo a 3 anos. Diante de dúvidas que surgiram por conta de normas estatutárias desatualizadas (que ainda mencionavam os dois anos), o STF esclareceu que não existe diferença entre prazo do estágio probatório e o prazo de aquisição de estabilidade (AI n. 754.802 do STF, decidido em 2011). Após a Emenda 19, ambos são de três anos, salvo na hipótese especial do art. 19 da ADCT, que conferiu estabilidade automática aos servidores da Administração Direta, das autarquias e das fundações que, na data de promulgação da Constituição, estavam em exercício continuado de, no mínimo, cinco anos, ainda que não tivessem ingressado nos quadros estatais por aprovação em concurso público.

Como instituto de proteção da relação do indivíduo com um cargo efetivo, a estabilidade não beneficia empregados públicos, particulares em colaboração com a Administração, agentes temporários nem servidores comissionados.

Já alguns estatutários próprios ou especiais gozam de uma proteção ainda maior. Eles não detêm estabilidade, mas sim *"vitaliciedade"*. Esse é o caso dos membros do Ministério Público no Poder Executivo (art. 128, § 5º, I), dos Tribunais de Contas no Poder Legislativo (art. 73, § 3º da CF) e dos magistrados no Poder Judiciário (art. 95, I da CF). Eles somente perderão seus cargos por sentença judicial transitada em julgado. Assim, por exemplo, eventual condenação em processo administrativo disciplinar jamais poderá ter como consequência a perda de um cargo por um magistrado. Para tanto, será necessária uma condenação judicial, por ilustração, em ação civil pública que reconheça a prática de ato de improbidade.

Em termos de aquisição, enquanto a estabilidade depende do decurso de 3 anos e habilitação na avaliação final do estágio, obtém-se a vitaliciedade ou de modo imediato, sem a realização de um "estágio probatório" (como se vislumbra na situação dos ministros de Tribunais Superiores ou do Tribunal de Contas da União) ou após o decurso de dois anos de exercício, como ocorre com juízes de primeiro grau e promotores.

10.14 VACÂNCIA, DEMISSÃO, EXONERAÇÃO E DISPONIBILIDADE

Opostamente ao provimento, a *"vacância"* designa o esvaziamento do cargo, emprego ou função, decorrendo de eventos naturais ou humanos, voluntários ou involuntários, imputados ao servidor ou à própria Administração Pública. São causas de vacância a morte, a aposentadoria, a demissão, a exoneração e alguns tipos de provimento derivado, que, ao ocasionarem o preenchimento de um novo cargo com um servidor já pertencente aos quadros públicos geram, por reflexo, o esvaziamento de outro, como ocorre nas situações de promoção, de readaptação por redução da capacidade física ou mental etc.

As causas aqui ilustradas não devem ser confundidas com a vacância em si, que consiste em um ato que determina ou reconhece o esvaziamento do cargo, emprego ou função. Além disso, a vacância não leva à extinção do cargo ou emprego, mas simplesmente à sua desocupação. Eles tornam-se vagos e assim permanecem até que sejam providos novamente. Cargos e empregos públicos criam-se por lei, razão pela qual a vacância não ocasiona sua extinção – mas deve-se lembrar que o cargo vago, por força de norma constitucional, pode ser extinto por decreto autônomo do chefe do executivo (art. 84, VI, 'b' da CF). Diga-se, ademais, que a vacância não se confunde com a *"redistribuição"*, isto é, com o deslocamento de um cargo, ocupado ou vago, no âmbito do quadro geral de pessoal para outro órgão ou entidade do mesmo poder (art. 37 da Lei n. 8.112/1990).

No Estatuto dos Servidores Públicos Civis da União (Lei n. 8.112/1990), são tratados casos de vacância de cargo público e funções por demissão e por exoneração (art. 33). A *"demissão"* assume o caráter de medida punitiva que importa desligamento do cargo e é imposta por decisão da Administração no âmbito disciplinar ou do Judiciário por sentença em razão de certos crimes ou de ato de improbidade cometido pelo servidor. Nos termos do Estatuto Federal, a demissão se dará por configuração de alguma das hipóteses do art. 132 do Estatuto dos Servidores, por exemplo, crime contra administração pública, abandono de cargo (desde que comprovado o *"animus abandonandi"*, conforme jurisprudência do STJ - AgRg no RMS 24.623/RS), inassiduidade habitual, improbidade administrativa, ofensa física, salvo em legítima defesa própria ou de outrem, revelação de segredo, lesão aos cofres, corrupção e acumulação ilegal de cargos (respeitado o direito de opção prévio do servidor, nos termos do art. 133).

A *"exoneração"* dos ocupantes de cargo em comissão e de função de confiança ocorrerá a juízo da autoridade competente ou a pedido do próprio servidor (art. 35). Já a exoneração dos ocupantes de cargos efetivos se dará: i) pela falta de entrada em exercício após a posse; ii) por inabilitação (reprovação) na avaliação final do estágio probatório; iii) por necessidade de reduzir gastos com pessoal; iv) por mau desempenho comprovado do servidor estável em avaliação periódica na forma de lei complementar e v) a pedido do servidor antes ou após a aquisição de estabilidade. A exoneração dos vitalícios seguirá o mesmo padrão, mas com três ressalvas. Ela não será permitida para redução de despesas com pessoal, nem por má avaliação de desempenho na esfera administrativa. Além disso, nas hipóteses em que a vitaliciedade for imediata, tampouco se poderá cogitar de exoneração por reprovação em estágio probatório.

Dentre as hipóteses de exoneração de servidores, comentário adicional merece a decorrente da necessidade de redução de despesas com pessoal (nos termos da art. 169, § 3º e 4º da Constituição e da Lei n. 9.801/1999). De acordo com as normas constitucionais, a Administração de qualquer esfera da federação está autorizada a utilizar a exoneração para a redução do número de servidores e, por consequência, a diminuição de gastos com pessoal no intuito de adaptar-se às metas fiscais (previstas nos art. 19 e 20 da LC n. 101/2000).

A exoneração por motivo financeiro respeitará uma ordem determinada no próprio texto constitucional. Em primeiro lugar, reduzem-se despesas com comissionados e funções de confiança. Em segundo, apenas quando atingida a redução de 20% das despesas com os itens anteriores, poder-se-á iniciar a exoneração dos servidores não estáveis (efetivos, empregados, temporários). Em terceiro, após a exoneração de todos os não-estáveis, caso as metas ainda não tenham sido alcançadas, os servidores estáveis poderão ser desligados, mas com a garantia de indenização de um mês de trabalho por ano de serviço. É importante registrar que os cargos dos servidores exonerados para promover a redução de despesas se considerarão extintos e a Administração Pública ficará proibida de criar novo cargo, emprego ou função com atribuições iguais ou assemelhadas pelo prazo de quatro anos.

A exoneração, a demissão e outros motivos de vacância não se confundem com a chamada *"disponibilidade"*, direito à inatividade remunerada garantido ao servidor estável cujo cargo é extinto ou declarado desnecessário. A vacância indica um cargo sem servidor, enquanto a disponibilidade representa a situação de um servidor estável sem cargo. O servidor que perder a vinculação com o cargo não se desligará da Administração por força da estabilidade, motivo pelo qual terá direito à inatividade com remuneração proporcional ao tempo de serviço até que seja aproveitado em outro cargo (art. 41, § 3º da CF). A disponibilidade cessará, portanto, com o ato de *"aproveitamento"*. Apesar de a Constituição se referir somente aos servidores estáveis, a mesma garantia se estende aos vitalícios conforme determina a Súmula n. 11 do STF.

10.15 VEDAÇÃO DE ACUMULAÇÃO

A possibilidade de acumulação de inúmeros cargos, empregos ou funções no Estado por um único indivíduo ocasionaria uma série de malefícios, como a multiplicação de agentes fantasmas, o comprometimento da dedicação esperada às tarefas públicas, a drenagem de recursos públicos, o acúmulo excessivo de poder nas mãos de certos indivíduos e a redução de possibilidades de acesso da sociedade aos quadros públicos. Por esses e outros motivos, andou bem o legislador ao prever na Constituição um conjunto de normas que limitam a acumulação de atividades laborais de agentes públicos. Para além dessas normas, estatutos específicos poderão fixar outras no intuito de garantir a eficiência e a qualidade dos serviços públicos.

A norma mais relevante é aquela que proíbe a *"acumulação remunerada"* de cargos públicos, salvo nas seguintes situações excepcionais e desde que haja compatibilidade de horários: a) a de dois cargos de professor; b) a de um cargo de professor com outro, técnico ou científico; c) a de dois cargos ou empregos privativos de profissionais da saúde, com profissões regulamentadas" (art. 37, XVI). Conquanto mencione unicamente cargos públicos, a própria Constituição amplia a vedação ao prescrever no inciso seguinte que: "a proibição de acumular estende-se a *empregos e funções* e abrange autarquias, fundações, empresas públicas, sociedades de economia mista, suas subsidiárias, e sociedades controladas, direta ou indiretamente, pelo poder público" (art. 37, XVII). Mais recentemente, a EC n. 101/2019 estendeu as vedações de acumulação aos militares (art. 42, § 3º).

Em relação ao art. 37, XVI e XVII da CF, alguns aspectos merecem ser ressaltados:

i. A vedação se refere apenas à acumulação no âmbito estatal e atinge tanto a Administração Direta, quanto a Indireta, bem como entidades privadas controladas pelo Estado. A acumulação com trabalho no âmbito privado não é atingida pela norma, mas pode ser vedada por leis ou normas administrativas próprias.

ii. Com base em sua autonomia federativa, a União, os Estados e os Municípios podem ampliar as limitações de acumulação para certos cargos, empregos ou funções públicas, ou mesmo restringir as situações de acumulação do trabalho no Estado com eventuais funções laborais no mercado. Assim, por exemplo, em certas universidades estatais, existem cargos de docente em regime de dedicação integral do qual resultam vedações de que o servidor público assuma vínculo laboral adicional no mercado. Os entes federados não estão autorizados, contudo, a reduzir o rol de autorizações da Constituição da República. Isso significa que as hipóteses constitucionais representam um mínimo e não um máximo.

iii. A vedação diz respeito a cargos, empregos ou funções mediante remuneração. Na verdade, empregos e cargos públicos são remunerados, mas há funções, inclusive de colaboração com o Estado, gratuitas e que, por isso, não serão afetadas pela vedação prevista na Constituição. Tampouco será atingida a acumulação com trabalho gratuito voluntário para o Estado, permitido mediante termo específico nos termos da Lei n. 9.608/1998.

iv. Mesmo nas hipóteses excepcionais previstas na Constituição, a acumulação depende de compatibilidade de horários. Segundo Edimur Ferreira de Faria e Cristiana Fortini,[14] as jornadas não podem ser superpostas e para tal avaliação há que se considerar não apenas a carga diária e semanal de trabalho, mas os locais dos trabalhos e o tempo de deslocamento do servidor até eles em cada situação concreta.

Para além das regras gerais previstas no art. 37, XVI e XVII, há vedações constitucionais específicas: (i) o art. 142, § 3º, II trata da situação dos militares que tomem posse em cargo, emprego ou função pública civil temporária, não eletiva, na Administração Direta ou Indireta; (ii) o art. 95, parágrafo único, I, veda aos juízes exercer, ainda que em disponibilidade, outro cargo ou função, salvo *uma* de magistério; (iii) o art. 128, § 5º, II, 'd', veda aos membros do MP, ainda que em disponibilidade, exercer qualquer outra função pública, salvo *uma* de magistério; e (iv) o art. 38 trata da acumulação do trabalho de servidor público da Administração Direta, Autárquica e Fundacional, com o exercício de mandato eletivo federal, estadual ou distrital. Em geral, este artigo determina que o servidor se afaste de seu cargo,

---

14. FARIA, Edimur Ferreira de; FORTINI, Cristiana. Acumulação de cargos remunerados, de cargo e proventos, de cargo e pensão e de proventos e pensão. In: FORTINI, Cristiana (org.). *Servidor público*: estudos em homenagem ao Prof. Pedro Paulo de Almeida Dutra. Belo Horizonte: Fórum, 2009, p. 81.

emprego ou função, salvo nas situações especiais para os mandatos de prefeito e de vereador. O prefeito deve se afastar de seu cargo, emprego ou função, mas pode optar pela remuneração. A mesma regra vale para o vereador, salvo quando houver compatibilidade de horários, de modo a tornar possível a acumulação. Nessa única hipótese, torna-se dispensável o afastamento e as remunerações poderão se somar.

A vedação de acumulação nas diversas normas constitucionais apontadas gera questões interessantes. As remunerações podem extrapolar o teto? A remuneração pode ser combinada com proventos por inatividade? Quais são as consequências da violação da proibição de acumulação? O indivíduo que infringe a vedação constitucional terá que restituir os valores percebidos durante a situação irregular?

Em relação à remuneração, a Constituição é clara ao submeter o servidor em situação de acumulação aos tetos constitucionais (art. 37, XI). A questão é se o teto será único ou composto. Em abril de 2017, o STF fixou o seguinte entendimento: "nas situações jurídicas em que a Constituição Federal autoriza a acumulação de cargos, o teto remuneratório é considerado em relação à remuneração de cada um deles, e não ao somatório do que recebido" (RE 612975). Em seu voto, o ministro-relator Marco Aurélio sustentou a inconstitucionalidade da expressão "percebidos cumulativamente ou não", contida no art. 1º da EC n. 41/2003, que deu nova redação ao art. 37, XI da Constituição. Afastou-se, assim, a aplicação de teto único em caso de acumulação autorizada, instituindo-se, em seu lugar, a somatória dos tetos de cada cargo, emprego ou função acumulados.

Já a somatória da remuneração do servidor ativo com proventos de inatividade por cargo, emprego ou função exercida no passado será possível somente nas hipóteses acumuláveis da Constituição, incluindo as situações de acumulação com cargos eletivos e com cargo comissionado (art. 37, § 10 da CF e STF, RE n. 163.204 de 1995). Veja-se um exemplo. Não há óbice para que um docente aposentado de uma universidade pública perceba sua aposentadoria mais a remuneração de comissionado em Ministério ou o subsídio de deputado, senador, prefeito etc. A somatória do provento com a remuneração será possível, embora tenha que se submeter ao teto por disposição expressa (art. 37, XI da CF).

Outra questão relevante se refere aos efeitos do comportamento infrativo à vedação de acumulação de cargos, empregos e funções. A inobservância da regra constitui falta disciplinar grave e, a depender da situação e do elemento doloso, improbidade administrativa. De acordo com o Estatuto dos Servidores Civis da União, na esfera disciplinar, a acumulação ilegal ocasionará a demissão do servidor (ou a cassação de aposentadoria do aposentado) após a condução de processo disciplinar especial e sumário e desde que o interessado não exerça o *direito de opção* no prazo legal (art. 132, XII e art. 133 da Lei n. 8.112/1990). Agrega o Estatuto que "a opção pelo servidor até o último dia de prazo para defesa configurará sua boa-fé, hipótese em que se converterá automaticamente em pedido de exoneração do outro cargo" (art.

133, § 5°). Se exercido o direito de opção, não haverá, portanto, demissão (como ato punitivo), senão mera exoneração.

Há situações em que a acumulação ilegal ocorre sem má-fé do servidor, o qual pode ter legitimamente suposto que os cargos, empregos e funções fossem acumuláveis. Comprovados a boa-fé e o efetivo exercício das tarefas laborais, não caberá qualquer tipo de devolução da remuneração recebida pelo servidor em situação irregular, pois, do contrário, o Estado se enriqueceria sem causa. No entanto, casos existem em que o indivíduo objetiva de má-fé burlar a legislação para acumular maliciosamente vários cargos, empregos ou funções, valendo-se principalmente das falhas de comunicação dos entes públicos das mais diversas esferas federativas. Aqui, diferentemente, a devolução dos valores indevidamente percebidos se imporá. A comprovação da boa-fé ou da má-fé se mostra, como se vê, fundamental para a decisão sobre a restituição conforme entendimento do STF (RE 719.116/MG).

10.16 REMUNERAÇÃO, SUBSÍDIO, IRREDUTIBILIDADE

O exercício do trabalho estatal dá direito à remuneração, salvo nas situações de trabalho voluntário e de certas funções. Porém, o regime jurídico da remuneração não se mostra nada simples. Em boa síntese, Carvalho Filho explica a dificuldade que permeia a matéria: "o grande choque de interesses, o escamoteamento de vencimentos, a simulação da natureza das parcelas estipendiais, a imoralidade administrativa, tudo enfim acaba por acarretar uma confusão sem limites, gerando uma infinidade de soluções diversas para casos iguais e uma só solução para hipóteses diferentes".[15]

Para introduzir a problemática da remuneração, há que se partir de suas três modalidades: os *"salários"*, pagos aos empregados públicos nos termos da CLT; os *"vencimentos"*, pagos aos servidores em geral e os *"subsídios"*, recebidos principalmente por agentes políticos, policiais e membros de carreiras jurídicas estatais. Os vencimentos e subsídios merecem aprofundamento por representarem formas de remuneração típicas do direito público.

Os ocupantes de cargos públicos recebem uma remuneração que resulta da somatória dos *"vencimentos"* (retribuição pecuniária básica) com as *"vantagens"* (parcelas remuneratórias eventuais). As vantagens dividem-se, a seu turno, em: (i) *"adicionais"* (como o de férias, de função de chefia, assessoramento, direção, trabalho noturno, serviço extraordinário); (ii) *"gratificações"* (por insalubridade, periculosidade, salário família, encargo de curso ou concurso etc.) e (iii) as *"indenizações"*, destinadas a compensar despesas do servidor (como as ajudas de custo por mudança de domicílio, as diárias para viagens, a indenização de transporte para execução de serviços externos e o auxílio-moradia). Por sua relação essencial com a atividade

---

15. CARVALHO FILHO, José dos Santos. *Manual de direito administrativo*, 30ª ed. São Paulo: Atlas, 2016, p. 783.

laboral, referidos valores não devem ser pagos a inativos. Nesse sentido, a Súmula Vinculante n. 55 do STF dispõe corretamente que: "o direito ao auxílio-alimentação não se estende aos servidores inativos". Todas as verbas indenizatórias necessitam respeitar a mesma lógica.

Apesar da tripartição, não há distinção clara entre gratificações e adicionais, a não ser pela nomenclatura empregada nos estatutos dos servidores. A depender de norma de cada ente federativo, as vantagens podiam ou não se incorporar aos vencimentos do servidor. Isso significa que, mesmo após a extinção do motivo que gerava a vantagem, seu valor continuava a acompanhar, integral ou parcialmente, os vencimentos. No entanto, em 2019, a EC n. 103 incluiu a vedação de incorporação de vantagens de caráter temporário ou vinculadas ao exercício de função de confiança ou de cargo em comissão à remuneração de cargo efetivo (art. 39, § 9°).

Já as indenizações nunca se compatibilizaram com a incorporação, pois assumem função compensatória, ou seja, somente são pagas quando necessárias à cobertura de valores pecuniários desembolsados pelo agente em razão do cargo. Elas servem para cobrir algum gasto adicional tido pelo servidor em razão do exercício de suas tarefas. Daí porque são ilícitas e imorais as verbas indenizatórias que não cobrem despesas (como auxílio moradia a servidor com casa própria) ou que cobrem despesas não ocasionadas pelo cargo (como diária paga para deslocamentos por interesse pessoal do servidor).

A EC n. 19/1998 inseriu na Constituição uma alternativa à remuneração do servidor por vencimentos denominada *"subsídio"*. Esse pagamento se realiza em parcela única, à qual não se agregam vantagens, como adicionais, abonos, prêmios, verbas de representação etc. (art. 39, § 4° da CF). Apenas as verbas indenizatórias podem ser somadas ao subsídio. Como o pagamento por subsídio excepciona o regime de pagamento de vencimentos, o texto constitucional menciona de modo explícito os agentes que o receberão. São eles: os membros de Poder, os detentores de mandato eletivo, os Ministros de Estado e os Secretários Estaduais e Municipais (art. 39, § 4°), assim como os membros da magistratura, do ministério público, da defensoria pública, da advocacia pública e os policiais em geral, incluídos os servidores de corpos de bombeiros e policiais militares estaduais (art. 93, V, art. 128, § 5°, I, 'c', art. 135 e art. 144, § 9°). A Constituição ainda faculta aos entes da federação remunerarem seus servidores públicos organizados em carreira por subsídio (art. 39, § 8°). Nesse caso, a decisão dependerá naturalmente de previsão em leis estaduais e municipais.

Para além dos modelos de pagamento para atividade laboral no Estado, a Constituição da República estabelece inúmeras normas fundamentais sobre a remuneração, quais sejam:

i. *Reserva legal e reserva de iniciativa:* A remuneração e o subsídio somente poderão ser fixados ou alterados por lei específica (art. 37, X), observada a iniciativa privativa em cada caso para propositura da referida lei. No

Legislativo, a iniciativa é de cada uma das casas do Congresso (art. 51, IV e 52, XIII da CF). No Judiciário, dos Tribunais (art. 96, II 'b' da CF). No Executivo, a situação é mais complexa. A iniciativa de lei para os servidores em geral cabe ao Presidente (art. 61, § 1º, II, 'a' da CF) e, por simetria, ao Governador e ao Prefeito nos respectivos níveis federativos. Contudo, a remuneração do Presidente, do Vice-Presidente e dos ministros de Estado está sob competência exclusiva do Congresso Nacional (art. 49, VIII). Outra exceção se refere à remuneração dos membros do Ministério Público, cuja fixação depende de projeto de lei de iniciativa do Procurador Geral da República (art. 127, § 2º da CF). Em razão da reserva legal, o STF editou a Súmula Vinculante n. 37 para combater a judicialização da remuneração. Dispõe a súmula que: "Não cabe ao Poder Judiciário, que não tem função legislativa, aumentar vencimentos de servidores públicos sob o fundamento de isonomia".

ii. *Proporcionalidade*: A fixação do vencimento e demais componentes da remuneração deverá considerar "a natureza, o grau de responsabilidade e a complexidade dos cargos componentes de cada carreira; os requisitos para a investidura e as peculiaridades dos cargos" (art. 39, § 1º). Além disso, a remuneração deverá respeitar limites mínimo e máximo, conforme se verá a seguir.

iii. *Equivalência*: Os vencimentos dos cargos do Poder Legislativo e do Poder Judiciário não poderão ser superiores aos pagos pelo Poder Executivo (art. 37, XII).

iv. *Revisibilidade:* A remuneração deverá ser revista anualmente, sempre na mesma data e sem distinção de índices (art. 37, X). No entanto, as espécies remuneratórias não poderão ser vinculadas ou equiparadas para efeito de remuneração de pessoal (art. 37, XIII), de modo a impedir que o reajuste da remuneração de uma classe ocasione automaticamente o de outra. Além disso, os acréscimos pecuniários percebidos por servidor público não serão computados nem acumulados para fins de concessão de acréscimos ulteriores (art. 37, XIV).

v. *Irredutibilidade:* O subsídio e os vencimentos dos ocupantes de cargos e empregos públicos são irredutíveis (art. 37, XV), salvo quando a diminuição resultar de necessidade de respeito ao teto (art. 37, XI) ou decorrer de variação tributária, como um aumento de alíquota de imposto de renda (art. 153, III). A elevação da alíquota do IR não impõe ao Estado reajustar a remuneração para manter seu valor líquido. No entanto, a remuneração pode ser aumentada por conta de atrasos e desvios de função. Nesse sentido, dispõe a Súmula n. 682 do STF que "não ofende a Constituição a correção monetária no pagamento com atraso dos vencimentos de servidores pú-

10 • AGENTES PÚBLICOS   275

blicos". Além disso, de acordo com a Súmula n. 378 do STJ, "reconhecido o desvio de função, o servidor faz jus às diferenças salariais decorrentes".

vi. *Transparência:* A Constituição prescreve expressamente que "os Poderes Executivo, Legislativo e Judiciário publicarão anualmente os valores do subsídio e da remuneração dos cargos e empregos públicos" (art. 39, § 6º). A respeito da forma de publicidade, o STF reputou harmônica com a Constituição a divulgação, inclusive pela internet, da remuneração individualizada com a indicação do nome do servidor (ARE n. 652.777 de 2015). No mesmo sentido, a Lei do Governo Digital (Lei n. 14.129/2021) dispõe que os órgãos e entidades previstos no art. 2º devem divulgar na internet "as informações sobre os servidores e os empregados públicos federais, bem como sobre os militares da União, incluídos nome e detalhamento dos vínculos profissionais e de remuneração" (art. 29, §2º, VII).

10.17 TETO E MÍNIMO DE REMUNERAÇÃO

Nenhuma remuneração poderá ser inferior ao salário mínimo (art. 7º, IV), mas o STF já firmou entendimento de que essa garantia se refere ao "total da remuneração percebida pelo servidor público" (Súmula Vinculante n. 16). Isso significa que os vencimentos (remuneração base) podem ser inferiores ao mínimo, desde que sua somatória com as demais vantagens ao menos se igualem a ele. Imprescindível, portanto, é que a "remuneração final" equivalha ao salário mínimo. Além disso, o STF excepciona o limite mínimo na Súmula Vinculante n. 6, de acordo com a qual "não viola a Constituição o estabelecimento de remuneração inferior ao salário mínimo para as praças prestadoras de serviços militar inicial".

Com o intuito de coibir salários, subsídios, proventos ou qualquer tipo de remuneração excessiva aos ativos e inativos, bem como para evitar a absorção exagerada de recursos públicos por indivíduos em situação de acumulação de cargos, empregos e funções no Estado e, em última instância, para controlar gastos excessivos com folha de pagamento, a Constituição estabelece tetos e subtetos de remuneração que variam de acordo com a esfera federativa (art. 37, XI).

Na União, o teto único tem como referência o subsídio do Ministro do STF. Esse limite máximo deflagra efeito na esfera federal e, ao mesmo tempo, para os outros entes federativos, pois baliza todos os entes federativos estaduais e municipais. Respeitado o teto nacional, no Município, o subteto único equivalerá ao subsídio do Prefeito. Já nos Estados, sem aparente razão, a Constituição estabelece três subtetos: o subsídio do governador no Executivo; o dos deputados estaduais, no Legislativo, e o subsídio dos desembargadores no Judiciário – subsídio esse que não poderá superar 90,25% do pago aos Ministros do STF. Apesar disso, a Constituição faculta aos Estados e ao Distrito Federal fixarem por norma constitucional própria um teto "único", que corresponderá ao subsídio dos desembargadores do Tribunal de Justiça.

No entanto, mesmo que isso aconteça, o teto não gozará de verdadeira universalidade, já que a Constituição dele afasta os deputados estaduais e os vereadores dos Municípios localizados dentro do mesmo Estado (art. 37, §12).

Em relação a algumas carreiras, a Constituição estabeleceu normas específicas. Assim, não obstante integrem o Poder Executivo, o subteto aplicável aos membros do Ministério Público, aos defensores e aos procuradores públicos será limitado igualmente a 90,25% do subsídio mensal do Ministro do STF (art. 37, XI parte final). A magistratura de primeiro grau não aparece nesta exceção. A princípio, os juízes federais deveriam se submeter ao teto da União, enquanto os juízes estaduais restariam sob o subteto dos desembargadores estaduais. No entanto, com o objetivo de prestigiar a isonomia de servidores que exercem função análoga em esferas federativas distintas, o STF excluiu a submissão dos estaduais ao subteto dos desembargadores, colocando-os sob o mesmo teto dos juízes federais (ADI n. 3.854-1de 2007).

A predominar a lógica do STF utilizada no exame do pleito dos juízes estaduais, pouco restaria dos subtetos estabelecidos na Constituição. Afinal, não é possível que o subteto valha para uns, mas não para outros. Além dos juízes, incontáveis servidores estaduais exercem funções idênticas às dos federais, como os docentes de universidades públicas. Conquanto desempenhem funções idênticas, os docentes estaduais se colocam sob o subteto do governador do Estado, enquanto os federais estão autorizados a perceber remuneração muito mais expressiva por se balizarem pelo teto dos ministros do STF. Constata-se que essa diferenciação do teto por esfera federativa para trabalhos idênticos causa inúmeras injustiças, cria um efeito de sucção de talentos para a Administração Federal, promove a desvalorização dos recursos humanos no âmbito dos Estados e Municípios, e ainda desconsidera a capacidade econômico-financeira de cada ente federativo. Traduzindo: o estabelecimento de subtetos mostra-se de constitucionalidade bastante duvidosa diante de princípios gerais como o da isonomia entre os servidores, o da igualdade e da autonomia dos entes federativos, o da eficiência e da moralidade administrativa.

Outro aspecto juridicamente relevante se relaciona com âmbito de aplicabilidade do teto. Sob um *"critério subjetivo"*, o limite de remuneração atinge a Administração Direta e a Indireta. Contudo, o teto não se aplica às empresas públicas e às sociedades de economia mista, incluindo subsidiárias, que não recebam recursos da União, dos Estados, do Distrito Federal ou dos Municípios para pagamento de despesas de pessoal ou de custeio em geral (art. 37, § 9º). Por um critério que se pauta pelo *"tipo de vínculo funcional"*, submetem-se ao teto os empregos (com exceção dos das empresas estatais autossuficientes), as funções e os cargos públicos, inclusive os comissionados, os de agentes políticos e os estatutários especiais ou próprios. Em caso de acumulação lícita de cargos, empregos ou funções, o STF firmou o entendimento de que o teto não deve ser único. Isso significa que para cada cargo se aplicará um teto, permitida a percepção de remuneração total até o limite dos tetos somados (RE 612975/MT).

10 • AGENTES PÚBLICOS   277

Conforme o critério do *"tipo de remuneração"*, o teto abarca salários (salvo dos empregados das empresas autossustentáveis), subsídios e remuneração comum (vencimentos mais vantagens), bem como proventos, pensões e demais espécies remuneratórias. A acumulação de remuneração por atividade com remuneração por inatividade (por exemplo, aposentadoria) igualmente se sujeita ao teto (art. 40, § 11 da CF).

A única parcela remuneratória imune ao limite de remuneração é a de caráter indenizatório prevista em lei (art. 37, § 11 da CF). Um servidor poderá receber acima do teto contanto que a parte que o ultrapasse equivalha a indenizações, como diárias, auxílios-moradia, ajuda de custo. Para que isso ocorra de modo lícito, dois requisitos necessitam ser respeitados. Em primeiro lugar, a parcela deve servir realmente para compensar o servidor por uma despesa eventual vinculada ao cargo, do contrário não terá caráter indenizatório. Norma criadora de adicional, gratificação ou aumento salarial travestido de indenização violará o comando constitucional. Em segundo lugar, além da função compensatória real, a parcela há que estar ancorada em lei específica. Os entes estatais não estão autorizados a criar vantagens do gênero por ato normativo interno, como decretos, resoluções, portarias etc.

A percepção de má-fé de remuneração ou proventos acima do teto por violação intencional desses requisitos ou mediante qualquer outra estratégia fraudulenta sujeitará o servidor ou o pensionista à devolução dos valores recebidos indevidamente. Já o pagamento por erro ou por má intenção exclusiva da Administração Pública ou por violação constitucional atribuída ao Poder Legislativo, por exemplo, ao prever em lei parcela falsamente indenizatória, não deve ocasionar o dever de restituição, conforme tem sustentado o STJ (por exemplo, no REsp 1.130.542, de 2010 e no REsp 1.244.182, de 2012).

10.18 GREVE E ASSOCIAÇÃO SINDICAL

A relevância das funções estatais para o bem-estar da coletividade, o exercício de direito fundamentais e de liberdades econômicas pedem que a Administração Pública opere sob o *"princípio da continuidade"*, do qual derivam inúmeros institutos de direito administrativo, como a suplência, a substituição de chefia, a reversibilidade de bens e as limitações ao direito de greve. Exatamente por isso, a Constituição proíbe que os membros tanto das forças armadas, quanto das polícias militares e dos corpos de bombeiros estaduais realizem greve (art. 142, § 3º, IV) – vedação que já foi estendida pelo STF a policiais civis por desempenharem funções essenciais à segurança pública (RE 456.530 de 2010 e ARE n. 654.432 de 2017). Apesar desse entendimento jurisprudencial pontual, para os servidores civis em geral perdura a garantia de um direito de greve mitigado, ou melhor, a ser exercido nos "limites definidos em lei específica" (art. 37, VII).

A necessidade de limitações ao direito de greve dos servidores suscita uma série de indagações. Em primeiro lugar, a lei específica que a Constituição demanda jamais foi editada. E, na verdade, há dúvidas sobre quem deveria criá-la, uma vez que o Congresso Nacional detém competência legislativa privativa para tratar de direito do trabalho (art. 22, I da CF), mas cada um dos entes políticos da federação é competente para legislar sobre assuntos de direito administrativo que não tenham sido reservados de modo expresso ao Congresso Nacional. Em vista do contexto normativo, Di Pietro defende a necessidade de leis da União, dos Estados e dos Municípios para cada tipo de servidor,[16] enquanto Carvalho Filho sustenta competir ao Congresso elaborar uma lei nacional.[17] Ambas as posições são defensáveis, pois, de fato, o tema se encaixa tanto no âmbito do direito administrativo quanto do direito do trabalho. Porém, afigurar-se-ia bastante estranho que os indivíduos se sujeitassem a requisitos diferenciados para exercitar um direito fundamental laboral pelo simples fato de se encontrarem em pontos diversos do território nacional, motivo pelo qual se mostra adequada e desejável a padronização de requisitos básicos para a greve no âmbito estatal por meio de lei do Congresso Nacional com base em sua competência privativa para cuidar de um tema central do direito do trabalho.

Em segundo lugar, resta saber se a greve é lícita na falta da lei em questão. Na prática, greves inúmeras vêm ocorrendo e *a priori* elas não configuram violação constitucional por se tratar de um direito fundamental do trabalhador, salvo em relação aos militares (e outros profissionais da segurança pública, por extensão jurisprudencial). O fato de ser a princípio compatível com a Constituição não afasta o risco de uma greve ser considerada abusiva e ilícita, caso em que poderá ocasionar a imposição de multas e exigirá o desconto de remuneração pelos dias parados (art. 114, inciso II da CF). Por isso, na falta de lei, é preciso saber quais limites mínimos devem ser respeitados pelos grevistas para evitar consequências desastrosas principalmente em desfavor de trabalhadores de boa-fé.

Ao se deparar com o problema em 2007, o STF determinou em alguns casos concretos que se aplicasse aos servidores públicos a Lei de Greve dos trabalhadores privados até que surgisse a lei específica (Mandados de Injunção n. 670, 708 e 712). Melhor dizendo: para solucionar casos concretos específicos, o STF entendeu a greve como um direito viável mesmo na ausência da lei específica, porém sujeito a disposições e limites "emprestados" da lei privada e relativos à "greve de serviços essenciais" (art. 10 a 13 da Lei n. 7.783/1989).

Entre outras coisas, referidos artigos da Lei de Greve determinam que: i) os trabalhadores ou os sindicatos comuniquem a decisão de greve aos empregadores e aos usuários dos serviços com antecedência mínima de 72 horas (art. 13); ii) garanta-se, durante a greve, a prestação de serviços indispensáveis ao atendimento das necessidades inadiáveis da comunidade, consideradas aquelas que, se desatendidas,

---

16. DI PIETRO, Maria Sylvia Zanella; MOTTA, Fabrício. *Tratado de direito administrativo*, v. 2: Administração Pública e servidores públicos. São Paulo: Revista dos Tribunais, 2014, p. 423.

17. CARVALHO FILHO, José dos Santos. *Manual de direito administrativo*, 31ª ed. São Paulo: Atlas, 2017, p. 818.

colocarão em perigo iminente a sobrevivência, a saúde ou a segurança da população (art. 11) e iii) o Poder Público tome as providências para assegurar os serviços indispensáveis na hipótese de a regra anterior ser desobedecida (art. 12). Além disso, em 2017, o STF entendeu que a greve no setor público configura, assim como no privado, uma suspensão do contrato de trabalho e, por isso, autoriza o desconto do pagamento do servidor em greve ainda que ela não seja abusiva. Contudo, o desconto será incabível se demonstrado que a greve foi provocada por conduta ilícita do Poder Público (RE 693.456).

Em terceiro lugar, é preciso saber se o regime limitativo dos servidores civis de que fala a Constituição, se um dia for criado, igualmente se aplicará a todos os empregados públicos. Uma resposta a referida dúvida se extrai facilmente da Constituição, que prescreve o uso do direito trabalhista privado para os empregados de empresas estatais atuantes no mercado (art. 173, § 1º, II). As limitações do art. 37, VII não valem para os empregados dessas empresas, porém restringem os demais empregados públicos, inclusive os de empresas estatais prestadoras de serviços públicos ou que exerçam atividade de regulação, polícia administrativa ou outra tarefa pública típica.

Além de abordar o direito de greve, a Constituição trata da associação sindical dos servidores públicos. Em relação aos militares, novamente vale uma proibição absoluta (art. 142, § 3º). Em sentido diverso, aos servidores civis em geral se confere faculdade plena de associação a despeito de qualquer lei específica (art. 37, VI da CF). Isso não significa que os sindicalizados gozem dos mesmos poderes que existem no mercado de trabalho privado. Na Súmula n. 679, o STF assentou que "a fixação de vencimentos dos servidores públicos não pode ser objeto de convenção coletiva", uma vez que as leis que criam cargos e empregos públicos também cuidam da remuneração, não havendo espaço para negociações sindicais em termos remuneratórios. Seguindo a mesma lógica, o STF editou a já mencionada Súmula Vinculante n. 37 para impedir que o Judiciário, que não tem poder legislativo sobre a matéria, aumente a remuneração de servidores.

Sem prejuízo de certas limitações, os sindicatos exercem funções e pressões por melhores condições de trabalho e pelo adequado funcionamento do próprio Estado, além de um controle externo intenso em favor da legalidade e da moralidade administrativa. Seu apoio ao exercício e à organização da greve é igualmente reconhecido. Nesse campo específico, o papel dos sindicatos é fundamental nas negociações e em eventuais dissídios coletivos ajuizados pelo Ministério Público do Trabalho diante da Justiça do Trabalho para tratar de greve em atividade essencial com possibilidade de lesão ao interesse público (art. 114, § 3º da CF), como são em geral as greves no âmbito estatal. Note-se, porém, que o avanço da terceirização na Administração Pública, entre outros efeitos, tende a anular o papel dos sindicatos e, por conseguinte, obstar seu poder de apoio à melhoria das condições trabalhistas nessa seara.

10.19 PREVIDÊNCIA E APOSENTADORIAS

10.19.1 Regimes previdenciários e normas gerais

Um dos temas mais intricados e complexos do direito administrativo atual, ao lado da remuneração do agente público, é o de seu regime previdenciário. Para os servidores civis em sentido amplo, há dois regimes e três modalidades de aposentadorias, cujas normas foram atingidas por inúmeras reformas constitucionais nas últimas décadas. Os dois regimes são: o Regime Geral da Previdência Social (RGPS) e o Regime Próprio da Previdência Social (RPPS). E as modalidades de aposentadoria abrangem: a compulsória, a voluntária e a por invalidez. Na prática, as normas regentes da aposentadoria de cada servidor variam conforme o regime adotado e o momento histórico.

O *"regime geral da previdência social"* (RGPS), criado a princípio para os trabalhadores não estatais, aplica-se também a alguns grupos de servidores públicos. Ele incide sobre ocupantes de cargos comissionados, os que exercem função temporária e os empregados públicos (art. 40, § 13 da CF). Por força da EC n. 103/2019, o RGPS passou a abarcar os ocupantes de cargos eletivos. Dada sua extensão cada vez maior, as reformas ditadas pelo Congresso Nacional sobre o Regime próprio afetam automaticamente tanto servidores da União, quanto dos Estados e Municípios, que o empregam obrigatoriamente para os referidos grupos de agentes públicos.

Já o *"regime próprio da previdência social"* (RPPS) existe apenas no âmbito estatal. Desse modo, não incide sobre trabalhadores privados, nem para servidores públicos que se submetem por determinação constitucional ao Regime Geral. Em cada nível federativo, o Regime Próprio deve ser único, abrangendo todos os poderes, órgãos e entidades autárquicas e fundacionais, que se responsabilizarão pelo seu financiamento, observados os critérios, os parâmetros e a natureza jurídica definidos em lei complementar (art. 40, § 20 da CF). O RPPS configura um regime especial e de incidência restrita, já que abarca unicamente os servidores ocupantes de cargo de provimento efetivo. Aos poucos, porém, ele deverá ser extinto no Brasil, pois, de acordo com as normas inseridas na Constituição pela EC 103/2009, fica vedada a criação de regime próprio de previdência, devendo lei complementar federal estabelecer, para os que existam, normas gerais de organização e funcionamento, bem como sobre "requisitos para sua extinção e consequente migração para o Regime Geral de Previdência Social" (art. 39, § 22).

Como o RPPS é especial, as normas do RGPS se estendem aos seus beneficiários somente em caso de lacuna e no que for compatível com sua sistemática (art. 40, § 12 da CF). No entanto, o valor dos benefícios do regime próprio se submeterá aos limites do regime geral, podendo os servidores obterem benefício adicional pelo sistema de previdência complementar. Isso exige que a União, Estados e Municípios criem, por lei de iniciativa do Executivo, esse sistema de previdência complementar para seus servidores (art. 40, § 14 e § 15 da CF). Ao servidor efetivo que tiver ingressado no serviço anteriormente à sua instituição, a Constituição confere *direito de opção*. O servidor poderá ou ser mantido no regime próprio sem se submeter ao limite do RGPS para benefícios ou aceitar o modelo de benefício do regime próprio no limite do RGPS, agregando-lhe a previdência complementar (art. 40, § 16).

Como dito inicialmente, além de variarem de acordo com o regime, a definição das regras de previdência aplicáveis para cada servidor depende de fator temporal. As normas constitucionais que disciplinam a aposentadoria e o sistema previdenciário sofreram várias mudanças bastante significativas após a Constituição de 1988, sobretudo em virtude das Emendas Constitucionais n. 03/1993, n. 20/1998, n. 41/2003, n. 47/2005, n. 88/2015 e n. 103/2019.

Na lição objetiva de Daniela Mello Coelho, a EC n. 20/1998, entre outras coisas, delimitou os destinatários do RPPS; fixou o caráter contributivo da previdência associado ao atendimento do princípio do equilíbrio financeiro-atuarial; indicou novos requisitos de elegibilidade para a concessão da aposentadoria; excluiu os professores do ensino superior do rol dos beneficiados pela aposentadoria especial; previu a concessão de até duas aposentadorias pelo RPPS desde que enquadradas nas hipóteses de cargos acumuláveis; tratou do direito de garantia de paridade entre proventos de inatividade e vencimentos do servidores da ativa; proibiu a contagem de tempo de contribuição fictício; impôs a observância do teto remuneratório; possibilitou a aplicação subsidiária de requisitos e critérios do RGPS para o regime próprio e inseriu na Constituição a previdência complementar aos servidores públicos. Já a EC n. 41/2003 consagrou a natureza solidária do RPPS; incluiu os aposentados e pensionistas como contribuintes do regime; extinguiu a integralidade e estabeleceu o cálculo dos proventos conforme a medida aritmética das contribuições; alterou as normas da previdência complementar; criou o abono de permanência; instituiu o princípio da unicidade do regime próprio etc.[18]

A recente EC n. 103/2019 promoveu novas mudanças relevantes, como a modificação das idades para aposentadoria voluntária para a União; a permissão de que Estados e Municípios estipulem idades próprias para a aposentadoria voluntária; a alteração das regras de aposentadoria especial; a extensão do RGPS para agentes eleitos; a permissão da gestão da previdência complementar também por entidades abertas (i.e. com finalidades lucrativas); bem como a vedação de instituição de novos regimes próprios etc.

Pela consideração das principais emendas da previdência, fica evidente que o RPPS sofreu alterações relevantes após a Constituição de 1988 que, de maneira geral, visam a reduzir gastos do Estado, limitar gradualmente a incidência do regime próprio

---

18. COELHO, Daniela Mello. Regime de Previdência dos Servidores Públicos. In: FORTINI, Cristiana (org.). *Servidores Públicos*. Fórum, 2009, p. 38. A respeito das mudanças, cf. também OLIVEIRA, Raul Miguel Freitas de. *Previdência dos servidores públicos*. Leme: JH Mizuno, 2013, p. 45.

e aproximá-lo do geral. Essas mudanças atingiram todos os entes da federação, já que a competência para editar normas gerais sobre direito previdenciário recai sobre a União (art. 24, XII). Por consequência, ao estabelecer normas próprias, caberá aos Estados e Municípios respeitarem as disposições gerais dadas pelo Congresso conforme entendimento consagrado do STF (ADI n. 101, 269 e 755). Sem prejuízo, a Constituição dá espaço aos entes subnacionais, por exemplo, para definir certos aspectos, como instituir o regime de previdência complementar e as idades mínimas de aposentadoria voluntária.

10.19.2 RPPS: abrangência e normas básicas

O regime jurídico do RPPS abrange a aposentadoria dos servidores ocupantes de cargo de provimento efetivo que não aderiram ao RGPS. Além disso, o regime próprio se estende, por força de outras normas constitucionais, aos servidores vitalícios, ou melhor, aos magistrados (art. 93, VI), aos ministros de Tribunais de Contas (art. 73, § 3º) e aos membros do Ministério Público (art. 129, § 4º).

As normas básicas do RPPS encontram-se no art. 40 da CF, que basicamente:

i. Determina o caráter contributivo e solidário do sistema, custeado pelo Estado, seus servidores ativos, inativos e pensionistas, observando-se o equilíbrio financeiro e atuarial (art. 40, *caput*);

ii. Prevê três modalidades de aposentadoria: a por invalidez, a compulsória e a voluntária – que serão detalhadas nos próximos itens deste capítulo;

iii. Veda que os proventos de aposentadoria e as pensões sejam inferiores ao valor mínimo a que se refere o § 2º do art. 201 ou superiores ao limite máximo estabelecido para o RGPS quando houver previdência complementar (art. 40, § 2º, § 14 e § 16);

iv. Veda a percepção de mais de uma aposentadoria à conta do regime próprio, ressalvadas as aposentadorias decorrentes de cargos acumuláveis (art. 40, § 6º);

v. Possibilita ao legislador de cada ente federativo a construção de requisitos e critérios mais benéficos à aposentadoria de: deficientes, submetidos a avaliação biopsicossocial realizada por equipe multidisciplinar, em termos de idade e tempo; ocupantes do cargo de agente penitenciário, de agente socioeducativo ou de policial dos órgãos que tratam o inciso IV do *caput* do art. 51, o inciso XIII do *caput* do art. 52 e os incisos I a IV do *caput* do art. 144; servidores cujas atividades sejam exercidas com efetiva exposição a agentes químicos, físicos e biológicos prejudiciais à saúde, ou associação desses agentes, vedada a caracterização por categoria profissional ou ocupação (art. 40 § 4º e ss).

vi. Exige que se reajustem os benefícios previdenciários para que se preserve seu valor real em caráter permanente (art. 40, § 8º);

vii. Reconhece que o tempo de contribuição federal, estadual ou municipal contarão para aposentadoria, mas apenas o tempo de serviço correspondente em caga esfera será computado para cálculo da remuneração em caso de disponibilidade, observada a contagem recíproca do tempo de contribuição entre o Regime Geral de Previdência Social e os regimes próprios de previdência social, e destes entre si, observada a compensação financeira, de acordo com os critérios estabelecidos em lei e a previsão para serviço militar previsto no 201, § 9º-A. (art. 40, § 9º);

viii. Determina que os proventos de aposentadoria, somados a outros ou à remuneração de cargos, empregos ou funções acumuláveis, respeitem o teto de remuneração (art. 40, § 11 da CF); e

ix. Determina a incidência da contribuição previdenciária sobre os proventos de aposentadoria que superem o limite máximo do RGPS (art. 40, § 18 da CF).

10.19.3 Aposentadoria por invalidez

A aposentadoria por invalidez retrata uma hipótese de inatividade involuntária, transitória ou definitiva, decorrente da redução ou perda da capacidade física ou mental do servidor público para o exercício das tarefas laborais.

De acordo com a Constituição da República, a aposentadoria por invalidez é garantida ao servidor que demonstre incapacidade permanente para o trabalho, no cargo em que estiver investido, desde que insuscetível de readaptação. Uma vez aposentado, o servidor fica sujeito a realização de avaliações periódicas para verificação da continuidade das condições que ensejaram a concessão da aposentadoria, na forma de lei do respectivo ente federativo (art. 40, §1º, I da CF).

Originariamente, a Constituição estabelecia proventos integrais para essa modalidade de aposentadoria (art. 40, I e art. 93, VI na antiga redação). A EC n. 20/1998 passou a prever proventos proporcionais ao tempo de contribuição e a EC n. 103/2019, finalmente, deixou a cada ente a determinação dos benefícios. No âmbito federal, o Estatuto dos Servidores Civis estabelece o pagamento de proventos integrais ao aposentado que sofra de alguma das doenças graves constantes de lista nele prevista (art. 186, § 1º). Para o STF, as enfermidades da lista em questão são taxativas (RE n. 656.860, de 2014).

Na hipótese de a capacidade ter se reduzido, em vez da aposentadoria por invalidez, alguns estatutos de servidores impõem a readaptação. Exemplo disso se vislumbra no Estatuto dos Servidores Civis da União, que prevê a readaptação em outro cargo em razão de redução de capacidade, a não ser que o servidor se torne incapaz para o serviço público, caso em que se aposentará por invalidez (art. 24 da Lei n. 8.112/1990). O mesmo Estatuto garante ao servidor aposentado um direito subjetivo de reversão ao cargo, ou seja, o retorno à atividade que exercia desde que readquira a capacidade laboral e uma junta médica oficial ateste a insubsistência dos motivos que levaram à sua aposentadoria por invalidez (art. 25, I da Lei n. 8.112/1990).

Em 2019, com a EC n. 103, a readaptação foi definitivamente consagrada na Constituição como solução para situações de limitação da capacidade física ou mental do servidor e certamente para reduzir o número de aposentadorias por invalidez. Para a readaptação, porém, é preciso que: (i) exista outro cargo com atribuições e responsabilidades compatíveis com a do cargo originário; (ii) o servidor demonstre habilitação para as tarefas e (iii) tenha o nível de escolaridade exigido. A Administração, por sua vez, deverá garantir a remuneração do cargo de origem (art. 37, § 13 da CF).

10.19.4 Aposentadoria compulsória

A aposentadoria compulsória ocorre de modo natural e involuntário, já que se ocorrerá quando o servidor ocupante de cargo efetivo ou vitalício atingir certa idade. Conforme assentou o STF na Súmula n. 36, a vitaliciedade não se confunde com perpetuidade no cargo, razão pela qual a aposentadoria compulsória também limita a atividade laboral de juízes, promotores e outros ocupantes de cargos vitalícios. Já os ocupantes de cargo com mandato eletivo não se sujeitam a essa limitação, como o Presidente da República, Prefeitos, deputados etc.

Quanto aos comissionados, há dúvidas sobre a aplicação da compulsória, dado que em regra eles são considerados servidores estatutários, mas não ocupam cargos efetivos. Acredita-se, contudo, que a compulsória não deve se aplicar a esse tipo de agente pelo fato de o art. 40 se referir a servidores efetivos e porque os comissionados atuam em função de chefia, assessoramento ou direção. Nessas tarefas, o desempenho tende a se tornar mais eficiente conforme aumenta a experiência do servidor. O STF tem caminhado nessa linha, sustentando que os comissionados não se submetem à aposentadoria compulsória por idade e não há limite de idade para sua nomeação. Também entende que não há óbice constitucional para que servidor efetivo aposentado compulsoriamente permaneça em cargo comissionado.[19]

Anteriormente, a compulsória ocorria aos 70 anos. A aprovação da "PEC da bengala" deu origem a EC n. 88/2015, que alterou a regra constitucional. Pelo péssimo texto vigente, a compulsória ocorrerá aos 70 ou aos 75 anos de idade de acordo com disposições de Lei Complementar (art. 40, II da CF). Com base nesse mandamento, o Congresso Nacional editou a Lei Complementar n. 152/2015 e estendeu o novo limite etário para todos os servidores públicos efetivos e todos os vitalícios. Nos termos da lei, aposentar-se-ão com proventos proporcionais ao tempo de contribuição, aos 75 anos, "os servidores titulares de cargos efetivos da União, dos Estados, do

---

19. Cf. BRASIL. Supremo Tribunal Federal. Informativos STF 2014-2018: teses e fundamentos de direito administrativo. Brasília: STF, 2019, p. 14 e seguintes.

Distrito Federal e dos Municípios, incluídas suas autarquias e suas fundações" e os membros do Poder Judiciário, do Ministério Público, das Defensorias Públicas, dos Tribunais e Conselhos de Contas (art. 2°).

A EC n. 88 também inseriu no art. 100 do ADCT a exigência de que a aposentadoria de membros do Judiciário aos 75 cinco anos dependerá do cumprimento das condições do art. 52 da CF, ou seja, de sabatina pelo Senado. Ocorre que o STF decidiu, em sede cautelar, "suspender a aplicação da expressão 'nas condições do art. 52 da Constituição Federal', contida no artigo 100 do ADCT, introduzido pela EC 88/15, por vulnerar as condições materiais necessárias ao exercício imparcial e independente da função jurisdicional, ultrajando a separação dos Poderes (...)" (ADI n. 5316 de 2015). Com isso, o Supremo afastou de modo acertado o uso distorcido e abusivo da sabatina como requisito de extensão da compulsória de 70 para 75 anos no caso específico da magistratura, evitando que o legislativo passasse a utilizar o instrumento como meio de interferência e pressão sobre o Judiciário com o intuito de desfavorecer a efetividade do controle externo.

10.19.5 Aposentadoria voluntária

Diferentemente da aposentadoria por invalidez e da compulsória, ambas independentes do desejo do servidor, a aposentadoria voluntária ocorre mediante sua solicitação (art. 40, § 1°, III CF). Com a Reforma Previdenciária de 2019 (EC n. 103), os requisitos estabelecidos para os servidores do RPPS na União se aposentarem voluntariamente são os seguintes: atingimento de 62 (sessenta e dois) anos de idade, se mulher, e 65 (sessenta e cinco) anos de idade, se homem. Além disso, é preciso respeitar requisitos de tempo de contribuição e outros estabelecidos por lei complementar. A Constituição não mais prevê, portanto, os tempos de contribuição diretamente no seu texto, deixando para a norma infraconstitucional o regramento do assunto.

A Constituição tampouco estabelece as regras de aposentadoria voluntária para Estados e Municípios. Exige que as Constituições estaduais e as Leis Orgânicas locais tratem das idades mínimas de aposentadoria, bem como do tempo de contribuição e outros requisitos do RPPS, caso o tenham instituído (art. 40, III e § 3° da CF).

O texto constitucional limita a criação de regimes diferenciados para aposentadoria voluntária a situações excepcionais e taxativas (art. 40, § 4°). Essas situações de regime especial se resumem a: (i) servidores com deficiências (§ 4°-A); (ii) ocupantes do cargo de agente penitenciário, agente socioeducativo ou certos grupos de policiais (§ 4°-B); (iii) servidores que exerçam suas atividades com *efetiva exposição* a agentes químicos, físicos e biológicos prejudiciais à saúde, vedada a caracterização por categoria profissional ou ocupação (§ 4°-C); (iv) professores da educação infantil, do ensino fundamental ou médio, que terão a idade mínima de aposentadoria reduzida em 5 anos (§ 5°). Professores de ensino superior não gozam do benefício, nem outros profissionais escolares que não exerçam função de magistério.

Na falta de normas dos entes federativos sobre os regimes especiais, incide a Súmula Vinculante n. 33 do STF, que assim dispõe: "aplica-se ao servidor público, no que couber, as regras do regime geral da previdência social sobre aposentadoria especial de que trata o artigo 40, § 4º, inciso III da Constituição Federal, até a edição de lei complementar específica". Em outras palavras, o RGPS contém normas gerais que podem ser empregadas para superar lacunas do regime próprio.

Uma vez cumpridos os requisitos para a aposentadoria voluntária, caberá ao servidor, por decisão própria, aposentar-se ou permanecer em serviço. O servidor enquadrado no RPPS que permanecer em serviço fará jus ao chamado *"abono de permanência"* equivalente ao valor máximo da sua contribuição previdenciária, observados os critérios instituídos em lei do respectivo ente até atingir a aposentadoria compulsória (art. 40, § 19 da CF). Note-se que a decisão do valor do abono cabe a cada ente e não necessariamente equivalerá ao total da contribuição previdenciária, o que significa dizer que os servidores que permanecem em serviço poderão ser obrigados a continuar a pagar parte da contribuição.

10.20 BIBLIOGRAFIA PARA APROFUNDAMENTO

BARROS JÚNIOR, Carlos Siqueira de. Teoria jurídica do funcionário de fato. *RDA*, v. 100, 1970.

BRANDÃO, JÚLIO Cezar Lima. *Comentários ao Estatuto do servidor público federal*. Curitiba: Juruá, 2021.

CARVALHO, Matheus; OLIVEIRA, João Paulo. *Agentes públicos:* comentários à Lei 8.112/1990. Salvador: Juspodivm, 2019.

CAVALCANTE, Jouberto de Quadros Pessoa; JOGER NETO, Francisco Ferreira. *O empregado público*, 5ª ed. São Paulo: LTr, 2016.

DALLARI, Adilson Abreu. *Regime constitucional dos servidores públicos*, 2ª ed. São Paulo: Revista dos Tribunais, 1992.

DI PIETRO, Maria Sylvia Zanella; MOTTA, Fabrício. *Tratado de direito administrativo*, v. 2: Administração Pública e servidores públicos. São Paulo: Revista dos Tribunais, 2014.

DI PIETRO, Maria Sylvia Zanella; MOTTA, Fabrício; FERRAZ, Luciano de Araújo. *Servidores públicos na Constituição de 1988*, 2ª ed. São Paulo: Atlas, 2014.

FERNANDES, Felipe Gonçalves. *O regime jurídico dos empregados das empresas estatais*. Rio de Janeiro: Lúmen Juris, 2023.

FORTINI, Cristiana (org.). *Servidor público*: estudos em homenagem ao Professor Pedro Paulo de Almeida Dutra. Belo Horizonte: Fórum, 2009.

GARCIA, Mônica Nicida. *Responsabilidade do agente público*. Belo Horizonte: Fórum, 2009.

MARRARA, Thiago. Art. 77 a 83. In: MORAES, Alexandre de *et al. Constituição Federal comentada*. Rio de Janeiro: Forense, 2018.

MARRARA, Thiago. Saúde dos agentes públicos: a ilegalidade das contribuições compulsórias. *Revista Brasileira de Estudos da Função Pública*, n. 4, 2013.

MARRARA, Thiago; RECCHIA, Paulo Victor. Concurso público para cargos da Magistratura e do Ministério Público: a adequada interpretação da norma constitucional de experiência prévia. *A&C Revista de Direito Administrativo & Constitucional*, v. 20, n. 81, 2020.

MARTINS JÚNIOR, Wallace Paiva. *Contratação por prazo determinado*. São Paulo: Atlas, 2015.

MARTINS JÚNIOR, Wallace Paiva. *Remuneração dos agentes públicos*. São Paulo: Saraiva, 2009.

MAZZUOLI, Valerio; ALVES, Waldir. *Acumulação de cargos públicos*. São Paulo: Revista dos Tribunais, 2013.

MODESTO, Paulo (org.). *Reforma da previdência*: análise e crítica da Emenda Constitucional n. 41/2003. Belo Horizonte: Fórum, 2004.

MODESTO, Paulo. Nepotismo em cargos político-administrativos. In: MARQUES NETO, Floriano de Azevedo; MENEZES DE ALMEIDA, Fernando; NOHARA, Irene; MARRARA, Thiago (org.). *Direito e administração pública*: estudos em homenagem à Maria Sylvia Zanella Di Pietro. São Paulo: Atlas, 2013.

MORON, Eduardo Daniel Lazarte. Os limites do teto remuneratório na acumulação lícita de cargos e funções públicas e as transformações do Direito Administrativo: análise da jurisprudência do Supremo Tribunal Federal. *RDDA*, v. 6, n. 1, 2009.

MOTTA, Fabrício (org.). *Concurso público e constituição*. Belo Horizonte: Fórum, 2005.

NÓBREGA, Tatiana; BENEDITO, Maurício. *O regime previdenciário do servidor público*. São Paulo: Foco, 2023.

OLIVEIRA, Gustavo H. Justino de. A disponibilidade remunerada dos servidores públicos à luz da Constituição de 1988, *RDA*, v. 211, 1998.

OLIVEIRA, Raul Miguel Freitas de. *Previdência dos servidores públicos*. Leme: JH Mizuno, 2013.

RIGOLIN, Ivan Barbosa. *Comentários ao regime jurídico dos servidores públicos civis*, 3ª ed. São Paulo: Saraiva, 1994.

RIGOLIN, Ivan Barbosa. *O servidor público nas reformas constitucionais*, 3ª ed. Belo Horizonte: Fórum, 2008.

ROCHA, Carmen Lúcia Antunes. *Princípios constitucionais dos servidores públicos*. Belo Horizonte: Saraiva, 1999.

SOUZA, Gleison Pereira de. *O regime de previdência dos servidores públicos: comentários às emendas constitucionais n. 20/98 e n. 41/03*. Belo Horizonte: Del Rey, 2005.

ANOTAÇÕES